Éric Maigret

Sociologie
de la communication
et des médias

3e édition

ARMAND COLIN

Collection U
Sociologie

Fondée par Henri Mendras
Dirigée par Patrick Le Galès et Marco Oberti

BEVORT Antoine, JOBERT Annette, *Sociologie du travail : les relations professionnelles*, 2011.
DARGENT Claude, *Sociologie des opinions*, 2011.
DELPEUCH Thierry, DUMOULIN Laurence, GALEMBERT Claire (de), *Sociologie du droit et de la justice*, 2014.
DUBAR Claude, *La socialisation*, 2ᵉ édition 2010.
DUBAR Claude, TRIPIER Pierre, BOUSSARD Valérie, *Sociologie des professions*, 2011.
GENIEYS William, *Sociologie politique des élites*, 2011.
GROSSMAN Emiliano, SAURUGGER Sabine, *Les groupes d'intérêt. Action collective et stratégies de représentation*, 2ᵉ édition 2012.
HASSENTEUFEL Patrick, *Sociologie politique : l'action publique*, 2ᵉ édition 2011.
HERVIEU Bertrand, PURSEIGLE François, *Sociologie des mondes agricoles*, 2013.
LASCOUMES Pierre, NAGELS Carla, *Sociologie des élites délinquantes. De la criminalité en col blanc à la corruption politique*, 2014.
NEVEU Erik, *Sociologie politique des problèmes* publics, 2015.
MAYER Nonna, *Sociologie des comportements politiques*, 2010.
PAILLÉ Pierre, *La méthodologie qualitative. Postures de recherche et travail de terrain*, 2006.
PAILLÉ Pierre, MUCCHIELLI Alex, *L'analyse qualitative en SHS*, 2ᵉ édition 2012.
SIBLOT Yasmine, CARTIER Marie, COUTANT Isabelle, MASCLET Olivier, RENAHY Nicolas, *Sociologie des classes populaires contemporaines*, 2015.

Illustration de couverture : © Volker Möhrke/Corbis

Maquette de couverture : L'Agence libre

Mise en pages : Nord Compo

© Armand Colin, 2015

Armand Colin est une marque de
Dunod Éditeur, 5, rue Laromiguière, 75005 Paris

ISBN : 978-2-200-27827-4

À ma mère

Introduction

La sociologie et les théories
de la communication

CE LIVRE PEUT SE LIRE comme une introduction aux théories de la communication. Il propose une succession de mises au point thématiques et chronologiques sur des courants de pensée présentés avec concision, les insérant dans des traditions de recherche internationales. J'ai cherché à souligner les apports des divers courants, les « emboîtements » possibles, et les limites de chacun d'entre eux, c'est-à-dire à dégager les éléments canoniques de chacune des grandes traditions – qui font la substance des manuels – tout en conservant une vision historique, éclairant les évolutions des théories et les engagements de leurs auteurs. Les lecteurs pressés ou demandeurs d'une initiation progressive, du plus simple au plus compliqué, se tourneront vers le premier chapitre puis vers le troisième et les suivants, en évitant la suite de cette introduction et le débat sur la fondation des sciences sociales (chapitre 2). Mais comme ce livre déroule également un fil le long des différents chapitres, je propose aux autres lecteurs de le suivre dès cette introduction. Je considère que la recherche sur ce que l'on nommait encore rarement « communication » a connu, au tournant des XIXe et XXe siècles, un printemps précoce au moment de la formation des sciences sociales, moment durant lequel les différentes dimensions du phénomène ont été recensées et travaillées de façon ouverte. Pour de multiples raisons, ce printemps s'est vite transformé en un hiver assez long et rigoureux avec l'affirmation de théories très réductrices fondées sur l'idée de manipulation mentale par les médias ou de réduction de la communication humaine à la communication machine.

L'histoire des théories de la communication doit donc reposer sur une anamnèse, comme on mène une enquête auprès d'un malade pour découvrir les raisons de sa maladie. Il ne s'agit pas de dire que les développements consacrés à la communication machine ont été inutiles, au contraire, mais il est nécessaire de les replacer dans un espace qui n'est pas spécifiquement celui de la communication humaine et de les épurer des fantasmes qu'ils véhiculent sur l'univers des hommes, comme cela a pu être fait très progressivement à partir du milieu du xxᵉ siècle, au sein des sciences sociales. Je souhaite défendre l'existence d'une sociologie de la communication face aux réductionnismes technologiques mais aussi face aux discours postmodernistes qui en invalident aujourd'hui la portée en soulignant la violence d'une discipline devenue à son tour réductionnisme et scientisme. Je rappellerai que le fonctionnalisme et le sociologisme ne sont pas le projet des sciences sociales mais l'une de ses facettes historiques seulement. On me permettra d'apporter une démonstration historique, à vocation pédagogique, et de récapituler ma clarification de l'entreprise sociologique et de ses rapports à l'objet communicationnel dans la dernière partie, souhaitant faire ressortir leurs contours par un processus décrivant le conflit des paradigmes.

La communication : un objet à trois dimensions

La difficulté d'une réflexion sur la communication tient à des circonstances historiques exceptionnelles. Les guerres mondiales ont par exemple renforcé le sentiment que les médias étaient des instances de contrôle et de manipulation. Mais elle vient surtout du fait que l'objet communication lui-même semble hors d'atteinte d'une définition scientifique précise. Au fur et à mesure que les chercheurs de toutes disciplines (« exactes » ou « humaines »), que les politiques, les industriels, les informaticiens, les journalistes, le grand public, s'en sont emparés, il est devenu si large qu'il ne semble plus recouvrir aujourd'hui quelque chose de cohérent : transmettre, exprimer, se divertir, aider à vendre, éclairer, représenter, délibérer... Des jeux de passe-passe s'effectuent entre des mondes concurrents, chacun cherchant à imposer sa définition et les intérêts qui l'accompagnent, du moins à élargir les limites de son territoire. Les thuriféraires de la communication machine ou les tenants de la communication commerciale l'emportent alors plus qu'à leur tour, portés qu'ils sont par le développement démesuré de leurs mondes depuis plus d'un siècle.

Pour remédier à cette situation de flou conceptuel autant qu'au déséquilibre entre les définitions, une attitude courante consiste à appréhender la communication par une tension, celle entre raison et technique (chapitre 1). La question de la communication serait pour nous, contemporains, la reformulation de la vieille bataille entre idéalistes et sophistes. D'un côté, nous aurions des outils de transmission de l'information, avec toutes les réussites liées à la performance, à l'efficacité. De l'autre, des enjeux normatifs à partager dans toute communauté qui vise l'idéal d'une raison partagée, d'une plénitude liée à l'échange. Cette définition a la vertu pédagogique de toute dichotomie, et, plus encore, celle de ne pas remonter au siècle dernier puisqu'elle nous a été léguée par la philosophie antique. Elle demeure cependant entachée du défaut reproché à toute la tradition métaphysique par un Kant ou un Nietzsche, qui en participent encore : elle croit à l'existence d'un monde absolu qui s'opposerait à un monde de phénomènes illusoires. Tout l'intérêt de la révolution apportée par les sciences sociales à la fin du xixᵉ siècle est qu'elle a substitué à une description aussi conflictuelle que vaine celle d'un monde plus complet, plus continu, dans lequel les hommes agissent par référence à des objectifs variés

– instrumentaux, normatifs, expressifs – sans qu'un hiatus fondamental ne s'exprime entre ces ordres. L'homme n'a pas les pieds dans la glaise de la technique et la tête dans les étoiles, selon une vision trop réductrice, trop manichéenne.

Si l'on souhaite être plus précis dans la définition du mot *communication*, il est nécessaire de partir d'un point de vue autre que celui de la philosophie idéaliste ou sophistique et de considérer qu'il balise un espace à trois dimensions que nous habitons en permanence, comme nous y incitent, chacun à leur manière, les fondateurs des sciences sociales et leurs héritiers : Weber, qui évoque l'existence de trois niveaux de légitimité, Peirce, qui parle d'articulation triadique des signes, Mead puis Blumer qui développent une tripartition des objets, ou, plus tard, Habermas et Joas, qui opèrent une distinction entre trois types d'agir. Il n'existe pas de consensus sur le contenu et la forme exacts de ces trois dimensions. Je défendrai pour ma part l'idée que la communication est un phénomène « naturel », « culturel » et « créatif », par ordre croissant d'importance. Ces trois niveaux de pertinence correspondent aux niveaux d'implication de l'homme dans l'univers des objets, des relations interindividuelles et des ordres sociopolitiques. Une première définition peut être avancée ici en reprenant la tripartition de Peirce :

– Le niveau *naturel* ou *fonctionnel* est celui des mécanismes fondamentaux postulés par les sciences dites « exactes », même si elles ont bien du mal à se cantonner à ces derniers. L'acte de l'échange d'informations, de propriétés, d'états, s'explique par des lois et des relations de cause à effet. C'est le niveau du même au même, du « Un », de la tautologie, A égale A, de l'adéquation de la pensée et du monde – si jamais elle est possible.

– Le niveau *social* ou *culturel* est celui du Deux : A égale A mais A est différent de B. Autrement dit, celui de l'expression des identités et des différences, de la délimitation des groupes et de leurs relations. L'identité renvoie à la notion de partage, la différence renvoie aux notions de hiérarchie et de conflit. Le problème des identités recouvre celui des intérêts, des stratégies et de leur expression symbolique : se reconnaître appartenir à un groupe et se différencier d'un autre, dans l'ordre des pratiques comme des idées. Ce niveau suppose pleinement l'existence d'un dialogue ou d'une tension non absolue entre les groupes, qui fonde la relation pouvoir/culture.

– Le niveau de la *créativité* (pour reprendre une expression de John Dewey) est, dans nos démocraties, celui du nombre, de sa représentation et de sa régulation dans un cadre politique et juridique élargi. C'est le niveau du Trois et de l'infini, des rapports généralisés de sens entre les individus et les groupes, jusqu'aux limites d'expression des liens entre les hommes. A est différent de B, A et B sont différents de C, etc. La communication est vue comme une activité normative, éthique et politique, comme une relation dynamique entre pouvoir, culture et choix démocratique.

Communiquer consiste à convoquer des objets, des relations sociales et des ordres politiques. Toute théorie de la communication propose un composé d'éléments momentanément indivisibles : un modèle de l'échange fonctionnel entre les hommes, un point de vue sur leurs relations de pouvoir et de culture, une vision de l'ordre politique qui les unit. Les auteurs qui ont négligé d'interroger l'une de ces dimensions se sont en fait exposés à défendre des points de vue implicites sur cette dernière. Si toute théorie apporte en effet des éclaircissements spécifiques sur le monde, des éléments simples permettant d'en réduire la complexité, c'est-à-dire des modèles, elle est aussi un composé de présupposés scientifiques et de points de vue idéologiques, éthiques et politiques. Oublier son inscription dans l'une ou l'autre de ces trois dimensions, c'est s'exposer à un retour de refoulé. L'histoire des courants de recherche illustre ce point à satiété.

L'un des plus grands défis intellectuels est de comprendre le jeu entre ces étages, la relation entre les trois mondes, la division entre nature, culture et politique n'exprimant pas une tripartition fondamentale mais la perception que l'on peut avoir aujourd'hui des niveaux de difficultés et des enjeux liés à la communication. À un moment donné, chaque niveau communicationnel peut être autonomisé. Il existe une détermination matérielle des médias : transmettre le même message par la télévision ou le cinéma, pourtant si proches, c'est transmettre deux messages différents. L'étude de la place des médias de masse dans un mode de vie particulier peut se déployer sur le seul plan des valeurs ou de la violence sociale. Penser la politique et le droit peut se faire sans référence intrinsèque à notre condition matérielle et sociale. Il ne fait pas de doute pourtant que le moment de l'autonomie est très limité. Ce n'est pas par goût de la formule qu'il faut affirmer que les niveaux de communication communiquent. Une sorte de matérialisme élargi est souhaitable qui rende compte de notre inscription dans les déterminations, les contraintes, les habitudes ou les répétitions, afin de rejeter toute orientation idéaliste.

Ce matérialisme n'est pourtant que méthodologique, relève d'abord d'une vision sociologique, et ne peut cacher le fait que les phénomènes humains ne sont pas réductibles à des mécanismes naturels conçus comme déterministes. J'ai précisé que l'importance des niveaux de communication allait croissante avec l'arithmétique, non pour défendre l'idée d'une supériorité d'une science sur une autre (chacune attachée à un secteur plus ou moins spécialisé), ni pour évoquer une quelconque difficulté d'analyse plus forte d'un niveau ou d'un autre, mais pour souligner la plus grande pertinence des échelons culturels et politiques pour l'être humain. La communication est d'abord un fait culturel et politique et non technique – ceci sans rejet d'une vision de la nature, à la fois utile pour domestiquer le monde et pour comprendre une partie de notre propre « nature » – simplement parce que l'homme se trouve de ce côté du miroir du monde que l'on nomme le sens et l'action. Pour nous, l'univers penche d'un côté et non de l'autre, il se répand dans la direction du choix et de la conscience et non dans celle de l'objectivation. Ce présupposé, qui n'est infirmé pour le moment par aucun progrès des sciences biologiques ou physiques, est un guide précieux pour l'analyse. Il permet de comprendre pourquoi la réflexion sur la technique ne peut pas avoir lieu dans le cadre d'un déterminisme par la matière, pourquoi les médias apparaissent déjà dans leurs fonctions comme des éléments sociaux, comme des systèmes en rupture avec la nature. Quand l'homme crée et utilise des objets techniques, il quitte le domaine de la nature, celui des objets sans vie, pour celui de la culture. La technique ne s'apprécie que comme modification de la nature, elle est déjà un problème social, malgré ses dimensions fonctionnelles.

La communication de masse au cœur des interrogations

Dans le regard porté depuis un siècle sur la communication, l'accent a largement été mis sur les médias de masse par un effet de nouveauté évident, ceux-ci ayant fait une bruyante irruption dans le quotidien de la grande majorité des individus à partir de la fin du XIXᵉ siècle. Mais il existe une autre raison à ce succès : les médias de masse constituent le fait communicationnel le plus original et le plus déterminant dans les sociétés qui se définissent désormais majoritairement par la démocratie. Ils impliquent d'un coup les trois questionnements sur nos univers d'appartenance en rendant possible une mise en relation rapide et permanente des peuples et des cultures par le biais d'images, de textes et de sons – en rupture avec les moyens de communication et les régimes politiques antérieurs. Ils sont à ce titre la grande affaire du siècle, penser le grand changement signifiant penser les médias de masse. De ce point de vue, il est possible de distinguer cinq grandes étapes dans la réflexion : après le moment inaugural de la fondation des sciences sociales, moment zéro plutôt que premier en raison de l'absence de réelle cumulativité des recherches, se sont succédé des pensées élargissant par vagues régulières la définition du processus de communication aux trois dimensions le caractérisant.

La fin du XIXᵉ siècle et l'essor manqué d'une science sociale de la communication

Directement ou indirectement, on trouve dans les écrits de Marx, Tocqueville, Durkheim, Weber et des autres pères fondateurs européens de la sociologie la plupart des éléments nécessaires à une analyse complexe des médias qui réfuterait les thèses naïves de l'influence délétère sur des sociétés soumises à la médiatisation. On peut dégager aussi avec ces auteurs les pièces à deux faces du puzzle théorique qui ont pour nom domination idéologique/culture, conflit/démocratie (chapitre 2). Leur pensée est pourtant tributaire d'un pessimisme à l'égard de la modernité qui a handicapé le développement d'une forte tradition de recherche en Europe. Le processus de sécularisation, le passage à un univers industrialisé et le basculement vers la démocratie ont induit chez eux un sentiment d'angoisse extrêmement puissant que l'on retrouve dans les concepts de désenchantement, aliénation et anomie, peu propices à l'étude des médias de masse, objets nouveaux, inquiétants, ou potentiellement inféodés aux pouvoirs. Par comparaison, les auteurs américains, de Peirce à Dewey en passant par Park et Mead, proposent des visions moins anxieuses du nouveau phénomène communicationnel et mettent au point des modèles plus complets de la relation d'échange ainsi que des protocoles empiriques pour l'étudier, créant une atmosphère intellectuelle plus propice à l'implantation d'écoles de recherche dans ce pays.

L'obsession des objets : le temps des angoisses et des « effets »

Les voix de ces auteurs – ou celles qui s'élevaient de certaines de leurs œuvres seulement – ont d'abord été couvertes par le bruit des armes des deux guerres mondiales, par la fascination pour l'expansion des techniques et des réseaux économiques ou par l'indignation des *entrepreneurs de morale* à l'égard de la nouvelle culture qui semblait se répandre comme une maladie. Les réflexions les plus entendues au début du XXe siècle sont en fait très marquées par une obsession des objets et de leur fonctionnement supposé, les dimensions culturelles et politiques, bien présentes, étant en quelque sorte aplaties sur elles, réglées sur un discours apocalyptique ou pathologique. Le discours sur les effets supposés des médias de masse sur les comportements individuels emprunte la forme de « paniques morales » ou celle du béhaviorisme (chapitre 3). Il s'agit dans le premier cas de dénoncer l'influence néfaste des médias sur les populations, conçue comme mimétique (les médias répandent la violence, le mauvais goût, la révolte ou la soumission), dans le second d'analyser de façon clinique l'influence subie à travers la notion de stimulus. Les réflexions sur la nature des moyens de communication ou sur les réactions supposées à leur égard sont d'abord des idéologies naturalistes de la culture, des volontés d'essentialiser les comportements humains, de les assimiler à un donné, à des mécanismes, face aux objets. Les limites de ces réflexions sont aussi celles de toute pensée scientiste. Les êtres humains ont en réalité peu en commun avec le chien de Pavlov ou les moutons de Panurge. La peur du mimétisme masque celle de la démocratisation – la possibilité croissante de choisir ses consommations et ses interprétations en dehors des canaux institutionnels effrayant tous les pouvoirs.

Face à ces courants naïfs, la *Théorie Critique* développée par Theodor Adorno et Max Horkheimer (chapitre 4) représente une première forme de réflexion complexe. Elle situe l'influence des médias – ou plutôt de ceux qui les possèdent – au niveau de l'intellect et des rapports de classe, et non plus des instincts, en reliant la théorie marxiste de l'idéologie à une analyse de « l'industrie culturelle ». Si les médias de masse doivent être critiqués, c'est parce qu'ils prolongent la domination capitaliste à travers l'information et le divertissement, en apportant des simulacres de bonheur ou d'action rêvée, les masses collaborant à leur propre perte par leur goût irréfréné pour le spectacle, l'ailleurs de leur condition. L'ancrage de la théorie des industries culturelles dans la thèse wébérienne de la sécularisation manifeste cependant l'échec d'une pensée encore hantée par le spectre de la technique. Adorno élabore une vision de la culture (négative) mais décrit les êtres humains comme prisonniers de la matière, aliénés par la technique, par la réification, ce qui l'éloigne d'une vision pleine de la culture.

La véritable rupture intervient avec Lazarsfeld (chapitre 5) qui oppose une démarche dite empirique aux recherches antérieures, largement guidées par des présupposés sur les effets potentiels des médias et par un rejet élitiste plus ou moins marqué des goûts et des choix des populations. Dans le contexte accueillant de l'université américaine, déjà préparée à ce tournant par le pragmatisme et l'interactionnisme, Lazarsfeld balaie les angoisses sur les effets directs en déployant toute la richesse d'une sociologie qui mènera par la suite, sous l'impulsion de Katz, à une analyse des « usages et gratifications », en établissant également le lien entre communication interpersonnelle et communication médiatique (il y a supériorité de la première sur la seconde). Les publics sont d'abord et avant tout des acteurs sociaux munis de mémoire et de capacités critiques auxquels il faut accorder la liberté de choix, et non des récepteurs passifs dans un système qui s'imposerait à eux. Si le courant critique a « découvert » la notion d'idéologie sans la comprendre[1], notion ignorée pour sa part par le courant lazarsfeldien, la recherche empirique a découvert la démocratie du sens, niée par le très élitiste Adorno, en évoquant les capacités de décodage des récepteurs et leurs relations de distance et d'instrumentalisation des industries de la culture. L'adhésion à l'analyse systémique et fonctionnaliste handicape cependant une pensée qui assigne à la communication l'obligation de perpétuer l'équilibre social. Parce que cette théorie décide d'évacuer la question du pouvoir et continue de s'enfermer dans une rhétorique des effets, certes « limités », la victoire de Lazarsfeld demeure limitée sur le plan des idées, même si elle est massive du point de vue institutionnel pendant plusieurs décennies.

La première période des recherches en communication – après l'essor manqué du début du XXe siècle – s'achève presque logiquement avec l'épanouissement de nouvelles théories marquées par l'obsession des objets. Ces dernières se teintent de couleurs vives, optimistes, suivant un mouvement de balancier qui fait régulièrement alterner au cours de l'histoire dénonciation et apologie dans la description des médias. Leur originalité est de pousser à bout une logique de réduction de la communication humaine aux phénomènes biologiques et physiques en même temps que d'idéalisation des supports techniques de l'échange (avec la cybernétique, chapitre 6, puis le mcluhanisme, chapitre 7), logique encore latente dans les projets antérieurs. Les projets technicistes en communication vantent la libération par la machine et oblitèrent alors largement les dimensions culturelles et politiques dans un grand mouvement régressif. Mais leurs aspects sensationnalistes et polémiques contribuent fortement à la formation d'une communauté de réflexion en attirant l'attention du plus grand nombre sur ce que l'on nomme désormais couramment « communication » ou « médias », sous leur impulsion. Penser contre eux, comme le font par exemple les membres de l'école de Palo Alto dans le champ de la communication interpersonnelle, est une étape nécessaire pour penser le social : après avoir atteint le support ultime de l'idéologie techniciste, son « essence », si caractéristique de nos sociétés occidentales, on ne peut que rebondir.

---

1. Selon la formule de Hanno Hardt dans son histoire de la recherche en communication aux États-Unis.

Le passage à une science sociale des médias et de leurs publics : le jeu production-réception

Le développement d'une véritable science sociale de la communication s'opère en Europe au cours des années 1960-1980, hors du paradigme des effets, si peu productif. Il repose sur une relativisation des objets au profit d'une valorisation des logiques d'action. Les médias ne sont que des éléments du grand ensemble social et non les déterminants externes de cet ensemble – que l'on pourrait facilement constituer en menace ou en promesse par leur côté étranger au jeu social –, ils sont médiés par les groupes et les individus, selon l'idée déjà présente chez Lazarsfeld. La communication n'est pas tant un donné (celui de la nature) ni un flux de données (celui de l'information, au sens mathématique) qu'un rapport permanent de sens et de pouvoir dont les cristallisations sont les contenus et les formes des médias.

La sémiologie de Barthes et de Eco (chapitre 8) initie le changement en dévoilant les moyens cognitifs par lesquels les médias de masse enregistrent les rapports de force entre les milieux sociaux. La production de « mythes » médiatiques ne signifie pas déformation de la vérité, tromperie, illusion, manipulation, mais naturalisation du monde social par imposition d'un système de connotations au profit des dominants, et, en accord avec la sociologie empirique, renforcement des opinions. La sémiologie présente cependant les vestiges d'un enracinement dans le niveau fonctionnel car elle conserve une définition de la communication en terme de nature, en postulant celle de la langue. Elle oublie aussi qu'elle est nécessairement une sociosémiologie, qu'elle ne peut proposer des outils d'analyse des contenus sans avoir de thèse sur le rapport des individus à ces contenus et une vision politique de leurs rapports. De fait, l'analyse sémiologique sera le plus souvent critique et ancrée dans une position adornienne, en dernier ressort antidémocratique : l'intellectuel est seul capable de comprendre le monde et de déconstruire la domination bourgeoise des industries culturelles.

Ce présupposé disparaît avec les travaux sur les processus de production et de réception des messages qui vont définitivement abandonner l'idée d'une extériorité sociale des médias mais aussi celle d'une correspondance simple entre les deux pôles. Se tourner vers la consommation puis la réception en usant de méthodes variées (statistiques sur les achats et fréquentations, questionnaires, entretiens, observation participante), pour donner la parole à ceux qui ne sont pas censés la prendre dans ce grand silence des masses que serait la communication de masse conduit à réfuter la thèse de la mystification. La sociologie et l'histoire françaises des pratiques culturelles (chapitre 9), influencées par l'empirisme américain, l'esthétique de la réception et la *Culture du pauvre* de Richard Hoggart, réhabilitent progressivement les récepteurs – désormais clairement conçus avec Michel de Certeau comme des acteurs dotés de compétences d'interprétation et de résistance – mais aussi les cultures médiatiques elles-mêmes. La culture de masse, ou ce que l'on nomme sous ce nom forcément imparfait, est un objet totalement original car largement partagé (ce que n'étaient et ne sont toujours pas les autres formes culturelles), pouvant participer en parallèle du développement d'authentiques cultures populaires, moyennes et minoritaires – l'opposition vécue entre consommation télévisuelle et fréquentation des arts consacrés démontrée par Pierre Bourdieu ne résumant pas le sens du rapport aux médias. Ce constat est approfondi par les *Cultural Studies* britanniques et américaines, fondées par Richard Hoggart, qui aboutissent à une synthèse des positions empiriques et critiques avec Stuart Hall et David Morley. La communication de masse est un dialogue hiérarchisé mais elle est bien un dialogue, y compris dans la domination et la souffrance. Elle forme un jeu où se négocient les multiples rapports de classes, de genres et d'âges, et non seulement la domination d'un centre à l'égard d'une périphérie. Il faut relier l'idéologie et l'histoire, l'hégémonie et le conflit, le pouvoir et la culture, pour décrire un univers des médias en équilibre instable, traversé de tensions internes et d'appropriations contradictoires (chapitre 10).

Du côté de la production, le chemin vers la reconnaissance de la complexité et de la contradiction est d'abord passé par une sociologie du journalisme (chapitre 11) qui, malgré tous les liens structurels unissant cette profession aux milieux dominants, démontre l'autonomie de pratiques traversées par des enjeux cognitifs, économiques et politiques non congruents, pratiques également dépendantes de la relation imaginée aux publics. Le divertissement – avec les réflexions pionnières d'Edgar Morin sur les industries culturelles, à la fois standardisées et nécessairement innovantes – manifeste au plus haut degré l'absence d'autarcie des créateurs et animateurs, placés dans l'obligation de répéter, plaire, rendre compte et produire du changement, sans jamais maîtriser leur impact (chapitre 12).

Le concept d'espace public : penser la communication par la démocratie

Cette absence d'autarcie, souvent considérée comme le défaut des médias de masse et la preuve de leur vacuité, constitue en fait leur force, celle d'un processus démocratique certes imparfait mais bien réel. En transposant les débats sur la culture de masse au niveau de la querelle politique, les recherches de la fin du XXᵉ siècle ont permis de dépasser la réflexion sur les formes de culture, aboutissant à la salutaire mais insuffisante dichotomie production-réception, pour analyser la dynamique entre les deux éléments, perpétuellement sous pression l'un de l'autre : à travers leurs interprétations, les récepteurs sont autant producteurs de sens que les producteurs ; les médias reçoivent ou décodent les événements sociaux autant qu'ils inventent de nouveaux contenus proposés à la discussion. Il faut évidemment concevoir la politique au sens le moins restreint du terme pour comprendre l'importance de cette double assertion et choisir, au moins momentanément, de s'éloigner des théories de l'opinion publique (chapitre 13) qui proposent une vision du processus démocratique centrée sur la seule question de la représentation officielle.

La communication de masse présente tous les traits de cet espace public appelé de ses vœux par Habermas (chapitre 14), à ceci près que son fonctionnement est antithétique de l'idée de consensus immédiat. Héritier de l'École de Francfort, au départ hostile aux médias de masse par rationalisme, Habermas ne voit dans ces derniers qu'un dévoiement de la démocratie et rêve d'instaurer des lieux parallèles où la discussion rationnelle puisse s'exercer. Cette exigence en partie déçue et la critique adressée par de nombreux auteurs à un regard idéaliste et normatif, ont permis de dégager l'apport spécifique de l'espace contemporain de communication comme espace public. Les médias de masse servent de contact au sein de la société civile et entre celle-ci et les institutions sur un mode beaucoup plus conflictuel que consensuel. Par la narration, le rêve, c'est-à-dire le travail sur soi, la représentation et la protestation, ils proposent une négociation du sens de la vie en commun, inégalitaire et instable, mais continue et généralisée, comme l'attestent aujourd'hui par exemple les débats sur la téléréalité.

Les médias n'apparaissent plus alors comme le domaine réservé des spécialistes des instruments dits de communication ou des connaisseurs des processus de production et de réception, mais comme un objectif impliquant de surcroît la mise en œuvre de savoirs précis sur le monde social et sur les médiations qu'il veut se donner, la famille, les identités de genre, les milieux urbains, la nation, etc., toutes les catégories par lesquelles se pensent les relations humaines – ce qui relève du défi épistémologique permanent, d'un double regard difficile à mettre en œuvre mais dont l'absence mène au repli médiacentrique. Ce défi est relevé par les nouveaux courants sociologiques attentifs à la leçon venue des *Cultural Studies* et des théories de l'expérience et de la réflexivité (chapitre 15), c'est-à-dire à la remise en cause des catégories des sciences sociales qui accompagne la mue de cette discipline, tâche périlleuse s'il en est.

Le retour aux objets ou l'impossible régression

À la fin du xxᵉ siècle et au début du xxiᵉ, la roue semble avoir tourné, et si les interrogations sur les médias de masse deviennent parties prenantes du renouveau épistémologique des sciences sociales, comme pour une seconde fondation, c'est également un retour aux questionnements sur les objets qui s'opère, à la faveur du développement incroyable de l'Internet et des nouveaux réseaux techniques et économiques. Ce retour prend la forme très visible et presque banale d'une cascade d'utopies ou de contre-utopies technicistes ainsi que de théories marquées par le déterminisme technologique (chapitre 16). Ces mouvements idéologiques masquent pourtant des changements de taille dans le champ des théories de la communication. Pour beaucoup (notamment Ulrich Beck et Bruno Latour), la technique, vue comme un construit intégrant les processus sociaux qui rendent possible son existence et son efficacité, a longtemps été oubliée en science sociale sous le prétexte qu'elle ne pouvait être intégrée aux mondes humains. La séparation, un temps nécessaire, a provoqué une méconnaissance de la réalité des objets et de leurs ordres de réalité, une idéalisation de leurs bienfaits « intrinsèques » ou une dénonciation de leur perversité « naturelle ». Opérer un retour aux objets ne peut se faire qu'à partir d'une vision démocratique de leurs interactions (et non influences) avec les hommes, et non à partir de la simple interrogation d'une nature brute et cachée. Les impératifs supposés de la « société de l'information » ou de la « démocratie électronique » sont par exemple à dénoncer pour leur naïveté mais servent aussi de fondement à une discussion sur les relations entre technologies et choix politiques qui demeurait étouffée jusque-là.

La constitution d'un objet

Chapitre 1

Les difficultés
d'une réflexion
sur la communication

Trivialités, dénonciations,
prophétismes et utopies

CE CHAPITRE, qui s'adresse aux publics débutants, apporte les éléments défini-
tionnels indispensables à une étude des médias contemporains. Il débute par un
petit jeu qui permet également de pointer les difficultés d'une réflexion sociologique dans ce domaine : les regards que nous portons sur les mondes de la
communication sont très lourds de présupposés et de préjugés qu'il est nécessaire d'identifier et de tenir à distance si l'on souhaite procéder à leur exploration.
L'origine de ces imaginaires structurés de la communication, optimistes ou pessimistes, qui nous paraissent si banals, provient d'une opposition vieille de plusieurs
millénaires entre raison et technique, renouvelée avec les Lumières, et d'une stigmatisation de la « masse » née au XIXe siècle avec les progrès de la démocratie.

La chose du monde la mieux partagée ?

Demandez à tous les membres d'un groupe d'étudiants de compléter sur une petite
feuille de papier une phrase commençant par « La télévision rend les gens... »,
dépouillez les réponses et vous obtiendrez quasi invariablement les mêmes résultats avec des proportions assez stables. Des adjectifs peu flatteurs pour ce média
reviennent majoritairement : « passifs », « violents », « esclaves », « lobotomisés »,
« débiles »... Même si quelques notes plus positives se font entendre : « heureux »,
« sociables »... Recommencez avec le monde des ordinateurs et de l'Internet
(« L'informatique rend les gens... ») et vous observerez souvent une inversion des
tendances : « ouverts », « intelligents », prédominent quand les accusations de

passivité et d'asociabilité diminuent. Faites observer à vos « sondés » qu'ils ont une vision largement négative de la télévision et de son rôle mais qu'ils continuent de fréquenter ce média tout en ne se sentant personnellement pas concernés par les effets néfastes qu'ils décrivent. Soulignez l'opposition avec l'informatique et Internet si valorisés alors qu'ils ne sont pas nécessairement très pratiqués...

Avec ce petit jeu[1] vous pourrez faire ressortir un certain nombre de problèmes posés par l'étude des médias et de leurs publics. Celle-ci se heurte à des obstacles très particuliers, le moindre n'étant pas l'illusion d'une supposée facilité à analyser ce qu'il y a de plus banal, de plus courant : regarder la télévision, feuilleter un magazine, écouter la radio... Chacun est porté par sa familiarité quotidienne avec ce domaine à avoir des opinions, des jugements spontanés, qui ne sont pas nécessairement infondés ni incohérents, mais qui, exprimés avec certitude, reposent avant tout sur des jugements de valeur sans relever d'un quelconque processus d'analyse scientifique. Nous ne nous permettons pas ou peu de donner notre avis sur des problèmes spécialisés en physique ou en chimie mais nous nous estimons souvent aptes à décider du statut entier de la communication dans nos sociétés. Or que savons-nous de la réalité des médias dans la vie des individus et dans le fonctionnement de la société ?

L'illégitimité culturelle, politique et économique des grands médias

Le formidable discrédit historique qui a frappé les médias de masse (la télévision en est aujourd'hui encore l'exemple emblématique) explique que les jugements les concernant soient spontanément négatifs. Alors même que nous les côtoyons sans cesse nous les dévalorisons, alors que nous les trouvons banals nous leur attribuons des pouvoirs mystérieux, extraordinaires, souvent maléfiques. Depuis leur avènement, leur vulgarité et leur nocivité sont tenues pour acquises au travers d'une sorte d'égalité entre participation du plus grand nombre et diminution du niveau individuel. Ce phénomène puise sa source dans la hiérarchisation de nos sociétés et notamment dans les distinctions entre produits culturels qui ont été élaborées au cours du XIXe siècle : la culture s'est fortement redéfinie à cette époque comme exigence de rareté et de distance intellectuelle, mise à l'écart du commun au profit des *happy few*, autour de certaines formes jugées intrinsèquement supérieures (le livre, les arts picturaux). La méfiance exprimée par les institutions scolaires a enraciné ce discrédit en y joignant longtemps une hostilité à l'égard du divertissement, voire de l'image, et un refus de la médiation indirecte concurrente de la médiation scolaire.

Mais ce dernier s'explique aussi par une peur plus politique du nombre, de la massification que semble représenter le développement des outils de communication, pouvant déboucher sur un assujettissement, un endoctrinement des individus par le Big Brother médiatique (avec toutes les dérives psychiques et

---

1. Emprunté à Michel Souchon pour l'exemple de la télévision, je recommande de l'appliquer aussi aux ordinateurs et à Internet.

collectives possibles). La peur de l'industrie et de la technique, enfin, c'est-à-dire d'un mercantilisme des médias fabriquant à la chaîne des ersatz de culture et de pensées comme on fabrique des pièces mécaniques ou des saucisses, a pesé lourdement en convoyant l'image de consommateurs fantômes, eux aussi conditionnés. Il existe un lien très net entre démocratisation culturelle, politique, économique et dévalorisation des médias : à l'irruption désordonnée des peuples et des minorités sociales dans et par les canaux étroits des médias, eux-mêmes enfantés par une révolution industrielle et civile encore fraîche dans les esprits et dans les habitudes sociales, a répondu un imaginaire des masses qui en critique le caractère moutonnier, vulgaire et irresponsable.

Cet imaginaire est globalisant mais il a aussi éclaté en de multiples directions, en fonction des identités de ceux qui jugent. La dénonciation des médias devient ainsi celle de leurs effets sur des groupes « vulnérables », supposés les incarner par leur consommation : pour la bourgeoisie de la Belle Époque, la presse populaire peut apparaître comme une menace car elle trompe avec ses médiocres moyens les milieux ouvriers en les dressant contre elle ; pour de jeunes étudiants et actifs, la télévision renvoie à l'enfance, aux femmes au foyer, aux personnes âgées, c'est-à-dire à ceux qui semblent dénués de dynamisme ou de liberté ; pour des adultes et des personnes âgées le disque, les radios FM et les genres musicaux rock puis rap renvoient au contraire à l'affirmation bruyante et violente d'adolescents décervelés – tout le monde se retrouvant dans la condamnation des effets négatifs de la télévision sur les plus faibles, les enfants.

Les formes extrêmes de la critique

Une forme de prêtrise intellectuelle, notamment lettrée, s'est ainsi spécialisée tout au long du siècle dans la condamnation régulière des différentes formes médiatiques, en recourant d'ailleurs de plus en plus aux médias eux-mêmes pour diffuser leur message, au moyen de colonnes de journaux ou d'émissions télévisées. L'État, de son côté, s'est, en France en particulier, souvent arrogé un droit de regard voire une maîtrise des grands outils de communication dans un souci « éducatif » ou « public ». La dénonciation imprègne depuis l'origine les discours savants car elle s'accorde avec certains courants de pensée, en particulier avec les courants rationalistes marxistes qui se veulent héritiers des Lumières (mais des idéologies différentes sont aussi compatibles avec elle). Leur force est de confirmer ce sentiment diffus que nous ressentons tous depuis que nous nous sommes constitués en sujets éclairés, de devoir toujours critiquer et juger, aucun organisme, aucune institution ne devant évidement être à l'abri d'une analyse de ses errements et imperfections, les médias et leurs productions y compris. Le droit et même le devoir légitime de critiquer se sont cependant érigés en condamnation de principe par un tribunal inflexible. Les problématiques dites de la culture de masse, développées au milieu du xxᵉ siècle par l'École de Francfort, ont en quelque sorte systématisé et rationalisé une dénonciation assez instinctive, versant dans un prophétisme sociologique qui depuis lors monopolise souvent les débats publics sur les médias. Ce prophétisme annonce l'émiettement des relations sociales et la tyrannie sur les esprits, la fin de la pensée libre voire de l'intelligence, conséquences de la spectacularisation, de la marchandisation et de l'américanisation de la culture... Ce rejet aveugle de la communication par les grands médias prend la forme d'une dystopie ou anti-utopie décrivant un monde bientôt soumis à un pouvoir totalitaire, en expulsant peu à peu toute humanité. Il souffre d'un biais élitiste et misérabiliste puisqu'il part de l'hypothèse que le peuple est opprimé, abruti, et qu'une minorité d'intellectuels seule consciente doit le sauver de sa misère morale malgré lui.

Dans ses expressions les plus sombres, ce courant rejoint les courants irrationalistes, nihilistes, qui déplorent pour leur part le vide pervers des mondes contemporains, en premier lieu celui créé par les médias, entités malfaisantes qui se colleraient par leur langage au monde réel pour le fausser, le gommer ou s'y substituer. Chez certains auteurs une telle critique atteint même une forme quasi mystique par son refus actif d'un monde voué à la technique, au commerce méprisable et à la représentation incontrôlée, intégralement rempli d'illusions, de mensonges et de mal.

Les formes extrêmes de l'apologie

Le dernier grand obstacle à une étude des médias est l'apparition de discours optimistes, symétriques des discours précédents, tout aussi excessifs dans leur apologie. Loin de passer seulement pour une menace, la communication médiatique a aussi été valorisée par les tenants d'un populisme culturel, vantant ses supposées qualités participatives et festives : en rapprochant les hommes, en leur offrant des mythes communs, une magie renouvelée, les médias renoueraient les liens de la communauté (dont on suppose qu'ils se relâchent sans cesse comme dans les théories de l'École de Francfort). Minoritaires et cantonnés à la défense de l'idée d'une culture populaire partagée, d'un folklore (ou à celle d'une moyennisation de la société), ces discours perdurent mais ils ont été éclipsés par les thèses technicistes, fascinées par la puissance des nouveaux moyens de communication, vus comme autant de solutions immédiates au problème du fonctionnement politique, économique et social. À l'intersection du communautarisme et du technicisme, les réflexions de Marshall McLuhan sur l'audiovisuel et sur ses conséquences (la naissance d'un « village global », le développement du tribalisme) ont représenté pendant longtemps la référence même du prophétisme communicationnel. Les rêves de Norbert Wiener, inventeur de la cybernétique chargée d'améliorer l'humanité en la dotant de « cerveaux électroniques », éliminant l'erreur et la barbarie par la parfaite transmission de l'information, se sont eux aussi universalisés.

La promesse d'un monde transparent, fondé sur l'interactivité, délivré de l'incompréhension par une meilleure technique (sondages, vidéo, informatique), est en bien des points complémentaire de l'angoisse rationaliste et peut se réclamer elle aussi des Lumières : si l'informatisation du social est par exemple valorisée, c'est parce qu'elle apparaît synonyme de révolution de l'intelligence, de maîtrise individuelle, donc de retour à une société consensuelle (mais pas « massifiée ») de personnes plus responsables, plus ouvertes. Elle est compatible avec des options idéologiques variées – technocratie, anarchisme, libéralisme voire ultralibéralisme et communautarisme socialiste – puisque son noyau consiste seulement en la croyance en une relation simple entre progrès des techniques, progrès des consciences et progrès social. Les prophéties communicationnelles, appelant des mondes parfaits, utopiques, existent depuis plus d'un siècle (elles accompagnaient déjà l'invention du télégraphe, du téléphone, etc.) mais elles ont pris une ampleur inégalée à la fin du xxᵉ siècle avec le développement d'Internet et de secteurs entiers de l'économie consacrés aux « nouvelles technologies ». Elles sont relayées dès lors par les discours de tous ceux qui, de plus en plus nombreux, ont à gagner à revendiquer la centralité de leur position dans le champ médiatique ou à rêver d'une ingénierie du social : professionnels de la communication, journalistes, ingénieurs, experts technocrates, instituts de sondage, spécialistes de la prospective... Elles ont alors investi le champ politique et étatique, saisi par la frénésie de l'assimilation informatique/modernité, puis l'ensemble de la société avec la célébration de la circulation instantanée des informations et de l'échange des points de vue, façonnant un monde forcément nouveau, radicalement meilleur. Une mystique est venue compléter ce paysage, magnétisée par l'univers de la technique, prônant l'ivresse de la contemplation voire de l'immersion dans un cybermonde ou dans un univers virtuel, plus intéressant que la réalité humaine et matérielle.

Les formes extrêmes de dénonciation et d'apologie des médias[1]

Dénonciations des médias (émanant surtout de philosophes, écrivains, intellectuels, éducateurs, chercheurs, etc.)	Apologies des médias (émanant surtout de professionnels de la communication, ingénieurs, technocrates, instituts de sondage et de prospective, chercheurs, etc.)
« Prêtres » : rejet lettré des médias, expressions de la domination économique/politique et de la vulgarité humaine.	« Prêtres » : apologie du rôle libérateur des médias, expressions de la démocratie en acte ou d'une culture populaire.
« Prophètes » (dystopiques et misérabilistes) : annonce d'un asservissement collectif par la culture de masse, de la fin de la « vraie » culture, de la liberté et de la politique rationnelle.	« Prophètes » (utopistes et populistes) : avènement d'une culture pour tous, retour à la magie partagée, avènement d'une communication électronique transparente et universelle (« village global »).
« Mystiques ascètes » : effroi face à un monde supposé pervers, illusoire, vide, rejet nihiliste de l'image et de la technique.	« Mystiques contemplatifs » : extase de la dématérialisation supposée du monde (univers « virtuel »), fascination technique et visuelle, anarchisme du sens.

---

1. Les formes de prophétie et d'utopie évoquées sont assez impures puisque leurs auteurs ont parfois une certaine ironie à l'égard des mondes qu'ils projettent ou rejettent. Les formes de mysticisme sont pour leur part très métaphoriques car les auteurs accordent rarement la conduite de leur existence quotidienne avec elles. De plus, elles sont émises dans des sociétés complexes où la croyance est flottante.

« La télévision présente une alternative assez primitive mais irrésistible à la logique linéaire et séquentielle du mot imprimé et tend à rendre inadaptées les rigueurs d'une éducation littéraire. [...] Regarder la télévision non seulement ne requiert aucun talent mais n'en développe aucun. » Neil Postman, *Il n'y a plus d'enfance*, 1982.	« Les journaux et la radio organisent le débat public portant sur les enjeux nationaux, fournissent les informations et présentent les arguments des deux parties, exactement comme le faisaient les gens eux-mêmes dans l'ancien *town meeting*. Et finalement, grâce à la technique du référendum par échantillon, le peuple, après avoir écouté les arguments des deux camps sur chacun des enjeux, peut faire connaître sa volonté. » George Gallup, *Public Opinion in a Democracy*, 1939, trad. *Hermès*, 31, 2001.
« L'effet d'ensemble de l'industrie culturelle est celui d'une anti-démystification, celui d'une anti-*Aufklärung* ; [...] la domination technique progressive se mue en tromperie des masses, c'est-à-dire en moyens de garrotter la conscience. » Theodor Adorno, *L'Industrie culturelle*, 1962.	« La traduction actuelle de toute notre vie en cette forme spirituelle qu'est l'information pourrait faire du globe tout entier et de la famille humaine une conscience unique. » Marshall McLuhan, *Pour comprendre les médias*, 1962.
« Toute l'architecture actuelle des médias se fonde sur cette dernière définition : *ils sont ce qui interdit à jamais la réponse*, ce qui rend impossible tout procès d'échange (sinon sous des formes de *simulation* de réponse, elles-mêmes intégrées au processus d'émission, ce qui ne change rien à l'unilatéralité de la communication). C'est là leur véritable abstraction. » Jean Baudrillard, *Pour une critique de l'économie politique du signe*, 1972. « La télévision ne dit rien d'autre que : je suis une image, tout est image. Internet et l'ordinateur ne disent rien d'autre que : je suis information, tout est information. [...] Aujourd'hui, c'est l'inhumain qui nous pense. Et pas du tout métaphoriquement, mais par une sorte d'homologie virale, par infiltration directe d'une pensée virale, contaminatrice, virtuelle, inhumaine. Nous sommes les objets fétiches d'une pensée qui n'est plus la nôtre, ou qui en est l'excroissance incontrôlable. » Jean Baudrillard, Le *Paroxyste indifférent*, 1997.	« Par l'intermédiaire des ordinateurs et des réseaux, les gens les plus divers peuvent entrer en contact, se tenir la main tout autour du monde. Plutôt que de se construire sur l'identité du sens, le nouvel Universel s'éprouve *par immersion*. Nous sommes tous dans le même bain, dans le même déluge de communication. Il n'est donc plus question de clôture sémantique ou de totalisation. [...] Chaque connexion supplémentaire ajoute encore de l'hétérogène, de nouvelles sources d'information, de nouvelles lignes de fuites, si bien que le sens global est de moins en moins lisible, de plus en plus difficile à circonscrire, à clore, à maîtriser. Cet Universel donne accès à une jouissance du mondial, à l'intelligence collective en acte de l'espèce. Il nous fait participer plus intensément à l'humanité vivante, mais sans que cela soit contradictoire, au contraire, avec la multiplication des singularités et la montée du désordre. » Pierre Lévy, « L'Universel sans totalité, essence de la cyberculture », *in* Sicard M.-N., Besnier J.-M. (dir.), *Les Technologies de l'information et de la communication : pour quelle société ?* 1997.

La tension raison/technique au cœur de la question de la communication

L'imaginaire plaqué sur les médias est un imaginaire de la modernité technique et sociale. Très plastique, il autorise tous les renversements possibles : encensée pour son pouvoir libérateur, l'informatique peut très bien devenir, à partir du constat de problèmes spécifiques (fichage, pornographie), une source d'inquiétude et de dénonciation globale d'une société de surveillance et de perversité. Au-delà d'un contexte historique précis qui le modèle sans cesse dans des directions variées, il s'enracine dans une opposition profonde dégagée par la philosophie à partir de l'Antiquité grecque. La tension entre raison, vue comme saisie immédiate du vrai, levée des illusions, et technique, vue comme médiation extérieure, efficacité mais déviation, imagination, explique la polysémie du terme *communication* et les divergences profondes d'analyse le concernant.

Depuis Socrate et Platon, le camp de l'idéalisme regroupe tous ceux qui estiment que les hommes doivent se libérer des conditions concrètes d'expression de la pensée, convaincus que l'esprit est un dialogue avec lui-même et avec les autres esprits au sein d'une communauté de raison, et qu'il se dégrade dans tout ce qui le matérialise comme autant d'ersatz de parole authentique (Socrate refuse ainsi d'utiliser l'écrit pour exprimer sa pensée). Dans le mythe de la caverne, le soleil ne forme qu'une seule raison et les ombres qu'il projette ne sont que des déformations qui nous abusent. Les hommes doivent sortir de la caverne, ils doivent aussi chasser de la Cité ceux qui introduisent la médiation, les poètes, parce que leurs histoires sont trompeuses. Les formes de l'idéalisme contemporain se reconnaissent à leur appel à une relation immédiate, à une communication authentique (si les hommes communiquaient vraiment, s'il n'y avait pas ce manque de communication – c'est-à-dire s'ils se comprenaient et partageaient la même raison – ils ne se feraient pas la guerre), ou à un rejet des médias comme machines diaboliques (la « vraie » politique ne peut se faire à la télévision, seulement dans les réunions de partis, les institutions, les meetings, les « vrais » lieux de communication directe ; la peur des effets néfastes des médias sur les enfants est la même que celle qui conduit à chasser les poètes, comme le signale Buckingham [1993]. Elles constituent aussi par leur exigence de vérité un puissant stimulant pour les sciences humaines.

Critiques du logocentrisme, de cette tendance à considérer la raison comme antérieure au langage, comme siège de l'être, les Sophistes ont développé au contraire la rhétorique, l'analyse des jeux de langage. Impressionnés par le jeu concret des médiations et leurs capacités à produire des effets de réalité, ils ont ouvert la voie à une réflexion qui leur attribue tous les pouvoirs, séduire, influencer, façonner la Cité, en prenant les moyens pour la fin. Leur héritage est très varié puisqu'on le retrouve aussi bien dans les rangs des spécialistes du langage, attachés à l'étude des relations entre les hommes et entre les hommes et leurs arguments, que dans ceux des praticiens, par exemple des publicitaires convaincus de l'influence des messages médiatiques (communiquer serait non seulement informer mais aussi savoir modifier les comportements, pousser à, vendre), des chargés de communication interne convaincus de l'efficacité de leurs techniques (réussir à « faire passer » un message, améliorer les relations de travail), ou, enfin, des promoteurs d'une utopie techniciste, appelant de leurs vœux une meilleure communication humaine assistée ou transcendée par la machine.

L'opposition technique-raison

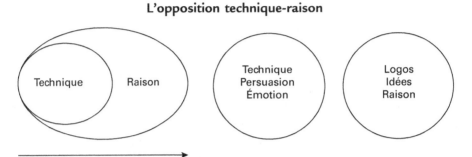

La philosophie socratique est une tentative d'arrachement de la rationalité au monde, considéré comme illusoire. Le divorce entre idéalistes et sophistes conduit à opposer radicalement deux visions de l'échange entre les hommes.

Les mots *communication* et *média*

L'évolution sémantique du mot *communication*, apparu au XIVe siècle dans la langue française et au XVe siècle dans la langue anglaise, témoigne du balancement entre ces deux conceptions, comme le note Yves Winkin. Issu du latin *communicare*, le terme est longtemps resté associé à l'idée de *participer à*, de *communier* (y compris physiquement). L'idée de partage s'est peu à peu effacée au profit de celle de transmission et de moyen de passage avec la multiplication des techniques de transport (diligences, navires, train, automobile...) et des techniques de relations interindividuelles ou collectives (téléphone, presse). Le mot désigne donc aujourd'hui à la fois un idéal ou une utopie (participer du même langage de la raison et/ou faire partie d'une même communauté) et toutes les dimensions de l'acte fonctionnel d'échange : l'objet ou le contenu échangé (faire une communication), les techniques employées (les moyens de communication comme l'écrit, l'oral, etc.), et les organisations économiques qui développent et gèrent ces techniques sous formes de médias nationaux ou locaux (la société Disney est considérée comme une « entreprise de communication »). Le mot *communication* a pour lui et contre lui le flou d'une expression qui peut être tirée du côté de la valeur ou du côté de la technique : il autorise toutes les appropriations. Le tourisme est communication, comme le théâtre, et l'animation socioculturelle, le commerce, le scoutisme, les effusions sentimentales, la poste, la pollinisation...

Le mot *média* (du latin *medius*, qui est au milieu), renvoie pour sa part à la mise en relation à distance, sans possibilité majeure d'interaction entre le récepteur et l'émetteur, c'est-à-dire à un type de communication qui se distingue de la communication interindividuelle (échange de face-à-face) et de la communication organisationnelle en petits groupes où le récepteur a une faible capacité de réponse à l'émetteur (communication d'entreprise ou cours en école par exemple).

Issu du latin, il s'écrit au pluriel *médias,* alors que l'anglais a conservé pour sa part le singulier *medium* et le pluriel *media. Médium* est cependant repris en français, soit dans le sens de média, soit pour évoquer la dimension strictement technologique (le médium télévision s'appuie sur des procédés électroniques visuels et oraux, le livre utilise le langage écrit et le support du papier). L'expression anglaise *mass media* (invariable) est reprise en français et désigne les techniques de communication à grande échelle (presse, cinéma, télévision), appelées aussi *moyens de communication de masse, médias de masse* ou *médias,* et les industries qui les élaborent. Les médias mettant en relation moins de quelques individus sont parfois appelés des micromédias (le téléphone par exemple).

Les significations des mots communication et média

A. Communication = un acte ou un état idéal

• raison partagée sans médiation (logocentrisme)

• raison partagée grâce à la technique (utopie techniciste)

• communion sociale, spirituelle ou physique (communautarisme)

B. Communication = acte de mettre en commun par un échange fonctionnel

• objet échangé (discours, signal, etc.)

• techniques utilisées (médium, médias, *mass media*)

• entreprises développant ces techniques à grande échelle

Les niveaux de communication*

• interindividuel (face-à-face, relations primaires)

• organisationnel (groupes, partis politiques, entreprises...)

• médiatique (distance, peu/pas de réponse directe du récepteur)

*Des segmentations très fines doivent être dégagées entre ces niveaux ainsi que des imbrications fortes. Une entreprise utilise des médias, la télévision peut être regardée en famille, certains médias dits « interactifs » comme l'ordinateur connecté rendent possibles des échanges interindividuels et organisationnels, etc. L'avènement d'Internet a conduit à débattre par exemple de l'émergence d'une nouvelle forme de relation interpersonnelle, le « lien latent » pour Caroline Haythornthwaite [2002], techniquement activé mais maintenu dans un état de communication faible, en veille, comme les profils Facebook [ELLISON *et al.*, 2007]. La sociologie de l'acteur-réseau ne sépare pas pour sa part les humains et les non-humains (notamment les objets) et considère le social comme un ensemble de connexions et de plis qui peuvent être subdivisés suivant les échelles en interactions locales (transitoires), stabilisées et institutionnalisées [LATOUR, 2006].

Le discours sociologique

La recherche sur les médias est particulièrement sensible aux pressions extra-scientifiques parce qu'elle s'exerce dans un domaine où la charge normative est très élevée. Prise dans la tenaille des critiques et des célébrations, de l'imprécation et de l'utopie, elle a manifesté et manifeste encore parfois les traits typiques de l'immaturité scientifique :

– une tendance à l'essayisme ;

– une attitude condescendante à l'égard des objets étudiés, en particulier à l'égard des publics dont on croit savoir *a priori* ce qu'ils pensent et ressentent (par exemple par un recours abusif à la psychanalyse comme science de l'inconscient des masses), ou une dépendance à l'égard des attentes et des définitions des professions concernées ;

– une survalorisation de l'introspection et du jugement sociopolitique (interprétation personnelle habillée en rigoureuse analyse de contenu) ou une confiance excessive dans les outils statistiques chargés de donner l'illusion de la scientificité ;

– des amalgames entre techniques et sociétés ;

– des analogies incontrôlées entre comportements humains et comportements animaux, entre phénomènes physiques et phénomènes sociaux.

Appliquer le regard des sciences sociales aux médias, c'est tout d'abord rejeter l'idéalisme comme la sophistique. Le social ne se réduit pas à la technique, ni pour en être submergé ni pour en être régénéré, il a sa propre dynamique. La raison des hommes ne repose pas sur des « vérités éternelles » à partager par le seul dialogue, elle est avant tout confrontation des raisons dans un processus où des vérités communes sont peu à peu établies sans être transcendantes. Les médias puisqu'ils relient les hommes, forment des cultures et participent de cultures tout en favorisant, en sapant ou en stabilisant des pouvoirs. Ils sont dans les réseaux de pouvoirs mais ne constituent pas des réseaux de pouvoir en soi, des entités démoniaques autonomes. Nous reviendrons peu à peu dans ce livre sur l'opposition entre visée persuasive et raison communicationnelle en dégageant les limites du naturalisme et du culturalisme.

Appliquer ce regard aux médias, c'est ensuite s'efforcer avec une certaine humilité de construire un cadre d'interprétation des phénomènes observés et accepter de le soumettre aux épreuves de l'examen empirique. Selon la perspective qu'il adopte, suivant l'épistémologie qu'il choisit, le chercheur se donne pour tâche soit de rendre les faits indiscutables, c'est-à-dire de les confirmer encore et encore, soit de les rendre discutables, c'est-à-dire aptes à être empiriquement et théoriquement contredits dans un processus d'enrichissement régulier, alors que pour le sens commun, qui n'est pas nécessairement dans l'erreur, les faits sont d'abord ce qu'ils sont, il n'y a qu'évidence (dans une étude célèbre Lazarsfeld datée de 1949 montrait ainsi que pour tout sujet donné les gens étaient capables de produire des réponses jugées évidentes mais parfaitement contradictoires). À ce prix, il est parfois possible de répondre à des questions obsédantes qui encombrent le champ de la communication médiatique : les contenus violents des médias engendrent-ils la violence ? Les médias manipulent-ils l'opinion ? la culture américaine s'infiltre-t-elle *via* les médias ? La télévision détruit-elle la lecture ? le voyeurisme télévisuel dégrade-t-il la démocratie ? La communication électronique est-elle le sésame pour un monde meilleur ?... Ces questions ne sont pas simples mais reçoivent inlassablement tant de réponses simples, voire simplistes, *pour de bonnes raisons*, alors qu'elles n'ont parfois pas de sens ou sont progressivement résolues.

C'est enfin écarter les tentations prophétiques et utopistes tout en tenant compte de leur existence à la fois comme obstacle scientifique et comme source d'action pour les individus (si elles ne se réalisent pas elles font agir, y compris les savants). Il est donc nécessaire d'étudier en permanence les outils d'analyse pour éviter de tomber dans les travers de la dénonciation, de la prophétie et de l'utopie. Une généalogie des discours sur la communication accompagne ces efforts d'élaboration de modèles d'interprétation des comportements des professionnels, des contenus, des publics, Étudier les conséquences économiques, culturelles et politiques des changements induits par les médias, c'est alors éviter d'évoquer des vertus magiques, des pouvoirs inconnus, mais revenir toujours à ceux qui les inventent et les utilisent, les hommes, et aux relations qui les unissent sur le double plan de l'action et de l'idéologie.

Bibliographie

NB : dans cette bibliographie comme dans les suivantes, le lieu d'édition est indiqué lorsqu'il ne s'agit pas de Paris.

BRETON Philippe, PROULX Serge, *L'Explosion de la communication. À l'aube du XXIe siècle* (1989), La Découverte, 2002.

BUCKINGHAM David, « Introduction : Young People and the Media », *in* BUCKINGHAM David (dir.), *Reading Audiences. Young People and the Media*, Manchester, Manchester University Press, 1993.

CASSIN Barbara, « La sophistique », *Encyclopædia Universalis*, 1982.

– *L'Effet sophistique*, Gallimard, 1995.

ELLISON Nicole, STEINFIELD Charles, LAMPE Cliff, « The Benefits of Facebook "Friends" : Social Capital and College Students' Use of Online Social Network Sites », *Journal of Computer-Mediated Communication*, 12/4, 2007.

HAYTHORNTHWAITE Caroline, « Strong, Weak, and Latent Ties and the Impact of New Media », *The Information Society*, 18/5, 2002.

LATOUR Bruno, *Changer de société. Refaire de la sociologie*, La Découverte, 2006.

LAZARSFELD Paul, « The American Soldier : an Expository Review » (1949), *in* BOURDIEU Pierre, CHAMBOREDON Jean-Claude, PASSERON Jean-Claude, *Le Métier de sociologue*, Mouton/Bordas, 1968.

NEVEU Erik, *Une société de communication ?* Montchrestien, 1994.

PLATON, *La République*, Garnier Flammarion, 2000.

RANCIÈRE Jacques, *Le Maître ignorant. Cinq leçons sur l'émancipation intellectuelle* (1987), Fayard, 2004.

– *La Haine de la démocratie*, La Fabrique, 2005.

– *Le Spectateur émancipé*, La Fabrique, 2008.

SFEZ Lucien, *Critique de la communication*, Seuil, 1988.

WILLIAMS Raymond, *Keywords. A Vocabulary of Culture and Society*, Londres, Oxford University Press, 1976.

WINKIN Yves (dir.), Présentation générale à *La Nouvelle Communication*, Seuil, 1981.

Chapitre 2

Le tournant manqué d'une science sociale de la communication

Les pères fondateurs et la question des médias

CONTRAIREMENT AU PRÉCÉDENT, ce chapitre s'adresse à des publics possédant une formation en sciences sociales. Placé en début d'ouvrage pour respecter la chronologie des pensées sur la communication, il devrait plutôt être lu en même temps que le chapitre 15 portant sur les notions de réflexivité et d'expérience. L'enjeu d'une relecture des premiers moments de la recherche en science sociale dépasse en effet celui d'une simple histoire de la pensée. Il s'agit ici de montrer que le moment premier, habituellement passé sous silence ou évalué comme peu productif, est déterminant pour la question de la communication. La réactivation des travaux du début du XXe siècle participe dès lors d'un renouveau de la recherche du début du XXIe siècle.

La thèse défendue est que si la recherche sur les médias a été dominée pendant la première moitié du XXe siècle par l'idée d'effet direct, au sens de manipulation des individus par les médias, sacrifiant ainsi à une vision par trop caricaturale de la psychologie individuelle et de la dynamique des relations sociales, les ressources théoriques étaient disponibles au début du XXe siècle qui auraient permis de développer très tôt une analyse nuancée des médias et de leurs publics. En Europe, les pères fondateurs des sciences sociales n'ont pas ignoré les médias, apportant chacun des éléments de réflexion décisifs. Aux États-Unis, les penseurs pragmatistes se sont intéressés à la question de la communication pour en démontrer la centralité dans les univers contemporains. La rupture fondamentale qu'a représentée l'affirmation de la modernité économique, politique, sociale, a cependant joué dans les œuvres mêmes de ces penseurs, habitées par des visions parfois pessimistes de l'évolution des sociétés. Conjugué au choc des deux guerres mondiales et des totalitarismes, ce pessimisme a clairement joué en Europe contre l'implantation de traditions de recherche sur l'un des objets les plus emblématiques de cette modernité, les médias. Aux États-Unis, l'éclipse des pensées a eu lieu elle aussi à partir des années 1930, mais le legs du pragmatisme est demeuré considérable et la redécouverte de ses concepts comme de ses postures épistémologiques permet aujourd'hui de saisir les contradictions de la modernité la plus avancée. On comprend que c'est à cette filiation que se réfèrent par conséquent les travaux du siècle suivant.

Les concepts fondamentaux des sciences sociales et la communication

Lorsque les premiers sociologues posent les fondements d'une analyse des relations entre les individus, très dépendante des circonstances d'un mouvement d'industrialisation et de démocratisation perçu comme menaçant à la fin du XIXe siècle, mais attentive aux invariants conceptuels et méthodologiques qui permettraient de rendre compte des multiples sociétés existantes ou ayant existé, ces derniers posent en même temps les fondements de l'étude de la communication interpersonnelle et de la communication de masse, même s'ils ne les nomment pas ainsi. L'acte inaugural est en effet celui qui conduit à ne plus voir le monde que nous habitons comme dépendant d'un ordre divin ou naturel mais, au contraire, comme intégralement produit par les relations qu'entretiennent les hommes. Toutes les manifestations du réel social – une famille, une armée, un diplôme, un moyen de transport, un échange économique, la presse, la soumission à un ordre verbal – doivent être vues comme des productions ou des cristallisations des relations de pouvoir et de sens qui unissent et divisent au sein d'une société. Karl Marx détache ainsi les hommes du règne naturel en utilisant le concept de *rapports sociaux*, chargé de souligner la dépendance réciproque tant dans le domaine du rapport à la nature (le travail) que dans celui des idées. Émile Durkheim parle de réalité *sui generis* des *faits sociaux*, abordés comme des *choses*, et Max Weber évoque quant à lui les formes de l'*action sociale*, irréductibles à autre chose qu'elles-mêmes car dépendantes du sens qu'en donnent les individus. Ce geste encore mal maîtrisé, aboutissant parfois à des excès de réductionnisme sociologique, mène en tendance à une position dite constructiviste, à l'idée qu'il existe une *construction sociale de la réalité* selon l'expression de Peter Berger et Thomas Luckmann, qui est aujourd'hui défendue par une majorité de penseurs.

Chacun de ces auteurs développe un regard particulier sur le social qui permet d'en saisir le déploiement. Avec les concepts d'*idéologie* et de *classes sociales*, Marx apporte le conflit dans l'étude des sociétés et l'idée que ce dernier ne se limite pas à des intérêts matériels : les pensées, les représentations, les images que nous utilisons expriment autant qu'elles imposent des points de vue structurés sur le monde (des « idéologies ») qui sont généralement partagés par les individus qui composent des groupes sociaux cohérents, occupant des positions proches dans le système économique moderne, forme historique de production et de consommation que l'on nomme capitalisme. La domination sociale vécue par les populations prolétaires passe par leur exploitation économique et par la destruction de leurs capacités de créer leurs propres idéologies, au profit des idées dominantes qui sont nécessairement celles de la classe dominante. À la différence de Marx, le révolutionnaire, Durkheim est un socialiste républicain qui met l'accent sur la notion de consensus, d'*intégration sociale*, qu'il estime indispensable sous peine d'engendrer le désordre moral qu'il découvre à l'œuvre dans toutes les dimensions de la vie collective. Le langage est par exemple transmis dès la naissance et non choisi librement, il fait l'objet d'un *consensus logique* inculqué par *contrainte sociale*, à l'instar de nombre de nos façons d'être, de penser, d'agir : « les institutions nous obligent et nous les aimons ». Apprentissage et intériorisation des normes façonnent des êtres sociaux, qui ne sont pas préoccupés par leurs seuls plaisirs égoïstes. Durkheim n'aborde pas seulement l'école, le monde du travail ou la religion, il se penche sur le problème de la production de la connaissance et des formes de la logique. Pour lui, les classifications religieuses puis laïques sont des cadres d'interprétation de la réalité qui servent à la fois à explorer le monde physique, psychique et social, et qui s'imposent comme des moyens contraignants d'appartenir à une ou plusieurs communautés, traduisant dès lors l'existence préalable de cette communauté, la prégnance d'imaginaires sociaux, de *consciences collectives*[1].

Weber, le libéral et nietzschéen, est plus attentif au caractère intentionnel des actions sociales qu'il dissocie en quatre idéaux-types ou modèles généraux, réconciliant la diversité des pratiques et la permanence de ce l'on nommera ensuite des « structures » : action rationnelle en finalité (accordant des moyens à des fins), action rationnelle en valeur (enracinée dans des croyances), action rationnelle affective (emmenée par les sentiments), action rationnelle en tradition (routine, habitude). Toute action fait sens pour l'individu, est « rationnelle », et doit faire sens pour le sociologue qui cherche à la comprendre et non seulement à l'expliquer, à la réduire à des causalités collectives. Sa théorie des trois dominations est guidée par une théorie de la croyance qui suppose que les comportements sociaux peuvent être divisés en trois ordres, en fonction de la motivation de ceux qui obéissent à ce qui est perçu comme légitime. La *légitimité légale-rationnelle* repose sur la croyance que la légalité ou le règlement commande l'obéissance, la *légitimité traditionnelle* ancre cette obéissance dans la référence au passé, la *légitimité charismatique* ou émotionnelle, enfin, est fondée sur la croyance dans le caractère exceptionnel ou sacré de la personne.

À ces briques fondamentales de l'analyse sociologique – matérialiste et critique, holiste et « cognitiviste », individualiste/holiste et idéelle – que l'on dégage généralement des œuvres débordantes de complexité de ces trois auteurs, s'ajoutent les contributions d'Alexis de Tocqueville, penseur de la démocratie comme mouvement continu d'égalisation des conditions (salarisation et assurances sociales forgent un univers commun), de Georg Simmel, à la subtile évocation de la condition contradictoire de l'homme moderne et de sa culture, de Ferdinand Tönnies et de Gabriel Tarde, qui, en tension ou en association, ouvrent largement un espace à la réflexion sur la communication. Celle opérant entre deux ou quelques êtres humains peut

---

1. En bon durkheimien, le linguiste Saussure explique à la même époque le fonctionnement du langage à partir de la notion d'arbitraire du signe : chaque société a choisi d'associer des significations à des phonèmes sans qu'il y ait déterminisme naturel.

être décrite, au moins initialement, à partir des outils légués par les pères fondateurs. Elle consiste certes en un échange technique de sons et de gestes mais dont l'orientation et l'impact demeurent incompréhensibles pour qui ne les replace pas dans l'espace élargi des relations humaines. Obéir à un ordre n'est pas répondre à une forme bien conçue de communication, à une technique efficace qui ferait s'incliner n'importe qui devant n'importe quoi, mais se soumettre à un point de vue sur le monde pour de bonnes raisons, peut-être celles de la domination économique et culturelle, ou reconnaître la légitimité de l'ordre (qu'elle soit rationnelle, traditionnelle ou charismatique) ou sa fonction d'intégration sociale (je n'apprécie pas de suivre les injonctions de mes parents mais je me plie à ces dernières pour maintenir une communauté familiale) dans le contexte d'une adéquation suffisante entre la légitimité perçue et la façon de l'exprimer. Désobéir à un ordre ne signifie pas le plus souvent « échec » d'une communication (passée inaperçue ou mal exprimée), mais conflit ouvert entre des individus ou entre des groupes sociaux homogènes. Quand le policier ordonne à une foule de se disperser, les manifestants peuvent au contraire se regrouper pour souligner leur désaccord, alors que les CRS interprètent cet ordre comme le signal interne de préparation à l'intervention.

Dans l'éclosion des théories de la communication interpersonnelle et organisationnelle, la sociologie des origines joue un rôle majeur et structurant, dont l'héritage a été repris par la psychosociologie (chapitre 5), l'anthropologie de la communication (chapitre 6) ou les courants ultérieurs.

Les pères fondateurs européens et les médias

Il est aisé *a posteriori* de prétendre que la communication médiatique était destinée à devenir un objet central des sciences sociales. Regorgeant des caractéristiques qui ont attiré l'attention des premiers sociologues en quête d'une définition de la modernité – la mise en relation « massive » et à distance des individus, la dissociation en groupes sociaux et culturels, le repli sur la sphère individuelle, la sophistication technique – elle se prête en effet à une réflexion sur les enjeux cruciaux du contemporain. Avant de la considérer comme une des formes de la relation sociale, il aura été nécessaire que s'effectue comme un oubli de son appropriation potentielle. Pourtant, la vision sociologique qui incline à rejeter toute causalité simpliste attribuant à des actes sociaux des origines naturelles ou mystérieuses, a guidé les pas des savoirs en formation. De fait, au cours de sa critique de la notion d'imitation sociale, Durkheim entreprend l'une des réfutations les plus brillantes de l'idée d'influence directe des journaux sur les consciences individuelles dans *Le Suicide*, en 1897 (chapitre 4), éléments statistiques à l'appui. Alors que le développement de la presse est massif dans tous les grands pays occidentaux, on ne se tue pas autant dans chacun de ces pays et il n'existe pas de propagation des suicides liée à la couverture médiatique. Le pouvoir de mimétisme que l'on prête à la presse par la reproduction qu'elle fait des suicides et des crimes n'a donc pas de réalité. Le suicide est un phénomène s'expliquant avant tout par le « milieu social » – même si quelques rares gestes « individuels », obsessionnels, sont toujours possibles après lecture de journaux. Cette remarque conserve son actualité : un siècle plus tard, en 1993, la presse française s'interroge, avec la satisfaction de détenir un pouvoir et d'en faire l'autocritique, sur la possibilité qu'une vague de suicides par imitation suive le suicide de l'ancien Premier ministre Pierre Bérégovoy. Elle ne cesse aujourd'hui de proposer des sujets sur la diffusion des crimes par imitation, en suivant une compulsion plus que rituelle.

Des réflexions qui ne reposent pas seulement sur la critique de la critique des médias ont été forgées par ailleurs, centrées sur la presse, le média de masse triomphant au XIXᵉ siècle. On a déjà chez Tocqueville une importante théorisation de l'idée d'opinion publique, à côté des premiers fondements d'une analyse des sociétés modernes [*De la démocratie en Amérique*, 1835-1840]. La presse a un pouvoir énorme en démocratie, comme le montre l'exemple américain, mais il ne s'agit pas de celui qui lui est prêté usuellement de manipulation des consciences : « la presse d'ailleurs, qui sait si bien enflammer les passions humaines, ne peut cependant les créer à elle toute seule ». Elle remplit en fait au moins trois grandes fonctions :

– garantir la liberté en mettant à nu les ressorts secrets de la politique (elle « force les hommes publics à venir tour à tour comparaître devant le tribunal de l'opinion ») ;

– maintenir la communauté en fournissant des références communes aux citoyens (« il n'y a qu'un journal qui puisse venir déposer au même moment dans mille esprits la même idée ») ;

– rendre possible et rapide une action concertée (car les hommes et les partis « se parlent sans se voir, s'entendent sans être mis en contact »).

L'état de démocratie signifie fractionnement des idées individuelles (chacun veut et peut défendre ses idées) en même temps qu'une tendance parfois perverse à un conformisme puissant, due selon Tocqueville à de nombreux facteurs, notamment au mouvement d'égalisation des conditions (les individus se sentent plus proches) et à un besoin psychique de se reposer sur des opinions communes, de faire confiance (on ne peut pas toujours douter de tout). Les journaux répondent à ces aspirations, les confortent sans les engendrer : leur pouvoir est à la fois de représenter la variété des opinions, de permettre à certaines de ces opinions de triompher plus rapidement, tout en enracinant un consensus. Chaque pays ayant ses traditions démocratiques propres, il aura une presse adaptée. Tocqueville montre que les journaux sont différents en France et aux États-Unis par leur nombre, leurs contenus et leurs formats, non pour des raisons économiques mais essentiellement culturelles et politiques – ce qui est d'ailleurs toujours exact aujourd'hui. C'est d'abord la vitalité des associations d'idées qui est au fondement de celle des journaux, même si les journaux font aussi les associations en donnant les moyens à ceux qui les composent de se réunir et de marcher ensemble. Parce qu'ils sont indépendants, les journaux peuvent exercer une forme de tyrannie du mauvais goût et verser dans la violence, ils peuvent aussi favoriser des actions communes inconsidérées, mais cela ne remet pas en cause leurs apports plus fondamentaux : « le mal qu'ils produisent est donc bien moindre que celui qu'ils guérissent ». S'ils manquent d'objectivité et de regard critique, s'ils sont parfois trop imbus de leurs propres préjugés, ce n'est pas en les réduisant au silence que l'on fera taire les intérêts qui les portent : « le seul moyen de neutraliser les effets des journaux est d'en multiplier le nombre ».

Max Weber, plus connu pour ses travaux sur l'économie ou la religion, n'a pas totalement ignoré les problèmes soulevés par l'avènement des médias dans les sociétés contemporaines puisqu'il a écrit, en 1910, un texte consacré à une « sociologie de la presse », un rapport préliminaire de sept pages destiné à la *Deutsche Gesellschaft für Soziologie*. Ce texte extrêmement dense constitue un programme complet de recherches sur les médias, annonçant l'étude des professions de la communication (des journalistes, examinés aussi dans *Le Savant et le politique)*, de la structure du marché de l'information, de l'organisation des entreprises de communication, des rapports entre la presse et le pouvoir politique, des rapports de complémentarité et de substitution entre les médias, et des effets sur l'opinion publique... Weber prend d'ailleurs plaisir à brocarder les théories en vogue à cette époque attribuant à la lecture de la presse des effets directs sur le cerveau ou postulant une destruction du livre par le journal. Il observe que les lecteurs n'ont pas les mêmes attentes dans différents pays et que ces attentes modèlent peut-être plus les journaux que les journaux ne modèlent leurs lecteurs, avant d'évoquer les principes d'une analyse quantitative et qualitative de contenu, menée sans tabou (toutes les rubriques du journal sont bonnes à étudier). Enfin, il entrevoit une analyse de l'apport spécifique des médias à l'homme moderne, une « modification massive » de la façon de percevoir le monde extérieur due à la confrontation permanente à une multiplicité de points de vue.

Gabriel Tarde, dont l'œuvre est à l'origine de la microsociologie française, a longtemps été considéré comme l'adversaire malheureux de Durkheim pour avoir défendu une théorie de l'imitation sociale très idéaliste. Sa contribution aux théories de la communication est pourtant décisive comme l'a rappelé Elihu Katz (après P. Lazarsfeld, T. N. Clark et R. E. Park). Inventeur avant l'heure du « flux de communication à deux étapes », il a proposé un modèle de communication qui rejette l'idée d'influence directe et autoritaire de la presse au profit de l'idée de public actif. Les journaux n'imposent pas leurs contenus, ils peuvent être plutôt comparés à des menus de restaurant fournissant de multiples perspectives économiques, politiques, sociales, venant animer le programme des conversations : « il suffit d'une plume pour mettre en mouvement un million de langues ». L'échange interpersonnel ne se déduit pas de la communication médiatique puisque la presse vient nourrir des conversations préexistantes, celles qui réunissent sans cesse les individus et les groupes sociaux. C'est la conversation qui est à l'origine des opinions individuelles, elles-mêmes regroupées en opinions sociales : l'influence de face-à-face est la plus efficace de toutes les influences et elle débouche sur la formation d'idées dominantes. Tarde se rapproche au fond de Durkheim qui aurait parlé d'influence du « milieu social », mais il décrit de façon plus fine la dynamique de l'échange interpersonnel. Au final, l'action résulte des opinions qui se construisent dans le processus conversationnel. Pour Tarde, si la presse a une influence déterminante c'est dans la protection de la liberté parlementaire et dans l'apparition de nouvelles communautés comme les États-Nations. Son pouvoir est donc avant tout de lier tout en rendant possible la diversité des points de vue. « Avant l'apparition du journal, écrit Tarde, seul le monarque avait les moyens de dire ce que les gens pensaient dans les différents villages, et l'unité balbutiante de la nation convergeait en sa personne. Le journal s'arrogea et démystifia cette fonction royale. En présentant les uns aux autres des villages éparpillés, la presse devint elle-même le foyer et l'agent de l'intégration nationale » [KATZ, 1992, 267].

Marx (qui a longtemps été journaliste) et Engels ont étudié le roman populaire « socialiste » (*Les Mystères de Paris* d'Eugène Sue) dans la *Sainte Famille* [1845] en se posant la question de son impact bénéfique sur les sentiments révolutionnaires. Le romancier emporte-t-il l'adhésion des lecteurs lorsqu'il dénonce les conditions de vie difficiles des milieux populaires, favorise-t-il l'émergence d'une conscience de gauche ? Convaincus de l'impossibilité que les idées (la superstructure) puissent modifier les relations sociales déterminées par les rapports économiques (l'infrastructure), Marx et Engels ont assimilé mécaniquement le roman populaire à une littérature implicitement réactionnaire : les lecteurs de Sue étaient en fait trompés par de fausses belles idées, ne faisant que masquer une idéologie du *statu quo*. C'était perdre l'occasion d'examiner la relation entre les publics et les messages consommés et, par exemple, d'observer l'impact du roman populaire sur les événements de 1848, comme le remarque Umberto Eco [*De Superman au surhomme*, 1978]. Une conséquence importante de ce rejet sera que le marxisme ne pourra contribuer pendant longtemps à une analyse décisive des médias qu'il accusera de faire systématiquement le jeu des forces dominantes.

Le sociologue allemand Ferdinand Tönnies a pour sa part évoqué dans des textes riches mais assez vagues, l'idée que la presse mènerait à l'ouverture des États et à l'établissement d'une république mondiale sans violence dirigée par des savants et des penseurs. Il préfigure par ses visions utopiques les courants technicistes nostalgiques de la communauté tout en conservant une distance toute sociologique à l'égard du mouvement qu'il décrit : le « souvenir de la violence », c'est-à-dire la force des identités de groupes, restera toujours grande.

L'absence de relais et le pessimisme à l'égard de la modernité

Les intuitions et les efforts des pères fondateurs n'ont pas été relayés immédiatement et ne se sont pas cristallisés en traditions de recherche. De multiples raisons peuvent être avancées. Il ne fait aucun doute que, en comparaison avec les États-Unis, le sous-développement relatif des grands médias électroniques, à la fois technique et économique (monopole public de la radio), a joué contre l'Europe, le terreau de l'enquête se dérobant. Par ailleurs, le constat assez exagéré de Paul Lazarsfeld [1970] – « les deux guerres mondiales ont ralenti le progrès des sciences sociales en Europe occidentale. Aucun ouvrage important se rattachant à la tradition classique n'a été publié en Europe entre 1920 et 1950 » – a le mérite de rappeler le tribut humain, notamment scientifique, payé à la guerre par les pays européens : durant cette période il ne s'agissait pas tant de lancer une recherche spécifique sur les médias que de construire ou reconstruire des filières générales de sciences sociales !

La raison majeure d'un refoulement, dont l'histoire n'est pas encore écrite, est cependant à trouver dans les œuvres mêmes des premiers sociologues et dans un contexte intellectuel. Le cinéma était après tout une industrie florissante en Europe (en particulier, en France) à la Belle Époque, la littérature populaire ne faisait pas défaut. Il faut bien constater que Weber n'a pas écrit *L'Éthique des romans feuilletons et l'esprit du capitalisme* (alors qu'il a rédigé une savante *Sociologie de la musique*[1]), Durkheim *Les Formes élémentaires de la vie médiatique*, Marx *Pour une critique de l'économie politique du journalisme*. La faible reconnaissance scientifique et sociale que pouvait apporter un investissement dans ce domaine, le mépris pour l'univers marchand de la presse, un regard trop lointain et paternaliste sur les pratiques des milieux populaires et intermédiaires, et une réelle difficulté d'analyse due à l'absence de recul historique ont fait obstacle. L'idée a primé pendant longtemps, reprise et assumée par le marxisme au cours du XXe siècle, que les relations primaires, « profondes », celles du travail industriel, de la bureaucratie et des structures familiales, étaient les plus décisives, les plus « sérieuses », et que le domaine de la culture valait avant tout par l'étude du seul pathos religieux, ce qui a conduit à développer en priorité des filières de sciences sociales sur ces objets.

La distance à l'égard de formes spécifiques de la modernité s'explique enfin et surtout par un profond pessimisme inspiré par le choc concomitant de l'industrialisation et de la démocratisation, et par l'accent mis sur le caractère déstructurant de ce dernier. On a suffisamment relevé la présence de traits conservateurs et réactionnaires dans les premières pensées sociologiques, y compris dans celles qualifiées de révolutionnaires, hantées qu'elles étaient par la perte d'une substance, d'une authenticité, face à ce qui était perçu comme la montée d'une technique impersonnelle, inhumaine, ainsi que la diffusion de sombres sentiments inspirés par le repli sur l'individu. L'*anomie* durkheimienne, le *désenchantement* wébérien, l'*aliénation* marxiste disent assez les maux supposés des temps nouveaux. Sur la question des médias, la plupart des pères fondateurs européens n'étaient pas muets mais myopes. Ils voyaient bien de près – prenaient leurs distances à l'égard des vulgates sur les effets nocifs des médias ou proposaient des programmes d'étude pratique – mais ils distinguaient mal la place de la communication dans la modernité, ils sous-estimaient son importance sociale. Le pessimisme affiché par moments à l'égard de la modernité par certains de ces auteurs a souvent été la seule leçon retenue par leurs héritiers directs dès qu'ils se penchaient sur les médias, ces enfants maudits du siècle, coupables rapides de son désordre social ou de son manque de sens. L'étude de la communication médiatique, avant même d'être cernée, a très tôt été arrachée aux courants sociologiques, historiques et anthropologiques, quand d'autres champs plus prestigieux tels que ceux du travail, de la religion, des relations familiales, se nourrissaient des premiers travaux se réclamant des sciences sociales. Cela n'a pas empêché que se développe une recherche dans ce domaine, mais celle-ci est longtemps restée coupée de l'idée que les médias pouvaient représenter une culture et un support démocratique, au-delà de leurs aspects fonctionnels.

La réticence des chercheurs et leur cloisonnement intellectuel ne sont pas absolus. En France, le jeune Stoetzel travaille dès les années 1930 sur la publicité, Raymond Aron lit le texte fameux de Walter Benjamin sur l'œuvre d'art à l'ère de sa reproductivité technique en 1936, importe les thématiques allemandes, l'école durkheimienne participe à des échanges avec l'École de Chicago... Le rationalisme domine néanmoins

---

1. Sur l'utilisation possible de cette sociologie de la musique, lire la présentation de cet ouvrage par Emmanuel Pedler [*in* WEBER, 1998].

la sociologie française des années 1920-1940, doublé d'une certaine distance à l'égard d'une observation trop ethnographique du quotidien. Il faut lire le récit cocasse de la visite de Maurice Halbwachs à Chicago et sa méfiance envers l'empirisme américain pour comprendre la distance qui la sépare d'elle [MARCEL, 1999 ; comparer avec la venue enthousiaste de John Dewey dans cette même ville : JOSEPH, 2002]. En Allemagne, la sociologie est plus attentive aux conditions de vie de la modernité mais Simmel (qui a été journaliste) n'incorpore pas la presse et les productions populaires à ses études sur la culture, « restreintes » à l'art et à la ville. Lorsque le courant marxiste ressurgit avec force et originalité dans le champ des médias avec l'École de Francfort, c'est aussi sous la forme d'une pure et simple dénonciation de la domination, mâtinée d'une vision apocalyptique de la technique. L'impact social des grands médias est discuté dans d'autres arènes que celles de l'université, par exemple pour le cinéma dans les revues littéraires et dans les publications de la critique cinématographique [voir CHARNEY, SCHWARTZ, 1995].

Le pragmatisme américain

Aux États-Unis, le paysage scientifique est lui aussi momentanément submergé par la vague dénonciatrice, mais il apparaît dès le départ plus nuancé et constructif sur la question des médias de masse. Les États-Unis ont connu une rupture avec l'absolutisme moins brutale que l'Europe et un processus de sécularisation qui a généralement été moins conflictuel. Le choc de l'industrialisation a favorisé l'émergence de nostalgies communautaristes et d'hostilités anticapitalistes sans que la foi pour la science et l'innovation, héritage laïc des Lumières, ne se dissolve, sans qu'une remise en cause importante de la démocratie ne se produise. Si le progressisme, par exemple la philosophie entrepreneuriale socialement réconciliatrice du saint-simonisme, qui inspire la littérature de science-fiction d'un Jules Verne ou le roman-feuilleton d'un Eugène Sue, s'épuise peu à peu dans les milieux intellectuels européens, il continue, de l'autre côté de l'Atlantique, de faire débat sous d'autres formes dans le roman d'anticipation, la réflexion architecturale et politique.

Le pragmatisme, courant philosophique dominant, se veut porteur d'un tel progressisme, très différent de la geste révolutionnaire d'un Marx, du réalisme d'un Weber ou du républicanisme d'un Durkheim, traduisant une acclimatation à la modernité très spécifique. Ses fondateurs, William James, Charles S. Peirce, George H. Mead, John Dewey, l'enracinent dans le rejet d'une connaissance absolue, liée à des « vérités éternelles » et garantie par un ordre divin – en accord avec la démarche sociologique des deux côtés de l'Atlantique. Le postulat second du pragmatisme lui confère toute son originalité : les hommes sont véritablement producteurs du sens qui les fait vivre, ce qui implique qu'ils ne font pas que se conformer aux conditions de vie préexistantes et les subir, mais qu'ils sont capables de changement, d'expérience ou de « possibilités d'action » (Dewey). L'individu est un animal socialisé, utilisant un outil collectif, le langage, pour se connaître comme objet avant de se connaître comme soi, la réflexivité étant un processus communicationnel comprenant par définition l'extériorité à soi-même (Mead). L'accent mis sur la nouveauté engendrée dans et par l'action distingue les penseurs américains pour lesquels rien ne paraît fondamentalement insurmontable, ni la contradiction entre science et éthique, ni celle entre factualité et savoir, ou encore celle entre critique et progrès.

Charles Sanders Peirce et la question de la communication

Les travaux de Peirce, abondamment cités un siècle après leur rédaction, ont longtemps été ignorés en raison de la marginalité de leur auteur, qui n'a pas intégré un poste universitaire, de leur rare degré d'abstraction et de réflexivité, ainsi que de l'utilisation de typologies très particulières.

De tous les pragmatistes, Peirce est celui qui réfute avec le plus de force l'illusion objectiviste en prétendant que toute connaissance est discursive, dépendante d'un processus de relations entre propositions, comme une chaîne sans fin d'arguments. La science est un processus de vie et non une activité abstraite, elle repose sur les sujets humains, sur la communauté de chercheurs qui cherchent à s'accorder – les arguments ne se transformant pas d'eux-mêmes en faits ontologiques, indiscutables (position dite « anticartésienne »). La communication, comme action de coordination et de partage intersubjectif, est le ferment du savoir et du progrès. Peirce ne verse pourtant pas dans le nominalisme qui nie l'existence d'un réel. Le « réel » existe bien, même s'il est toujours représentations du réel et se divise en trois ordres de phénomènes : « la priméité est le mode d'être de ce qui est tel qu'il est », « la secondéité est le mode d'être de ce qui est tel qu'il est par rapport à un second », « la tiercéité est le mode d'être de ce qui est tel qu'il est, en mettant en relation réciproque un second et un troisième ». La représentation du réel s'articule elle aussi en trois niveaux : celui des qualités qui nous affectent (les *signes*), celui des faits réels qui nous résistent (les *objets* matériels et immatériels), celui des lois de l'univers que nous constatons et construisons tout à la fois (en tant qu'*interprétants*). Peirce ne voit aucun terme à la logique de représentation : tout fait signe (ou *representamen*) dans le monde mais la représentation sous forme de signes n'est elle-même qu'une forme de représentation, les signes ne sont qu'une partie de l'action sociale et l'individu qui interprète n'est pas réductible à l'interprétant, qui est un signe le reliant à d'autres signes. Un signe vaut pour quelque chose, un objet, mais sans être la signification de cet objet. En fondant la *sémiotique* ou science des signes, Peirce décide cependant de chercher dans la logique spécifique du langage les conditions de production de la connaissance. Il distingue trois types de signes qu'il nomme *icônes* (« naturels » car « ressemblant » aux objets représentés, les copiant), *indices* ou *index* (« naturels » mais ne faisant que renvoyer à et non copier), et *symboles* (« conventionnels » comme les mots du langage oral ou écrit).

L'apport de la sémiotique est aussi complexe à élucider que ses fondements. L'absence de délimitation du concept de *sémiose* a le défaut de rendre cette pensée très vague donc peu applicable – alors qu'elle se conçoit comme un pragmatisme et appel à l'empirisme. Mais l'idée-force qui la guide a l'avantage de gêner sa récupération par une théorie du langage qui se voudrait science reine. La conception *triadique* du signe est opposée à la conception *dyadique* du signe (signifiant/ signifié) défendue par la linguistique de Saussure, qui a permis de souligner d'autres aspects du langage mais qui a peu à peu été érigée en modèle de fonctionnement du sens, de la pensée humaine voire du monde. La notion d'interprétant interdit pour sa part de postuler un enfermement du réel dans le langage et ouvre l'étude de la communication à un horizon plus large, plus englobant, celui du social comme univers des interprétations en conflit ou en partage, stabilisant des signes communs. Il reste que la sémiotique, qui affiche avec modestie l'objectif de décrire le seul monde des signes, est aussi habitée d'une grande ambition. Elle est chargée par son auteur de cerner l'activité cognitive, la logique, à travers la séparation entre phénomènes d'abduction-induction-déduction (relevant respectivement de la priméité, secondéité, tiercéité). Le paradoxe veut que la réflexion épistémologique de Peirce, parti en quête d'une logique générale de la recherche débordant la question de la communication, ait lieu à partir d'une philosophie du langage qui ne peut rendre compte de l'ensemble des problèmes soulevés, comme le lui reproche Habermas [1968].

L'ouverture à la modernité et au futur, malgré les déstructurations sociales du présent, le constat suivant lequel la vie humaine ne fait sens que dans l'échange des expériences et le développement de la coopération – la matérialité étant avant tout une production humaine et non le déterminant des actions sociales – ont incité ces auteurs à se tourner favorablement vers la communication de masse comme processus d'organisation de la communauté. Cette conversion à la nouveauté masque pour partie des positions passéistes : la déploration de la perte des petites communautés, le rêve de construire une grande communauté qui débuterait par le local, par la confiance en la capacité quasi innée des individus de sympathiser, de se socialiser, avant d'élargir progressivement la conscience sociale et de bâtir une immense démocratie. Il ne fait pas de doute que les pragmatistes sont aussi parmi les premiers à verser dans l'utopie communicationnelle, appelée à se répandre au XXᵉ siècle. Mead affirme que si la communication entre les êtres humains était parfaite, la démocratie le serait également. Charles Horton Cooley, sociologue de l'École de Chicago proche du pragmatisme, à la fois inventeur de la notion de « groupe primaire » et auteur d'une thèse sur les transports ferroviaires, est l'un des premiers à définir la communication comme incluant le langage et les interactions interindividuelles et à étayer empiriquement ses arguments. Il entrevoit dans la révolution technique des communications – train, routes rapides, poste, télégraphe, écoles, journaux – le moyen de fonder une véritable communauté secondaire.

Le pragmatisme ne se réduit cependant pas à ces deux excès car il s'intéresse surtout à travers la diffusion des moyens matériels d'échange à la démultiplication des contacts entre les personnes comme remède concret aux pathologies modernes qui ont pour nom ignorance et indifférence. Dewey approfondit la thèse de Cooley lorsqu'il observe que la communication fait plus que prolonger les communautés locales. En réalité, elle ouvre un espace original, celui d'un « public » qui n'est pas une masse désorganisée et perverse mais une communauté en attente de réflexivité, d'instruments d'analyse et d'auto-représentation, faisant apprécier et comprendre le phénomène d'interdépendance à l'individu et venant conférer aux institutions la légitimité procurée par un vrai débat. La démocratie nouvelle est une relation à trois termes, communautés primaires, public et institutions (ou grande communauté). Contre les thèses de Lippmann, qui se méfie des populations moutonnières, abusées par les stéréotypes, et qui s'en remet à une démocratie guidée par les experts, seuls détenteurs du savoir, Dewey soutient avec force que les individus disposent de capacités d'analyse et de réaction. La réflexion exposée dans *Le public et ses problèmes* [1927] contient en germes certains des éléments du débat sur la notion d'espace public. Quand le concept de masse est perçu en Europe comme une menace, il renvoie à la notion de pluralisme aux États-Unis, c'est-à-dire au problème du fonctionnement effectif de la démocratie.

Les racines scientistes du pragmatisme et son optimisme ont souvent été critiqués. Dans son histoire des théories de la communication aux États-Unis, Hanno Hardt [1992] rappelle que ce courant de pensée véhicule un darwinisme social[1] et une faible attention aux questions liées à l'inégalité sociale, en affinité avec l'esprit dominant lors de périodes de prospérité du pays. Penseurs du libéralisme politique, les philosophes qui défendent la primauté des faits au détriment des débats théoriques sur l'ordre social ont participé d'une marginalisation des idées critiques dans un pays qui n'a jamais vu le socialisme se diffuser. Leur poids dans le débat public aurait frayé la voie au fonctionnalisme qui s'établit dans les années 1930, préoccupé pour sa part par l'idée de stabilité sociale et par une analyse de plus en plus consumériste des publics. Mais ces critiques sont à tempérer tant l'absence de naïveté caractérise aussi la démarche pragmatiste. Lecteurs de Marx, Cooley et Dewey opèrent une critique des monopoles économiques de l'information qui traduit la présence dans leur pensée d'une forte exigence éthique et politique. Peirce s'oppose au développement d'un individualisme sans contrainte qui saperait les fondements communautaires.

Le pragmatisme surgit donc comme une réponse anticipée à la philosophie allemande de l'histoire, puis comme une adaptation à son introduction effectuée par les chercheurs américains formés en Allemagne et par les penseurs allemands exilés[2]. Il invite déjà à dépasser l'antagonisme entre regard critique et défense des valeurs démocratiques. Pour Dewey, les médias de masse sont imparfaits mais nécessaires. Il faut conclure, à l'instar de Tocqueville, au surcroît de démocratie comme réponse aux imperfections de la démocratie. Les moyens de communication modernes, largement vilipendés du point de vue artistique, doivent même être considérés comme des moyens d'enrichissement de l'existence quotidienne et de la culture : c'est au Dewey d'*Art as Experience* que se réfèrent le pragmatisme contemporain [notamment SHUSTERMAN, 1991] et la

---

1. Lire aussi HOFSTADTER, 1944.
2. Par opposition, l'effort d'introduction mené par Raymond Aron [1938] en France ne débouche guère sur la prise en compte de la communication.

tradition sociologique américaine qui tente avec James Carey de mettre au point une position simultanément progressiste, critique et expressive.

L'École de Chicago

Le pragmatisme s'est lentement effacé dans le monde universitaire, avant sa redécouverte à la fin du XXe siècle, mais il a fait souffler un vent d'empirisme bienvenu, en particulier sur la question si délicate de la communication, soutenant indirectement l'essor du fonctionnalisme qui n'est pas seulement une théorisation consumériste des publics mais une mise en évidence des capacités cognitives des individus et, de ce fait, un apport majeur pour une théorie démocratique confrontée à la communication généralisée. Son influence est également déterminante sur la sociologie urbaine de l'École de Chicago qui, sous la houlette de Robert E. Park, est la première à avoir jeté les bases d'une étude ethnographique de la presse.

Né la même année que Weber, étudiant de Dewey, de James puis de Simmel, à l'occasion d'un voyage de trois ans à Berlin, Park accède à l'université à 49 ans, après avoir exercé la profession de journaliste. Son œuvre aborde des thèmes qui reflètent les préoccupations de ses maîtres à penser : biologisme, attrait pour le terrain plus que pour la conceptualisation, défense de la communication comme fondement de la démocratie. Le biologisme de Park perce dans l'idée que la ville doit être vue comme un problème d'organisation territoriale analogue à celui posé par le développement de la vie végétale, mais concernant des populations humaines variées, souvent immigrantes, en situations de compétition, adaptation, assimilation, ou dans le souhait de retracer une *histoire naturelle* de la presse, dont les enchaînements de formes seraient inéluctables. L'empirisme est autant affaire de goût que de trajectoire professionnelle. Fin connaisseur d'un monde alors considéré comme exotique dans les milieux académiques, Park livre une véritable sociologie de la presse – étude de la division du travail au sein des journaux, analyse du regard du professionnel (que sélectionne-t-il comme événement ?) qui annonce celle des *gatekeepers* – encore imprégnée des points de vue de ses ex-collègues mais riche en observations de leurs comportements. Utilisant la grande enquête de Thomas et Znaniecki sur les immigrés polonais, Park se penche aussi sur la formation effective des publics dans le but de comprendre ce que les gens font de l'information. Les immigrés lisent les publications en anglais, même s'ils ne les comprennent pas parfaitement, dans le but de s'ouvrir à la société qui les accueille. La communication de masse sert bien les fonctions d'intégration vantées par Dewey. La référence à Simmel et la métaphore biologique lui font simultanément prendre de la distance à l'égard des vertus supposées de conciliation des contraires, de diffusion et acculturation. La communication est un espace où s'exerce le conflit – les immigrés aiment lire une presse dans leur langue d'origine – ce qui ne relève pas de l'accident mais de l'essence de la société, même si l'on doit considérer que la cohabitation, l'interaction entre les hommes, produit une expérience commune.

La vision optimiste d'une communauté unie par les médias cède parfois le pas à une critique des intérêts particuliers promus par la presse et à un scepticisme inspiré de Lippmann et Lasswell à l'égard de l'intelligence des publics, de leur capacité à produire une authentique opinion publique, appelée de ses vœux par Dewey. Avec Park, la sociologie américaine, qui est la première à incorporer les thématiques communicationnelles, oscille encore entre découverte ethnographique et normativité politique, pour pencher en faveur du second terme, illustrant ainsi la montée de thématiques alarmistes étroitement liées au contexte de la Première Guerre mondiale.

Bibliographie

ARON Raymond, *Introduction à la philosophie de l'histoire. Essai sur les limites de l'objectivité historique* (1938), Gallimard, 1986.

– *Les Étapes de la pensée sociologique* (1967), Gallimard, 1989.

BERGER Peter, LUCKMANN Thomas, *La Construction sociale de la réalité* (1966), Méridiens Klincksieck, 1986.

BLONDIAUX Loïc, REYNIÉ Dominique (dir.), « L'opinion publique. Perspectives anglo-saxonnes », *Hermès*, 31, 2001.

CAREY James, *Communication as Culture. Essays on Media and Society* (1989), Londres, Routledge, 1992.

CHARNEY Leon, SCHWARTZ Vanessa R. (dir.), *Cinema and the Invention of Modem Life*, Berkeley et Los Angeles, University of California Press, 1995.

COOLEY Charles H., *Social Organization. A Study of the Larger Mind* (1909), New York, Schocken Books, 1962 (trad. partielle dans *Hermès*, 31, 2001).

DEWEY John, *Le Public et ses problèmes* (1927), Université de Pau-Farrago, 2003.

– *L'art comme expérience* (1934), Université de Pau-Farrago, 2006.

DURKHEIM Émile, *Le Suicide* (1897), PUF, 1983.

– *Les Formes élémentaires de la vie religieuse* (1912), PUF, 1985.

DURKHEIM Émile, MAUSS Marcel, « De quelques formes primitives de classification » (1903), *in* MAUSS M., *Essais de sociologie*, Seuil, 1969.

ECO Umberto, *De Superman au surhomme* (1978), Grasset, 1993.

HABERMAS Jürgen, *Connaissance et intérêt* (1968), Gallimard, 1976.

– *Théorie de l'agir communicationnel*, 2 t. (1981), Fayard, 1987.

HARDT Hanno, *Critical Communication Studies. Communication, History and Theory in America*, Londres, Routledge, 1992.

HOFSTADTER Richard, *Social Darwinism in American Thought* (1944), Boston, Beacon Press, 1992.

JOSEPH Isaac, « Pluralisme et contiguïtés », *in* CEFAÏ Daniel et JOSEPH Isaac (dir.), *L'Héritage du pragmatisme. Conflits d'urbanité et épreuves de civisme*, La tour d'Aigues, Éditions de l'Aube, 2002.

KATZ Elihu, « L'héritage de Gabriel Tarde. Un paradigme pour la recherche sur l'opinion et la communication », *Hermès*, 11-12, 1992.

Lazarsfeld Paul, *Qu'est-ce que la sociologie ?* Gallimard, 1970.

Lippmann Walter, *Public Opinion*, New York, Harcourt-Brace, 1922.

– *Le public fantôme* (1925), Demopolis, 2008.

Marcel Jean-Christophe, « Maurice Halbwachs à Chicago ou les ambiguïtés d'un rationalisme durkheimien », *Revue d'Histoire des Sciences humaines*, 1, 1999.

Marx Karl, *Contribution à la critique de l'économie politique* (1859), Éditions Sociales, 1972.

Marx Karl, Engels Friedrich, *La Sainte Famille* (1845), Gallimard, « La Pléiade », 1982.

– *L'Idéologie allemande* (1846), Éditions Sociales, 1976.

Mead Georges, *L'Esprit, le soi et la société*, (1934, textes posthumes) PUF, 1963.

Park Robert E., *The Immigrant Press and its Control*, New York, Harper, 1922.

Peirce Charles S., *Écrits sur le signe*, Seuil, 1978, trad. partielle des *Collected Papers*, Cambridge, Harvard University Press, 1931-1958.

– *Textes anticartésiens*, Aubier-Montaigne, 1984, trad. partielle de *Writings of Charles S. Peirce*, Bloomington, Indiana University Press, 1982-1983.

Shusterman Richard, *L'Art à l'état vif. La pensée pragmatiste et l'esthétique populaire*, Minuit, 1991.

Simmel Georg, *La Tragédie de la culture* (1895-1914), Rivages, 1988.

Tarde Gabriel, *L'Opinion et la foule* (1901), PUF, 1989.

Thomas William I., Znaniecki Florian, *Le Paysan polonais en Europe et en Amérique (1918-1920)*, Nathan, 1998.

Tocqueville Alexis de, *De la démocratie en Amérique (1835-1840)*, 2 t., Flammarion, 1981.

Tönnies Ferdinand, *Communauté et société. Catégories fondamentales de la sociologie pure* (1887), Retz, 1977.

Weber Max, « Le premier des sujets... allocution prononcée en 1910 à Francfort-sur-le-Main à l'occasion des premières assises de la sociologie allemande » (1910), *Réseaux*, 51, 101-108, 1992.

– *Le Savant et le politique* (1919), Plon, 1986.

– *Sociologie de la musique. Les fondements rationnels et sociaux de la musique* (1921), Métailié, 1998.

– *Économie et société* (1922), 2 t., Plon, 1995.

PREMIÈRE PARTIE

Dénaturaliser la communication

Le problème des effets... ou comment s'en débarrasser ?

DANS CETTE PARTIE sont présentées les premières théorisations de la communication en suivant un ordre essentiellement chronologique. L'émergence d'un paradigme ancré dans les sciences sociales apparaîtra erratique, les préoccupations initiales ayant d'abord été naturalistes en suivant des phases cycliquement pessimistes et optimistes (angoisses liées aux effets pathologiques des médias, théorie béhavioriste, cybernétique prométhéenne, déterminisme technologique enchanté). Les deux modélisations qui ont permis de structurer les approches sociologiques, la *Théorie Critique* et la psychosociologie lazarsfeldienne, baignent elles aussi dans cet ensemble dont elles ne s'affranchissent que partiellement. Elles font en effet la part belle aux notions d'effet et d'influence pour la seconde, ou demeurent centrées sur une critique désespérée, substantialiste, de la technique pour la première, dans une conception très pauvre de la relation aux médias et de la causalité en général. Mais cette difficulté de développer des paradigmes centrés sur le sens et le social ne signifie pas pour autant qu'un cheminement théorique n'a pas été accompli. Au contraire, l'obsession des effets et l'impasse à laquelle elle a mené ont constitué une délivrance tandis que l'écho des changements opérés dans les sciences humaines est parvenu dans les années 1970 et a permis que s'effectuent des transformations des concepts et des orientations théoriques (deuxième partie).

Chapitre 3

Le piège des théories des effets directs

Paniques morales et béhaviorisme

LE REGARD SOCIOLOGIQUE de plus en plus évanescent ou négatif à l'égard des médias décrit la trajectoire de la majorité des pensées en Europe et, pour partie, aux États-Unis. La diffusion des idées révolutionnaires américaines de 1776 et françaises de 1789 a d'abord rendu possible, pendant près d'un siècle, l'instauration d'un rapport optimiste au média papier. La confiance dans la presse, vue comme organe d'information pluraliste et comme source de réflexion éclairée, s'est révélée être en affinité avec l'idéal démocratique mais aussi avec l'idéologie de progrès économique, technique et scientifique qui s'est affirmée au cours du XIXᵉ siècle. La liberté d'opinion et la liberté de la presse, consacrées en France avec la loi de 1881, ont cohabité avec des utopies faisant de la poste, de la fée électricité et du télégraphe les outils de la création d'une véritable civilisation universelle. Cette confiance, non dénuée de naïveté, s'est, vers la fin du XIXᵉ siècle, petit à petit effondrée sous son propre poids, lorsque l'industrie est devenue synonyme de vaste et inquiétante mutation sociale, lorsque le droit de vote a été élargi et que les journaux ne se sont plus adressés aux seules élites. De démocratique, le développement des médias est devenu monstrueux pour tous ceux qui l'ont perçu comme une menace, un objet de manipulation et de dégoût, en fait comme un accès mal contrôlé du peuple à la représentation et au symbolique.

Certaines visions du social qui se mettent alors en place des deux côtés de l'Atlantique avec la publication d'ouvrages marquants, de *La Psychologie des foules* de Gustave Le Bon [1895] à *Public Opinion* de Walter Lippmann [1922] et *La Révolte des masses* de José Ortega y Gasset [1930], vont dénoncer la montée d'une figure dangereuse d'opinion collective, la masse ou la foule, caractérisée par son irrationalité et son hystérie. Leur succès explique que les discours dominants sur les médias aient été pendant très longtemps centrés sur la notion d'effet. Censés façonner les idées des individus malgré eux, les manipuler, les médias agiraient comme des hypnotiques ou les abuseraient par les stéréotypes qu'ils véhiculeraient. Ce présupposé a trouvé sa traduction dans une psychologie fondée sur l'idée de stimulus (béhaviorisme), les médias procéderaient par injections dans les esprits pour produire certains types de comportements (Lasswell).

La peur des effets des médias – et ses origines

La condamnation des effets des médias n'est pas l'apanage des sociétés contemporaines. Il est d'ailleurs possible d'en trouver une forme achevée dès l'Antiquité dans *La République* de Platon nous présentant un Socrate décidé à expulser les poètes de la Cité parce que leurs histoires sont susceptibles d'abuser les plus jeunes. Cette condamnation épouse des formes différentes dans le temps, elle atteint son apogée pour chaque média lorsque ce dernier devient socialement très visible. Au XIXe siècle, les romans-feuilletons mettant en scène la vengeance de héros persécutés par de vils bourgeois étaient accusés de faire le lit du socialisme en donnant de mauvaises idées aux ouvriers. Dans l'entre-deux-guerres, la radio était censée décerveler les femmes qui écoutaient leurs feuilletons. Elle a par ailleurs été créditée d'une influence énorme à la suite de la prise de pouvoir nazie en Allemagne – Hitler en avait fait une forte utilisation – et plus ponctuellement, de la panique produite par la retransmission d'une adaptation, en 1938, de *La Guerre des mondes* par Orson Welles, racontant l'invasion de la Terre par des extraterrestres[1]. Le développement des médias pour jeunes, musique rock et bande dessinée, a été relié à l'accroissement de la délinquance juvénile dans les années 1950 (des éditeurs de bandes dessinées ont ainsi dû rendre des comptes durant des séances télévisées du Sénat américain pendant le maccarthysme au moment où l'Europe mettait en place des systèmes de censure très contraignants). La télévision, après le cinéma, occupe depuis les années 1960 le sommet de la hiérarchie des médias jugés néfastes, supposés véhiculés la violence sociale et individuelle. Aujourd'hui, les jeux vidéo et Internet sont également au centre de nombreuses préoccupations concernant la santé, l'analphabétisme et la violence des jeunes.

La critique en bloc des pouvoirs supposés des médias prend toujours naissance dans une inquiétude relative à une perte de pouvoir, lorsqu'une menace plane sur un ordre établi. Elle passe par l'identification de groupes victimes, irresponsables, qu'il faudrait prendre en charge, protéger. Il n'est pas difficile de constater que les craintes de la société de la Belle Époque à l'égard de la presse populaire renvoyaient avant tout à la montée du syndicalisme et des divers mouvements révolutionnaires qui commençaient à contester une organisation économique et sociale injuste. Les feuilletons radiophoniques des années 1920-1930 étaient les boucs émissaires de l'ire masculine dans le contexte d'une vague d'émancipation qui se traduisait par l'entrée d'une fraction de la population féminine sur le marché du travail et par l'affirmation d'une consommation autonome de médias.

---

1. Une étude menée par Howard Cantril [1940], dans le sillage de la sociologie lazarsfeldienne, montre très tôt que la panique n'était pas généralisée et touchait les populations qui vivaient dans l'insécurité du chômage. Sa conclusion – fonctionnaliste – est que ni la radio, ni la presse, ni la « propagande » ne créent les guerres et les paniques mais que ce sont les écarts sociaux structurels, par exemple dans le domaine éducatif.

Les angoisses concernant les jeunes se multiplient à chaque fois que se produit une remise en cause des relations adultes/enfants/adolescents trouvant en fait son origine hors des médias. La diffusion massive de la BD coïncide avec l'apparition de l'enfant comme un consommateur moins dépendant de ses parents. L'avènement de la musique rock coïncide avec l'émancipation adolescente, elle-même provoquée par la scolarisation massive et par le développement d'un hédonisme dans cette classe d'âge (dû à l'accroissement du temps libre et des moyens financiers, de la période de latence sociale où il est possible de se consacrer à une vie festive...).

La notion de propagande

Si le cœur des interrogations sur les effets semble être aujourd'hui l'univers de l'enfance (voir l'encadré sur la relation violence/médias), le champ politique peut prétendre au statut de matrice des croyances en la puissance persuasive des médias avec le succès démesuré du concept de propagande. L'étymologie du mot ramène à l'idée de bouture, de jeune pousse coupée et plantée pour donner une nouvelle plante. L'idée de transmission s'impose dans le vocabulaire religieux qui fait de la propagande une diffusion édifiante, avant que le mot ne soit doté, à partir de la fin du XVIIIᵉ siècle, d'une connotation négative, celle d'exercer une influence sur l'opinion. La Première Guerre mondiale, avec la perte de crédit des médias qu'elle induit auprès des populations, puis la Seconde, avec les angoisses que font naître les totalitarismes, imposent la présence d'un concept qui devient l'explication première de la montée des extrémismes politiques. Serge Tchakhotine, qui a fui l'URSS pour la France, évoque *Le Viol des foules par la propagande politique* [1939] quand aux États-Unis le politologue Harold Lasswell se donne pour objectif de comprendre l'impact et la meilleure utilisation possible des techniques gouvernementales [*Propaganda Techniques in the World War*, 1927].

Pourtant, rien n'accrédite vraiment la puissance démesurée des médias, même en temps de guerre. L'idée reçue selon laquelle le nazisme serait une maladie répandue par la propagande venant frapper les plus faibles socialement, une foule urbaine dangereuse produite par la déviance sociale et le chômage, doit être battue en brèche. La recherche historique démontre que ce phénomène politique n'a pas constitué un raz de marée en Allemagne. Hitler n'a jamais obtenu la majorité des voix lors des élections et n'a pris le pouvoir que sur la décision d'Hindenburg de le lui confier, ce qui renvoie aux tractations entre les différents milieux dirigeants. Le lien entre la montée du nazisme et celle de la radio n'est pas causal selon les historiens (voir le bilan publié sous la direction de Larsen, Hagtvet et Myklebust et les travaux précurseurs d'A. Oberschall) qui soulignent les spécificités du vote nazi : ce ne sont pas les ouvriers qui ont voté majoritairement Hitler, ni les catholiques, ni même les villes, mais les campagnes protestantes parce qu'elles ne se sentaient pas représentées par les partis politiques en place (Zentrum catholique, parti communiste ouvriériste...). Ce sont les milieux parmi les mieux organisés socialement mais les moins représentés politiquement qui ont choisi le vote protestataire. Ce résultat confirme les remarques de Lazarsfeld : « On oublie souvent qu'un Hitler n'a pas accédé au pouvoir grâce à la radio, mais presque contre elle, puisqu'au temps de sa montée vers le pouvoir, la radio était aux mains de ses ennemis. Les effets de monopole ont probablement moins d'importance sociale qu'on ne l'estime généralement » (cité par McLuhan dans *Pour comprendre les médias*, 1964).

La propagande existe bien dans l'intention de l'émetteur, qui désire noyer toute résistance, influencer, imposer. Mais elle ne permet pas de comprendre les actes du récepteur qui dispose de capacités de fuite et de contradiction. De plus, la propagande peut « marcher » parce qu'elle entre en résonance avec les attentes des populations auxquelles elle s'adresse. Même s'il est parfois difficile de l'admettre, la résurgence de l'extrême droite en France au cours des années 1980 n'est pas le produit d'une propagande qui aurait influencé les plus faibles, mais la rencontre entre des attentes, multiples, pas nécessairement xénophobes, mais bien réelles, et des discours. Le mot pourrait être réservé aux sociétés totalitaires où il n'y a pas pluralisme ni même pluralité des messages et aux situations de contrôle extrême de la communication publique, par exemple les guerres. Mais, là encore, la question de l'effet des médias est à nuancer. La propagande communiste n'a pas empêché l'URSS d'éclater, des moyens de communication alternatifs tels que la plaisanterie sur le régime ayant d'ailleurs permis de s'y opposer intérieurement[1]. L'étude des situations de guerre montre que si l'intoxication médiatique est possible, elle est loin d'être automatique et de produire une uniformisation des esprits. Aux antipodes de l'image d'Épinal des soldats de la République partis gaiement défendre la nation, longtemps préparés à la revanche contre l'ennemi héréditaire allemand, les poilus de 1914 ne sont pas montés au front la fleur au fusil, en obéissant à une sorte de ferveur qui leur aurait été inculquée, comme l'a montré Jean-Jacques Becker [1977]. Shils et Janowitz observent que les troupes allemandes, que l'on pouvait espérer moralement usées à la fin de la Seconde Guerre mondiale (ce qui était le cas à la fin de la Première, donnant à croire que la défaite allemande était une conséquence du bombardement psychologique des Alliés), se sont servies des tracts alliés « propagandistes » qui leur étaient envoyés pour se remotiver, s'en nourrir idéologiquement, et combattre jusqu'à la mort. Utilisé souvent dans un sens très large qui en trahit le véritable sens – l'idée que les médias manipulent les gens – le concept de propagande est en fait un concept limite, peu opératoire en tant que tel.

Les paniques morales : l'exemple médias/violence

La question de la relation entre violence réelle et violence médiatique est assez emblématique des inquiétudes engendrées par les médias. Elle pèse comme une chape de plomb sur l'étude de la relation des médias et des jeunes depuis le début du XXe siècle. L'étude des effets de la violence médiatique sur les comportements est un investissement rentable pour de nombreux chercheurs : la production ininterrompue d'articles et de livres sur la question – plus de 2 500 articles

---

1. L'accès aux sources occidentales d'information et de divertissement ayant également joué [MATTELART, 1997] même s'il faut préciser, sous peine de verser de nouveau dans le mythe de la toute puissance de l'information, que « l'apport extérieur d'une information indépendante [...] ne peut [...] pas, par elle-même, déstabiliser un régime » [SÉMELIN, 1997].

recensés aux États-Unis au début des années 1980 ! – s'explique par l'existence d'une très forte demande sociale et institutionnelle émanant des associations familiales, de l'État, de la justice, des autorités de contrôle des médias, etc. Mais elle n'a débouché sur aucun résultat scientifique majeur, si l'on excepte celui de l'absence de résultat (condition d'ailleurs de la perpétuation d'une recherche).

Les diverses écoles de psychologie ou de psychosociologie qui se sont employées à mettre en place des expériences concrètes, s'appuient sur des théories variées dominées par l'idée de mimétisme : théorie de l'effet d'apprentissage (imitation des personnages d'un film), de l'effet de désinhibition (la violence est peu à peu perçue comme « normale » dans l'existence « réelle »), de l'effet d'activation d'une violence préexistante, Quelques courants mineurs défendent la théorie cathartique qui permettrait au contraire de comprendre l'effet de soulagement de leurs frustrations intérieures que ressentiraient les individus qui s'exposent à une violence imaginaire. Les expériences butent sur un élément très simple : la violence dans les médias peut effrayer, énerver, soulager, mais elle est d'abord symbolique, elle est *représentation* de la violence, et est perçue comme telle, même par les plus jeunes (voir les travaux de D. Buckingham)[1]. Elle est donc difficilement définissable, encore moins quantifiable, et ne peut être réduite au rang d'une variable univoque : les êtres humains ne sont pas stimulés par des images ou par des mots comme les chiens de Pavlov le sont par des messages olfactifs et visuels.

Aucune causalité n'a donc pu être mise en évidence entre des séries de contenus et des attitudes, et si des corrélations ont été obtenues (souvent contradictoires), elles ne disent rien des facteurs complexes alors impliqués, tels le milieu familial et les valeurs sociales. Les individus agressifs, socialisés à la violence, peuvent ainsi aimer s'exposer plus aux contenus violents que les autres ; l'éclatement des familles dans certaines couches de la société peut favoriser une agressivité qui se traduit parfois par une consommation de programmes violents...

Au niveau national, rien ne permet de conclure à une relation statistique entre les deux faits. Le Japon est le pays des jeux vidéo de combats et des *mangas*, bandes dessinées souvent critiquées pour leur violence extrême, mais il est aussi l'un des pays où le nombre de viols et de meurtres est le plus faible au monde. Les États-Unis, connus pour leur production de films d'action et leur taux de criminalité, contrôlent en fait beaucoup plus sévèrement que les

---

1. Certaines théories s'appuient sur une vision socio-culturelle de la relation aux médias, pour conclure aux mêmes effets. La théorie de l'incubation culturelle de Gerbner soutient que l'environnement médiatique agit à long terme par ses informations perpétuellement négatives en habituant les téléspectateurs à une vision sinistre du monde, source d'anxiété et distance à l'égard des autres, voire de violence. Dans ce cas, c'est le cadre ou l'agenda télévisuel qui influencerait les individus. Un tel modèle s'expose aux mêmes critiques que les précédents (pas de causalité relevée) et à celles adressées à la théorie des effets d'agenda (voir *supra*). Il repose, enfin, sur des hypothèses très discutables : pourquoi les médias proposeraient-ils nécessairement un environnement négatif ? McLuhan expliquait que les publicités étaient reçues par les publics comme de bonnes nouvelles. La fiction peut généralement prétendre à ce rôle. Enfin, à supposer que les médias exercent une influence anxiogène, pourquoi cette influence se traduirait-elle nécessairement par la violence ?

Européens leurs grilles de programmes télévisuels (il n'y a quasiment aucun programme violent pour enfants). La recrudescence de la délinquance juvénile qui était attribuée aux médias dans ce pays dans les années 1950 est infirmée depuis quelques années par les travaux de criminologie. L'explosion de la violence urbaine et l'utilisation des armes à feu par les mineurs, au cours des années 1990, sont souvent mises en relation avec l'explosion du câble, des jeux vidéo et des productions hollywoodiennes d'action, alors qu'elle est en rapport direct avec le délabrement économique et social de certaines villes, le retrait de la force publique, la constitution de gangs et la persistance d'une tradition individualiste qui autorise la vente libre des armes dans ce pays. Le développement d'une violence plus insidieuse, celle des « incivilités », renvoie à l'importante déstructuration des liens familiaux que connaissent les pays occidentaux depuis quelques décennies et à une perte de respect envers certaines institutions discréditées dans un contexte de crise économique – elle a des causes sociales et n'apparaît pas inéluctable. Quelques cas individuels, montés en épingle par les médias eux-mêmes, sont souvent mentionnés pour « prouver » la relation : la diffusion dans les années 1990 du film *Tueurs nés* d'Oliver Stone aurait influencé les tueurs du Cours de Vincennes (Florence Rey et Audry Maupin), les divers massacres d'écoliers aux États-Unis et en Europe auraient été causés par la fréquentation d'Internet ou de la télévision. Ces cas sont si peu nombreux qu'ils n'ont tout d'abord aucune signification statistique. Ils renvoient d'autre part à une analyse complexe. Il est nécessaire de remonter à chaque fois dans le passé des meurtriers, d'établir leur parcours très particulier pour mettre en évidence des déséquilibres psychiques profonds ou des engagements dans des réseaux d'action et idéologiques structurés qui expliquent leur geste. Une réflexion sur les exigences idéologiques des sociétés contemporaines, dont l'individualisme exacerbé a parfois pour prix un profond sentiment d'échec personnel, permet également de comprendre les actes de ceux qui cherchent à passer à la postérité par la violence démesurée, à se révéler enfin comme individus aux yeux de tous. Il est possible de voir alors que si les médias ne créent pas *ex nihilo* la violence réelle, ils peuvent être utilisés par les meurtriers pour façonner leur univers violent, leur imaginaire morbide, tout en leur promettant un accès à la reconnaissance. Les médias sont des réservoirs de formes d'action et non des stimulateurs d'action. Si mimétisme il y a, c'est dans le choix des modalités meurtrières et non dans le meurtre.

Il y a au fond une certaine ironie à parler d'effet des médias sur les comportements réels dans les pays occidentaux qui, s'ils traversent des époques où la violence physique est plus ou moins contenue et réprimée, ont les sociétés à la fois les plus pacifiques de l'histoire et les plus consommatrices de médias (ce qui ne veut pas dire non plus qu'une relation existe entre ces deux éléments). La puissance de l'État, seul détenteur de la violence physique légitime, et l'intériorisation psychologique de la violence qui en découle (les émeutes de mai 1968 ont fait un mort en France), sont les caractéristiques des sociétés contemporaines qui n'ont certes pas expulsé pour autant la violence symbolique (celle des relations sociales ou de travail, par exemple) et interétatique, selon Norbert Elias. Le sport illustre bien ce mouvement : souvent considéré, au XXᵉ siècle, comme violent sur le terrain comme dans les tribunes des stades et des médias (cette violence doit évidemment être combattue), il nous apparaît bien éloigné de l'idéal grec des Jeux Olympiques. Pourtant ces derniers ne correspondent pas à l'image que nous nous en faisons, ils impliquaient la compétition à tout prix : yeux arrachés, membres brisés étaient choses courantes et autorisées dans les combats de lutteurs, la mise à mort n'étant pas interdite mais sanctionnée par la défaite du survivant et la victoire posthume du défunt. Dans le contexte de cités concurrentes, le sport était en fait une préparation à la guerre pour les citoyens. Le Moyen Âge n'a pas pacifié le rituel sportif et il faudra attendre les siècles récents pour qu'il devienne une compétition physique, parfois excessive mais fondée sur l'autocontrôle.

Au total, il est intéressant de retourner la question des effets en se demandant non pas s'ils existent mais pourquoi ils font l'objet d'une croyance aussi répandue. On remarquera alors que les médias servent souvent de boucs émissaires [ROWLAND, 1983 ; BARKER, PETLEY, 1997]. Les sociétés occidentales ont par exemple développé depuis deux siècles le mythe de l'enfant roi, être pur qu'il faudrait protéger en permanence des atteintes du monde (selon la thèse de Philippe Ariès). En créant un tel statut de l'enfance, largement positif puisqu'il permet de prendre en considération ceux qui étaient considérés auparavant comme de simples adultes inachevés, elles ont oublié que l'esprit des plus jeunes est tout aussi ambivalent que celui de leurs parents. Elles ne peuvent être que surprises lorsqu'elles découvrent l'intérêt de ces derniers pour des formes d'action, voire de cruauté, révélées par certains de leurs goûts télévisuels, et attribuent cet intérêt à une influence des médias. L'accusation des médias peut aussi rapidement excuser la perte de l'autorité parentale au sein de la famille et l'utilisation de la télévision comme « baby-sitter ». Elle sert enfin indirectement à désigner des coupables, à stigmatiser des populations : la critique de la violence télévisée a été un moyen de critiquer la jeunesse des banlieues durant les années 1990, à travers l'association que l'on a pu faire entre les deux.

Ces remarques ne veulent pas dire que la violence de certains contenus médiatiques ne doit pas être critiquée. Il est certain qu'elle peut être à l'origine de traumatismes psychologiques et appelle donc une régulation publique. Mais il est très difficile d'associer des contenus particuliers à ces traumas tant la variété des peurs et des supports est grande d'un enfant à un autre et peut faire partie d'un processus d'apprentissage de la vie [BUCKINGHAM, 1996 et 2000 ; GONNET, 1997]. Il est clairement avéré que la fiction est beaucoup moins effrayante pour les enfants (en particulier tous les récits mettant en scène des héros luttant contre le mal dont la violence est perçue comme ludique) que l'information (le journal est une source importante d'angoisses parce qu'il parle du monde réel). La violence pose d'autre part un problème de qualité lorsqu'elle est utilisée comme une solution à un problème de marketing, comme une facilité de producteur ou de créateur en mal d'imagination.

Les effets de *stimuli*
et la « seringue hypodermique »

L'influence censée s'exercer sur les audiences a été expliquée par des modélisations dérivées de la psychologie des premières décennies du XXe siècle, alors habitée par le rêve de rejoindre les sciences naturelles dans une vision purement mécaniste de l'homme. Le public conditionné, passif, répond par des réflexes et des réponses automatiques à des stimulations diverses, quand il n'est pas mû par des forces inconscientes (ego, affect, etc.). La thèse du conditionnement des comportements, énoncée par les physiologistes russes Ivan P. Pavlov et Vladimir M. Bekhterev, est extrapolée du domaine animal au domaine humain tandis que s'impose le béhaviorisme de l'Américain John B. Watson, qui recommande l'utilisation de procédures expérimentales pour étudier les mécanismes psychiques, saisis à travers le comportement, considéré comme une réponse à l'environnement. Toutes les formes complexes de vie – émotions, habitudes, etc. – sont le produit d'éléments musculaires et glandulaires simples, observables et mesurables.

De Kurt Lewin et Floyd Allport à S. Milgramm, et malgré sa variété, la psychologie s'érige alors en discipline « scientifique » utilisant des procédures « objectives » comme les expériences de laboratoire, dans le but de recueillir des résultats exploitables statistiquement. Opposée aux courants introspectifs – et en cela novatrice –, cette démarche sera peu à peu minorée en raison de son réductionnisme extrême, l'environnement humain étant assimilé à des *stimuli* physiques qui résumeraient à eux seuls notre rapport au monde, la méthode de travail consistant à réunir quelques volontaires artificiellement extraits du monde social, encadrés par des protocoles d'enquête très directifs que les chercheurs s'étonnent généralement de voir confirmés sous la forme de résultats. Confrontée à la concurrence de la psychologie génétique (Piaget, Freud, Wallon), la psychologie expérimentale partage avec elle l'idée que le développement d'un être humain est fondamentalement limité et récapitule un donné (environnemental, génétique, inconscient) sans jamais imaginer le monde humain comme un construit dans lequel les perceptions ne sont pas des objets provenant d'une physique neutre et objective mais des signes, des médiations complexes, généralement inutiles biologiquement, assurant pourtant des possibilités de changement illimitées aux pensées et aux actes.

Dans ce paysage, l'apport de Lasswell, ancien étudiant pragmatiste converti à une froide analyse des *techniques de persuasion* au nom d'un interventionnisme d'État, chargé de guider mentalement les populations des grandes nations démocratiques par la propagande comme elles le sont dans le domaine économique par le *New Deal*, est de l'ordre de la quintessence. Lasswell invente l'expression de seringue ou « aiguille hypodermique » (« *hypodermic needle* ») pour désigner l'influence subie par les audiences passives, celle de « mass communication » pour délimiter le champ des recherches à mener sur les médias dits de masse, et, enfin, en 1948, sa fameuse « question programme » (« Qui dit quoi par quel canal à qui avec quels effets ? ») chargée de nommer les sous-espaces de ce champ (de l'étude des producteurs à celle de l'impact des messages). Cette activité de définition favorise l'essor d'une discipline aux États-Unis, à laquelle l'école psychologique de Yale, emmenée par Carl Hovland contribue de façon significative, dont les résultats lentement dégagés consisteront d'abord à invalider les hypothèses initiales. L'histoire de la recherche sur les effets est celle d'un long parcours à l'envers, de la primauté rêvée du message sensoriel à la découverte progressive que les sujets disposent de facultés d'attention, de compréhension, d'acception, de rétention et d'action – même en laboratoire – la sociologie lazarsfeldienne récapitulant cette évolution pour mieux la dépasser[1].

La publicité est-elle la preuve de l'existence de communications persuasives ?

Si la discussion sur les effets de *stimuli* a été évacuée en psychologie, elle renaît toujours dans la société civile, dans les instances ministérielles et dans les discours économiques, avec l'argument éternel de l'influence commerciale : « si la publicité ne marchait pas, personne ne dépenserait autant d'argent pour en faire ». À cet argument frappé au coin du bon sens, peu d'auteurs ont aussi bien répondu que le sociologue américain Michael Schudson, dans un ouvrage s'amusant des mythes des publicitaires [*Advertising, the Uneasy Persuasion*, 1984], multipliant les évocations historiques pour conclure au manque absolu de repères des communicants, mais sans rejet d'un univers commercial qui a son utilité et pour lequel il faut avoir de l'indulgence[2]. Si la toute puissance des messages existe, comment faut-il expliquer l'existence de pans entiers de l'économie n'ayant pas bénéficié de publicité pour décoller (notamment le *hard discount*, phénomène central dans le secteur de la distribution), et le succès incroyable – peut-être le plus massif de tous au niveau économique depuis 30 ans – de ceux qui ont fait l'objet de publicités gouvernementales systématiquement négatives, les drogues illicites ? Il faut rappeler que 80 % des nouveaux produits échouent à s'implanter sur un marché et que la publicité n'a jamais sauvé d'un coup de baguette magique un secteur en déclin. Schudson note que les publicitaires ne savent pas s'ils vont réussir à influencer une population lorsqu'ils procèdent à des tests concluants, ces derniers les informant sur le degré de mémorisation des produits et sur le degré de satisfaction des consommateurs mais en aucun cas sur les achats à venir. En réalité, les bons publicitaires ne se disent pas qu'ils vont manipuler les clients mais qu'ils peuvent jouer un rôle dans le processus d'achat s'ils s'adaptent aux

---

1. La psycho-sociologie contemporaine est divisée entre les courants demeurés fidèles à l'impulsion de Hovland puis de Lazarsfeld, testant quantitativement les dispositifs (par exemple publicitaires) du point de vue des schémas perceptifs et cognitifs des individus [voir GEORGET, CHABROL, 2000], les courants de la psychologie cognitive, et les courants généralement plus qualitatifs mettant l'accent sur la notion d'interprétation et se rapprochant de la recherche de type *Cultural Studies* [LIVINGSTONE, 1990].
2. Schudson est une figure importante de l'académie américaine, à la fois critique des idéologies professionnelles et fidèle à une tradition de tolérance des libertés et des cultures, par choix scientifique et par trajectoire familiale, son père étant issu de cet univers commercial.

demandes de ces derniers, s'ils leur tendent le bon miroir, leurs savoirs étant souvent des recettes empiriques ou des ignorances.

Le grand effet – indirect – de la publicité est de rendre disponible des produits dans l'imaginaire (et, mieux encore, dans les rayons de magasins), pour qu'ils se prêtent ensuite au jeu des goûts et des différences sociales. « Il est probable que la publicité aide à vendre des biens même si elle ne persuade jamais un consommateur de quoi que ce soit ». Selon Schudson, qui présente un schéma dit des cinq « R » dans un autre texte [SCHUDSON, 1989], les médias ont d'abord pour effet, si l'on peut parler d'effet puisqu'il s'agit plutôt d'efficacité symbolique partagée avec des publics, 1) de Rendre disponible des biens, 2) de développer une Rhétorique dont le but n'est pas de persuader les populations mais de rendre les programmes mémorisables et prégnants dans les imaginaires, 3) d'entrer en Résonance avec des cadres culturels, 4 ; de faire perdurer les produits au moyen d'une Rétention institutionnelle (les produits dérivés réactivent en permanence la mémoire), 5) enfin, d'aider les publics à décider de leurs réponses aux programmes en leurs fournissant des schémas de Résolution de problèmes. Les informations, comme les publicités et les divertissements, ne sont pas vues comme des pouvoirs, des objets ou des causes mais comme des ressources et des contextes.

On peut ajouter, à propos d'un phénomène rituellement évoqué et craint, celui de la perception subliminale, que les recherches en psychologie expérimentale en étayent aujourd'hui la réalité mais en soulignant l'impact de très courte durée, la perception s'effaçant en quelques centaines de millisecondes si bien que « le consommateur, ou l'électeur, devrait se précipiter en moins de 150 millisecondes devant des rayonnages, ou dans un isoloir, pour que l'effet d'un message subliminal puisse agir. Les manipulations mentales par des messages subliminaux sont, en pratique, impossibles » [FERRAND, SEGUI, 2001].

Conclusion

Le paradigme des effets forts est un paradigme faible parce qu'il apporte une information très limitée sur la réalité de l'interaction sociale. Dans sa version « *stimuli* », il peut servir à la rigueur à comprendre la réaction des téléspectateurs qui salivent devant une publicité pour friandises, c'est-à-dire à analyser l'implication sensorielle, il peut déjà plus difficilement expliquer pourquoi des enfants (certains enfants) peuvent être momentanément agités après avoir regardé des dessins animés violents (ou pendant, ou avant, ou jamais !), enfin, il n'explique en aucun cas pas pourquoi se produisent des crimes, pourquoi des différences entre nations et entre milieux sociaux dans le rapport à la violence se manifestent, pourquoi Hitler est parvenu au pouvoir.

Bibliographie

Akoun André, « Relire Gustave Le Bon », *Ethno-Psychologie*, 2, 1979.

Ariès Philippe, *L'Enfant et la vie familiale sous l'Ancien Régime*, Seuil, 1960.

Barker Martin, Petley Julian (dir.), *Ill Effects. The Media/Violence Debate*, Londres, Routledge, 1997.

Becker Jean-Jacques, *1914 : comment les Français sont entrés dans la guerre*, FNSP, 1977.

Buckingham David, *La Mort de l'enfance. Grandir à l'âge des médias* (2000), Armand Colin-INA, 2010.

– *Moving Images. Understanding Chidren's Emotional Responses to Television*, Manchester, Manchester University Press, 1996.

Cantril Howard (avec Hazel Gaudet et Herta Herzog), *The Invasion from Mars. A Study in the Psychology of Panic*, Princeton, Princeton University Press, 1940.

Chartier Anne-Marie, Hébrard Jean, *Discours sur la lecture (1880-1980)*, BPI Centre Georges-Pompidou, 1989.

Drotner Kirsten, « Modernity and Media Panics », *in* Skovmand Michael, Schroder Kim Christian (dir.), *Media Cultures. Reappraising Transnational Media*, Londres, Routledge, 1992.

Elias Norbert, « Sport et violence », *Actes de la recherche en sciences sociales*, 6, 1976 (1971).

– *La Société de cour* (1969), Flammarion, 1985.

Ferrand Ludovic, Segui Juan, « La perception subliminale », *Pour la science*, 280, février 2001.

Gerbner George, *Violence et terreur dans les médias*, UNESCO, *Études et documents d'information*, 102, 1989.

Gilbert James, *A Cycle of Outrage. America's Reaction to the Juvenile Delinquent in the 1950's*, New York, Oxford University Press, 1986.

Georget Patrice, Chabrol Claude, « Traitement textuel des accroches et publicités argumentées », *Revue internationale de psychologie sociale*, 4, 2000.

Gonnet Jacques, *Éducation et médias*, PUF, 1997.

Hovland Carl *et al.*, *Communication and Persuasion*, New Haven, Yale University Press, 1953.

Jarvie Ian C., Jowett Garth S., Fuller Kathryn H. (dir.), *Children and the Movies. Media Influences and the Payne Fund Controversy*, Cambridge, Cambridge University Press, 1996.

Larsen Stein, Hagtvet Bernt, Myklebust Jan Peter (dir.), *Who Were the Fascists ? Social Roots of European Fascism*, Bergen, Universitetsforlaget, 1980.

Lasswell Harold, « Structure et fonction de la communication dans la société » (1948), *in* Balle Francis, Padioleau Jean, *Sociologie de l'information et de la communication. Textes fondamentaux*, Larousse, 1973.

– *Propaganda Techniques in the World War*, New York, Knopf, 1927.

Le Bon Gustave, *La Psychologie des foules* (1895), Flammarion, 1990.

Lippmann Walter, *Public Opinion*, New York, Harcourt-Brace, 1922.

LIVINGSTONE Sonia, *Making Sense of Television. The Psychology of Audience Interpretation* (1990), Oxford, Butterworth-Heinmann, 1995.

MATTELART Tristan, *Le Cheval de Troie de l'audiovisuel. Le rideau de fer à l'épreuve des radios et télévision transfrontières*, Grenoble, PUG, 1995.

MOSCOVICI Serge, *L'Âge des foules. Un traité historique de psychologie des masses*, Fayard, 1981.

OBERSCHALL Anthony, *Social Conflict and Social Movements*, Englewood Cliffs, Prentice Hall, 1973.

ORTEGA Y GASSET José, *La Révolte des masses* (1930), Delamain et Boutelleau, 1937.

ROWLAND Willard, *The Politics of TV Violence. Policy Uses of Communication Research*, Londres, Sage, 1983.

SCHUDSON Michael, *The Power of News*, Cambridge, Harvard University Press, 1995 (trad. partielle dans *Politix*, 37, 1997).

– « How Culture Works. Perspectives from Media Studies on the Efficacy of Symbols », *Theory, Culture and Society*, 18, 1989.

– *Advertising, the Uneasy Persuasion. Its Dubious Impact on American Society* (1984), Basic Books, 1986.

SÉMELIN Jacques, *La Liberté au bout des ondes. Du coup de Prague à la chute du mur de Berlin*, Belfond, 1997.

SHILS Edward, JANOWITZ Morris, « Cohésion et désintégration de la Wehrmacht » (1966), *in* MENDRAS Henri (dir.), *Éléments de sociologie, Textes*, Armand Colin, 1978.

TCHAKHOTINE Serge, *Le Viol des foules par la propagande politique* (1939), Gallimard, 1992.

Chapitre 4

L'École de Francfort et la théorie de la culture de masse

Le soleil noir de la modernité

Nous vivons tous, au moins à certains moments, avec l'idée que les médias nous trompent ou nous endorment, nous masquant la nature d'un réel qui appelle l'action et non la soumission. Il est rare que cette idée s'érige en théorie réellement assumée au-delà du soupçon d'effets hypnotiques. De ce point de vue, l'intérêt de la *Théorie Critique* appliquée aux médias par Adorno et Horkheimer au sein de l'École de Francfort n'est pas son exactitude mais le fait qu'elle systématise et radicalise les critiques adressées à ce qui est souvent perçu comme une culture dégradée et dégradante : elle rend explicite ce qui est au fondement du rejet des médias en fournissant un modèle très cohérent de la domination idéologique qu'imposeraient ces derniers.

Son actualité demeure donc totale car elle fournit le prototype du raisonnement par lequel chacun est amené à supposer que les autres sont dupes de ce dont il ne l'est pas lui-même. Du point de vue des sciences sociales, son intérêt est de fournir un premier échafaudage pour une théorie de la domination culturelle s'exprimant au travers des médias de masse. Si sa formulation demeure frustre, entachée de préjugés élitistes, elle permet de cerner le problème du rapport entre monde des médias et jeu des inégalités sociales, c'est-à-dire le problème de l'effet idéologique.

De la culture de masse à l'industrie culturelle

Formé en 1923, le *Frankfurt Institut für Sozialforschung* se compose de philosophes juifs allemands formés sous la République de Weimar, pour la plupart contraints à émigrer à Genève en 1933, puis à New York en 1934, en raison des persécutions et de la fermeture du centre imposées par les Nazis. Theodor Adorno en est le leader incontesté, qui définit, en compagnie de Max Horkheimer, les grandes lignes d'une vision critique de la culture de masse dans les années 1940. L'adjectif « critique » renvoie donc ici à un courant de recherche très précis, de même que l'expression « culture de masse » devenue si courante par la suite, surtout dans son *acception* péjorative[1]. Celle-ci a son origine dans les violents débats qui entourent la découverte intellectuelle des sociétés modernes à partir de la fin du XIXe siècle, la notion de masse côtoyant celle de foule dans les écrits de Freud, Le Bon, Spengler, Ortega y Gasset, T. S. Eliot. Auteurs progressistes et conservateurs se rejoignent dans une perspective, le plus souvent nostalgique, dénonçant une dérive pathologique, fondée sur une hostilité à l'égard des phénomènes de démocratisation culturelle et économique, qui s'intègre de façon originale à une réflexion marxiste dans la *Théorie Critique*.

Pour Adorno et Horkheimer, la modernité se caractérise par l'omniprésence de la technique et par la marchandisation des rapports humains. Les grandes institutions sociales comme la famille qui abritaient les individus en donnant sens à leur vie ont éclaté sous la pression du monde du travail et de l'esprit de compétition. Elles ne peuvent plus les protéger de l'univers public qui envahit de ses exigences toutes les sphères de l'existence, y compris celles de l'enfance et des loisirs (« le seul moyen de se soustraire à ce qui se passe à l'usine et au bureau est de s'y adapter durant les heures de loisirs », *La Dialectique de la raison*, 1947). Les membres des sociétés industrialisées sont exposés à la souffrance psychologique et sont particulièrement vulnérables d'un point de vue idéologique. Cette fragilité supposée a été décrite de façon frappante au début des années 1950 par la philosophe Hannah Arendt, autre émigrée allemande entretenant avec l'École de Francfort des relations d'affinité intellectuelle autant que de dédain. Elle expose dans sa théorie du totalitarisme une vision de la montée du nazisme rejetant toute interprétation en termes de classes sociales : si le despotisme absolu peut s'installer, c'est en profitant du déracinement social et de l'absence de normes collectives. La principale caractéristique de l'« homme de masse » est, selon ses termes, l'isolement et le manque de rapports sociaux. De la même façon, Adorno et Horkheimer situent dans ce qu'ils considèrent comme un phénomène d'atomisation sociale l'origine des maux des sociétés modernes : les hommes sont livrés à eux-mêmes mais ils deviennent étrangers à eux-mêmes, « aliénés », en perdant leurs racines et leurs communautés d'appartenance. Ils sont donc susceptibles d'être manipulés par les nouvelles forces qui gouvernent la société, en particulier par les médias auxquels ils sont confrontés directement.

Cette manipulation emprunte deux grandes voies, celle de la flatterie et celle de la séduction. L'attrait du leader charismatique, suivant l'exemple hitlérien, tient à la puissance de l'outil qu'il utilise – la répétition obsédante de ses discours radiodiffusés – et à la flatterie des instincts autoritaires qu'il sait exacerber. Adorno s'est ainsi attaché à mettre au point une échelle permettant de mesurer concrètement

---

1. Le penseur américain Dwight McDonald a revendiqué la paternité de l'expression dans les années 1970, en évoquant un article publié en 1938. Mais les premiers écrits de Adorno et Horkheimer sur le sujet datent du tout début des années 1940 et leur influence sur les travaux de Mcdonald est manifeste.

le degré d'autoritarisme des individus, selon la méthodologie exposée dans *The Authoritarian Personality* [1950].

La culture de masse, rebaptisée « industrie culturelle » pour en souligner l'aspect mécanique, automatisé, ne se réduit cependant pas à son usage par le dictateur, elle est un bombardement permanent de loisirs qui affectent le jugement et endorment la raison. Depuis son avènement récent au XIXᵉ siècle, elle vient détruire l'authentique culture populaire du passé, celle des traditions orales ou culinaires qui reposaient sur un « art inférieur », et les traditions de l'« art supérieur », qui recherchent la difficulté, la distance dans l'expression formelle, ainsi que la critique des hiérarchies. Le pouvoir de ce qui s'impose partout et n'est plus culture réelle mais simple domination, provient de sa puissance technique et de sa capacité de produire à la chaîne des programmes radiophoniques, des films ou des romans, reposant sur des morales faciles à saisir et satisfaisantes pour l'esprit.

Les médias de masse, gérés comme des industries, exercent une séduction permanente car ils soulagent, détendent, font rêver et espérer. Les stéréotypes qu'ils véhiculent réduisent la complexité du monde et plaisent par leur monotonie rassurante. Les modèles d'identification qu'ils proposent ne sont que des dérivatifs dérisoires, des moyens de rester enfermé dans un état de passivité sans fin. Ainsi les jeux de hasard font-ils imaginer une issue rapide et heureuse à la détresse personnelle. Ainsi le western repose-t-il tout entier sur un individualisme qui peut sembler triomphant (le héros seul vainqueur à la fin) mais qui se révèle illusoire : le genre donne à penser que l'on peut résoudre les problèmes sociaux par des solutions physiques individuelles mais il ne sert qu'à masquer la réalité de l'exploitation capitaliste qui est collective, au service d'une classe qui tient les médias comme les autres secteurs économiques, avec le pouvoir politique. Le temps passé en plaisirs doucereux, en rêves de revanche sur le destin, en admiration pour des stars lointaines, n'est jamais rattrapé. Les médias forment un écran de fumée, une vapeur abrutissante : la communication de masse conduit au silence des masses. Ils sont l'*anti-Aufklärung*, le soleil noir de la modernité : ils généralisent l'absence de sens critique et de respect pour la vraie culture en « mystifiant » les êtres humains.

Il faut noter que la *Théorie Critique* n'est pas fondée sur l'idée vulgaire de *stimulus*. Son grand apport est d'introduire une réflexion sur l'idéologie dans le champ de la recherche sur les médias (on parlera ici d'effet idéologique plutôt que de réflexe conditionné) et de faire le lien entre histoire et communication. Elle prolonge ainsi les idées de Marx sur l'exploitation économique en projetant dans le monde de la culture l'idée de domination économique et sociale (en reprenant la maxime marxiste – assez vague – selon laquelle « les pensées dominantes sont les pensées de la classe dominante »). La culture aussi est un espace de rapports de force, pas simplement un divertissement innocent ou un art désintéressé. Mais le lien qui est établi entre culture et domination économique ou politique demeure un lien rigide, l'infrastructure (l'économique) détermine la superstructure (la culture). Dans la *Théorie Critique*, l'homme de masse n'a le choix qu'entre l'excitation (la crispation réactionnaire de la foule hystérique dénoncée par les penseurs conservateurs) ou l'apathie (« le soupir de la créature opprimée » déploré par les révolutionnaires), les deux effets dominants des drogues sur l'esprit. Les médias remplissent le même rôle que la religion chez Marx, ils sont le nouvel opium du peuple : « le plaisir favorise la résignation qu'il est censé aider à oublier » (*La Dialectique de la raison*). Il existe une collaboration consciente et inconsciente des individus à leur propre perte : « de même que les hommes assujettis prirent toujours plus au sérieux que leurs seigneurs la morale qui leur venait de ceux-ci, de même les masses dupées d'aujourd'hui subissent, plus fortement que ceux qui ont réussi, le mythe du succès » (« L'attachement funeste du peuple pour le mal qu'on lui fait va même au-devant de l'astuce des autorités », *La Dialectique de la raison*).

Le poids de la référence à la guerre et de l'élitisme culturel

Les objections que l'on peut adresser à une telle vision sont nombreuses. Adorno opère une fusion entre la théorie de la rationalisation et du désenchantement de Weber (dans sa version la plus pessimiste, celle à laquelle Weber n'adhérait pas toujours) et la théorie du fétichisme de la marchandise de Marx[1]. Il s'inscrit dans le prolongement du philosophe marxiste hongrois Georg Lukács qui dans sa *Théorie du roman* [1916] effectuait le premier une analyse des contenus du roman bourgeois en termes de reflet du monde économique. Les héros romanesques de Flaubert ou Balzac habitent un univers dégradé, disloqué, vide de valeurs, qui ne fait que renvoyer au vide du monde marchand déserté par l'art. Le problème de cette théorie est qu'elle repose sur des présupposés très romantiques, abusivement mélancoliques. Il y aurait comme un monde authentique, rempli de sens, ontologique, puis tout ne serait plus que déclin, perte de valeurs. L'appel à une révolution qui libérerait le monde du capitalisme hésite entre un utopisme naïf (construisons un monde nouveau) et un existentialisme réactionnaire (il faut revenir en arrière).

Il est difficile évidemment de ne pas observer la relation entre le pessimisme extrême de ces philosophes rationalistes et le contexte historique dans lequel ils ont vécu. Les membres de l'École de Francfort ont été irrémédiablement marqués par la Seconde Guerre mondiale, puis par la Shoah dont ils ont généralisé l'expérience à l'idée même de modernité (on s'en rendra compte en lisant le dernier ouvrage important d'Adorno, *Dialectique négative*, dans lequel celui-ci évoque l'impératif de toujours « penser et agir en sorte qu'Auschwitz ne se répète pas »). Avant eux, Lukács avouait que le point de départ de sa théorie du roman était le déclenchement de la Première Guerre mondiale et le « désespoir permanent » qui l'habitait. Le spectacle des médias de divertissement allemands de l'entre-deux-guerres, considérés comme des leurres masquant la montée du nazisme, et l'exil new-yorkais qui les a contraints à se heurter à une culture populaire américaine dérangeante pour des intellectuels, ont façonné également un jugement qui était hostile à cette dernière.

---

1. Th. Veblen, envers lequel Adorno souligne pourtant sa distance, constitue aussi une source de sa pensée.

Adorno éprouvait une véritable aversion à l'égard de la radio, du cinéma, et des genres considérés alors comme « populaires » ou même plus nobles (le jazz). Il a réservé ses études les plus intéressantes à la musique qui l'intéressait (« classique » ou « contemporaine »), en amalgamant les autres productions qu'il dédaignait. Sa conception de l'art, comme l'observe Hans Robert Jauss, est très clairement élitiste, elle repousse toute expérience liée à la jouissance, au plaisir immédiat. Le plaisir est un oubli de soi et de sa situation sociale, un acquiescement au *statu quo*. L'art doit être accusateur, « négatif », il consiste en une mise à distance, un ascétisme moral et esthétique (illustré par exemple par la peinture abstraite ou le nouveau roman). Celui qui parle de plaisir, par exemple de l'oreille, « se trahit quand il parle », dévoile son hostilité bourgeoise à une intellectualisation de l'art : « le bourgeois souhaite l'opulence dans l'art et l'ascétisme dans la vie ; il ferait mieux de souhaiter le contraire » [*Théorie esthétique*, 1970]. Pourtant Adorno reconnaît les limites de toute expérience ascétique de l'art : « si la jouissance était éliminée jusqu'au dernier vestige, on ne saurait plus répondre à la question de savoir à quoi cela sert qu'il y ait des œuvres d'art » [*ibid.*]. Son rejet du plaisir traduit avant tout une méfiance à l'égard de l'émotion et de ce qui ne peut être contrôlé par les intellectuels. Il rejoint celui de Platon qui souhaitait imposer une tutelle aux arts et chasser les poètes de la Cité[1].

Problèmes de méthodes

La critique fondamentale qu'il faut adresser aux spécialistes autoproclamés de la critique est leur rejet d'une attention empirique aux réalités qu'ils dénoncent. La production des médias est considérée comme stéréotypée, monolithique dans son élaboration, unifiée dans ses effets sur les publics. Pourtant, Adorno le note lui-même, la production de films ou de feuilletons radiophoniques n'est jamais industrielle que par analogie, ce qui veut dire qu'elle n'est pas industrielle du tout. Il y a certes recherche du profit, spécialisation du travail, volonté de répondre à une « demande », standardisation de certaines pratiques de production et, surtout, de distribution. On ne fabrique pourtant pas une série de romans à succès comme on fabrique des produits alimentaires à la chaîne car des contenus culturels ne se standardisent jamais vraiment. De plus, il est impossible de ne pas constater que les producteurs, les auteurs, les annonceurs et tous les autres acteurs du processus audiovisuel n'ont pas nécessairement les mêmes intérêts et les mêmes histoires personnelles, l'idée d'une identité de ces derniers avec les intérêts des bourgeoisies industrielles confinant pour sa part à la théorie du complot. « On ne doit pas prendre à la lettre le terme d'industrie. [...] Cette sphère est industrielle dans le sens [...] de l'assimilation à des formes industrielles d'organisation même là où on ne produit pas, comme la rationalisation du travail dans les bureaux, plutôt que par une production véritablement rationnelle du point de vue technologique. C'est pour cette raison que les mauvais placements de l'industrie culturelle

---

1. Il y a cependant une dualité de l'émotion chez Platon qui, dans le *Phèdre*, fait du désir du beau une médiation entre l'humain et le divin, et dans la *République*, une menace pour l'ordre social.

sont extrêmement nombreux » (« L'industrie culturelle »). Si le succès n'est pas automatiquement au rendez-vous c'est que l'industrie culturelle n'est pas cette entité maléfique, quasi métaphysique, parfois décrite et, surtout, que les goûts des publics demeurent inconnus. Or la réception n'est appréhendée ici qu'au moyen d'hypothèses très péremptoires, les constats d'abrutissement ou de passivité étant seulement appuyés par des références à la psychanalyse, sans parole donnée aux publics. Adorno considère comme une compromission avec l'industrie culturelle toute étude des réactions des publics face aux programmes radio ou aux films, mais il effectue un travail empirique lorsqu'il s'agit de détecter l'autoritarisme des hommes de masse qui viendrait confirmer ses hypothèses[1].

Sur ce point, le contraste avec les efforts entrepris par les membres les plus marginaux de l'École de Francfort est intéressant à relever. Le pessimisme de la pensée adornienne est partagé par Walter Benjamin et Siegfried Kracauer, qui conservent le désir commun de tirer le monde de son sommeil maudit, un monde jugé vide de sens authentique, rendu « infernal » (selon le mot de Benjamin) par les mythes trompeurs qui le gouvernent. Mais là où les discours d'un Adorno et d'un Horkheimer ont tendance à se transformer en de simples imprécations, dénuées de véritables éléments empiriques, ceux de Benjamin et Kracauer s'accompagnent d'une attitude plus ouverte à l'égard des formes concrètes de la modernité. Héritiers l'un et l'autre des enseignements de Georg Simmel, fondateur de la microsociologie allemande et inspirateur de l'École de Chicago avec ses travaux sur les comportements urbains, leurs critiques laissent place à une attention au détail, à des annotations très fines qui peuvent contredire parfois leurs sombres conclusions.

Kracauer est ainsi l'un des premiers auteurs d'importance à étudier le roman policier (qu'il analyse dans les termes de Lukács mais en développant des analyses précises de contenu), les opérettes d'Offenbach ou la culture des « Cols Blancs ». Son apport méthodologique est incontestable à travers le choix qu'il opère, dès les années 1920, de se tourner vers « l'exotisme du quotidien », c'est-à-dire d'analyser l'univers social en s'y impliquant, en regardant depuis le bas et non seulement d'en haut, choix qui en fait l'un des précurseurs de l'observation participante. Le jugement très raffiné et à vrai dire très contradictoire de Benjamin sur le cinéma s'appuie lui aussi sur une enquête aboutie. Pour ce dernier, le cinéma est d'abord une technique de reproduction abolissant l'*aura*, la singularité et la distance de l'œuvre d'art authentique (comme celle du tableau peint), technique qui détruit toute insertion dans une tradition communautaire au profit d'une vulgaire inscription dans la masse indifférenciée des spectateurs – selon les thèses du désenchantement et du fétichisme de la marchandise (lire à ce propos Hennion et Latour sur les « erreurs » de Benjamin). Pourtant, il est vu aussi sous l'angle d'un enrichissement esthétique possible (ses interactions avec le théâtre étant par exemple évaluées) et même politique (Chaplin est considéré comme

---

1. L'échelle permettant de mesurer l'autoritarisme est toujours utilisée par certaines équipes de science politique qui veulent par exemple mesurer la xénophobie des électorats d'extrême droite. Elle a reçu de nombreuses critiques, notamment celle d'évacuer tout caractère social et historique au profit de variables purement psychologiques, de privilégier la détection de l'autoritarisme de droite (le fascisme) au détriment de celui de gauche, etc.

potentiellement progressiste). Benjamin démontre un intérêt pour les publics et prend ses distances à l'égard du « lieu commun » selon lequel « les masses cherchent le divertissement, mais l'art exige le recueillement », qui ne fait que répéter selon lui « la vieille plainte ». Son approche des publics est à la fois centrée sur les concepts de massification et de prolétarisation, et sur le sentiment que les médias permettent à un nombre croissant de personnes de s'exprimer et de développer des compétences (par le biais notamment du « courrier des lecteurs »).

La postérité de l'École de Francfort

Le découpage de la modernité en « fragments de modernité », selon l'expression de David Frisby, si caractéristique de ces deux auteurs, s'oppose donc en tant que démarche à la philosophie très abstraite d'un Adorno dont les présupposés écrasent toutes les particularités de cette modernité. Mais le suicide de Benjamin en 1940 (alors qu'il tentait de passer la frontière espagnole), l'effacement intellectuel de Kracauer après la guerre, puis le renouveau au sein de l'École de Francfort d'un mouvement puissant de condamnation de la société de masse avec Erich Fromm et Herbert Marcuse dans les années 1960-1970, ont rendu automatique l'équivalence entre *Théorie Critique* et universalisme abstrait. La plupart des intellectuels de gauche pourtant les plus enclins à défendre des idéaux démocratiques et à valoriser la participation des publics sont alors ceux qui dénoncent le plus l'influence néfaste des médias, avec et non contre les conservateurs, entretenant des rapports de détestation avec les « arts populaires » [ROSS, 1989 ; GORMAN, 1996][1]. Cette détestation prend la forme d'une dénonciation nihiliste chez les penseurs français anti-humanistes, brillants essayistes de la déconstruction.

Pour Jean Baudrillard, le pouvoir des médias n'est même plus lié au contenu idéologique des messages mais au système des échanges, le code, devenu un univers autonome[2] que les individus ne peuvent espérer investir ni modifier [*Pour une critique de l'économie politique du signe*, 1972]. Les médias ne sont plus le centre d'effets idéologiques mais l'idéologie même, celle du vide de la représentation. Baudrillard actualise la vieille opposition entre réalité et illusion, comme si une idée ou une image n'avait pas de sens, ne faisait pas partie de la construction de la réalité. Cette oppression généralisée est présente également dans les ouvrages de Michel Foucault, celui de *Surveiller et punir* [1975] et de *La Volonté de savoir* [1976], qui théorise la présence d'un pouvoir centralisé et omniprésent, celui des dispositifs de regard (le *panoptique*) et celui de l'aveu, qui pousse à exprimer une intériorité individuelle maîtrisée par les institutions. Au cours de la transition qui se réalise entre société traditionnelle et société moderne, l'État s'arroge le pouvoir de discipliner les pratiques en inventant un individualisme que

---

1. La critique des médias peut entrer évidemment en résonance avec des événements politiques comme le coup d'État américain contre Salvador Allende au Chili qui est la toile de fond des travaux de Dorfman et Mattelart sur l'industrie américaine de divertissement, accusée de préparer et de prolonger l'hégémonie militaire des États-Unis.
2. L'influence de McLuhan se mêle ici à celle des penseurs critiques dans un déterminisme technologique qui nie la réciprocité de l'échange entre les hommes et les machines, à la différence de celui de McLuhan.

chacun interprète naïvement comme la conquête d'une liberté alors qu'il ne serait qu'une technique de contrôle qui aboutirait à la création d'individus conformes. Pour les auteurs ultérieurs, au regard parfois aussi aiguisé que dénonciateur (ainsi Naomi Klein), c'est généralement la marchandisation de l'être humain qui est reprochée au capitalisme informationnel, dans un mouvement classique de balancier qui fait rejeter l'industrie après l'État.

Paradoxe final ou issue logique d'un mouvement trop négatif, c'est en Allemagne que s'opérera la conversion des penseurs critiques à la modernité et à l'humanisme anti-aristocratique avec les derniers représentants de l'École de Francfort que sont Jürgen Habermas et Ulrich Beck, ou, dans une optique hégélienne, Axel Honneth. De façon plus large, la critique deviendra pour beaucoup une dimension de la pensée scientifique et non sa visée exclusive et définitive, présente dans des courants hétérogènes (philosophie, *cultural studies*, économie politique de la communication, féminismes…), son but étant de « créer des crises » (Stuart Hall), de déployer des problèmes à débattre publiquement (Nancy Fraser, voir chapitre 14), sans conférer à l'intellectuel une situation surplombante, sans imaginer une relation simple entre savoir produit et changements politiques à produire (Lawrence Grossberg).

Bibliographie

ADORNO Theodor, *Théorie esthétique* (1970), Klincksieck, 1974.

– *Dialectique négative* (1966), Payot, 1992.

– « L'industrie culturelle », *Communications*, 3, 1963.

– « La télévision et les patterns de la culture de masse », *in* BEAUD Paul *et al.* (dir.), *Sociologie de la communication* (1954), Réseaux – CNET, 1997.

ADORNO Theodor, FRENKEL-BRUNSWICK Else, LEVINSON Daniel J., NEVITT Sanford R., *The Authoritarian Personality*, New York, Harper and Row, 1950.

ARENDT Hannah, *Le Système totalitaire* (1951), Seuil, 1972.

BAUDRILLARD Jean, *Pour une critique de l'économie politique du signe*, Gallimard, 1972.

BENJAMIN Walter, « L'œuvre d'art à l'ère de sa reproductivité technique » (1936), in *Écrits français*, Gallimard, 1991.

DORFMAN Ariel, *The Empire's Old Clothes. What the Lone Ranger, Babar, and other Innocent Heroes Do to our Minds*, New York, Pantheon Books, 1983.

DORFMAN Ariel, MATTELART Armand, *How to Read Donald Duck. Imperialist Ideology in the Disney Comic*, New York, International General Editions, 1975.

FOUCAULT Michel, *Histoire de la sexualité*, t. 1, *La Volonté de savoir*, Gallimard, 1976.

– *Surveiller et punir*, Gallimard, 1975.

FRISBY David, *Fragments of Modernity. Theories of Modernity in the Work of Simmel, Kracauer and Benjamin*, Cambridge, MIT Press, 1986.

GORMAN Paul R., *Left Intellectuals and Popular Culture in Twentieth-Century America*, Chapel Hill, North Carolina University Press, 1996.

Grossberg Lawrence, *Cultural Studies in the Future Tense*, Durham, Duke University Press, 2010.

Habermas Jürgen, *Théorie de l'agir communicationnel*, 2 t., (1981), Fayard, 1987.

Hall Stuart, « The Role of Intellectual is to Produce Crisis : A Conversation with Umberto Eco », *Listener*, May 16, 1985.

Hennion Antoine, Latour Bruno, « L'art, l'aura et la technique selon Benjamin ou comment devenir célèbre en faisant tant d'erreurs à la fois… », in *Les Cahiers de médiologie*, 1, 1996.

Horkheimer Max, Adorno Theodor, *La Dialectique de la raison* (1947), Gallimard, 1974.

Jay Martin, *Adorno*, Cambridge, Harvard University Press, 1984.

– *L'Imagination dialectique. Histoire de l'école de Francfort (1923-1970)* (1973), Payot, 1977.

Jauss Hans Robert, « Petite apologie de l'expérience esthétique », in *Pour une esthétique de la réception* (1970), Gallimard, 1978.

Klein Naomi, *No Logo. La tyrannie des marques* (1999), J'ai Lu, 2004.

Kracauer Siegfried, *Les Employés*, Éditions Avinus, 2000 (texte posthume).

– *Le Roman policier. Un traité philosophique* (1922-1925), Payot, 1981.

Levine Lawrence W., *Highbrow/Lowbrow, The Emergence of Cultural Hierarchy in America*, Cambridge, Harvard University Press, 1988.

Lukács Georg, *La Théorie du roman* (1916), Éditions Gonthier, 1963.

Marcuse Herbert, *L'Homme unidimensionnel* (1964), Minuit, 1968.

McDonald Dwight, « Culture de masse » (1944), in *Diogène*, 3, 1953.

Ross Andrew, *No Respect. Intellectuals and Popular Culture*, New York, Routledge, 1989.

Voirol Olivier, « Quel est l'avenir de la théorie critique ? », *Questions de communication*, 21, 2012.

Chapitre 5

La théorie lazarsfeldienne des effets limités : une rupture... aux effets limités

Les sources de l'empirisme américain

L'ÉTUDE EMPIRIQUE DES MÉDIAS ET DE LEURS PUBLICS, qui représente une rupture majeure dans l'histoire des théories de la communication puisqu'elle fait claire-ment basculer ces dernières du côté d'une science de l'action sociale, du moins tant qu'elle ne se fige pas en fonctionnalisme, ne débute pas avec le courant de recherche qui va, à partir des années 1940, revendiquer sous la houlette de Paul Lazarsfeld l'appellation même de « courant empirique ». Elle a ses origines directes dans la recherche urbaine menée à Chicago et, de façon plus indirecte, dans la prégnance du pragmatisme philosophique américain qui incite à la recherche factuelle et aune phénoménologie des activités humaines. Mais la demande croissante de connais-sance des publics est un mouvement de fond qui dépasse l'université pour émaner des milieux associatifs, de l'État, des industriels et des médias eux-mêmes.

Cette demande peut être normative dans le cas des associations familiales ou des groupements de travailleurs sociaux ; elle s'appuie par exemple sur le désir de connaître l'impact de la projection de films sur les populations juvéniles. Une place éminente doit être accordée ici aux enquêtes dites du Payne Fund, du nom de la fondation qui avait, au début des années 1930, choisi de financer des recherches sur le cinéma et sur sa supposée nocivité pour les enfants. Menées par une équipe de sociologues, de psychologues et de pédagogues de haut niveau, publiées en douze volumes en 1933, elles ont montré pour la première fois sur une base factuelle l'innocuité psychologique du cinéma et son absence de concurrence directe avec les pratiques de lecture. Leur apport ne se limite pas à des résul-tats négatifs, permettant de tordre le cou à des préjugés tenaces. Les travaux du

Payne Fund montrent également que la relation aux films n'est pas seulement un phénomène individuel, qu'elle s'insère dans la vie collective des enfants : le spectacle cinématographique ne sert pas à imiter les conduites des acteurs dans la réalité mais à essayer des rôles sociaux sur un mode imaginaire, afin de s'adapter aux exigences de la socialisation (apprentissage des codes amoureux, techniques de présentation de soi, etc.)[1]. La relation aux médias est déjà décrite par Herbert Blumer, principal auteur du Payne Fund et futur créateur du courant de l'« interactionnisme symbolique », comme une relation au sens et non à des *stimuli*.

La demande de connaissance des médias est aussi instrumentale dans le cas des quotidiens, stations de radio et milieux économiques et politiques puisqu'elle incite à la mise en place d'indicateurs d'audience, de premières mesures de la relation entre vote, achat et consommation de programmes médias, etc. En raison du développement massif et précoce des médias dont ils ont été le cadre ainsi que d'un enracinement puissant des idées libérales et utilitaristes, les États-Unis ont été l'épicentre d'un tel mouvement que les deux grandes guerres mondiales ont encore renforcé. Le désir de connaître les mécanismes de la propagande, autant pour espérer les déjouer que pour les utiliser, s'est traduit par des commandes de l'État américain adressées à des organismes de recherche en sciences politiques ou en psychologie expérimentale, qui ont par exemple permis de financer les travaux fondateurs de Harold Lasswell ou de Carl Hovland.

Quoique s'inscrivant dans la continuité de ceux-ci, les recherches de Paul Félix Lazarsfeld représentent une rupture décisive. Sociologue et psychologue autrichien contraint à un exil américain en 1935 comme les philosophes de l'École de Francfort, Lazarsfeld est en effet porteur de convictions qui le conduisent à remettre en question les présupposés usuels sur les médias en même temps que les méthodes très courantes de réflexion à leur égard. Son attachement au positivisme – il a fréquenté le Cercle de Vienne à l'origine du « positivisme logique » et revendique l'influence d'Ernst Mach, d'Henri Poincaré et d'Albert Einstein – le conduit à privilégier la collecte d'informations et l'analyse des comportements au détriment du débat purement spéculatif. L'activité scientifique ne consiste pas à rendre compte des possibilités de connaissance ou à interroger l'être même des choses mais à ordonner les vérités de l'expérience, ce qui s'avère primordial sur une question aussi peu documentée que celle des médias. Toute question peut être formulée sous forme de concepts, qui sont des systèmes de classification, et tout concept peut être codé, traduit en indicateurs mathématiques, les résultats étant multidimensionnels (il y a le plus souvent plusieurs indices pour un seul concept) et de l'ordre de la probabilité seulement.

Ce credo épistémologique discutable et discuté lui permet cependant de rompre avec les vérités spontanées et l'incite à s'impliquer dans des projets d'analyse quantitative des audiences fournies par les industries, de mesurer les réactions d'un auditoire reçu en laboratoire (invention de la technique dite des boutons pressoirs) ainsi que d'analyse de contenu des programmes, dans le cadre de projets financés par la compagnie CBS (*Princeton Radio Project* qu'il dirige à partir de 1938) et par la fondation Rockefeller (qui lui permet de créer l'*Office of Radio Research* à l'université de Columbia de New York). Lazarsfeld met également au

---

1. Une réévaluation de ces travaux a été effectuée par JARVIE, JOWETT et FULLER, 1996.

point des enquêtes de longue durée centrées sur des entretiens réguliers (*follow-up interviews*) avec des populations numériquement importantes, afin de tester l'hypothèse d'une atomisation de la société et celle de la toute puissance des médias (suivi d'un groupe de 600 électeurs du comté d'Erie dans l'Ohio en 1940 durant la campagne présidentielle américaine ; étude des choix de consommation de 800 femmes à Decatur, ville de 60 000 habitants dans l'Illinois, en 1945-1946). Les résultats de ces diverses enquêtes permettent de réintroduire la dynamique sociale des groupes primaires dans le débat sur les effets des médias et de développer une théorie de l'influence originale.

« La découverte des gens »

Dans *The People's Choice* [1944], livre écrit avec Bernard Berelson et Hazel Gaudet retraçant l'enquête d'Erie, Lazarsfeld démontre le premier que le vote n'est pas seulement un choix individuel qui pourrait être aléatoire ou le produit des campagnes électorales orchestrées par les médias, mais qu'il peut être vu comme dépendant de trois variables sociales : la classe, l'appartenance géographique et la religion. L'insertion économique et sociale en général, appréhendée au moyen de questions répétées sur l'affiliation à des associations ou à des églises, sur les choix politiques antérieurs, le lieu de résidence, la possession de biens (téléphone, etc.), les relations au sein de la famille et des groupes d'amis, explique la décision politique lors d'un vote et son évolution dans le temps. L'IPP (indice de prédisposition politique) qui combine les trois prédicteurs de vote en une seule échelle (le vote démocrate est plus urbain, catholique et de milieu social défavorisé que le vote républicain) demeure assez frustre et son utilisation n'est pas dénuée de déterminisme sociologique, mais il ouvre la voie aux recherches sur les corrélations entre âge, niveau d'études, revenu, niveau d'étude et vote, qui représentent aujourd'hui encore un véritable contrepoids aux visions d'un social émietté, potentiellement manipulable.

Le grand intérêt de cette enquête est donc qu'elle invite à la « découverte des gens » ou du « peuple », c'est-à-dire à une réintroduction des réseaux sociaux dans l'analyse des médias. Nous appartenons toujours à des groupes – la famille, l'école, les groupes de pairs, les relations formelles et informelles de travail, les associations, les groupes religieux – même si les liens dans ces groupes sont plus lâches que ceux observés dans les sociétés rurales. Cette enquête propose ainsi des faits nouveaux à étudier qui attestent de la force des groupes sociaux dits primaires (de face-à-face) : les milieux familiaux et les réseaux amicaux sont homogènes dans leurs choix politiques, ce qui peut se comprendre puisque les socialisations des membres les composants sont proches, mais cette homogénéité augmente à mesure que le vote approche. Les entretiens soulignent le poids de la discussion dans la décision finale, les indécis déclarant plus fréquemment que les autres prendre leur décision sous la pression d'amis ou de parents. Ceux qui sont nommés les *opinion leaders* (leaders d'opinion, guides ou prescripteurs d'opinion) sont placés au cœur d'une théorie de l'influence interpersonnelle, donc de la communication interpersonnelle, qui leur accorde une importance plus grande que celle de la communication médiatique. Les auteurs du *People's Choice* en fournissent un premier portrait : les leaders d'opinion, qui représentent un cinquième de l'échantillon, ne proviennent pas d'un milieu social particulier mais ils se distinguent par leur forte attention aux médias d'information et par leur capacité de retraduction des enjeux politiques dans la discussion quotidienne. Ils jouent donc un rôle d'intermédiaires ou de relais dans le processus d'information et de décision : le flux de communication n'est pas unidirectionnel et direct, pointé sur le seul récepteur, il est en réalité à deux étages et indirect, transitant par le guide puis par le suiveur.

La découverte des groupes primaires n'est en réalité qu'une redécouverte puisque les sciences sociales se sont constituées en partie sur leur théorisation. Lazarsfeld[1] reconnaît d'ailleurs en Cooley le père fondateur de la recherche sur les groupes primaires et prend comme témoin du renouveau des interrogations les enquêtes sur l'organisation du travail menées par Elton Mayo dans les années 1920 et 1930 puis l'enquête dirigée par Stouffer sur le soldat américain. C'est donc toute une atmosphère qui se révèle propice aux développements sur ce thème. Mais la sociométrie de Jacob Moreno et la dynamique de groupe de Kurt Lewin sont plus directement à l'origine des formulations de Lazarsfeld. Tout le social pourrait s'expliquer par des relations simples de préférences et de répulsions entre les individus considérés comme des atomes d'un système social que l'on doit analyser comme un système physique de forces. Le contrôle de l'information est l'un des attributs du *leader d'opinion* pour Lewin qui utilise à son propos le nom de *gatekeeper* (en français, gardien, contrôleur ou sélectionneur de l'information).

L'étude de la dynamique de groupe est complétée par une analyse de la réaction des individus au flux de communication qui réhabilite leurs capacités intellectuelles et leur redonne une dignité que les études de *stimuli* et les visions critiques avaient détruite. Les multiples études de campagnes électorales, les expérimentations psychologiques en laboratoire et l'analyse des publics de médias de divertissement montrent toutes que les messages sont interprétés et contextualisés par les individus qui utilisent des filtres cognitifs leur servant à trier, à éliminer, à modifier voire à distordre l'information qu'ils ne souhaitent pas recevoir. Le plus grand pouvoir est d'abord de choisir de recevoir ou non ces messages, l'*exposition sélective* aux médias et aux programmes étant fonction de l'intérêt social et personnel que nous leur conférons. Un des paradoxes classiques de la diffusion publique est par exemple que les programmes éducatifs touchent les gens déjà éduqués et très peu ceux auxquels ils sont officiellement destinés. Le *renforcement des opinions préexistantes* se manifeste par une attention forte aux messages qui vont dans le sens de nos opinions et par une attention faible aux autres. Lors d'un débat politique entre un dirigeant de droite et un dirigeant de gauche par exemple, les électeurs de droite auront tendance à soutenir leur candidat et à l'écouter plus attentivement que son adversaire et réciproquement pour les électeurs de gauche. La *perception et la mémorisation sélective*, enfin, renvoient aux capacités d'interprétation et de rétention des informations. Une étude pionnière de Patricia Kendall et Katherine Wolf

---

1. Avec Katz dans *Personal Influence*.

publiée en 1949 montre ainsi qu'une bande dessinée comique antiraciste n'est pas perçue comme une critique du racisme par près d'un tiers des lecteurs et que certains d'entre eux choisissent même de la lire *a posteriori* comme une confirmation de leurs préjugés. Proche à l'origine de Lasswell et de Hovland, la tradition lazarsfeldienne s'éloigne en fait de leurs conceptions strictement béhavioristes et instrumentales puisqu'elle soutient que les messages ne sont jamais interprétés de la même façon par les différents publics et que la manipulation par les médias n'est pas une affaire de bonne organisation des messages.

Le flux de communication à deux étages

Influence personnelle, publié en 1955, est l'ouvrage qui constitue certainement la grande référence de la sociologie empirique américaine dans le domaine de la *Mass Communication Research* (selon l'appellation consacrée). Dans ce livre, qui présente les résultats de la longue et minutieuse enquête menée à Decatur, Lazarsfeld approfondit la théorie du flux de communication à deux étages ou en deux temps (*the two-step flow of communication*), tout en transmettant le relais de la recherche sur les médias à l'un de ses étudiants, Elihu Katz. L'objectif est de découvrir les déterminants des choix dans les domaines des biens de consommation, de la mode, du cinéma et des affaires publiques (information politique et non vote), de 800 femmes âgées d'au moins 16 ans. La démarche a consisté à choisir une ville suffisamment petite pour qu'une enquête soit financièrement possible et suffisamment peu marquée dans ses structures sociales pour qu'elle ait une certaine représentativité.

La méthodologie repose sur une combinaison d'approches. La sociométrie est sollicitée à travers des questions sur les relations dans les groupes primaires (qui rencontre qui ? qui se dit influencé par qui ? sur quoi ?) parallèlement à une sociologie des goûts et des consommations des médias (qui lit, écoute ou regarde quoi ?). Deux vagues d'entretiens sont menés auprès des mêmes personnes (juin et août 1945) avec des techniques de recoupements d'entretiens, de suivi et d'allers et retours sur les questions d'influence (il s'agit de détecter les personnes influentes et leurs positionnements dans les réseaux familiaux ou amicaux) et des techniques de relance sur les questions de consommation (pourquoi avoir changé de comportement ?). Il ressort que l'hypothèse d'une supériorité des relations interpersonnelles sur les médias dans l'acte de décision est confirmée. Les choix sont beaucoup plus influencés par les leaders d'opinion que par les publicités des magazines ou les émissions radio, en particulier dans les domaines des biens de consommation et du cinéma. On peut penser aujourd'hui à l'importance des relais dans les sorties cinématographiques – le phénomène du bouche à oreille – qui font très largement le succès d'un film et sa longévité, le battage publicitaire déterminant surtout le niveau d'entrées dans les salles les premiers jours. Le *buzz* – (bourdonnement, brouhaha, concept appliquant à Internet le *two-step flow of communication* [voir MAIGRET, 2008 et MELLET, 2009]) – est une forme de communication de consommateurs à consommateurs que les entreprises de marketing encouragent sans pouvoir maîtriser, sous le nom de marketing viral.

Cette supériorité de la relation interpersonnelle s'explique, selon Katz et Lazarsfeld, par l'attrait en soi du discours de l'influent (« ce que l'on sait ») – mais de ce point de vue les médias aussi proposent des contenus attirants – et par la fonction de contrôle qui demeure attachée à la communication directe. Ce que représente un ami, sa qualité sociale, est plus important encore que ce qu'il dit. En détaillant l'influence domaine par domaine, les deux auteurs montrent que les leaders d'opinion sont plus fréquemment des femmes mariées dans le cas des biens de consommation, des jeunes femmes dans le cas de la mode et du cinéma, et des femmes de niveau social élevé dans le cas des affaires publiques (avec les époux et les pères, l'âge accroissant également la possibilité d'être influent). Mais un correctif important est apporté par rapport aux enquêtes précédentes. Les leaders d'opinion ne sont plus considérés comme des êtres à part, exceptionnels, détachés du reste de la population : on peut être prescripteur dans un domaine et suiveur dans un autre, le temps et les circonstances faisant évoluer ces positions. Ils n'exercent plus un pouvoir absolu et permanent sur ceux qui les suivent, ils se recrutent en effet dans le même milieu que ceux qu'ils influencent et ne se distinguent que par leur forte sociabilité et la compétence sociale dont ils sont crédités. Les leaders d'opinion ne sont pas des tyrans, ils ne sont crédibles que s'ils se conforment aux attentes implicites des suiveurs, la formule utilisée en anthropologie pour décrire les relations qu'entretiennent les chefs avec leurs clans pouvant être transposée : « je suis leur chef donc je les suis ». Pour reprendre l'exemple de la sortie cinématographique, on peut se laisser influencer par les incitations de certains de ses amis à voir tel ou tel film parce que l'on a confiance en leurs goûts (en la probabilité que leurs goûts rejoignent les nôtres) mais il est essentiel que la déception ne soit pas trop régulièrement au rendez-vous. Le leader d'opinion permet aux suiveurs de formuler leurs attentes et de les accoucher, même si ses opinions se mêlent aux débats intérieurs qui agitent les suiveurs. L'évolution des indécis avant un vote, très demandeurs de conversation, témoigne bien de ce travail. Un modèle centré sur l'interaction est donc substitué à un modèle trop simple de persuasion unilatérale.

En résumé, la thèse de l'omnipotence des médias apparaît erronée et l'idée que la société serait atomisée est tout simplement irrationnelle. Les effets des médias sont indirects et limités, filtrés par les capacités cognitives des individus, diffusés horizontalement, à l'intérieur des réseaux, et non verticalement, de l'émetteur vers le récepteur. « Ceux qui ont vu l'émergence des *mass media* comme le signe d'une nouvelle aube pour la démocratie et ceux qui ont vu les médias comme des instruments maléfiques avaient en commun la même représentation du *processus de communication* de masse. Leur vision était tout d'abord celle d'une masse atomisée de millions de lecteurs, auditeurs et spectateurs prêts à recevoir le Message ; elle s'appuyait ensuite sur l'idée que tout Message est un stimulus puissant et direct pour l'action, produisant une réponse immédiate. Bref, les médias de communication étaient considérés comme une nouvelle force unificatrice – une sorte de système nerveux – atteignant chaque œil et chaque oreille, dans une société caractérisée par une organisation sociale amorphe et par la pénurie des relations interpersonnelles » (*Personal Influence*, p. 16, ma traduction).

La théorie de la diffusion
et le courant des usages et gratifications

Avec ce démenti infligé aux théories de l'influence directe et les indiscutables acquis d'une théorie des groupes primaires, Katz et Lazarsfeld ont dominé le champ de la communication jusqu'au début de la décennie 1960, au point que recherche sur la communication et *Mass Communication Research* aient été considérées comme équivalentes. La fameuse synthèse de Joseph Klapper sur le sujet (publiée en 1960 mais conçue dès les années 1940) conclut à l'absence d'effet direct de la communication de masse, cause ni nécessaire ni suffisante des comportements des publics, lesquels s'enracinent dans un social complexe, dans une culture dont les médias ne sont qu'une dimension et non un facteur externe. Les premiers travaux ont produit des ramifications dans deux grandes directions. Sous l'impulsion de Everett Rogers, les études sur la diffusion ont approfondi la théorie des réseaux de relations interpersonnelles en s'efforçant de mettre en évidence les variables intervenant lors de l'adoption de nouveaux produits ou de nouvelles technologies. Rogers utilise tout d'abord la première version du flux de communication à deux étages – le modèle de la diffusion verticale – en cherchant à identifier les « pionniers » qui se tournent les premiers vers une innovation ainsi que les mécanismes qui conduisent les « suiveurs » à leur emboîter le pas. Son modèle sera amendé au cours des années 1970-1980 dans le sens d'une prise en compte des relations de dépendance entre les individus d'un même groupe social – selon un modèle de persuasion horizontale.

Le courant des *usages et gratifications* qui se développe dans les années 1960-1970 a pour origine les premières publications dirigées par Lazarsfeld centrées sur les capacités de sélection des publics (celles de Herta Herzog, Patricia Kendall, Katherine Wolf et Marjorie Fiske, en particulier). De nombreux auteurs tels que Denis McQuail, Jay Blumler, Elihu Katz, Karl Erik Rosengren ou Wilbur Schramm, inversent le regard habituellement porté sur la communication de masse en se donnant pour but, selon la formule consacrée, d'étudier non pas ce que les médias font aux individus mais ce que les individus font avec les médias. Cette recherche tente de relier attentes, consommations, plaisirs et effets de ces plaisirs sur les personnes au moyen d'indicateurs quantitatifs et qualitatifs, en approfondissant l'étude des multiples dimensions de l'attention, de la compréhension, de l'acceptation et de la rétention, dans une vision qui accorde aux publics réflexivité et choix adaptatif : les médias ne sont pas des divinités autoritaires aux ordres desquelles il faudrait se conformer mais des espaces qui s'ouvrent aux publics. « La recherche sur les gratifications part de la notion de sélectivité. Mais la sélectivité dont il s'agit n'est plus simplement liée à une étude défensive ancrée dans des opinions et des habitudes préalables. Elle se transforme en une sélectivité prospective tenant compte des besoins et des aspirations. Les médias apparaissent alors comme des services publics dont le public fait un usage sélectif » [KATZ, 1990].

L'excès de positivisme
et l'oubli de l'idéologie

Les limites de la théorie des effets limités et de ses développements ultérieurs sont celles d'une théorie positiviste. Pour analyser le monde social, Lazarsfeld déclare se couper de toute réflexion morale ou politique et mettre en œuvre des outils efficaces de mesure des dimensions de la réalité. Or cette démarche idéalement détachée est doublement problématique. Il n'est pas toujours possible d'établir une relation entre un certain nombre d'éléments observés et plusieurs variables, dites variables indépendantes. Dans la pratique, cela a conduit Lazarsfeld à se concentrer sur des objets parfois minuscules qui se prêtent à cette mise en relation et à négliger une analyse globale de la société. L'adhésion à la sociométrie de Lewin représente un progrès pour la psychologie sociale, mais elle a aussi le désavantage dans ce contexte de tout rabattre sur la microsociologie et de partager avec elle le fantasme d'une science sociale calquée sur la physique (les relations entre les individus peuvent être représentées par des vecteurs et décrites sur le mode de la relation des atomes entre eux, etc.) donc de donner l'illusion d'une objectivité des faits. En défendant une vision très restrictive de la démarche scientifique, Lazarsfeld a simplifié des questions aussi centrales que celle du conflit social, de la relation entre pouvoir et culture, au travers d'une théorie de la société dite fonctionnaliste qui suppose que les êtres humains cherchent nécessairement à s'ajuster à des contraintes de système, à des fonctions manifestes ou latentes (i. e., conscientes ou inconscientes). Cette théorie tend à réduire le problème de la communication à celui de l'adaptation des individus à l'ordre social, à des fonctions que l'échange de face-à-face ou lointain devrait nécessairement remplir[1].

Les études menées dans le cadre des usages et gratifications, même si elles se détachent de plus en plus avec le temps d'une vision abêtissante des publics et deviennent critiques à l'égard du fonctionnalisme, ont aussi souvent versé dans le psychologisme en expliquant qu'il existait des étapes quasi programmées de développement psychologique, issues de besoins fondamentaux, auxquelles correspondaient mécaniquement des types de consommations de contenus de médias : les enfants vivent d'abord dans un univers animiste, d'où le désir de côtoyer des animaux réels ou imaginaires, passent par une étape d'identification aux adultes à laquelle correspond le goût pour des histoires mettant en scène des adultes héroïques, puis ils s'insèrent dans des groupes de pairs et prennent « normalement » leurs distances avec les fictions naïves (tout ce qui ne suit pas le schéma préétabli étant considéré comme pathologique)[2]. La théorie de la diffusion

---

1. Dennis Wrong, critique féroce de cette autre grande figure du fonctionnalisme qu'est Talcott Parsons, observe qu'à ce niveau de réduction il n'y a pas de différence entre la société des hommes et celle des abeilles. On trouvera dans le livre de Paul Beaud, *La Société de connivence*, une critique française du fonctionnalisme américain.
2. Selon la conclusion d'un article de Marjorie Fiske et Katherine Wolf consacré à la lecture de bandes dessinées datant de 1949, fondamental au-delà de ces critiques car il est l'un des premiers à donner la parole à des enfants. Quoique critiquable, le courant des usages et gratifications – encore représenté au tournant du XXIe siècle par les travaux de Elihu Katz – est un véritable gisement de recherches à exploiter de nouveau.

a de même d'abord prétendu décrire les étapes normales de progression des techniques nouvelles dans des populations naturellement prédisposées au changement et qui ne pouvaient y être réfractaires que par arriération mentale.

La sociologie lazarsfeldienne n'est évidemment pas dénuée de points de vue idéologiques, contrairement à ce que prétend son inspirateur dans un texte qui sépare recherche empirique ou administrative, qui a ses faveurs, et théorie critique ou politiquement engagée [« Remarks on Administrative and Critical Communications Research », 1941]. Son choix de présenter le visage de la neutralité scientifique et de s'abstenir de tout jugement sur le monde social et politique lui a beaucoup été reproché, en particulier par C. Wright Mills, dénonciateur d'une sociologie de bureaucrate et fin connaisseur des travaux de Lazarsfeld puisqu'il a travaillé sur l'enquête de Decatur : il confinait au conservatisme pur et simple. Lazarsfeld a été décrit comme le fondateur complaisant d'une multinationale scientifique dont les intérêts se confondaient avec ceux des entreprises de communication pour lesquelles il travaillait, entouré de nombreux étudiants, ses techniques servant de modèles pour l'industrie des sondages ou du marketing dont il recevait en retour la consécration extra-scientifique [POLLAK, 1979]. Cette critique forte n'est que partiellement justifiée, le conservatisme, le cynisme ou la naïveté du sociologue autrichien n'étant pas aussi avérés. Aux idéaux socialistes de sa jeunesse, Lazarsfeld avait en fait substitué aux États-Unis des idéaux progressistes fondés sur l'idée que le pouvoir économique (dans ce cas celui de la publicité, des études d'opinion, d'audience et de marketing) n'est pas en soi un obstacle à la démocratie mais, au contraire, un moyen de réaliser cette dernière : la victoire des médias peut être celle de la discussion civique et le marché peut être synonyme de choix élargi pour les consommateurs. Cette conviction était déjà celle de Tarde dont l'œuvre, comme le remarque Katz, n'avait, pas échappé à Lazarsfeld. Le sociologue d'origine autrichienne considérait la déploration intellectuelle à l'égard des médias de masse comme l'expression d'un dépit de la part d'une élite dépassée par la démocratisation, mais voyait la critique comme un élément indispensable dans une société qui doit être perpétuellement travaillée par la contradiction, donc par la réforme, évoquant « le destin tragique du croisé de la culture dans une société de masse, qui ne peut gagner mais sans lequel nous serions perdus » [in HARDT, 1992, ma traduction], appelant aussi de ses vœux l'institutionnalisation de l'autocritique professionnelle dans les écoles de journalisme pour éviter le divorce entre recherche, enseignement et monde industriel.

Plus fondamentalement, la *Mass Communication Research* rejette la théorie des effets directs et mécaniques mais pour continuer à défendre une théorie des effets : dans une ultime concession aux préjugés sur la communication de masse elle ne rompt pas avec les schémas linéaires classiques qui sont aussi ceux véhiculés par le modèle mathématique de la communication (voir chapitre suivant). La thèse du renforcement des opinions qui représente son apport indiscutable, peut en fait être retournée par une critique marxiste qui soutient, avec Todd Gitlin, que l'effet fort des médias n'est pas de stimuler artificiellement des comportements mais de maintenir le *statu quo* social. La sociologie empirique américaine a donc permis de rompre avec les visions manipulatoires de la communication et avec l'alarmisme de la Théorie critique en présentant la réception comme une surprise potentielle, du moins comme le résultat d'une logique sociale et non d'une logique de message qui s'imposerait. Dépourvue d'une théorie de la culture comme de l'idéologie qui permettrait de savoir ce que représentent ces dernières au-delà des fonctions d'information et de satisfaction qu'elles remplissent pour les individus, elle a néanmoins versé dans une nouvelle forme de béhaviorisme (celui qui inspire le marketing) avant de donner à partir de la fin des années 1950 l'image d'une recherche figée, stérile, non parce qu'elle n'avait rien à dire mais parce qu'elle avait épuisé sa logique. Considérée comme le point d'arrivée de la recherche en communication, elle n'en était qu'un point de départ.

L'analyse de contenu

Si la *Mass Communication Research* a été à l'origine de nombreux travaux sur la réception, elle a également proposé une méthode quantitative pour l'étude des significations codées dans les médias dite *analyse de contenu*.

Après deux décennies de pratique, Bernard Berelson [1952] en a fixé les règles, dans la grande tradition positiviste : un problème ou un sujet se ramène à des concepts qu'il faut identifier et qui doivent être ensuite traduits en indicateurs statistiques. Les médias sont-ils racistes ? Cette question peut se ramener à celle de la représentation quantitative des minorités et à la fréquence de leurs apparitions comparée à celle des populations dominantes, à la distribution de leurs caractéristiques socio-professionnelles dans les séries télévisées, des rôles positifs ou négatifs qu'elles occupent, etc. Les deux domaines dans lesquels l'analyse de contenu a été surexploitée, et continue pour partie de l'être, sont ceux de la représentation des femmes et de la représentation de la violence. Les innombrables études publiées ont confirmé la domination masculine dans les médias d'information et de fiction et cherché à quantifier la présence de diffé-rents types de scènes d'action.

L'intérêt de la méthode vient de ce qu'elle permet d'obtenir des résultats clairs et comparables dans le temps, des tendances et contre-tendances pouvant ainsi être dégagées. Le problème est que l'utilisation du chiffre s'appuie souvent sur la fasci-nation des outils mathématiques qui, en eux-mêmes, ne sont porteurs d'aucun savoir. Les résultats obtenus ne sont jamais neutres même s'ils ont l'aspect glacé des tableaux statistiques : ils répondent aux questions que se pose le chercheur, de la façon dont il se les pose. Ils peuvent ainsi traduire la volonté de dénoncer la violence audiovisuelle en partant de l'hypothèse que celle-ci est omniprésente et foncièrement néfaste. Il suffit de prendre en compte des critères allant dans le sens voulu pour effectuer la démonstration, ce qui explique que cette méthode soit très utilisée par les instances normatives ou par les chercheurs attachés à une thèse comme celle de l'incubation culturelle de George Gerbner, difficile à démontrer analytiquement mais séduisante lorsqu'elle se présente sous la forme de données chiffrées. Le problème de la définition d'un acte violent, de son utilité, de sa dange-rosité, de son utilisation sociale, doit être posé en amont en tenant compte du fait que les cadres d'interprétation évoluent dans le temps.

L'analyse de contenu est donc d'un secours très relatif dans l'analyse des médias. Peu nuancée, incitant à passer sous silence les présupposés théoriques et les longs débats conceptuels, elle doit au minimum être articulée avec une analyse socio-historique des objets construits. De fait, son déclin sera affirmé après l'essor de méthodes d'analyse plus qualitatives telles que la sémiologie ou la sociologie du *newsmaking* [pour un panorama de ses potentialités, voir BONVILLE, 2000].

Bibliographie

BEAUD Paul, *La Société de connivence. Médias, médiations, classes sociales*, Aubier, 1984.

BERELSON Bernard, *Content Analysis in Communication Research*, Glencoe, Free Press, 1952.

BERELSON Bernard, LAZARSFELD Paul et MC PHEE William, *Voting. A Study of Opinion Formation During a Presidential Campaign*, Chicago, Chicago University Press, 1954.

BLUMER Herbert, *Symbolic Interactionism. Perspective and Method*, Berkeley, University of California Press, 1969.

– *Movies and Conduct*, New York, Macmillan, 1933.

BLUMER Herbert, HAUSER Philip, *Movies, Delinquency and Crime*, New York, MacMillan, 1933.

BLUMLER Jay, KATZ Elihu, GUREVITCH Michael, « Uses and Gratifications Research », in *Public Opinion Quarterly*, 37/4, 1973.

BONVILLE Jean de, *L'Analyse de contenu des médias. De la problématique au traitement statistique*, Bruxelles, De Boeck, 2000.

FISKE Marjorie, WOLF Katherine, « The Children Talk about Comics », *in* LAZARSFELD Paul, STANTON Frank (dir.), *Communications Research 1948-1949*, New York, Harper, 1949.

GITLIN Todd, « Media Sociology : the Dominant Paradigm », *Theory and Society*, 6, 1978.

HARDT Hanno, *Critical Communication Studies. Communication, History and Theory in America*, Londres, Routledge, 1992.

HERZOG Herta, « Professor Quiz. A Gratification Study », *in* LAZARSFELD Paul (dir.), *Radio and the Printed Page*, New York, Duell, Sloan and Pearce, 1940.

– « What Do We Really Rnow about Daytime Serial Listeners ? », *in* LAZARSFELD Paul, STANTON Frank (dir.), *Communications Research, 1942-1943*, New York, Harpers Brothers, 1944.

JARVIE Ian C., JOWETT Garth S., FULLER Kathryn H., *Children and the Movies. Media Influence and the Payne Fund Controversy*, Cambridge, Cambridge University Press, 1996.

KATZ Elihu, « À propos des médias et de leurs effets », *in* SFEZ Lucien, COUTLÉE Gilles (dir.), *Technologies et symboliques de la communication*, Presses universitaires de Grenoble, 1990.

– « Les deux étages de la communication » (1957), *in* BALLE Francis, PADIOLEAU Jean, *Sociologie de l'information. Textes fondamentaux*, Larousse, 1973.

KATZ Elihu, LAZARSFELD Paul, *Influence Personnelle. Ce que les gens font des médias*, Armand Colin-Ina, 2008 (*Personal Influence. The Part Played by People in the Flow of Mass Communications*, Glencoe, The Free Press, 1955).

KENDALL Patricia, WOLFF Katherine, « The Analysis of Deviant Case Studies in Communication Research », in LAZARSFELD Paul, STANTON Frank (dir.), *Communications Research, 1948-1949*, New York, Harpers Brothers, 1949.

KLAPPER Joseph, *The Effects of Mass Communication*, New York, The Free Press, 1960.

LAUTMAN Jacques, LÉCUYER Bernard-Pierre (dir.), *Paul Lazarsfeld (1901-1976). La Sociologie de Vienne à New York*, L'Harmattan, 1998.

LAZARSFELD Paul, « Remarks on Administrative and Critical Communications Research », *Studies in Philosophy and Social Science*, 9/1, 1941.

LAZARSFELD Paul, BERELSON Bernard, GAUDET Hazel, *The People's Choice. How the Voter Makes up his Mind in a Presidential Campaign*, New York, Duell, Sloan and Pearce, 1944 (2ᵉ édition, New York, Columbia University Press, 1948).

LAZARSFELD Paul, MERTON Robert, « Mass Communication, Popular Taste and Organized Social Action », in SCHRAMM Wilbur (dir.), *Mass Communication* (1948), Urbana, University of Illinois Press, 1960.

LEWIN Kurt, *Psychologie dynamique* (1935), PUF, 1959.

LIVINGSTONE Sonia, « The Work of Elihu Katz. Conceptualizing Media Effects in Context », in CORNER John, SCHLESINGER Philip, SILVERSTONE Roger (dir.), *International Media Research. A Critical Survey*, Londres, Routledge, 1997.

MAIGRET Éric, « Flux, filtres, pairs, blogs, buzz : dites à vos amis que *Personal Influence* est (plus que jamais) d'actualité », préface de KATZ Elihu, LAZARSFELD Paul, 2008.

McQUAIL Denis, BLUMLER Jay, BROWN J. R., « The Television Audience : A Revised Perspective », in McQUAIL Denis (dir.), *Sociology of Mass Communications*, 1972.

MELLET Kevin, « Aux sources du marketing viral », *Réseaux*, 157-158, 2009.

MILLS Charles Wright, *L'Élite du pouvoir* (1956), Maspero, 1969.

POLLAK Michael, « Paul Lazarsfeld, fondateur d'une multinationale scientifique », *Actes de la recherche en sciences sociales*, 25, 1979.

RIESMAN David (avec la collaboration de Nathan GLAZER et Reuel DENNEY). *La Foule solitaire* (1947), Arthaud, 1964.

ROGERS Everett, *Diffusion of Innovations*, New York, Free Press, 1963.

ROSENGREN Karl Erik *et al.*, *Media Gratifications Research. Current Perspectives*, Beverly Hills, Sage, 1986.

SCHRAMM Wilbur, LYLE Jack, PARKER Edwin, *Television in the Lives of our Children*, Stanford, Stanford University Press, 1961.

WRONG Dennis, « The Oversocialized Conception of Man in Modem Sociology », *American Sociological Review*, XXVI, 2, 1961.

Chapitre 6

Du modèle mathématique à l'anthropologie de la communication

L'analogie avec les sciences de la nature et de la vie

LA THÉORIE MATHÉMATIQUE de la communication et la cybernétique sont filles de leur temps, c'est-à-dire de la réflexion sur les machines à calculer et sur les automates créés dans les années 1940. Elles auraient pu se développer à l'écart des sciences humaines en se cantonnant à la description et au développement du fonctionnement des mécanismes électroniques ou biologiques, qui sont leurs domaines de prédilection. Pour de multiples raisons, l'extension de leurs concepts aux comportements humains s'est pourtant produite, renforçant momentanément la domination du modèle linéaire de la communication ou à « effets » – donc la théorie fonctionnaliste lazarsfeldienne. Source d'analogies trop rapides et de réductionnisme brutal, préfigurant le débat sur l'application des sciences cognitives au monde social, cette extension a également laissé espérer la découverte de la pierre philosophale qui permettrait de résoudre tous les problèmes posés par la disparité des sciences afin de les unir en une seule. L'échec d'une telle visée fait ressortir l'utilité d'une approche en terme de sens, formulée par des courants de sciences sociales de plus en plus distants des métaphores mécanistes.

L'information mathématique de Shannon

La théorie mathématique de la communication est née de la télégraphie et de la cryptographie, des efforts de l'Américain Claude Shannon, ingénieur électricien des *Bell Telephone Laboratories* et mathématicien, de clarifier le processus de formulation de messages cryptés pendant la Seconde Guerre mondiale ainsi que l'optimisation de la transmission des messages (comment faire circuler le plus possible de messages en un temps minimum, sans perte ?). C'est dire qu'elle s'inscrit dans le cadre d'une vision instrumentale de la communication puisqu'elle présente cette dernière comme un pur problème de transmission d'un pôle à un autre nécessitant reproduction ou duplication d'un ensemble d'unités d'information. Le « schéma général de la communication » dégagé par Shannon (et enrichi par Warren Weaver) pour rendre compte du cas particulier du télégraphe prend la forme d'une chaîne qui relie une source d'information à un émetteur, lequel produit un signal qui se transmet par le biais d'un canal avant de toucher un émetteur inversé (ou récepteur) et une destination – un bruit pouvant altérer le message, entraîner des pertes.

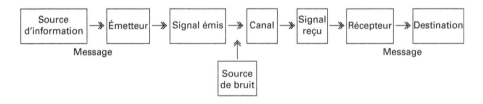

Dans le cas du langage parlé, cette chaîne s'établit par exemple ainsi :

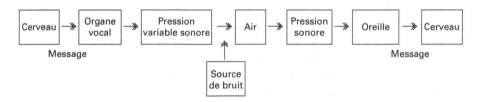

Cette décomposition de la communication sous forme de processus physique s'accompagne d'une théorie de l'information qui assimile cette dernière à une grandeur statistique. Une information est un gain, quelque chose qui s'ajoute à ce je sais, elle se mesure en termes de probabilités qu'a un événement de se produire ou non : un *bit* d'information (*binary digit* ou *signal binaire*) est la réponse positive ou négative à la question « cet événement se réalise-t-il ou non ? ». La quantité d'information contenue dans un message est la relation entre une série d'événements potentiels et la série des probabilités relatives à ces mêmes événements. Plus un événement est prévisible, statistiquement probable, moins il contiendra d'information (ainsi le fait d'annoncer qu'il ne neigera pas en août) la réciproque étant vérifiée (le fait d'annoncer qu'il neigera en août constitue une information de premier ordre).

Devenu indispensable pour le développement de l'informatique, de la physique du son, de la biologie, de la science des automates, qui mesurent toutes des phénomènes stochastiques ou aléatoires reliant un émetteur à un récepteur, le modèle de Shannon s'inspire réciproquement des travaux de Alan Turing et de John von Neumann sur les calculateurs, qui mènent à l'invention des machines à traitement de l'information baptisées ordinateurs au milieu des années 1940, des avancées de la biologie de l'hérédité qui utilise le terme d'information pour expliquer le rôle des chromosomes dans le développement d'un individu, ainsi que des recherches de Norbert Wiener, dont Shannon a été l'élève.

Le projet cybernétique de Norbert Wiener

Wiener, qui s'est imposé comme le fondateur de la cybernétique, ne se limite pas aux relations relativement simples éclairées par la théorie mathématique de la communication. Son intérêt va aux similitudes entre mécanismes biologiques et physiques, il fonde sa réflexion sur le principe de la supériorité du tout sur les parties : chaque élément d'un organisme est « fonctionnel », doit contribuer au maintien de l'ordre biologique global comme le soutient également, dès les années 1930, la théorie des systèmes du biologiste Ludwig von Bertalanffy. Au-delà, son but est de développer les outils intellectuels nécessaires à la création de machines à raisonner dans la tradition de l'*Ars magna* de Raymond Lulle (philosophe catalan, 1235-1315), de la médecine « mécaniste » et de la philosophie cartésienne et leibnizienne qui défendent l'idée que les êtres vivants seraient d'une certaine façon des machines.

Le terme de *cybernétique*, dérivé du grec *Kybernete* qui signifie pilote selon Wiener[1], apparaît en français en 1831, créé par A. M. Ampère pour désigner l'étude des moyens de gouvernement mais il n'est guère utilisé avant les travaux de Wiener qui utilisent la métaphore de l'homme de barre d'un navire formant un ensemble ou un système homme-gouvernail-navire pour renvoyer à l'idée que le vivant est une chaîne complexe de réactions. La cybernétique se présente comme la science des machines ou, en général, de l'organisation. Son champ d'application est très précisément celui des systèmes bouclés en situation de semi-ignorance. Un automate séquentiel (une montre, un aspirateur ménager) est strictement déterministe, ce qui satisfait usuellement notre souci d'efficacité : il suffit d'un ordre, d'une impulsion, c'est-à-dire d'une information, pour le faire fonctionner utilement. Mais un automate de ce type ne permet pas de régler des problèmes plus complexes où intervient l'incertitude, ainsi celui auquel était confronté Wiener pendant la Seconde Guerre mondiale, l'ajustement des tirs anti-aériens de DCA. Une forte incertitude émanant des trajectoires des avions visés, il est improductif d'effectuer des tirs préréglés.

En introduisant un processus de *rétroaction* ou de *feedback*, la situation change : un correcteur permet de corriger une erreur de tir par étapes, de réduire le manque d'information en transformant les réglages du mécanisme (le système a alors la possibilité de converger ou de diverger, d'atteindre le point correct ou de s'éloigner radicalement de la solution visée). Ce principe de finalité par action de la structure, par restructuration interne – qui s'apparenterait dans le graphique de Shannon à un mécanisme de réduction du « bruit », lui-même

---

1. Wiener semble avoir ignoré l'origine platonicienne du mot : le capitaine d'un navire est un exécutant chargé de la technique, mais de la technique seulement, laissant au commanditaire du navire la responsabilité du voyage.

assimilé à l'incertitude – a un grand champ d'application puisqu'on le retrouve entre autres domaines en biologie cellulaire, dans l'élaboration des prothèses médicales, dans l'étude de la dynamique de vie des étoiles ou dans le domaine des vols spatiaux, tous marqués par l'existence d'un trop grand nombre de variables pour que le déterminisme ait sa place (il n'y a jamais duplication à l'identique de cellules car l'ADN est trop complexe, les trajectoires spatiales dépendent de tous les objets présents dans l'univers et ne sont jamais parfaitement prévisibles, etc.). L'opposition entre mécanismes finalisés par séquences et par action de la structure recouvre en fait celle entre deux types de sciences selon Wiener : les sciences déterministes (la mécanique céleste, par exemple) et les sciences au déterminisme faible (les mécanismes statistiques, le temps « bergsonien » de la biologie). Il faut appliquer les méthodes de la physique aux secondes sciences, la complémentarité étant possible même si ces dernières demeureront non absolues : Wiener voit dans le principe physique du couplage observateur-observé une limite à la connaissance, l'homme ne pouvant intégralement s'analyser puisqu'il est son propre objet d'étude.

Mécanismes déterministes et mécanismes non-déterministes

Plusieurs exemples peuvent être avancés pour comprendre la différence entre mécanismes automatiques (déterministes) et mécanismes rétroactifs (non déterministes). Celui de l'appareil ménager tel que l'aspirateur qui fonctionne automatiquement, de façon aveugle, sans tenir compte du niveau de poussière, l'esprit humain introduisant la rétroaction en le guidant par tâtonnements vers les lieux qui nécessitent le plus son utilisation (mais il n'y a jamais certitude absolue qu'il y ait plus de poussière sous un meuble qu'autour d'une table, etc.).

L'exemple du jeu de bataille navale, qui rappelle celui de la batterie DCA, permet d'illustrer clairement le mécanisme de rétroaction. Il consiste en un bombardement de cases qui peut être effectué suivant un mécanisme préréglé (tirs sur des cases sans tenir compte des résultats des tirs précédents) ou exploratoire (tirer sur des cases précises en recoupant l'information obtenue au moyen des tirs précédents, cette information apportant des probabilités de présence ou de non-présence de navires adverses).

Communication, morale et théorie physique du tout

La théorie statistique de l'information a servi des projets ambitieux de réduction de l'écart entre règne naturel et règne humain. Wiener, le premier, a doublé sa réflexion sur les mécanismes d'une réflexion philosophique en soutenant que la portée de ses recherches dépassait celle des sciences dites exactes. Dans les sociétés humaines, la coordination est un problème de communication, il est donc possible de l'améliorer par l'emploi de la cybernétique. Le spectacle désastreux du dernier conflit mondial, qui l'a profondément marqué, incite en fait Wiener à proposer une solution technique (combler un supposé déficit communicationnel) à un problème moral (l'existence du conflit). L'invention des intelligences artificielles doit permettre d'améliorer les relations entre les hommes, les cerveaux électroniques étant intégrés au cours du monde humain pour accélérer et parfaire des échanges toujours imparfaits. Cette utopie, digne des meilleurs scénarios de science-fiction, n'est pas dénuée de générosité (Philippe Breton et Serge Proulx la qualifient d'« anarchiste rationnelle ») car elle suppose que le mal est le résultat d'un simple manque, parce qu'elle est aussi un appel à la transparence et à l'ouverture, mais elle balaie toute compréhension historique des rapports humains et néglige les différences entre machines et individus.

L'idée que la physique serait en voie d'achèvement et que le monde humain pourrait désormais être appréhendé au moyen de catégories qui lui sont empruntées – à la différence près que le hasard est plus important pour les hommes – s'est peu à peu répandue, faisant du concept de « communication » l'équivalent ou le complémentaire du concept d'énergie. Après Warren Weaver qui suggère que la théorie des quanta est susceptible de rendre compte de l'univers humain[1], thèse que ne partage pas Wiener certes persuadé que les intelligences artificielles sont possibles et souhaitables mais beaucoup plus prudent sur l'extension des concepts de la physique, le Français Abraham Moles soutient dans sa thèse sur « La théorie de l'information et la perception esthétique » (publiée en 1958) que le monde extérieur se présente sous deux aspects :

– l'aspect énergétique, la dialectique énergie-matière résumée par Einstein dans la formule $E = mc^2$;

– l'aspect communicationnel ou l'interaction individu-reste du monde, s'explique par une nouvelle dialectique action/communication replaçant l'homme dans l'univers de la connaissance.

Moles assimile sciences humaines et sciences de l'imprécis, comme Wiener, mais en avançant que ces dernières peuvent utiliser des modèles probants, dans le cadre d'une théorie des systèmes (cybernétique), car tout peut être mesuré, tout a une grandeur[2]. La psychologie doit étudier le message de l'environnement à l'individu et les réactions de celui-ci. Elle est donc une science majeure dont l'immense développement sera dû à l'introduction de la mesure mais elle demeure néanmoins normative car l'individu, comme tout autre système, n'est jamais connu que dans un comportement statistique, repéré par la psychologie expérimentale. L'individu est un système ouvert dont le comportement est entièrement déterminé par la somme de trois facteurs : un langage héréditaire (celui de son organisme), l'ensemble de son histoire particulière (ses réflexes, sa mémoire, sa « personnalité ») et les messages qu'il reçoit de son environnement

---

1. « On a la sensation vague que l'information et la signification sont quelque chose d'analogue à ce que sont dans la théorie des quanta un couple de variables unis selon les règles canoniques ; qu'en d'autres termes, information et signification sont assujetties à une restriction combinée qui implique le sacrifice de l'une lorsqu'on s'obstine à obtenir trop de l'autre » [cité par ECO, 1965, p. 91].
2. Moles croit découvrir dans les échelles psychologiques, dans les théories de Kurt Lewin et dans le fonctionnalisme de Lazarsfeld les amorces d'une psychologie mathématique.

et auquel il réagit. Le concept d'information est la mesure statistique des effets du monde extérieur à travers les signes, les éléments ou les symboles qui le composent. Il faut développer une métrique informationnelle au sein d'une psychologie de la perception qui sera l'armature d'une psychologie théorique mathématique, laquelle représentera l'aboutissement de la science et l'intégration de l'homme dans l'univers physique.

La trompeuse analogie avec l'humain

Les obstacles auxquels se heurtent ces visions sont en fait innombrables et en partie insurmontables. En réduisant la communication à la question de l'information et l'information à celle de la probabilité d'événements, les mathématiciens ont certes rendu possible la création de machines programmables mais ils n'ont pas créé d'intelligence artificielle au sens véritable du terme ni expliqué les processus humains de communication qui reposent sur la signification. Weaver le reconnaît : « Le concept d'information développé par cette théorie semble au premier abord bizarre et assez peu satisfaisant ; peu satisfaisant parce qu'il n'a rien à voir avec la signification, et bizarre parce qu'il ne se réfère pas seulement à un message, mais plutôt au caractère statistique d'un ensemble de messages » [cité par Eco, 1965, p. 85]. Information et signification sont deux réalités différentes (l'une quantitative, l'autre qualitative), un message pouvant être d'autant plus significatif qu'il est probable (« au printemps les fleurs poussent » a le maximum de sens et de pouvoir de communication mais, comme le note Eco, n'ajoute rien à ce que nous savons déjà). L'information tant qu'elle est conçue comme la mesure d'une possibilité n'a rien à voir avec le contenu vrai ou faux d'un message ou avec l'esthétique. La machine intelligente rêvée par Wiener demeure de ce fait le produit de l'homme, elle ne peut justifier ses choix, n'accède pas à l'émotion, qui est d'ailleurs exclue de tous les schémas mathématiques. La conscience réfléchie, éliminée elle aussi de ces schémas, demeure un défi central pour les partisans d'un esprit computationnel, réduit au calcul (le débat est renouvelé aujourd'hui avec les sciences cognitives).

De fait, la psychologie espérée par Moles, calquée sur le modèle de la physique, n'a pas connu le développement escompté. Elle se heurte à l'absence d'unité de ses résultats et ne connaît pas de lois générales. Dans son ouvrage [*Les Sciences de l'imprécis*, 1990], Moles fait en partie machine arrière lorsqu'il observe que les sciences dures ont usurpé leur nom car elles se sont intéressées aux aspects les plus faciles à mesurer (longueurs, surfaces, volumes, masses, temps, etc.). Les sciences humaines se sont intéressées, dès l'origine, à des phénomènes vagues, imprécis, qu'il faut analyser comme tels. Du point de vue épistémologique, elles sont en avance sur les sciences dures. Cet argument souligne bien les limites de l'analogie physique/science de la communication, d'autant que Moles remarque que la physique a évolué par rapport à l'image qu'il s'en faisait dans les années 1950, en s'éloignant de plus en plus de la représentation mécaniste.

La cybernétique a permis de lancer des hypothèses et de les tester, de renouer avec le rêve séculaire d'une totalisation des sciences humaines et de leur union progressive avec les sciences de la nature et de la vie, le rapprochement étant pensé de façons très variées puisque Shannon se contentait d'un éclairage mathématique, Wiener jouait la science des machines et la biologie contre la physique, en s'inspirant néanmoins du rêve d'unité de cette dernière, et que Weaver et Moles imaginaient une physique quasi intégrale. Ce grand rêve, qui guide aussi l'œuvre d'Edgar Morin à partir des années 1970, est peut-être possible mais il apparaît très prématuré dans le contexte de la cybernétique et sa réalisation ne ferait pas disparaître le problème même du sens de cette union sur lequel les sciences dites exactes n'apportent pas d'éclairage. Au total, l'emploi de la cybernétique a été guidé au moins autant par une idéologie scientiste et par une utopie fraternitaire que par un souci de scientificité. Le scientisme survient lorsque la comparaison avec les sciences dites exactes cesse d'être méthodologique pour devenir une idéologie qui s'appuie soit sur des éléments très partiels, supposés vérifiés et transposables à toutes les activités humaines, soit sur un système, supposé achevé, définitif. Dans le cas de la cybernétique, cette orientation s'est en fait traduite par une survalorisation de la perception au détriment de la pratique : les hommes sont considérés comme des machines à traiter de l'information et non comme des êtres capables, plongés dans l'agir et dans le sens, ce qu'ils sont indubitablement, quelle que soit l'explication à donner à cela. Le problème est donc de passer du message vu comme système objectif d'informations possibles au rapport de communication qui lie le message au récepteur : c'est le problème de l'interprétation et de l'action et non plus seulement du décodage menacé par le bruit.

Les types de communication selon Wiener et l'ignorance du niveau humain

Types de communication	Domaine	Exemple
Information binaire	Systèmes déterministes, mécaniques	Une montre
Probabilité	Systèmes bouclés en situation d'ignorance partielle	Une trajectoire de navire
Signification	Univers de l'interprétation et de l'action	La plupart des actes humains

La rencontre avec le fonctionnalisme

La propagation dans les sciences humaines des modèles mathématiques – sur le mode métaphorique – s'est effectuée de façon presque instantanée. De nombreux chercheurs en science politique, en sociologie et en psychologie ont repris, dans une optique très mécaniste, les schémas et le vocabulaire de la théorie de l'information. Cet engouement s'explique assez aisément dans le cas de la recherche en communication, de masse comme interindividuelle. Au-delà de leurs différences, la plupart des penseurs, qu'ils soient béhavioristes, critiques ou empiristes, partageaient déjà une même vision causale de la communication, un même modèle linéaire de transmission. Ce modèle doit sa puissance au fait qu'il s'inscrit très largement dans une forme de pensée magique. Une pensée magique utilise la causalité directe, simplifie les relations entre des objets en les plaçant dans des relations de dépendance simple : on croit aux effets directs des médias sur les comportements des enfants comme on croit à l'influence des dieux sur les destins individuels ; on suppose que les propagandes affectent les individus comme des esprits maléfiques le feraient. Ce modèle très dépouillé et souvent implicite se voyait en quelque sorte confirmé par les sciences de la nature et de la vie, dont le prestige pouvait auréoler aussi les sciences humaines et leur apporter une forme de crédibilité ! La question programme de Lasswell comme le schéma de la communication verbale de Jakobson (chapitre 8) – pourtant conçus dans des contextes très particuliers – attestent par leur similitude avec le schéma mathématique de la communication la grande influence de ce modèle.

Si la systémique et la cybernétique ont contribué au développement d'un véritable réductionnisme, elles ont également joué un rôle pédagogique en stimulant l'étude de l'interdépendance entre des éléments (ce qui est utile car toute science procède par descriptions de relations), en encourageant un empirisme inspiré de Lazarsfeld et de la psychosociologie et en favorisant des échanges entre disciplines. Elles forment ainsi l'une des racines (avec l'étude de la littérature et la sémiologie de Roland Barthes) des courants français des « sciences de l'information et de la communication » qui se développent dans les années 1970 autour de Robert Escarpit et d'Abraham Moles. Marqués à l'époque par le désir de produire une théorie générale de la communication, en affinité avec un goût assez français de la totalisation intellectuelle, ces derniers les utilisent comme une ressource critiquée mais indispensable, qui permet par ailleurs de répondre aux besoins de nouveaux enseignements professionnalisants, tournés vers des entreprises demandeuses de schémas fonctionnels précisant les rôles et les types d'influences des acteurs dans le processus de communication interne ou externe.

L'École de Palo Alto et le modèle orchestral de la communication

Avec les membres de l'École de Palo Alto, l'inspiration cybernétique débouche sur une véritable anthropologie pour finalement s'épuiser et presque disparaître dans les sciences humaines. Ce cercle intellectuel qui doit son nom à la ville californienne abritant, à partir des années 1940-1950, nombre de ses membres, se compose de sociologues, psychiatres, linguistes ou mathématiciens liés par des réseaux informels plus que par des appartenances universitaires communes. À l'image de Gregory Bateson, successivement attiré par la zoologie, l'anthropologie et la psychiatrie, leur parcours témoigne d'une fascination puissante pour les sciences de la nature et de la vie, d'un désir de transposer leurs concepts dans le domaine humain, voire d'opérer une totalisation des savoirs.

Bateson est l'auteur de *Naven* [1936], un ouvrage centré sur les rituels de tribus de Nouvelle-Guinée dans lequel il tente de décrire une société d'un point de vue systémique, anticipant notamment l'idée de rétroaction. La fréquentation, dès les années 1940, de Wiener le mène sur la voie d'une théorie générale de la communication qui inclurait les deux plans (vivant/non vivant, information/énergie, ou, dans son vocabulaire, « esprit/nature »), de même que sa formation d'anthropologue héritier de Radcliffe-Brown et de Durkheim l'incline à la visée structurale (cette visée l'oriente d'ailleurs vers un usage politique – écologiste et coopératif – des théories biologiques, dont on dira qu'il est pour le moins périlleux, comme celui de Wiener). La communication acquiert pour lui, comme pour les autres membres de l'École de Palo Alto, une valeur englobante : « la communication est la matrice dans laquelle sont enchâssées toutes les activités humaines » [*Communication et société*, 1951]. Bateson marque cependant une distance à l'égard des interprétations mécanistes de la théorie mathématique de l'information et de la cybernétique. Le primat du tout ne signifie pas réductionnisme et causalité simple, il est plutôt une invitation à l'étude des réactions complexes, des circularités, dans une recherche qui a d'ailleurs tendance à multiplier les niveaux d'analyse sans qu'aucune clarification n'intervienne, son défaut étant de ne jamais se satisfaire de raisonnements partiels et de superposer pour ce faire explication freudienne, comparaison avec les rites animaliers, théories logiques... Des enquêtes effectuées ressortent des concepts novateurs au confluent de la logique et de la psychosociologie, tels que le *double bind* de Bateson (*double contrainte* ou *injonction paradoxale*), qui désigne une situation dans laquelle un système de relations repose sur une contradiction insurmontable (« Soyez spontané »), dont l'usage se limite au départ à l'étude de la schizophrénie pour s'étendre à toutes les pratiques humaines.

Le rejet de la linéarité et du système pour le système autorise pourtant un déplacement décisif : la découverte des éléments qui composent le tout et le produisent. Pour Bateson, les systèmes sont immanents aux actions, ils prennent forme dans les interactions que l'on observe et ne se situent pas en amont de ces dernières, comme des sources cachées des actions qui seraient analogues à des moules industriels produisant des objets à la fois variés et toujours construits à l'identique (cette analogie prédominant par contre dans les théories fonctionnalistes faisant des actions le produit des structures). L'École de Palo Alto décentre la recherche systémique, dépasse le niveau des généralités trop abstraites en prêtant attention au microsocial, à la genèse du quotidien. Sa véritable devise devient alors : « on ne peut pas ne pas communiquer » [selon la formule de Paul Watzlawick dans *Une logique de la communication*, 1967], qui signifie que tout se prête au jeu de la production d'information. Edward T. Hall s'intéresse ainsi à la *proxémique* ou langage des espaces interpersonnels (quelles distances séparent les individus suivant les milieux et les cultures, quelles sont les mesures acceptables et que signifient-elles ?) et Ray Birdwhistell, après l'anthropologue français Marcel Mauss, montre que le corps est un signifiant majeur, que les gestes et les poses sont des marqueurs forts qu'une nouvelle discipline, la *kinésique*, doit étudier[1]. La métaphore de l'orchestre où chacun intervient en permanence, où

---

1. Suivant une pente bien connue, Birdwhistell amorce la description d'un système général de kinèmes dont il reconnaîtra finalement la vanité (le système ne se boucle pas, comme tout système humain demeure ouvert à l'interprétation).

chacune des dimensions humaines se déploie également, se substitue à celle du télégraphe comme le suggère Yves Winkin. Il n'y a pas de division stricte entre émetteur et récepteur : l'enseignement n'est pas un rayon dardé par un professeur vers les élèves mais une interaction avec eux, ponctuée de questions, de manifestations d'intérêt ou de désintérêt, sans interruption possible du flux (un moment de silence et de calme dans une salle de classe ne signifie pas absence d'échanges par le biais de regards ou de gestes).

Erving Goffman achève ce parcours en forme d'adieu à la cybernétique en réintégrant la question de la communication interpersonnelle dans la sociologie américaine, celle de Mead et de Park, influencée par Simmel. Son travail théorique demeure marqué par la visée linguistique, inventorier les systèmes, la « grammaire », la « syntaxe » ou les « règles » de comportements, d'autant qu'il cherche à se mesurer dans les années 1950-1960 au systémiste Talcott Parsons, mais sa pratique le rapproche bien d'une microsociologie perpétuellement expérimentale, attentive à la découverte et au classement de faits nouveaux [Burns, 1992]. Goffman s'intéresse aussi bien aux situations sociales que l'on pourrait qualifier d'extrêmes (la vie dans un asile psychiatrique) qu'au quotidien et à sa mise en scène (la production de *stigmates sociaux*, les façons de fumer une cigarette), en s'efforçant à chaque fois de dégager les règles de maintien de la relation. Le sens est quelque chose d'irréductible à l'information, au système, à la société, il est ce qu'il représente pour les autres et ce que l'on produit en fonction des rôles que l'on tient face aux personnes qui nous importent. Les rôles sont multiples comme sont multiples les situations et les personnes. La communication humaine est un conflit interminable qu'il faut résoudre en utilisant des *rites d'interaction* qui assurent à chacun des possibilités de *sauver la face*, sans faire disparaître le conflit. Un *savoir-vivre* permet de pacifier les relations et d'éviter les transgressions qui débouchent sur la violence ouverte. Cette idée de cadres de l'échange inspirera les courants de sociologie de la situation (chapitre 16).

Conclusion

L'École de Palo Alto n'a pas prouvé que tout était communication au sens où l'entendaient la cybernétique et la linguistique, elle a d'ailleurs totalement évacué la question d'une anthropologie des médias de masse, mais elle a montré par contre que des pans entiers du comportement humain (celui des techniques du corps notamment) devaient être intégrés dans les sciences sociales. La cybernétique est un effort pour comprendre les fondements techniques de la communication humaine mais cette dernière est aussi faite de culture, de silences, de gestes, d'intonations, de règles d'interaction qui expriment le conflit en le contenant. L'anthropologie de la communication a aussi joué un grand rôle dans le dépassement des conceptions linéaires en se centrant progressivement sur l'acteur et sur l'interaction, ce que ne faisaient que très peu les lazarsfeldiens dont la sociologie des groupes demeurait fixiste, moins encore les auteurs marxistes qui réduisaient tout aux effets idéologiques, et pas du tout les béhavioristes.

Les sciences cognitives : un horizon indépassable ?

Les sciences cognitives [pour une présentation des courants, voir VIGNAUX, 1992] ont profondément renouvelé la connaissance des mécanismes d'expression de la pensée et de l'émotion, au point de servir parfois de référence, d'horizon, notamment dans le champ de la communication qui semble se prêter à un mariage de fonctionnalités et de sens. Se ramassent en effet en elles toutes les interrogations sur la nature de la pensée, sur la formation des systèmes de langage, sur le fonctionnement de la pensée symbolique, autrement dit tous les espoirs d'une théorie définitive de la communication qui ont été portés auparavant par la cybernétique, la sémiologie et les théories du déterminisme technologique.

À partir du présupposé d'une matérialité des processus de pensée, examinés par les neurosciences, ainsi que de l'hypothèse d'une identité des processus intellectuels humains et des programmes d'ordinateurs, une naturalisation complète du social est avancée par certains auteurs. Le travail le plus significatif est celui de Dan Sperber, anthropologue de renom marqué par la lecture de Noam Chomsky et de Jerry Fodor, entreprenant de jeter les bases d'une science naturelle de la société, non interprétative. Sperber propose de s'appuyer sur certains résultats de la psychologie cognitive pour relier entre elles croyances, représentations et institutions, présentées comme des effets de mécanismes généraux de la pensée (*La Contagion des idées*, 1996, *La Pertinence. Communication et cognition*, 1989, avec Deirdre Wilson). L'objectif est de développer un modèle novateur de description de la culture par la contagion, une véritable « épidémiologie des représentations » qui saisirait la culture comme la diffusion d'idées individuelles à un ensemble d'autres individus. Un point de vue matérialiste incite à observer la vie sociale comme le produit d'une transmission de pensées par communication et imitation, aboutissant elles-mêmes à la réplication ou à l'altération des idées originellement émises (la règle étant l'altération). Il s'agit alors de spécifier la nature des différents types d'idées (croyances, représentations physiques), et d'expliquer leur stabilisation en institutions. Pour ce faire, Dan Sperber utilise le concept de « pertinence » pour élucider la question de la répétition dans le temps de mêmes actes et idées, telle que celle des pratiques rituelles. Le concept renvoie à une théorie économique de la pensée humaine, qui chercherait en permanence à obtenir le meilleur rapport effet/effort dans le traitement de toute information.

Malgré ces développements, une science « dure » de la communication humaine demeure une perspective irréaliste tant les développements en sciences cognitives sont encore insuffisants pour pouvoir « naturaliser » les sciences humaines – il n'existe pas de consensus au sein de ces dernières sur les modèles théoriques à adopter – mais aussi parce que cette perspective apparaît de façon plus fondamentale reposer sur une utopie, ou sur un cauchemar (avec l'assimilation des phénomènes sociaux à des facteurs biologiques, comme dans *L'Homme neuronal* de Jean-Pierre Changeux, ou l'évocation d'authentiques intelligences artificielles). De nombreux penseurs – Hubert Dreyfus, Hilary Putnam ou John Searle – qui ne sont pas hostiles au développement des sciences cognitives, ont démontré que la quête d'une naturalisation de l'esprit était logiquement infondée. Il est en effet impossible de présenter l'esprit humain comme un pur système de traitement de l'information, suivant la métaphore de l'ordinateur, métaphore incontournable pour le défenseur du naturalisme cognitif : l'ordinateur est une machine logique qui traite des symboles arbitraires suivant des règles définies, séquentiellement, alors que l'esprit opère un traitement global de certaines informations et s'accommode de la polysémie des mots. Penser ce n'est pas compter, contrairement à ce que prétendait déjà Spinoza. Si nous savons que la conscience est causée par des processus cérébraux, dont il faut améliorer la connaissance, rien ne permet de connaître précisément cette conscience en termes « objectifs », « cognitifs », celle-ci étant « subjective », opposée à toute forme de neutralité ou d'indépendance de l'observateur et de l'observé. Cette boucle logique sans solution, renvoyant au problème de l'auto-référence, explique que les mondes où règnent les intelligences artificielles demeurent ceux d'Isaac Asimov, de Stanley Kubrick, de Dan Simmons ou de *Matrix*.

Bibliographie

BATESON Gregory, *Vers une écologie de l'esprit* (1972), Seuil, 1977 et 1980.

– *La Cérémonie du Naven* (1936), Minuit, 1971.

BOUDON Raymond, *L'Analyse mathématique des faits sociaux*, Plon, 1967.

BRETON Philippe, *L'Utopie de la communication. L'émergence de l'homme « sans intérieur »*, La Découverte, 1992.

BRETON Philippe, PROULX Serge, *L'Explosion de la communication. À l'aube du XXIe siècle* (1989), La Découverte, 2002.

BURNS Tom, *Erving Goffman*, Londres, Routledge, 1992.

CHANGEUX Jean-Pierre, *L'Homme neuronal*, Fayard, 1983.

DREYFUS Hubert, *Intelligence artificielle. Mythes et limites* (1979), Flammarion, 1984.

ECO Umberto, *L'Œuvre ouverte* (1962), Seuil, 1965.

ESCARPIT Robert, « Pour une nouvelle épistémologie de la communication », Premier Congrès français des Sciences de l'Information et de la Communication, Compiègne, 21 avril 1978.

– *Théorie générale de l'information et de la communication*, Hachette, 1976.

GOFFMAN Erving, *Les Moments et leurs hommes*, Textes recueillis et commentés par Yves Winkin, Seuil/Minuit, 1988.

– *La Mise en scène de la vie quotidienne*, t. I, *La présentation de soi* (1959). Minuit, 1973, t. II, *Les relations en public* (1971), Minuit, 1973.

– *Les Rites d'interaction* (1967), Minuit, 1974.

– *Asiles. Études sur la condition sociale des malades mentaux* (1961), Minuit, 1968.

HEIMS Steve, *John von Neumann and Norbert Wiener*, MIT Press, Cambridge, 1982.

MATHIEN Michel, « L'approche physique de la communication sociale. L'itinéraire d'Abraham Moles », *Hermès*, 11-12, 1992.

MAUSS Marcel, « Les techniques du corps » (1936) in *Sociologie et anthropologie*, PUF, 1950.

MOLES Abraham, *Les Sciences de l'imprécis*, Seuil, 1990.

– *Théorie de l'information et perception esthétique*, Flammarion, 1958.

MORIN Edgar, *La Méthode 1. La nature de la nature*, Seuil, 1977.

NEUMANN John von, *L'Ordinateur et le cerveau* (1958), La Découverte, 1992.

PUTNAM Hilary, *Représentation et réalité* (1988), Gallimard, 1990.

– « Ce qui est inné et pourquoi. Commentaires sur le débat », *in* PIATELLI-PALMARINI Massimo (dir.), *Théories du langage. Théories de l'apprentissage, Le débat entre Jean Piaget et Noam Chomsky*, Seuil, 1979.

RUESH Jurgen, BATESON Gregory, *Communication et société* (1951), Seuil, 1988.

SEARLE John, *La Redécouverte de l'esprit*, Gallimard, 1995 (1992).

– *Le Mystère de la conscience* (1997), Odile Jacob, 1999.

SHANNON Claude, WEAVER Warren, *Théorie mathématique de la communication* (1949), Retz-CEPL, 1975.

SPERBER Dan, WILSON Deirdre, *La Pertinence. Communication et cognition*, Minuit, 1989.

SPERBER Dan, *La Contagion des idées. Théorie naturaliste de la culture*, Odile Jacob, 1996.

VIGNAUX Georges, *Les Sciences cognitives. Une introduction*, La Découverte, 1992.

WATZLAWICK Paul, HELMICK-BEAVIN Janet, JACKSON Don, *Une logique de la communication* (1967), Seuil, 1972.

WIENER Norbert, *Cybernétique et société* (1950), UGE, 1962.

– *Cybernetics or Control and Communication in the Animal and the Machine*, Cambridge et Hermann, 1948.

WINKIN Yves, *Anthropologie de la communication. De la théorie au terrain*, Bruxelles, De Boeck Université, 1996.

– (dir.), *Bateson : premier état d'un héritage*, Seuil, 1988.

– (dir.), *La Nouvelle Communication*, Seuil, 1981.

Chapitre 7

McLuhan et le déterminisme technologique

Le prophétisme du village global

L'IRRUPTION DE MARSHALL McLUHAN dans la recherche en communication, dans le courant des années 1960, a eu l'effet d'une petite tornade qui emporte tout sur son passage avant de s'évanouir promptement (en laissant auguror de nouvelles bourrasques). La force du célèbre universitaire canadien, considéré parfois comme le fondateur d'une tradition de recherche, l'école de Toronto, est d'avoir introduit une problématique qui demeurait largement absente des travaux de son époque, celle de la relation entre modes de communication et sociétés. Le médium figurait bien dans le schéma lasswellien mais la plupart des théories ne se penchaient pas sur lui, n'interrogeaient pas la dimension proprement technique de la communication sociale : le médium était une sorte de boîte noire dont on laissait aux historiens de la technique et aux ingénieurs le soin d'expliquer le fonctionnement et la diffusion. La faiblesse de son approche est qu'elle se présente ouvertement comme prophétique et qu'elle s'exprime en termes d'effets technologiques. La fascination qu'a exercée cette dernière sur de larges audiences a pourtant eu l'effet paradoxal d'attirer l'attention sur la question des médias et de contribuer fortement à un essor organisationnel des recherches... dans les filières de sciences humaines ou dans des filières nouvelles, dites de communication.

« Le message, c'est le médium »

Le fameux aphorisme énoncé dans *Pour comprendre les médias* [1964], l'ouvrage qui a la plus contribué à sa renommée, rappelle l'aspect péremptoire d'une pensée dont on a souvent souligné le caractère intuitif mais brouillon. Marshall McLuhan est un spécialiste de littérature venu à la question technique, préférant mêler citations de tous ordres et images hardies pour défendre ses thèses plutôt que de produire une enquête méthodique : mettre un peu d'ordre dans son argumentation revient à « tenter de passer un pantalon à un éléphant » pour James Carey (« McLuhan : généalogie et descendance d'un paradigme »). Son idée centrale est empruntée à l'historien et économiste Harold Innis qu'il côtoie à Toronto (lire le même James Carey sur la genèse des théories technicistes en Amérique du Nord) : le changement d'organisation sociale peut être décrit comme une conséquence de l'adoption d'une nouvelle technique. McLuhan va cependant plus loin que son inspirateur ou que Marx qui soutient dans *Misère de la Philosophie* que les rapports sociaux sont liés de façon complexe aux forces productives, indirectement à la technique (« Le moulin à bras vous donnera la société avec le suzerain ; le moulin à vapeur, la société avec le capitaliste industriel »). Sa théorie monocausale affirme que les moyens de communication (entendus dans le sens le plus large, des transports aux arts) structurent les sociétés non pour des motifs économiques mais sensoriels. Les modes de perception et de connaissance sont des outils qui prolongent les sens humains, ils affectent en retour la personnalité de leurs utilisateurs car ils sont de même ordre qu'eux. « Ce n'est pas au niveau des idées et des concepts que la technologie a ses effets ; ce sont les rapports des sens et les modèles de perception qu'elle change petit à petit et sans rencontrer la moindre résistance. » Vivre dans un monde dominé par la monnaie n'est pas la même chose que de vivre dans un monde qui en est dénuée, quels que soient les usages que l'on en fait : « l'argent réorganise la vie sensorielle des peuples en poussant à l'ouverture, aux échanges » [*Pour comprendre les médias*, 1964].

De même, le livre imprimé rend-il plus pressant le besoin d'individualisme en imposant par sa forme et non par ses contenus le rapport personnel au savoir. McLuhan opère une distinction entre médium chaud et médium froid – extrapolée de recherches biologiques et physiques sur les sens – qui lui permet de brosser à grands traits sa vision de l'histoire de l'humanité. Un médium froid – la parole, le manuscrit, la télévision – se définit par sa faible définition, au sens où une image ou un son contient peu d'information. Il aura toujours tendance à faire participer fortement ses utilisateurs qui devront investir d'eux-mêmes dans ce qui leur offre des espaces d'expression : la télévision parce qu'elle est pauvre est souvent regardée collectivement, elle happe les consciences, de même la parole nécessite des débats impliquant chacun... Un médium chaud – le cinéma, la radio ou le livre – se définit au contraire par sa richesse, par sa forte définition, qui ne laisse que peu de place à la participation de l'utilisateur, comme contraint par les contenus : nous nous taisons au cinéma comme devant un livre. L'alternance de médias au cours des siècles a eu pour conséquence la division de l'histoire en trois périodes (division vaguement inspirée de la loi des trois états d'Auguste Comte). L'âge tribal se caractérise par l'utilisation de l'oral et par l'immersion dans un monde circulaire où la participation est intense. L'âge de l'imprimé est celui de la rupture avec la dépendance instaurée par la parole, il conduit à la linéarité, à l'introspection et à l'individualisme. L'âge électronique, dans lequel nous entrons, est un retour partiel à une certaine facilité orale, au tribalisme, imposé par l'audiovisuel.

Ici, McLuhan se transforme véritablement en prophète en annonçant la révolution apportée par la télévision, médium multisensoriel, oral et visuel, à ce titre plus stimulant et plus englobant pour la conscience, favorisant un désir de participation à une culture commune sans frontière, un « village global » où chacun serait en relation avec chacun. Le médium McLuhan se double de plus d'un thuriféraire de l'esthétique des médias électroniques et d'un analyste politique. Il livre indifféremment analyses joyeuses des nouvelles cultures et leçons de marketing télévisuel, la plus mémorable étant relative au débat présidentiel Nixon-Kennedy de 1960 qui aurait tourné selon lui à l'avantage du second candidat, personnage lisse, physiquement en adéquation avec la froideur de la télévision, contrairement au premier, surchauffé, « passant » mieux à la radio (comme Hitler, qui n'aurait peut-être pas réussi si la télévision avait existé de son temps...).

Preuves, exemples et contre-exemples

« Il y a de bonnes choses chez McLuhan comme il y en a chez les fumeurs de bananes et chez les hippies. Attendons de voir ce qu'ils seront encore capables de faire », a écrit sans nuance Umberto Eco [« Le *cogito interruptus* », 1967]. Les ouvrages de McLuhan contiennent effectivement des annotations utiles sur les rapports entre médias qui peuvent être reprises dans des études empiriques, par exemple l'idée que tout nouveau média se contente à sa naissance de reprendre les contenus et les usages des précédents (le cinéma imitant le théâtre, la télévision le cinéma, etc.) ou celle d'une forte dimension orale de la télévision, largement négligée dans les travaux antérieurs. Mais ils greffent des présupposés sur la communication de masse qui sont totalement intenables. La distinction entre médiums chauds et froids est assez largement mythologique, le fait de classer la télévision dans le camp des médiums froids ayant d'ailleurs incité certains auteurs à dire par boutade et en constatant la faible implication usuelle des téléspectateurs, « que [McLuhan] devait posséder un appareil de télévision défectueux » (comme le rappellent Ruth et Elihu Katz dans « D'où venait-il, où a-t-il disparu ? »). L'implication dans les médias est affaire d'investissements sociaux. Les salles françaises de cinéma sont silencieuses et dégagent une atmosphère studieuse alors que les salles américaines sont au contraire bruyantes et participatives. La télévision est comme incluse dans le cercle familial dans les foyers ouvriers alors qu'elle est physiquement tenue à distance dans les milieux cultivés. La radio est utilisée par les jeunes comme un média interactif (émissions de débats) et spécialisé (musique) alors qu'elle fonctionne plutôt comme un média de masse généraliste pour les autres. Ce qui définit les médias ce n'est pas seulement le fait qu'ils soient des prolongements plus ou moins précis des sens humains mais qu'ils soient des extensions sociales des individus et des groupes qui les utilisent pour se réunir et s'opposer : on retrouve toutes les contradictions sociales dans un même média.

McLuhan ne fournit aucune preuve à l'appui de ses allégations, il raisonne essentiellement par des exemples historiques. Or chacun sait que l'histoire donne des exemples de tout et des preuves de rien, selon la formule de Valéry. On peut opposer un contre-exemple à chacun des exemples avancés en faveur d'un déterminisme technique. Le développement de l'imprimé en Occident a contribué à l'individualisme et à la Renaissance alors qu'il menait en Chine à une centralisation du savoir et des pouvoirs. La similitude des infrastructures techniques des pays capitalistes et communistes au cours des années 1950-1980 s'accompagnait d'une différenciation très forte des idéologies politiques et sociales. Au-delà de ces exemples, le marketing télévisuel des hommes politiques, la conjoncture sociale et les pressions citoyennes obéissent à des lois bien plus complexes que celles du *hot* ou du *cool*, l'image télévisée d'un candidat chaud, si tant est qu'elles existent, pouvant ne pas déplaire à un vaste électorat dans certaines circonstances, l'inverse étant vrai dans d'autres circonstances : penser aux destins médiatiques si complexes d'élus tels que Charles de Gaulle, François Mitterrand, Helmut Kohl ou Bill Clinton. Certains chercheurs se revendiquent du mcluhanisme pour défendre l'idée qu'Internet serait le nouveau média à l'origine du « village global », oubliant que pour McLuhan la télévision était censée jouer ce rôle pour des raisons exactement inverses de celles avancées aujourd'hui à propos de ce média (la télévision est souvent jugée peu interactive, isolant les individus) ! En fait, chacun de ces médias participe de mouvements de globalisation et de relocalisation sans réellement les créer, et chacun de ces médias prend des formes sociales et nationales changeantes.

Est-ce à dire que la technique est neutre, qu'elle sert seulement d'accélérateur aux changements sociaux préexistants, et que son étude est inutile ? Les recherches effectuées depuis McLuhan, parfois sous son influence, montrent bien que non. L'anthropologue Jack Goody a clairement exprimé dans *La Raison graphique* la dimension déterminante d'une technique telle que l'écriture en éclairant ses réflexions d'une comparaison entre sociétés tribales africaines dotées ou non d'écriture. L'écrit a un support matériel et permet donc le stockage de l'information : ce qui est écrit reste contrairement à ce qui est dit (ou en tout cas plus). Par sa spatialisation, il autorise des exercices analytiques plus importants que l'oral : les mots d'une phrase sont découpés sur une feuille et les phrases se détachent les unes des autres comme autant d'invitations à une prise de distance, à un jeu avec les règles du langage. Parce qu'il repose sur une projection en deux dimensions suivant les principes de verticalité et de latéralité (on rédige de haut en bas et de droite à gauche ou de gauche à droite[1]), l'écrit permet enfin de développer certaines formes de pensée systématique telles que le classement par tableau. Il y a donc une affinité entre cette technique de communication et des modes d'organisation sociale fondés sur la gestion administrative par fichage et classement, fondés sur la hiérarchie entre individus et entre groupes sociaux. Goody relève des liens très nets entre la constitution d'empires bureaucratiques et le déploiement de l'écrit, entre affirmation d'un pouvoir lettré et valorisation du monde de l'intellect, il observe que « l'écriture favorise des formes spéciales

---

1. La rédaction de haut en bas est universelle, elle renvoie à la perception de la gravité terrestre, à une hiérarchie implicite dans tous les peuples entre ce qui est au-dessus et ce qui est en dessous. La latéralité par contre n'est pas universellement orientée par la perception d'une loi physique, ce qui explique que certaines langues s'écrivent de droite à gauche (l'arabe, le japonais) contrairement à d'autres (occidentales notamment).

d'activité linguistique et développe certaines manières de poser et de résoudre les problèmes ». Son choix de nuancer ses conclusions le différencie nettement d'un McLuhan. L'écriture n'est pas toujours aisément différentiable des systèmes graphiques adoptés par les sociétés dites sans écriture. Elle est une condition de possibilité et non une cause nécessaire et suffisante à l'apparition d'une pensée « rationnelle » (dans le sens d'analytique). Elle ne fait que contribuer à des changements et n'est pas la source de toute hiérarchie[1]. Enfin, elle n'invente pas mais déplace la question du pouvoir dans les sociétés, en libérant de nouveaux modes de domination pour partie contradictoires : le pouvoir des intellectuels, celui de l'État qui peut être au service d'une minorité mais aussi du collectif.

L'historienne Elisabeth Eisenstein a mené une vaste enquête sur les relations entre développement de l'imprimé et sociétés occidentales qui infirme très largement le causalisme mcluhanien alors qu'elle part de ses prémisses. Pour elle comme pour l'universitaire de Toronto, l'irruption de la galaxie Gutenberg dans l'Europe du XVe siècle s'est traduite par des modifications de schémas mentaux (l'imprimé favorise l'ouverture sur le monde et instaure un rapport personnel au savoir) et par la mise en place de processus cumulatifs et irréversibles, preuves de l'impact de l'innovation. Son enquête démontre pourtant que ses « effets » peuvent être difficilement séparés les uns des autres et ramenés à l'unité, quand ils ne sont pas contradictoires. La Renaissance est antérieure à l'invention de l'imprimé mais son importance s'est accrue avec la possibilité nouvelle d'accéder aux textes classiques. La Réforme luthérienne est née après l'imprimé et ses affinités avec ce mode de communication a priori plus favorable aux mouvements tolérants qu'aux mouvements dogmatiques semble indiquer une relation univoque assez largement constatée : Bible imprimée en langue vernaculaire (l'allemand tout d'abord) signifie autonomisation des pratiques, liberté religieuse... Pourtant c'est le catholicisme qui s'est le premier emparé des imprimeurs dans sa croisade contre les Turcs, qui a renforcé et uniformisé ensuite ses dogmes, son orthodoxie, avec le concile de Trente, en éditant des manuels chargés de rappeler aux croyants le bon usage de la liturgie. Autre exemple, l'imprimé favorise la propagation de l'écrit, de la République des lettres, mais il favorise tout autant la propagation de l'image, des planches illustrées à des fins savantes, religieuses mais aussi ludiques. Le principe d'action de la technique se dissout dans une poussière d'interactions ou plutôt d'interrelations. Encore Eisenstein néglige-t-elle d'évoquer les « effets » en retour que la société exerce sur une invention que le mouvement de la Renaissance attendait peut-être et a certainement contribué à créer, au moins autant que le protestantisme a pu modeler la signification sociale du livre, la mise en œuvre des inventions étant souvent dépendante d'une demande « précise et insistante » comme l'a montré Fernand Braudel à propos des machines à filer et à tisser durant la révolution industrielle ou comme le rappelle l'échec de la machine à calculer de Charles Babbage, ancêtre de l'ordinateur inventé dès le XIXe siècle mais sans impact sur la société de son temps[2].

---

1. Rappelons que l'Empire inca était particulièrement hiérarchisé... mais ne connaissait pas l'écrit, simplement des techniques de calcul par cordelettes.
2. Simon Schaffer [1995] montre néanmoins son insertion dans la société industrielle de son temps.

Où s'arrête la technique ?

Il n'existe au fond que trois façons de concevoir les rapports entre technique et société, les deux premières impulsant les discussions sans fin sur l'antériorité de l'influence de l'une sur l'autre. La première consiste à imbriquer entièrement les deux niveaux, à présenter le social comme le reflet de la technique, voire à confondre mécanismes instrumentaux et humanité. Ici, le déterminisme technique rejoint les courants cybernétiques les plus scientistes, les plus naïvement attachés à l'assimilation du monde des hommes à celui des machines. La seconde solution est celle de l'idéalisme ou du spiritualisme, du détachement absolu de l'esprit de la matière, qui n'est guère plus satisfaisante que la solution matérialiste, qu'elle présente la technique comme une entité autonome et malfaisante ou au contraire comme une simple force au service de l'homme. Dire que tout est technique, ou que quelque chose lui échappe substantiellement, n'est pas un fait mais une idéologie, qu'elle soit religieuse, scientifique ou bureaucratique. Il est vrai que le social et la technique peuvent se lire indifféremment en partant d'un pôle en direction de l'autre mais cela se paie alors de contradictions insurmontables : les techniques produisent des valeurs mais elles s'accommodent de multiples valeurs contradictoires, les hommes choisissent leurs instruments mais sont contraints par eux. Si la main a pu jouer un rôle dans la formation des sens humains puis dans celle d'un cerveau intelligent, si le cerveau a en retour modifié notre rapport au monde en instrumentalisant notre corps, si les moyens de communication apparaissent comme des extensions de nous-mêmes, rien dans ces enchaînements ne nous dit ce qu'est le social, la production de normes, de valeurs et le changement dans le monde humain, qui, pourtant, n'échappent pas au monde matériel.

La troisième solution, qui ouvre la voie d'une science sociale, consiste en la reconnaissance d'un degré d'indépendance ou plus précisément d'indifférence du monde humain à l'égard de la technique. Elle n'est pas une solution médiane car elle postule que l'esprit est un instrument tout en lui reconnaissant des capacités plus élevées ou d'un autre ordre que les seules capacités reconnues aux objets dits techniques. Ceci peut s'exprimer de plusieurs façons. Les sciences cognitives, qui postulent elles-mêmes l'assimilation du cerveau à un instrument (voir encadré), montrent qu'il y a un point de fuite, une limite à ce postulat, ce point rendant possible la dynamique culturelle et politique. La sociologie tourainienne a particulièrement souligné cette dynamique du changement en expliquant que « les sociétés ne se définissent pas par leur fonctionnement mais par leur capacité de se transformer » [TOURAINE, *Pour la sociologie*, 1974] : si les hommes sont intégralement plongés dans la technique et « fonctionnent » eux-mêmes comme des instruments, ils ont toujours la capacité de modifier leurs relations, de dépasser les fonctionnements qu'ils observent, au moyen d'autres fonctionnements, d'autres mécanismes. L'indifférence des hommes à l'égard de la technique, enfin, peut s'exprimer en termes ontologiques, avec le philosophe Bruno Latour [« La fin des moyens », 2000], qui plaide à la fois pour une non-séparation des objets et des humains et pour une différenciation de régimes d'être. La technique n'est pas l'être, elle n'est pas non plus un non-être ou un étant qui menacerait de l'extérieur ou qui serait dominé par l'être. Elle n'est pas à mi-chemin des deux. Elle est une façon d'être, un mode d'existence, ce qui explique son importance de tous les instants et, simultanément, son absence de pertinence quand on s'interroge sur une autre façon d'être, morale ou politique par exemple. La technique est pleine de promesses pour le politique mais elle n'est pas le politique : elle ne change rien à ce qu'est la démocratie même si l'utilisation de médias modifie l'exercice de la démocratie.

Les types de médias

	Médias physiques	Médias biologiques	Esprit	
Médias kinesthésiques	Outils : marteau, pelle, etc.	Organes corporels : main, pied, etc.	Cerveau	Sens
Médias sensoriels	Moyens de communication : l'écrit, la radio, etc.	Organes sensoriels : œil, oreille, etc.		

Le monde physique et le corps humain sont en relation étroite, nos moyens de communication étant des extensions de nos médias sensoriels et nos outils des extensions de nos organes corporels. Le cerveau peut pour sa part être considéré comme un instrument lié aux autres médias puisqu'il les prolonge comme il se prolonge à travers eux. Mais il existe aussi des discontinuités entre les niveaux techniques, on ne passe pas de l'un à l'autre par déduction simple, et un véritable saut qualitatif existe entre le monde du sens élaboré par le cerveau et les médias physiques et corporels – le cerveau n'étant pas seulement un « média ».

Une ruse de l'histoire : le mcluhanisme comme herméneutique

McLuhan est souvent assimilé à la contestation de la sociologie empirique américaine, jugée trop limitée à la relation aux contenus et à la thèse des effets limités à court terme. Certains ont vu en lui le fondateur d'une science de la communication qui serait celle des médias, des instruments matériels aux techniques de l'esprit. Mais par bien des côtés, il ajoute seulement la dernière pièce du puzzle des effets en défendant une causalité par le médium très appauvrissante. Le temps faisant son œuvre, son héritage, que l'on retrouve aussi bien chez un Joshua Meyrowitz (peignant la fresque des changements sociaux produits par les médias électroniques) que chez un Benedict Anderson (qui considère l'imprimerie comme un facteur constitutif de la nation), est réévalué aujourd'hui dans une direction qui peut paraître paradoxale, celle d'une herméneutique, d'une théorie de l'interprétation.

Après des débuts technophobes et critiques dans les années 1950, hostiles au développement des nouveaux médias, McLuhan a changé d'opinion avec la venue de la télévision dont on sait qu'elle lui est apparue révolutionnaire, et s'est rapproché de Wiener, qu'il a lu et dont il partage les présupposés technicistes et technophiles, en particulier l'idée que la machine intelligente peut aider l'homme.

Ce ralliement à la cybernétique et les exubérantes analyses qui ont suivi ne doivent pas cacher une perspicacité dans sa réflexion sur les techniques qui le mène sur le chemin de la troisième solution évoquée plus haut. Selon James Carey, McLuhan ne considère jamais les techniques comme de pures forces physiques et il situe la question des médias bien au-delà de celle de la transmission de messages ou du modelage des facultés humaines par des objets matériels. Les médias sont à la fois prolongements et incarnations de l'esprit et manifestent par conséquent du sens. L'outil est plus qu'un moyen, il est une prothèse de la main, de l'œil, de la voix, et, au-delà, du cerveau. Il est donc un texte, un système d'interprétations, et non seulement un système de contraintes réciproques entre le social et le matériel. Se confronter à un médium implique de revenir à tout ce qui fait le tissu des négociations humaines. Ainsi, à la question classique sur l'influence du médium sur les cultures, toujours aiguë dans le contexte canadien, « qu'arrivera-t-il au contenu canadien de la télévision si la culture populaire venue de l'autre côté de la frontière se déverse sur nous ? », McLuhan répond-il : « si ce sont des Canadiens qui regardent, le contenu est canadien ». Étonnante répartie qui lui vaut d'être considéré par Elihu et Ruth Katz comme une des sources des *Cultural Studies*, malgré sa naïveté à l'égard des fonctions de pouvoir que les médias remplissent.

Enfin, la verve et la force de conviction de McLuhan, son optimisme à l'égard des nouveaux médias de son temps, son intérêt pour l'esthétique qu'ils véhiculent, son rejet des divisions entre culture populaire, culture de masse et culture de l'élite, désormais vues comme s'interpénétrant, ont aussi joué un rôle de premier ordre dans la prise en compte des médias dits de masse comme une culture à part entière. En vantant la révolution électronique, pour ce que l'on peut considérer souvent comme de mauvaises raisons, en chantant les nouvelles formes de l'art quotidien et de la reproduction des objets, McLuhan a légitimé un regard sur les médias de masse à une époque où la théorie critique et le discrédit général régnaient. Le déterminisme technologique s'est donc évanoui avec la tornade McLuhan – il faudra attendre les années 1970 et 1980 avec l'informatique puis 1990 avec l'Internet pour qu'il renaisse véritablement de ses cendres[1] – mais cette dernière aura finalement contribué à une vision de la communication en termes de culture par la surestimation même qu'elle faisait de l'importance des médias électroniques.

---

1. Une place à part devrait être réservée à la « médiologie » de Régis Debray, courant techniciste s'affirmant dans les années 1990 en reprenant les thèses et les astuces de McLuhan : une vaste division de l'histoire en trois périodes (« médiasphères »), une vision physiciste de la communication, une rhétorique essentiellement littéraire du raccourci [sur ces points voir JEANNERET, 1998]. La particularité de ce déterminisme technologique tient à sa distance ou à son ignorance des nouvelles technologies de l'information qui s'épanouissent au même moment : essentiellement préoccupé par la question de l'écrit, de l'imprimé, qui lui semble être au cœur du paradigme de la transmission, ce courant néglige toute la nouveauté de son temps, ne reprenant pas ce qui faisait l'originalité de la démarche de McLuhan, une attention aux formes nouvelles de la culture dont il a pu servir de héraut.

Bibliographie

ANDERSON Benedict, *L'Imaginaire national. Réflexions sur l'origine et l'essor du nationalisme* (1983), La Découverte, 1996.

BRAUDEL Fernand, *Civilisation matérielle. Économie et capitalisme*, t. III, Armand Colin, 1979.

CAREY James, *Communication as Culture. Essays on Media and Society* (1989), Londres, Routledge, 1992.

– « McLuhan : généalogie et descendance d'un paradigme », *Quaderni*, 37, 1999.

DURAND Pascal (dir.), « Mc Luhan, trente ans après », *Quaderni*, 37, 1999.

ECO Umberto, « Le *cogito interruptus* » (1967), in *La Guerre du faux*, Grasset, 1985.

EISENSTEIN Elisabeth L., *La Révolution de l'imprimé dans l'Europe des premiers temps modernes* (1979), La Découverte, 1991.

FLICHY Patrice, *L'Innovation technique. Récents développements en sciences sociales vers une nouvelle théorie de l'innovation*, La Découverte, 1995.

– « La question de la technique dans les recherches sur la communication », *Réseaux*, 50, 1991.

GOODY Jack, *La Raison graphique. La domestication de la pensée sauvage* (1977), Minuit, 1979.

JEANNERET Yves, « La médiographie à la croisée des chemins. Poétique sociale de la trivialité et/ou critique de la raison appareillée », *Les Cahiers de Médiologie*, 6, 1998.

KATZ Ruth et Elihu, « D'où venait-il, où a-t-il disparu ? », *Quaderni*, 37, 1999.

LATOUR Bruno, « La fin des moyens », *Réseaux*, 100, 2000.

MARCHAND Philip, *Marshall McLuhan. The Medium and the Messenger*, New York, Tichenor and Fields, 1990.

MARX Karl, *Misère de la philosophie* (1847), Éditions Costes, 1950.

McLUHAN Marshall, *Pour comprendre les médias. Les prolongements technologiques de l'homme* (1964), Seuil, 1990.

– *La Galaxie Gutenberg. La genèse de l'homme typographique* (1962), Mame, 1967.

MEYROWITZ Joshua, *No Sense of Place. The Impact of Electronic Media on Social Behaviour*, New York, Oxford University Press, 1985.

SCHAFFER Simon, « Les machines calculatrices de Babbage et le "Factory System" », *Réseaux*, 69, 1995.

TOURAINE Alain, *Pour la sociologie*, Seuil, 1974.

Deuxième Partie

Culturaliser la communication

Le jeu production/réception

Chapitre 8

De la sémiologie à la pragmatique

Théorie du langage et/ou de la communication ?

LA SÉMIOTIQUE est un mouvement de pensée que l'on pourrait qualifier d'Européen et même de continental puisque ses foyers sont avant tout français et italiens, la racine géographique illustrant dans ce cas la distance de ses propagateurs à l'égard d'une démarche fonctionnaliste lazarsfeldienne – alors triomphante outre-atlantique – jugée trop expérimentale et insuffisamment critique. Elle occupe une place intermédiaire dans l'histoire des théories de la communication en proposant trois déplacements à la recherche. Elle se développe tout d'abord au sein d'une théorie du langage dont l'ambition est vite devenue globalisante, calquée sur celle des sciences dites exactes. Elle réintroduit ensuite dans les années 1960 la question de l'idéologie, en affinant les travaux de l'École de Francfort, et relance ainsi les interrogations sur les mécanismes de persuasion des messages. Les difficultés qu'elle rencontre dans ces deux directions la conduisent enfin sur la voie d'une pragmatique, d'une prise en compte des acteurs de la communication. Elle se situe donc à équidistance des théories des effets auxquelles elle apporte encore pour un temps quelques arguments, des tentatives de constitution d'une science générale de la communication dont nous avons vu l'ancrage soit dans la fascination pour le modèle des sciences exactes soit dans l'accent mis sur la question technique, et d'une conception nouvelle de la communication concevant cette dernière comme une activité de dialogue et non seulement de transmission.

Le « tournant linguistique »

La linguistique de Ferdinand de Saussure formulée au début du XXe siècle est le point de départ d'une riche tradition de recherche sur le fonctionnement du langage verbal et écrit qui s'enracine dans une vision durkheimienne. Le langage est conçu comme extérieur aux hommes, comme autonome, il est un produit de la société qui contraint les hommes autant qu'il leur permet de s'exprimer[1]. La linguistique s'appuie sur une théorie du signe, objet clé dont la définition s'avère très large puisqu'elle déborde le domaine du langage : est signe tout ce qui a du sens, un mot, une phrase, une image, un objet que l'on dote de signification (un lampadaire peut évoquer l'image d'un vieillard courbé, une madeleine nous rappeler toute notre enfance). La linguistique n'est donc qu'une sous-partie d'une science générale du signe que Saussure nomme sémiologie, cette dernière devant inclure aussi l'analyse de l'image, des signes auditifs, etc. Dans sa version saussurienne, elle segmente le signe en deux éléments aussi dépendants que peuvent l'être les deux faces d'une seule pièce de monnaie. Le signifiant est le support du sens (le mot, la phrase) et le signifié le sens lui-même (ou sème). À cette segmentation s'ajoute celle entre dénotation, sens premier ou immédiat d'un signifiant, faisant l'objet d'un consensus, et connotation, sens second. Le mot « rose » dénote une fleur mais ses connotations sont innombrables : la couleur, la passion, le piquant, etc. Il y a arbitraire du signe car ce sont les sociétés et non la nature qui fixent le sens d'un signifiant (le mot « sensible » renvoie à l'émotion en français alors qu'il veut dire raisonnable en anglais). La langue est un système ou une structure car les dénotations et les connotations sont des techniques relationnelles, les signes s'organisent les uns par rapport aux autres : un discours ne veut rien dire en soi, il signifie par différence.

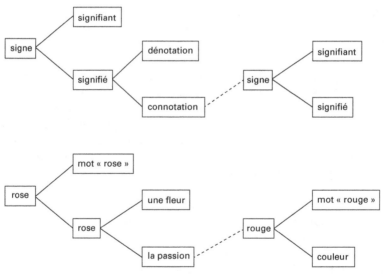

Le projet saussurien mêle donc au moins deux ambitions. La première est de clarifier les règles de fonctionnement du langage (syntaxe), supposé former une réalité *sui generis*. La seconde est de fonder une théorie de l'échange de sens,

---

1. Cette vision du langage comme outil est centrale aussi chez deux linguistes, Sapir et Whorf, dont les théories rejoignent une certaine forme de déterminisme technique, le médium langagier apparaissant pour eux sous la forme d'une puissance structurante. À une langue correspondent des modes de pensée très contraignants (le chinois n'a pas de verbe être), rendant plus ou moins aisée la réflexion sur des sujets, inclinant à concevoir certaines pensées.

incluant les formes de l'imaginaire qui relient les hommes entre eux (assimilés aux mécanismes connotatifs eux-mêmes) dans la continuité des travaux de Durkheim sur les mythes et les classifications religieuses.

La linguistique structurale et le rêve d'une science globale de la communication

De ce creuset sont issus plusieurs courants de linguistique dite structurale (par référence au postulat de supériorité du tout sur la partie) qui ont étendu la portée de la théorie du langage dans les années 1950-1970. Dans le cadre de l'école formaliste russe puis du cercle linguistique de Prague, Roman Jakobson a opéré le coup de force principal en rapprochant cette dernière de l'analyse mathématique de la communication. Comme elle, la linguistique analyserait le discours verbal sous la forme d'une série finie d'unités d'information élémentaires (les « phonèmes » qui composent le langage), découvrirait l'importance du principe dichotomique dans le fonctionnement de la langue (analogue aux signaux binaires) mais elle le ferait à partir du système ultime : « par rapport au langage, tous les autres systèmes de symboles sont accessoires ou dérivés. L'instrument principal de la communication porteuse d'information est le langage ». La sémiologie est assimilée à la linguistique, elle-même vue comme la science générale de la communication. La forme du langage (phonologique et grammaticale) peut être ramenée à des lois déterministes, il y a un « fonds commun » à toutes les langues. La dynamique temporelle de la syntaxe (la transformation des relations entre les signes) doit faire l'objet d'une description quantique. La sémantique, étude des relations entre les signes et les choses, donc du sens et de la vérité, sur laquelle bute l'entreprise cybernétique, est supposée déductible de la syntaxe, analysable depuis l'intérieur du langage : elle a « un caractère intrinsèquement linguistique ».

En marge de ce programme, Jakobson fournit un modèle de la communication dérivé du modèle mathématique d'échange fonctionnel de message, en reformulant ce dernier en termes linguistiques. Il en élargit la portée (au départ purement cognitive) à des éléments traditionnellement exclus tels que l'émotion ou la poésie. La communication nécessite d'autres éléments qu'un destinateur, un message et un destinataire : l'établissement d'un contact entre les hommes, la présence d'un code commun (celui de la langue), la prise en compte du contexte.

```
                        Contexte
    Destinateur ------- Message ------- Destinataire
                        Contact
                        Code
```

Aux six éléments ou facteurs du processus de communication Jakobson fait correspondre six fonctions. La fonction référentielle, dénotative ou cognitive, renvoie au contexte (discours sur le monde), elle était la seule prise en compte par Shannon. Le « je » d'un discours renvoie par excellence à la fonction émotive, qui exprime la présence du destinataire et de ses états (ironie, courroux), comme le « tu » ou le « vous » renvoient au destinataire, au mode impératif (fonction conative : « buvez ! »). La fonction phatique renvoie au lien entre les acteurs, à la vérification du circuit (« comment allez-vous ? », « allô ! »), la fonction métalinguistique à la vérification des règles du langage (« que signifie le mot sophomore ? »), la fonction poétique, enfin, à la capacité qu'a le langage de ne rien désigner d'autre que son propre fonctionnement par l'emploi de figures de style (« l'affreux Alfred » ne dit rien de plus que « l'horrible Alfred » mais le procédé de la paronomase rend la formule plus poétique, de même que dans le slogan « I like Ike »[1]).

```
                        Référentielle
   Émotive   ----------- Poétique    ----------- Conative
                        Phatique
                        Métalinguistique
```

Ce modèle composite (synthétisant les apports linguistiques de Karl Bülher, ceux de l'anthropologue Bronislaw Malinowski sur la relation rituelle ou phatique et la propre théorie poétique de Jakobson) enrichit la vision fonctionnelle de la communication en conservant cependant l'idée très restrictive de linéarité du processus. Il apparaît aussi très arbitraire et restrictif dans le choix des fonctions. Les fonctions métalinguistique et poétique ainsi présentées sont-elles différentiables ? La définition de la poésie comme visée interne du langage ne rappelle-t-elle pas trop celle donnée par les poètes hermétiques du XIXe siècle (Mallarmé, Poe) ? Mais surtout : si l'on doit ouvrir le phénomène communication aux usages si divers qu'il recouvre pourquoi les fonctions ne seraient-elles pas plus nombreuses, correspondant à toutes les formes des échanges sociaux ?

L'excroissance démesurée du modèle linguistique est à son apogée chez Claude Lévi-Strauss qui défend une vision élargie de la communication comme phénomène anthropologique transversal, à la fois échange de mots, de biens et de femmes – les systèmes économiques et sociaux/sexuels étant identiques au modèle fourni par le langage[2]. Cette anthropologie, demeurée à l'état de projet donc aisément critiquable, peu convaincante aussi par son machisme implicite, se révèle être un succès majeur lorsqu'elle se constitue en étude des mythes des sociétés amérindiennes. Lévi-Strauss, après Mauss et Durkheim, montre que les hommes signifient en ayant recours à des figures de style (métaphore, métonymie, etc.) qui sont autant de mécanismes de déplacement du sens qu'ils ordonnent en des structures que l'on nomme récits. Dans la tradition du folkloriste russe Vladimir Propp, l'analyse structurale des mythes dévoile leur logique, souvent niée, celle de classifications des éléments de la nature et de la culture en des systèmes d'opposition et de complémentarité répondant aux grandes questions existentielles par effet de transposition : l'opposition vie-mort devient ainsi une opposition entre végétaux et animaux, les aliments se divisent selon l'axe cru-cuit et le monde est expliqué par des antinomies entre haut et bas, masculin et féminin... Elle contribue ainsi à réconcilier les sociétés occidentales avec les sociétés dites « primitives » qu'elles ont souvent eu tendance à juger inférieures du point de vue intellectuel. Mais là encore, la fascination pour

---

1. Les exemples sont repris de Jakobson [1963].
2. La psychanalyse, avec Lacan, adopte alors aussi le modèle linguistique en postulant que l'inconscient est structuré comme un langage.

la rigueur des sciences exactes conduit à une systématisation excessive et à l'idée que l'imaginaire pourrait être appréhendé par la seule observation du langage. En présentant les mythes comme des productions fermées sur elles-mêmes et détachées des relations entre les hommes, l'analyse structurale a cru découvrir une solution mathématique d'ensemble qui donnerait les règles de formation et de transformation des discours alors que ces dernières sont traversées des conflits et des affinités s'exprimant hors d'elle, elle s'est alors épuisée en taxinomies stériles comme le lui a reproché un auteur tel que Jack Goody. Cette tendance se manifeste également chez Algeidiras J. Greimas ou Claude Brémond, cherchant à établir l'universalité de règles de fonctionnement des récits, quels que soient les lieux et les époques et découpant en séquences immuables des mythes, des contes ou des récits contemporains, selon des critères simples : opposition améliorations-dégradations, chaîne d'actions reliant un destinateur (le mandataire, à l'origine de la quête du héros) à un destinataire (le héros), etc.

Le projet de grammaire générative de Noam Chomsky ne rencontre pas a priori de tels problèmes car il semble se situer bien en amont en reprenant l'étude du langage au niveau le plus technique, à partir de la seule question de la genèse de compétences universelles. Il s'agit de déterminer les invariants grammaticaux du langage, à partir d'une étude des multiples langues parlées : la linguistique est alors intégralement rabattue sur son versant fonctionnel et sur la recherche des facultés transcendantes possédées par tous les hommes. Le projet – fécond car il repose sur un programme empirique – n'échappe pas en dernier ressort à la fois au fantasme de scientificité (le sujet décrit est cartésien, rationnel et autonome, mais assez analogue à une machine) et à l'évacuation de la question sémantique, car on ne peut supposer que le sens se déduit des seules règles abstraites de formation du langage, à un niveau de performance individuelle près comme le laisse entendre parfois Chomsky. Ce rationalisme extrême s'accompagne d'ailleurs chez cet auteur d'une vision fondamentalement critique de la communication de masse, vue comme le lieu du mensonge organisé, du contrôle et de la manipulation des opinions – par contraste avec la communication de face-à-face, potentiellement naturelle et éclairée.

Sémiologie et sémiotique des communications de masse[1] : Barthes et Eco

La sémiologie des communications de masse des années 1960-1970 construit elle aussi la science des signes sur le modèle linguistique en étendant à tous les supports médiatiques (cinéma, télévision, bande dessinée, etc.) et à tous les systèmes de signes (des images aux produits de consommation tels que le vêtement ou la

---

1. Sémiologie et sémiotique sont des expressions interchangeables mais une tendance se dessine depuis le congrès fondateur de Paris en 1969 en faveur de la seconde, censée souligner le passage à une théorie de l'interprétation. L'attachement au mot sémiotique est renforcé aujourd'hui par le désir de ses praticiens de marquer une distance à l'égard du mouvement sémiologique des années 1960, sauf pour le courant qui revendique l'héritage de Barthes et Metz.

nourriture) la distinction entre signifiant et signifié et celle entre dénotation et connotation. Pour des auteurs tels que Roland Barthes ou Umberto Eco, issus du champ littéraire, le phénomène permettrait de décrire l'univers social dans lequel nous sommes plongés comme recouvert d'une large couche de signes véhiculés par les médias, sorte de seconde peau étouffant l'expression et la liberté.

Barthes, dans « Rhétorique de l'image » [1964], déconstruit le premier une publicité visuelle en montrant qu'une photographie figurant un filet de course rempli de fruits et légumes et d'une boîte de conserve Panzani, entourée des couleurs du drapeau italien, peut être décodée comme un texte connotant la ruralité et l'authenticité – les produits frais achetés sur le marché – ainsi que ce qu'il nomme l'« italianité » – les couleurs du drapeau confirmant l'origine du produit et la convivialité supposée des Italiens – ces connotations appréciées par les acheteurs étant en décalage avec la réalité d'un produit industriel vendu en grandes surfaces et... français ! Les brillantes chroniques de Barthes réunies dans ses *Mythologies* [1957] détaillent les multiples dimensions de la mise en scène publicitaire, ludique ou politique, et s'achèvent sur un texte théorique tentant de définir le statut des récits médiatiques comparés à des mythes. Le propre des mythes est de rendre inquestionnable ce dont ils parlent, non en le masquant mais en le naturalisant, en le rendant évident. Un « nègre » en uniforme militaire, en couverture de *Paris Match*, saluant le drapeau français en pleine période de décolonisation africaine, véhicule par exemple par son image un message impérialiste – nous sommes dans nos colonies comme chez nous – sans passer sous silence l'existence de l'impérialisme. Ce message est reçu comme tel parce qu'il va dans le sens des attentes de ceux qui considèrent le colonialisme comme fondé. Barthes s'éloigne de toute interprétation en termes de manipulation. « Le mythe ne cache rien : sa fonction est de déformer, non de faire disparaître. Il n'y a aucune latence du concept par rapport à la forme : il n'est nullement besoin d'un inconscient pour expliquer le mythe ». Le mythe est un « vol de langage », une dépossession qui vient redoubler celle déjà existante des milieux sociaux soumis à la loi de la bourgeoisie dans le monde économique et politique : les masses n'ont pas de distance face aux messages produits avec cynisme par les rédacteurs de presse, véritables bras armés de la bourgeoisie, que les mythologues (avec Barthes) sont seuls capables de démystifier.

Umberto Eco dépeint lui aussi les produits de masse comme structurellement conservateurs, figurant soit un univers stable où l'ordre règne, soit un univers ébranlé où l'ordre sera rétabli via des moyens légaux ou illégaux. L'analyse du James Bond des romans de Ian Fleming est éclairante [« James Bond : Une combinatoire narrative », 1966]. Elle dévoile un système d'oppositions (à la Propp ou à la Lévi-Strauss) entre un héros masculin, blanc, anglo-saxon, et des adversaires soviétiques, méditerranéens, asiatiques, juifs – la partie féminine occupant la position peu enviable d'alliée soumise et désérotisée (Miss Moneypenny) ou de rivale sexuellement conquise et sanctionnée par la mort. Eco met en correspondance communication de masse et dogmatisme – par opposition à l'art, toujours ouvert sur l'infini des interprétations. Fleming est condamnable non seulement parce qu'il est antisémite ou patriarcal mais parce qu'il procède par schémas. « La construction par schémas, la bipartition manichéenne est toujours dogmatique, intolérante. Le démocrate est celui qui refuse les schémas et qui reconnaît les nuances, les distinctions » ; « Fleming est réactionnaire comme l'est à sa source toute fable ».

La sémiologie déplore donc que les médias remplissent des fonctions de reproduction de l'ordre établi en renvoyant aussi la responsabilité de cette situation aux publics, incapables de dépasser leur enracinement petit-bourgeois, incapables de percevoir les messages comme connotés (ils les perçoivent comme « naturels ») car ils sont peu informés, peu cultivés ou n'ont pas le temps de développer leurs compétences. Elle retrouve l'inspiration de l'École de Francfort et la définition de l'idéologie fournie par le Marx de l'*Idéologie allemande* : les idées dominantes sont les idées de la classe dominante. Elle n'évite donc pas de verser dans une certaine forme de discours dénonciateur où les accusations de « manichéisme » voire de « fascisme » de l'ordre médiatique voisinent avec un élitisme et un essentialisme des formes culturelles. La critique littéraire structuraliste (Jakobson, Genette, Todorov, Eco) recherche les critères de la « littérarité » permettant de définir ce qui est vraiment et purement littérature (à savoir la polysémie, l'œuvre ouverte) tandis que la critique structuraliste des communications de masse (Barthes, Eco) recherche les caractéristiques intrinsèques des narrations populaires (la répétition, la réduction manichéenne). Elle fournit un outil puissant en précisant le mécanisme supposé d'influence des messages, très flou chez Adorno et Horkheimer, qui n'est au fond qu'un mécanisme de renforcement des opinions : l'idéologie consiste en la codification et en la circulation de messages connotatifs venant confirmer ce qui est déjà vécu comme allant de soi, elle est transformation de l'histoire, c'est-à-dire des rapports de sens et de force à un moment donné, en nature, c'est-à-dire espace-temps définitif. Il y a ainsi une certaine inflexion dans le retour à la théorie de la culture de masse puisque ce n'est pas l'idée de persuasion directe qui est défendue mais plutôt celle de confirmation des préjugés[1].

L'inscription sociale d'un discours

Les écueils d'une telle approche sont flagrants. Pour reprendre une formule de Marx et l'appliquer à certains de ses thuriféraires, les sémioticiens ont largement eu tendance à confondre les choses de leur logique et la logique des choses. Celle de la langue tout d'abord qui ne rend pas intégralement compte des autres systèmes de signes. Il existe par exemple une impossibilité de réduire l'image à un système de signes discrets : une image ne symbolise pas seulement ce qu'elle représente, elle lui « ressemble », elle a un fondement analogique, ce qui fait dire parfois qu'« une image vaut mille mots ». Les traditions de recherche centrées sur la peinture (Hubert Damish) ou sur le cinéma (Christian Metz) devront rappeler les spécificités des supports qu'elles étudient. Il n'existe pas ensuite de séparation stricte entre dénotation et connotation : le conflit des interprétations porte

---

1. Mais le processus par lequel l'idéologie s'impose n'est guère analysé, d'où la recherche chez certains auteurs d'une alliance avec la psychanalyse dans les années 1970 qui permettrait d'expliquer l'inculcation inconsciente – ce qui ramène finalement aux modèles frustres du béhaviorisme ou de la psychanalyse freudienne, à l'existence de forces obscures et toutes puissantes.

aussi sur ce qui est censé être évident, le niveau dénotatif. Il est même très diffi-cile d'accepter la distinction fondamentale entre signifiant et signifié, bipartition rassurante qui ferait croire à une réalité objective. La découverte récente de textes inédits de Saussure (*De l'essence double du langage*) montre que le fondateur de la linguistique était parvenu à cette conclusion qui le rapproche de Peirce : « en linguistique on peut se demander si le point de vue où on envisage la chose n'est pas toute la chose, et par conséquent en définitive si nous partons sur un seul point de quelque chose de concret, ou s'il n'y a jamais eu autre chose que nos points de vue indéfiniment multipliables ».

La sous-estimation des capacités sémiotiques des publics ou plutôt la non-évaluation des réponses des publics à ce qu'ils seraient censés subir ne laisse de poser la question du statut du chercheur en chambre qui fait dépendre de la seule analyse interne et d'une forme d'introspection le regard qu'il a sur le monde social. Le structuralisme et la sémiotique, enfin, enregistrent l'échec de la recherche d'une théorie des genres purs, d'une recherche de la littérarité et du critère distinctif entre culture authentique et culture de masse qu'ils pensaient découvrir dans une nature cachée, celle de la langue. Suivant le principe de l'ar-roseur arrosé, leurs efforts traduisent l'existence d'un mythe enraciné dans les milieux littéraires, celui de la supériorité intrinsèque d'une forme de culture sur une autre (celle de la littérature classique qu'ils enseignent et apprécient) et d'une fraction de la population (les intellectuels) sur une autre (la « masse » et la bour-geoisie industrielle qui abuse les consciences avec les « industries culturelles »).

L'implosion du paradigme sémiotique est lucidement présentée par ses propa-gateurs. Barthes s'ouvre à une théorie de la jouissance littéraire dans *Le Plaisir du texte* [1973] qui installe le lecteur et non plus les systèmes de signes au cœur de l'analyse. Il s'engage dans une critique forte de l'idéologie littéraire idéaliste en détruisant le mythe de l'auteur et de l'œuvre (en même temps que Foucault) qui est le fondement même de l'illusion d'une supériorité absolue d'une culture sur une autre par l'idée d'une existence pure du texte, d'une unité des œuvres et de leurs auteurs qu'il faudrait sans cesse enseigner en salle de classe. Mais il s'éloigne aussi avec le temps des présupposés sémiologiques et de l'analyse des médias de masse qu'il avoue ne pas apprécier – ce faible goût pour le cinéma ou la bande dessinée étant au final un handicap puisqu'il ne lui permet pas de compléter sa théologie négative de la littérature (nécessaire à un certain moment) par une théo-logie positive des nouvelles formes de culture. Dans l'évolution du courant, la figure caméléonesque d'Umberto Eco doit alors être considérée comme centrale, à la fois très engagée dans la sémiologie et dans l'analyse littéraire mais anticipant très tôt les changements de paradigme et largement disposée à apprécier certaines formes de « culture de masse », au-delà d'une critique aussi fougueuse que versa-tile. Eco opère un approfondissement de la théorie du langage en la réinsérant dans de multiples traditions, tout en remettant partiellement en cause l'impéria-lisme interprétatif du chercheur. La pluralisation des disciplines et des méthodes dans l'analyse de la production du sens passe par l'ouverture de la sémiotique à la logique, à l'histoire de l'art ou à la rhétorique, ce qui produit un éclatement de la notion de signe, jugée trop rigide pour rendre compte de la complexité des actes interprétatifs. Au passage, l'interprétation des œuvres « populaires » est désormais considérée comme ouverte : Eco, en plus d'être un écrivain réflexif, utilisant la littérature cultivée et grand public pour parler de sémiotique et la sémiotique pour parler du plaisir de la lecture, est un critique raffiné de Joyce et de la poésie italienne mais aussi du roman-feuilleton du XIXe siècle, des programmes télévisuels et des Schtroumpfs. La voie est donc tracée d'une description à la fois poétique, rhétorique et non critique des programmes les moins considérés. Celle-ci se concentre depuis les années 1990 en France comme en Italie sur l'objet télévision [par exemple le présentateur du journal télévisé comparé à l'orateur antique chez SOULEZ, 2001, ou les séries télévisées, SÉPULCHRE, 2011] après la « découverte » du cinéma (François Jost dans la lignée de Christian Metz) et, depuis peu, sur la construction des sites web [GEORGES, 2009, 2010]. La narratologie s'éloigne pour sa part des modèles durs de Greimas dans la recherche anglo-saxonne (Mark Currie, 1998) comme francophone [LITS, 1997 ; ARQUEMBOURG, LAMBERT, 2005 ; FLEURY-VILATTE, 2003] en se rapprochant des courants phénoménologiques et herméneutiques (à travers l'œuvre de Paul Ricœur) pour tenir compte de la plasticité de l'interprétation.

Eco supprime enfin la référence à l'idée de clôture des textes et au mécanisme de linéarité de l'échange en cassant la relation cybernétique émetteur-récepteur : un message est toujours décodé localement, en fonction des connaissances du récepteur. Il ne s'agit pas de savoir s'il est bien reçu ou s'il y a des ratés dans la transmission mais de toujours s'interroger sur ce qu'il devient, sur sa reconstruction ou plutôt sur sa co-construction par le lecteur. Cette idée émise au début des années 1970 dans le *Trattato de semiotica generale* a des implications énormes mais elle est encore pensée en termes de codes (comme si le récepteur avait son système de langue) et non de positionnements sociaux. Elle débouche sur une pragmatique qui constitue le dernier développement de la linguistique/sémiotique ainsi que sa limite.

Le tournant pragmatique

La pragmatique étudie les rapports entre le langage et ses usagers, les discours et leurs contextes. Elle est pensée comme un dépassement de l'étude de la syntaxe et de la sémantique après les déceptions produites par ces programmes durs que sont la linguistique structurale, la grammaire générative et la sémiologie des communications de masse. Ses origines et ses développements sont multiformes, il est donc difficile d'en donner une présentation unifiée. Il est possible de voir dans la quête d'une philosophie analytique (notamment sous la houlette de Carnap, Frege et Russel), c'est-à-dire d'une langue modélisée sous la forme de démonstrations mathématiques, puis dans son échec et enfin dans la conversion des philosophes à une analyse du langage ordinaire, une volonté de comprendre les relations qu'entretiennent les locuteurs effectifs au langage. La recherche psychologique, sociologique ou pédagogique constitue une seconde source : l'examen des dimensions pathologiques ou thérapeutiques du rapport au langage est déjà développé chez Bateson ou Watzlawick ; l'inscription sociale du langage, le fait que les différents milieux sociaux soient dotés de ressources langagières inégales et s'en servent dans la lutte pour la domination culturelle, est présenté comme une objection fondamentale à l'égard de la linguistique idéaliste chez Pierre Bourdieu ou Basil Bernstein. Certains linguistes (Oswald Ducrot) et spécialistes de la rhétorique (Chaïm Perelman) ont aussi remis en cause les catégories établies à partir du champ même de l'analyse du discours.

Deux auteurs incarnent cependant plus particulièrement le tournant pragmatique. Le premier père fondateur est Charles Sanders Peirce – qui utilise déjà cette expression au début du siècle, à la différence de la seconde tradition qui a pourtant été influencée par la lecture de son œuvre. Son désir de fonder une science générale de la sémiose, confondant pensée et inclusion dans les signes, inaugure une théorie liant le signe à l'interprétant (conçu comme élément constitutif du signe lui-même) et à l'interprète (l'individu empirique). Elle est universellement revendiquée aujourd'hui, notamment par le courant sémio-pragmatique en France et en Italie qui tente de concilier analyses internes des textes ou des œuvres cinématographiques et prise en compte des positions d'attente des récepteurs, imaginées par les théoriciens. Le second père fondateur est Ludwig Wittgenstein dont l'évolution philosophique demeure emblématique de la réorientation vers les usages par sa netteté et sa précocité. Dans son *Tractatus logico-philosophicus* [1921], Wittgenstein assimile dans un premier temps langage et logique propositionnelle, dans le sillage de Russell, renvoyant à l'indicible tout ce qui ne peut être dit par cette dernière, la mystique étant la limite du sens : « ce dont on ne peut parler il faut le taire ».

Le « second » Wittgenstein dont les publications seront réunies dans les *Investigations philosophiques* [1953], hanté par cette idée d'une limite qui prouve d'une certaine façon la vacuité du programme logique faisant d'une certaine science formelle le seul guide de la compréhension des échanges de signes, admet finalement que les individus sont bavards, c'est-à-dire capables de s'exprimer sans passer par les seules contraintes de la syntaxe postulée par la théorie. Le signe n'existe pas dans une langue universelle mais dans des situations d'action, le sens n'est jamais indépendant du contexte. L'environnement dans lequel s'insère le message est nommé « jeu de langage » puis « forme de vie », Wittgenstein en fournit une liste hétéroclite afin de souligner la surprise que peut constituer sans cesse l'usage : ordonner ou obéir, décrire, faire une hypothèse, représenter par des tableaux, inventer une histoire, faire du théâtre, remercier, maudire, saluer, prier... En allant à rebours de toute tentative de clôture du sens, il abandonne même la systématisation au profit d'une visée purement descriptive, a-théorique. L'effort de théorisation, le souci d'inventorier les « actes de discours » et de clore la liste, caractérise au contraire les travaux de John Austin puis de John Searle, proches de la tradition wittgensteinienne. Le premier propose une distinction entre régime constatif (énoncés « locutoires », évoquant un fait, informatifs) et régime performatif (énoncés « illocutoires » et « perlocutoires », produisant des effets) qu'il cherche à illustrer au moyen d'expressions langagières empruntées à la vie courante. Le constatif respecte la distinction entre le mot et la chose quand le performatif confond la réalité et le signe : dire « je te baptise » ou donner un ordre, c'est produire un monde en même temps que l'on parle, faire en disant. L'œuvre d'Austin est le point de départ de recherches complexes sur le langage et sa force, de tentatives de décomposition des actes de langage en éléments simples, irréductibles, qui aboutissent aussi à des paradoxes : il n'est pas toujours aisé de distinguer aussi clairement des régimes d'actes qui se recoupent en fait très souvent ou qui dépendent très largement du contexte d'émission des paroles.

Par-delà la frontière : le social

La limite de ces traditions de recherche – qui ont pourtant le mérite de s'ouvrir sur la relation aux locuteurs – est qu'elles demeurent paradoxalement à distance de ces derniers. La pragmatique philosophique interroge le langage quotidien uniquement à partir de situations d'échanges dans la vie quotidienne qui sont imaginées par le chercheur. Cette remarque prend de l'importance lorsqu'elle est exprimée par un sémioticien tel que Eliseo Verón (*La Sémiosis sociale*, 1987) : « du point de vue technique, les théoriciens des actes de langage n'ont pas innové : ils procèdent dans leurs analyses comme le sémanticien formel l'a toujours fait : en proposant au lecteur des phrases, et en les interprétant ». Pour Véron une conclusion s'impose : « il n'y a pas de pragmatique, parce que les sujets parlants, au sein de l'activité langagière, n'énoncent pas des phrases : ils discourent ». De la même façon, il faut observer que la sémio-pragmatique des communications de masse tient compte du récepteur en imaginant ses réactions, si possibles multiples, mais sans jamais l'interroger ou même l'observer. Elle demeure bornée par deux inconnues. La première est la dynamique de production du sens (qui fait quoi ? Comment ? Pourquoi ?), question à la fois organisationnelle (par exemple dans le domaine du cinéma, les relations entre les professions, producteurs, réalisateurs, acteurs, distributeurs, etc.) et individuelle (passé et trajectoires des auteurs). La seconde est la dynamique de réception. La sémio-pragmatique saisit un fragment de sens (un texte, une photo, un film), l'extrait d'un contexte en tenant compte de ce contexte mais sans pouvoir dégager des structures de sens internes à ces fragments – ce que soutient pourtant Eco en adossant la sémiotique à la poétique d'Aristote : il y a des façons d'écrire, des structures narratives, qui sont des invariants. Le repérage de ces invariants est possible mais ne dit rien du sens d'une œuvre, il ne fait que baliser des aspects formels. L'erreur courante a été de croire que l'on pouvait mettre en relation des structures narratives, du sens, des publics et des attitudes culturelles et sociales. La sémiotique construit plutôt des modèles d'interprétation des contenus qu'elle n'est pas la seule méthode à examiner. Ce qui veut dire qu'elle ne peut se présenter avec une ambition de monopoliser l'acte interprétatif des contenus, sans même parler de leurs « effets » sur les publics ou des « intentions » des auteurs. La sémiotique est en fait une méthode qui doit toujours être reliée aux présupposés idéologiques du chercheur, elle est liée à une vision du social, à une sociologie implicite.

Le tournant pragmatique est donc un tournant communicationnel, non pas vraiment un tournant empirique ni même toujours un tournant dialogique. Au-delà de la reprise de leurs apports scientifiques effectifs, les deux grands fondateurs de la pragmatique servent souvent de prétexte dans certains travaux d'analyse du langage pour ne pas aborder l'empirie sociale. La référence à Wittgenstein, parée de tout le prestige du philosophe logicien, permet d'éviter de se reporter aux travaux de sociologie ou d'anthropologie, considérés comme moins nobles mais qui ont mené de fait l'étude des « formes de vie » depuis le début du siècle. Quant à la référence à Peirce, elle permet à la fois de signifier une ouverture de principe au contexte (par l'invocation de la pragmatique) et de ne pas renier le projet sémiotique (Peirce est après tout l'un des premiers à utiliser cette expression) en l'enracinant dans une tradition alternative de celle de Saussure mais tout aussi ancienne, sans pour autant s'éloigner d'une tradition d'analyse interne des textes – alors que pour Peirce le fondement dernier de la réalité est le social et non le langage. L'idée que l'acte de communication, verbal ou non, serait plus proche d'un échange que d'une transmission, donc d'un enracinement dans un contexte et dans des « formes de vie », ne s'impose qu'à la fin du XXe siècle en science du langage. Elle était pourtant au cœur des travaux de Mikhaïl Bakhtine (dont les œuvres auraient été aussi publiées sous le nom de Volosinov) qui assimilent, dès les années 1920, l'acte de communication à un dialogue, et dont l'héritage sera repris par les auteurs marxistes anglo-saxons des *Cultural Studies* qui considèrent l'idéologie non plus seulement comme une imposition d'idées mais également comme un échange permanent.

Au total, ce que les sciences du langage nomment sémantique et pragmatique représentent des limites pour le sémioticien à partir desquelles il est fructueux de travailler. Mais elles fonctionnent aussi négativement en ce qu'elles soulignent l'inclusion de la question du langage dans un ensemble plus vaste. La production du sens et la question de l'action doivent être prises en charge par les sciences historiques et sociales qui considèrent le langage verbal et écrit comme un élément seulement de la relation entre les êtres humains et non comme le modèle des relations humaines, l'ordre du sens englobant celui du discours et non l'inverse, le sujet interprétant et utilisant les signes sans qu'il soit possible à partir de leur seule condensation de le comprendre. Il y eut un moment sémiotique dans l'histoire des théories de la communication, il y a un moment sémiotique qui s'insère dans une démarche plus globale d'analyse des actions et du sens.

Bibliographie

ALTHUSSER Louis, « Idéologie et appareils idéologiques d'État », *La Pensée*, 151, 1970.

ARISTOTE, *Poétique*, Les Belles Lettres, 1990.

ARMENGAUD Françoise, *La Pragmatique*, PUF, 1985.

ARQUEMBOURG Jocelyne, LAMBERT Frédéric (dir.), « Les récits médiatiques », *Réseaux*, 132, 2005.

AUSTIN John, *Quand dire c'est faire* (1962), Seuil, 1970.

BAKHTINE Mikhaïl, *Le Marxisme et la philosophie du langage. Essai d'application de la méthode sociologique en linguistique* (1929), Minuit, 1977.

BARTHES Roland, *Essais critiques*, Seuil, 1981.

– *Le Plaisir du texte*, Seuil, 1973.

– *Système de la mode*, Seuil, 1967.

– « Rhétorique de l'image », *Communications*, 4, 1964 (repris dans *L'Obvie et l'obtus. Essais critiques III*, Seuil, 1982).

– *Mythologies*, Seuil, 1957.

BERNSTEIN Basil, *Langage et classes sociales. Codes sociolinguistiques et contrôle social* (1971), Minuit, 1975.

BONNAFOUS Simone, JOST François, « Analyse de discours, sémiologie, tournant communicationnel », *Réseaux*, 100, 2000.

BOURDIEU Pierre, *Ce que parler veut dire. L'économie des échanges linguistiques*, Fayard, 1982.

– *Communications*, 8, L'analyse structurale du récit (1966), Seuil, 1981.

CURRIE Mark, *Postmodern Narrative Theory*, Londres, MacMillan, 1998.

DEMERSON Guy, « La leçon de Mikhaïl Bakhtine. L'entrechoquement des langues et des cultures », *Esprit*, mars-avril, 2002.

ECO Umberto, *Kant et l'ornithorynque* (1997), Grasset, 1999.

– *Lector in fabula* (1979), Grasset, 1985.

– *De Superman au surhomme*, Grasset, 1993 (1978).

– *La Production des signes*, Librairie générale française-Le Livre de Poche, 1992 (trad. partielle du *Trattato di semiotica generale*, 1975).

– « Sémiologie des messages visuels », *Communications*, 15, 1970, repris dans *La Structure absente. Introduction à la recherche sémiotique* (1968), Mercure, 1972.

– « James Bond : une combinatoire narrative » (1966), *Communications*, 8, L'analyse structurale du récit, Seuil, 1981.

– *Appocalittici e integrati. Communicazioni di massa e teorie della cultura di massa*, Milan, Bompiani, 1964.

– *L'Œuvre ouverte* (1962), Seuil, 1965.

FLEURY-VILATTE Béatrice (dir.), *Récit médiatique et histoire*, INA-L'Harmattan, 2003.

GEORGES Fanny, « Approche statistique de trois composantes de l'identité numérique dans Facebook », *in* COMBÈS Yolande, BOUQUILLION Philippe (dir.), *Les industries de la culture et de la communication en mutation*, L'Harmattan, 2007.

GOMBRICH Ernst H., *L'Art et l'illusion. Psychologie de la représentation picturale* (1960), Gallimard, 1987.

GREIMAS Algeidiras J., *Sémantique structurale*, Larousse, 1966.

JAKOBSON Roman, *Essais de linguistique structurale, I, Les fondations du langage*, Minuit, 1963.

JOST François (dir.), « Le genre télévisuel », *Réseaux*, 81, 1997.

– *Un monde à notre image. Énonciation, cinéma, télévision*, Méridiens Klincksieck, 1992.

LÉVI-STRAUSS Claude, *Anthropologie structurale*, Plon, 1958.

LITS Marc, *Du récit au récit médiatique*, Bruxelles, De Boeck, 2008.

– (dir.), « Le récit médiatique », *Recherches en communication*, 1, 1997.

METZ Christian, « Au-delà de l'analogie, l'image », *Communications*, 15, 1970.

ODIN Roger, *Les espaces de communication : introduction à la sémiopragmatique*, Grenoble, Presses universitaires de Grenoble, 2011

– « La question du public. Approche sémio-pragmatique », *Réseaux*, 99, 2000.

– « Pour une sémio-pragmatique du cinéma », *Iris*, 1, 1983.

PEIRCE Charles S., *Écrits sur le signe*, Seuil, 1978, trad. partielle des *Collected Papers*, Cambridge, Harvard University Press, 1931-1958.

PROPP Vladimir, *Morphologie du conte* (1928), Seuil, 1970.

RICŒUR Paul, *Temps et récit*, 3 tomes, Seuil, 1983, 1984, 1985.

SAUSSURE Ferdinand de, « De l'essence double du langage », in *Écrits de linguistique générale*, Gallimard, 2002 (inédits).

– *Cours de linguistique générale* (1915), Payot, 1972.

SEARLE John, *Les Actes de langage* (1969), Hermann, 1977.

SÉPULCHRE Sarah (dir.), *Décoder les séries télévisées*, De Boeck, 2011.

SOULEZ Guillaume, « La Rhétorique comme lien entre les théories. L'exemple de la "crédibilité" des journalistes radio et de télévision », in *Actes du 12ᵉ Congrès de la SFSIC*, Paris, Unesco, 10-13 janvier 2001.

TODOROV Tzvetan, *Mikhaïl Bakhtine. Le principe dialogique*, Seuil, 1981.

VÉRÓN Eliseo, *La Sémiosis sociale. Fragments d'une théorie de la discursivité*, Presses universitaires de Vincennes, 1987.

WITTGENSTEIN Ludwig, *Tractatus Logico-Philosophicus* suivi des *Investigations philosophiques* (1921 et 1953), Gallimard, 1995.

Chapitre 9

La sociologie
des pratiques culturelles

Consommations et réceptions

LES SCIENCES SOCIALES élargissent le regard sur la communication en l'extrayant
de l'analyse interne des discours et des actes de discours pour prendre en considération les acteurs effectifs et leurs activités empiriques. Cela ne signifie pas
qu'elles accèdent à une sorte de réalité immédiate, à un donné brut, auquel n'aurait pas accès la sémiotique : on ne peut jouer les « vraies » personnes contre une
sémiotique qui serait détachée de tout. Comme cette dernière, la sociologie et
l'histoire produisent en fait des modèles d'interprétation de la relation aux textes
ou aux œuvres audiovisuelles, au sein de théories des relations interindividuelles
qui conditionnent les résultats obtenus. Mais leur spécificité est qu'elles s'appuient sur des données plus complètes et fondées sur une forte extériorité pour le
chercheur : activités d'achat, mesures de fréquentation, entretiens avec les utilisateurs des médias, observation de leurs pratiques matérielles. La construction
sociale des communications s'effectue au moyen d'outils variés, statistiques et
qualitatifs, et consiste à cerner des consommations, des usages et des réceptions.
Dans la seconde moitié du XXᵉ siècle, le repérage de ces éléments a petit à petit
permis d'infirmer des préjugés relatifs aux médias de masse en montrant que les
médias ne se substituaient pas simplement les uns aux autres (l'écrit expulsé par
l'image par exemple) ou que les usages de la télévision ne se réduisaient pas à
de la passivité. Il a surtout permis d'approfondir de façon décisive les débats sur
les transformations de la culture contemporaine en esquissant des modèles de
relation entre moyens de communication, culture et pouvoir, dans une tension
entre sociologie de la domination (Pierre Bourdieu) et sociohistoire des formes
de culture et de croyance (Michel de Certeau).

Consommations : la hiérarchie des pratiques culturelles selon Pierre Bourdieu

L'impulsion décisive est donnée ici par la sociologie française de la culture. Les travaux de Pierre Bourdieu, en relation avec ceux de Jean-Claude Passeron puis indépendamment d'eux, sont particulièrement marquants car, durant les années 1960-1970, ils renouvellent les analyses à partir d'une synthèse des théories de la légitimité de Weber, de la violence de classe de Marx et de l'imaginaire de Durkheim et Lévi-Strauss [voir notamment *Esquisse d'une théorie de la pratique*, 1970]. Bourdieu a été étudiant de Claude Lévi-Strauss et de Raymond Aron, il allie au départ le regard anthropologique et la critique des sociétés industrielles, c'est-à-dire le structuralisme français issu de Durkheim et l'attention à la sociologie allemande wébérienne, en y adjoignant un point de vue marxiste.

Pour situer la portée de ses travaux, il est nécessaire d'observer qu'ils s'inscrivent dans le prolongement d'une sociologie critique de l'éducation qui démontre l'existence d'un mécanisme de reproduction sociale favorisée par l'école : ceux qui s'expriment le mieux (dans les formes scolaires), qui entretiennent une plus grande familiarité avec l'écrit et qui ont eu accès dès leur enfance aux rayonnages des bibliothèques de leurs parents, réussissent mieux que les autres. La maîtrise des codes exigés par l'institution scolaire, transmise au préalable au sein de la famille et dans les cercles d'amis au moyen d'une « pédagogie invisible » (selon l'expression de Basil Bernstein qui a largement influencé ces recherches), distingue les « héritiers » de la masse de la population qui n'y a pas accès [*Les Héritiers*, 1964]. Ce constat est élargi au champ de la culture en général, dont l'école n'est qu'un chaînon. Bourdieu voit dans la culture (au sens le plus noble) un ensemble d'imaginaires structurés, de symboles communs, dont la légitimité est reconnue de tous mais dont la possession des codes d'accès et de bon fonctionnement est inégalement distribuée. La culture – du moins celle qui est reconnue – est une voie d'accès à des formes de connaissance et de plaisir mais elle est aussi un ordre d'idées et d'œuvres imposé par une minorité au détriment de la majorité, cet ordre passant pour naturel et éclairant. La sociologie quantitative, plus précisément la sociodémographie, est mobilisée pour le prouver [BOURDIEU, DARBEL, *L'Amour de l'art*, 1966]. Elle souligne le fait que la fréquentation des musées ou des bibliothèques est d'abord due aux héritiers de la culture et que l'accroissement de l'offre, voire même la gratuité, ne permet guère d'attirer les publics traditionnellement à l'écart : ces derniers ne disposent pas des moyens d'interprétation adéquats, de la compétence artistique, esthétique et scolaire permettant seule d'apprécier les œuvres distinguées, qui distinguent à leur tour ceux qui les apprécient. Réciproquement, les statistiques démontrent que les publics moyens et populaires recherchent d'abord les contenus des *mass media*, largement indifférenciés, ou ceux des « arts moyens » (en voie de légitimation), par exemple la photographie [BOURDIEU *et al., Un Art moyen. Essai sur les usages sociaux de la photographie*, 1965].

Dans *La Distinction* [1979], l'analyse des pratiques, plus qualitative, associe des dispositions sociales héritées (les *habitus*) à des goûts divisés en trois grands ensembles (cultivés, moyens, populaires). Le principe central de la distinction est la distance à l'égard de contenus, l'accent étant mis sur les aspects formels car ce sont les moins intuitifs et les plus longs à acquérir. Les milieux cultivés légitiment les canons de la culture dans une fuite en avant permanente pour éviter leur dévaluation : la poésie, la musique et le roman deviennent de plus en plus hermétiques au cours de l'histoire pour demeurées fermées au plus grand nombre. Les milieux intermédiaires manifestent une « bonne volonté culturelle » et s'efforcent de suivre avec retard et maladresse : ils trahissent en permanence leur infériorité, leur manque d'« éducation » au goût dominant, par leurs « fautes de goût ». Les milieux populaires doivent se contenter de subir leur destin et les consommations auxquelles ils sont réduits par contrainte, c'est-à-dire par manque de revenu, de temps, de capacités symboliques. Leur esthétique se réduit à un « goût du nécessaire », à une subordination de la forme à la fonction, à une adhésion naïve aux contenus, à une mise en conformité. Seule une solidarité de classe sociale leur apporte le sens d'une condition partagée.

Cette sociologie dénonçant la violence de l'ordre symbolique de la bourgeoisie intellectuelle est une réponse aux discours éthérés sur l'idée de contre-culture, d'authentique culture prolétarienne, voire de culture moyenne commune, à la mode dans les années 1960. Il n'y a pas d'autonomie des pratiques qui sont toutes reliées entre elles par des effets de classements sociaux, pas d'extériorité absolue des groupes et des individus. Les cultures populaires, paysannes et prolétariennes, existent si peu qu'elles traduisent d'abord la domination subie. La contre-culture n'est souvent qu'une version moderne de la culture consacrée, portée par la jeunesse éduquée en révolte contre ses aînés, qui se transforme ensuite en art consacré et dogme culturel quand elle réussit. Les tentatives de constitution d'« art moyen » existent bien mais elles sont très aléatoires et demeurent toujours entachées de leur origine petite bourgeoise. Enfin, il n'existe pas de réelle culture partagée car les usages des mêmes œuvres et des mêmes outils de communication varient avec les morales et les goûts de classe : l'intellectuel s'intéressera généralement à l'esthétique d'une photographie montrant des mains de femme crevassées alors que l'ouvrier s'attachera plutôt au seul contenu, à l'histoire supposée de ces mains. C'est en ce sens qu'il faut comprendre la théorie de la réception qui doit se limiter à repérer l'expression des habitas : « Chaque récepteur contribue à produire le message qu'il perçoit et apprécie, en y apportant tout ce qui fait son expérience singulière et collective » [*Ce que parler veut dire*, 1982].

Le point fort de cette théorie est qu'elle relie les sens des pratiques aux positions sociales. Elle met au cœur de l'analyse les groupes sociaux en rejetant tout déterminisme technique, comme le faisait Lazarsfeld. C'est le social qui « code » les relations de communication – et non l'inverse – le social étant à la fois symbolique commune, violence particulière de groupe et reconnaissance de la légitimité de cette violence par ceux qui la subissent. Bourdieu part de présupposés marxistes, comme Adorno, mais il rejette la célébration naïve des Lumières effectuée par ce dernier et son élitisme hautain. Son structuralisme démystifie la culture consacrée en soutenant que la culture et les médias sont des espaces contigus où s'exprime une domination sociale, celle des plus dotés en « capital linguistique » et en « capital culturel », à l'égard des moins dotés, les dépossédés. Il évite au départ le double écueil du positivisme et de l'analogie des industries culturelles en expliquant que le point de vue des acteurs est une partie de leur monde, donc des phénomènes de communication. Si les dépossédés sont dominés ce n'est pas nécessairement parce qu'ils consomment les produits en soi les moins intéressants mais parce qu'ils consomment ce qui est jugé moins intéressant, ou ce qui est déclassé, jugé dépassé par ceux qui font la norme. La science-fiction est la littérature contemporaine la plus ouverte sur les interrogations humaines fondamentales mais elle demeure un genre dominé car elle ne répond pas aux critères formels du bon goût, qui excluent tout primat du fond sur la forme, toute appropriation référentielle[1]. Écouter les valses de Strauss (ou, en actualisant, les musiques classiques remises au goût du jour par André Rieu) n'est plus distinctif au XXᵉ siècle mais au contraire jugé très populaire par les « vrais » amateurs de musique engagés dans des œuvres « plus exigeantes ». Les contenus des *mass media* ne sont pas nécessairement plus répétitifs que les œuvres distinguées (Bourdieu évoque le cas de la musique grégorienne) et ce qui est répétitif n'est pas nécessairement sans intérêt. Les publics ne sont pas strictement analogues aux ouvriers travaillant à la chaîne. Les rapports entre les publics et leurs consommations ne sont donc pas essentialisés mais perpétuellement construits, contrairement à ce que l'on observait dans la philosophie adornienne.

Le problème de l'ethnocentrisme culturel

Le problème de ce schéma est qu'il aboutit à une vision circulaire qui réintroduit le fonctionnalisme initialement évacué. À chaque *habitus* correspondent des consommations, à chaque consommation correspondent des réceptions de classe ou habitas : l'univers social est une machine de reproduction de différences. Quoique réflexif, il conduit aussi à un constat dénonciateur. Les élites culturelles ont la liberté de varier leurs consommations et leurs goûts, à condition de toujours conserver une distance à l'égard des autres groupes sociaux, tandis qu'à l'autre extrémité du spectre social, la violence mène à l'absence de choix et conduit à se conformer à ce que l'on est socialement. Dans *La Distinction*, les *mass media* sont vus comme abreuvant les marchés de produits stéréotypés, dirigés qu'ils sont par des « ingénieurs de la production », planifiant les goûts ou l'absence de goût des dominés. La raison de ce retour en arrière réside dans la fascination que la théorie de la légitimité culturelle éprouve à l'égard du modèle « cultivé » qu'elle critique pourtant et dont elle rappelle le caractère historique (voir encadré). Bourdieu veut dénoncer la mystique scolaire, le mythe des grandes œuvres et des auteurs immortels, mais il demeure prisonnier de cette dernière en surestimant sa puissance, en lisant ce qui s'oppose ou ce qui dévie par rapport à elle en termes d'échecs ou de maladresses. Analysant avec acuité la production de la culture classique et les rapports entre sa consommation et sa non-consommation, il inventorie toutes les ruses employées par les élites pour

---

1. Les séries télévisées qui traitent de la drogue, des chagrins d'amour ou des conflits familiaux sont de même considérées comme artistiquement inconsistantes et irréalistes, l'art devant se pencher sur les « vrais » problèmes humains, l'intériorité et l'abstraction, et sur leur rendu distancié.

ne pas se mêler au peuple même lorsqu'elles consomment les mêmes œuvres que lui : ne pas consommer de la même façon (regarder un film populaire sur un mode ironique), cumuler les consommations par éclectisme (écouter du rock *à côté* de la musique classique, ce que ne fait pas le rocker « populaire »)... Il décrit réciproquement les effets de la domination culturelle sur les stratégies des auteurs déclassés (prétention exacerbée mais sentiment d'échec permanent), la gêne et les maladresses des publics peu cultivés. En résumé, il analyse la façon dont une idéologie vient tordre et mettre sous tension les pratiques des exclus et valoriser celle des élus.

Mais la réalité des pratiques, au-delà des effets de l'idéologie scolaire – autre nom de l'idéologie de la culture de masse – n'est pas examinée. Bourdieu échoue totalement à donner du sens aux pratiques moyennes et populaires vues uniquement du côté du manque, de l'erreur, de la privation : elles se révèlent être vides ou sont assimilées à de purs ersatz des pratiques cultivées. Dans l'héritage théorique qu'il revendique c'est Marx qui prime lorsqu'il jette un regard sur les milieux populaires – l'idée durkheimienne et lévi-straussienne selon laquelle chaque groupe social posséderait sa propre culture au sens anthropologique du terme étant totalement oubliée – l'inverse étant vérifié lorsqu'il se tourne vers les dominants. Il écarte dès lors de son analyse tout le continent des pratiques quotidiennes face à l'archipel scolaire. La complexité des consommations médiatiques des élites et des dominés est passée sous silence et les réceptions de la culture savante par les milieux cultivés sont considérées comme évidentes.

La position élitiste de Bourdieu, qui n'est pas un « héritier » mais qui a rejeté très précocement toute identification au populaire [voir MAIGRET, 2002], est celle de l'intellectuel qui ne parvient pas à s'affranchir de l'ethnocentrisme culturel. Si penser la culture revient à adopter une position extérieure aux milieux intermédiaires et populaires, à faire parler des absents comme l'explique Michel de Certeau (1974) dans un texte comparant cette activité à celle de l'évocation de la beauté du mort, il est nécessaire de prendre en compte la distance artificielle qui se crée, la violence que fait subir le penseur aux objets et aux individus qu'il domine depuis sa position universitaire. Les deux grands obstacles qui se dressent alors devant lui ont pour nom « populisme » et « misérabilisme ». Le sentiment de supériorité ou de pitié est rationalisé en une dénonciation de la pauvreté symbolique des dominés dans le premier cas, en une apologie d'une culture authentique, naïve et instinctive, dans le second. Claude Grignon et Jean-Claude Passeron, d'abord proches de la sociologie de Bourdieu puis de plus en plus critiques de ses positions critiques, systématisent le mieux ces remarques méthodologiques dans *Le Savant et le populaire* [1989], qui symbolise le divorce de la sociologie française avec une vision fondée sur les seules notions d'*habitus* et de reproduction sociale :

– parler de « culture populaire » fait courir le risque d'imaginer découvrir en elle une culture autre et radicalement autonome qui fonctionnerait au moyen de lois propres, la dérive de l'autonomisme menant au « populisme » ;

– considérer comme inconsistantes et vides les pratiques populaires ou retrouver en elles les principes de fonctionnement de la culture légitime mais sur un mode mineur, en modèle réduit, est une dérive légitimiste qui conduit au « misérabilisme ».

Il n'y a pas de solution simple au problème du regard du chercheur selon ces auteurs qui suggèrent l'adoption d'un principe d'oscillation entre reconnaissance des contraintes subies par les cultures populaires et découverte de la richesse de leurs contenus, principe qui recouvre au fond la distinction classique entre explication et compréhension. L'expression de « culture populaire », peu satisfaisante, ambiguë parce qu'elle occulte la violence qui la constitue, n'est intéressante à utiliser que dans la mesure où elle parvient à nous désenvoûter d'une conception « misérabiliste » des pratiques [voir aussi HALL, 1981]. Une fois levé ce préjugé d'une masse homogène et amorphe (au nom d'un « principe d'égalité » pour Jacques Rancière), il revient à l'étude empirique de démontrer l'existence et la logique de pratiques plus riches que prévues.

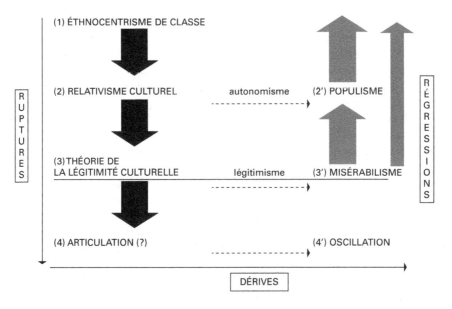

Source : d'après GRIGNON et PASSERON, 1989.

Les mutations contemporaines de la culture

Les statistiques sur les pratiques culturelles, notamment celles recueillies en France depuis les années 1970 par le ministère de la Culture et de la Communication[1], composent un paysage devenu très complexe que l'on peut résumer en cinq points. Elles confirment tout abord la sociologie de la légitimité culturelle dans la mesure où une hiérarchie des sorties se manifeste et se modifie relativement peu dans le temps. 68 % des Français n'avaient jamais assisté à un spectacle de danse de leur vie en 1997, 72 % à un concert de musique classique, 43 % à une représentation théâtrale de professionnels. Une

---

1. Ce sont les enquêtes sur *Les Pratiques culturelles des Français* présentées notamment par Olivier Donnat.

corrélation se manifeste entre niveau de lecture, diplôme élevé et milieu social supérieur : moins de 1 % des agriculteurs lisent plus de 50 livres par an et 7 % seulement d'entre eux vont à la bibliothèque au moins une fois par semaine, contre 17 % et 19 % respectivement des cadres. La démocratisation culturelle, conçue durant la seconde moitié du xxe siècle comme un moyen d'accroître la fréquentation de lieux qui le méritent ou de promouvoir la lecture et l'écoute d'un corpus d'œuvres considérées comme particulièrement appréciables, est tenue en échec comme le souligne Olivier Donnat dans de nombreux travaux. Mais la participation aux activités valorisées de la culture augmente lentement et la relation entre pratiques parentales et pratiques juvéniles se distend, il y a moins que jamais déterminisme dans la transmission culturelle.

Le second fait marquant est la diminution de la quantité de livres lus, phéno-mène souvent perçu comme alarmant et qui, à partir des années 1980, a fait couler beaucoup d'encre sur le thème du déclin intellectuel de nos sociétés. En fait, elle révèle surtout le déclin d'une idéologie, celle qui faisait de l'écrit le point d'en-trée quasi unique dans la culture : la lecture se déplace et se désacralise bien plus qu'elle ne disparaît. Le nombre de lecteurs augmente en effet au cours du temps dans les sociétés occidentales et les compétences des écoliers ne sont pas fondamentalement remises en cause. Les comparaisons effectuées à partir de tests scolaires ou militaires par Christian Baudelot et Roger Establet [*Le Niveau monte*, 1989] soulignent la supériorité des écoliers actuels dans le domaine de la grammaire et de la logique, mais leur infériorité en orthographe par rapport aux écoliers du début du xxe siècle. Entre-temps l'école a dû gérer le passage d'une scolarité réservée à une élite à une scolarité de masse (1 % des Français étaient bacheliers au début du xxe siècle, la moitié d'entre eux ne lisaient pas dans les années 1940), puis enregistrer la mutation de sa mission, d'une « instruction publique » initialement conçue comme éclairée et formatrice de l'esprit national à une éducation moins dominatrice, moins respectée aussi, avec toutes les turbu-lences pédagogiques que cela entraîne. La diminution de la lecture est pour partie un effet d'optique car les personnes interrogées au cours des décennies 1970-1980 procédaient à une surévaluation de leurs consommations face aux enquêteurs. La question de la non-lecture apparaissant moins intimidante aujourd'hui, il est très probable que les faibles lecteurs se confient avec moins de réticences et, à l'inverse, que les forts lecteurs se valorisent moins dans leurs déclarations en sous-estimant leurs pratiques.

Au final, la baisse de la lecture est d'abord une conséquence de la moindre consommation des grands lecteurs (ceux qui déclarent lire plus de cinquante livres par an[1]), elle témoigne d'un changement de son statut. Lire était jusqu'à récemment un acte culturel majeur, placé au cœur des stratégies de reproduction sociale, c'est aujourd'hui un acte relativement banalisé, moins associé à la réussite scolaire, et très polymorphe. Le livre demeure intimidant pour un quart à une moitié de la popu-lation pas ou peu lectrice [BAUDELOT *et al.*, *Et pourtant ils lisent...*, 1999], qui se détourne de plus en plus de ce support [DONNAT, 2009], mais on lit des contenus

---

1. La réorientation des étudiants vers les matières scientifiques et techniques au cours des dernières décennies a certainement joué un grand rôle dans ce processus.

de plus en plus variés, sur des supports qui le sont tout autant (manuscrit, presse magazine, texte électronique, etc.), dans des lieux privés et publics (les bibliothèques et médiathèques connaissent une forte progression des inscriptions), en ne respectant plus scrupuleusement la division entre production et consommation, comme le souligne Roger Chartier [2012]. Écriture, édition, lecture ne sont plus aussi antagonistes pour les amateurs de culture populaire ou de culture savante, les créateurs de sites Web ou les étudiants : c'est la fin de la lecture de livres « comme fait culturel total » et comme simple pratique de distinction [BESSARD-BANQUY, 2012].

Ce brouillage des frontières n'est d'ailleurs qu'un cas particulier de la montée des pratiques amateurs, troisième élément saillant. Les individus, jeunes et moins jeunes, redéfinissent leurs pratiques culturelles à partir d'une participation forte à des activités musicales, photographiques, graphiques, artisanales, de plus en plus numériques, et multiplient également les supports de collections. Près d'un tiers des Français possèdent une collection, 10 % d'entre eux pratiquent la peinture, 11 % l'écriture [voir DONNAT, 1998]. Il apparaît clairement que l'appropriation des arts n'est plus aussi liée aux institutions publiques et privées qu'elle l'était par le passé, la diffusion des technologies électroniques (magnétophones-magnétoscopes, micro-ordinateurs), favorisant par ailleurs son déplacement à domicile, et que la fréquentation des « arts moyens » ne peut être conçue comme un simple succédané de culture mais comme une véritable recherche de sens traversant tous les milieux sociaux [HENNION, MAISONNEUVE, GOMART, 2000].

La diffusion de l'audiovisuel est le phénomène le plus spectaculaire du siècle. La consommation quotidienne de télévision avoisine en effet à elle seule 3 h 55 par personne en 2013 en France et 4 h 53 aux États-Unis (Médiamétrie). On regarde en moyenne autant la télévision que l'on travaille dans les sociétés occidentales (en volume annuel d'heures) ! Il n'existe pourtant pas de concurrence nette entre l'écrit et l'audiovisuel sauf pour des populations très précises[1]. Le temps passé devant les écrans, la radio (en France 2 h 50 par jour en moyenne en 2011) ou la chaîne hi-fi a d'abord été pris sur le temps de loisirs offert par la réduction du temps de travail, le développement de la retraite ainsi que des études secondaires et supérieures. On comprend cependant que la pratique télévisuelle est si présente et si visible qu'elle suscite des interrogations sur ses fonctions, ses effets, son utilité sociale. La passivité est souvent reprochée à des publics piégés par la force de l'image, passivité qui serait attestée par le fait qu'un quart des personnes seulement savent ce qu'elles veulent regarder lorsqu'elles allument leur poste, que l'écoute flottante semble la règle. Mais il faut penser la télévision comme une pratique culturelle (voir l'encadré), qui a du sens y compris dans ses activités de zapping ou de tapisserie. Elle soude une communauté nationale et internationale partageant les mêmes rites puisqu'il n'existe pas de pratique où les différences de comportements soient aussi faibles dans nos sociétés : 98 % des foyers possèdent au moins un téléviseur et les contenus de ce média sont le second objet de discussion dans l'entreprise (après le travail) et à l'école. Elle demeure certes inégalitaire car surconsommée

---

1. Establet et Felouzis [1992], parmi d'autres, montrent que la plupart des individus ne recherchent pas la même chose à travers le livre et la télévision et qu'une partie des forts consommateurs de programmes télévisés sont aussi de grands lecteurs.

par une forte minorité de la population, plus âgée, plus populaire et plus féminine que la moyenne. 10 % des publics représentent près de 30 % de l'écoute, 30 % des publics 60 % de l'écoute alors que les plus réfractaires représentent moins de 1 % de l'écoute pour 10 % de la population. Le public de gros consommateurs de télévision ou « grand public » ne peut être vu cependant comme aliéné par opposition aux autres, même s'il subit une domination culturelle. Quelques éléments statistiques suffisent à contredire cette thèse : le grand public est plus sélectif que les « élites » (les Parisiens diplômés sont ceux qui savent le moins ce qu'ils vont regarder), il attend de la diversité des programmes (il consomme tous les types d'émissions). S'il y a des téléspectateurs pour les journaux télévisés, les magazines, les documentaires, les émissions culturelles, c'est parce qu'ils sont regardés par ceux qui utilisent beaucoup la télévision. Ceux qui la regardent moins n'ont pas une pratique centrée sur les émissions prestigieuses. Les diplômés regardent proportionnellement plus que les gros consommateurs... le cinéma et le sport !

La mondialisation et la juvénisation des consommations, enfin, caractérisent fortement la culture contemporaine. L'une ne va pas sans l'autre car l'accès aux médias internationaux ne se produit pas sans que se mettent en place des jeux de concurrence entre générations : ce sont généralement les jeunes qui acclimatent au niveau local les productions étrangères. L'enquête sur les jeunes et les écrans, menée au niveau européen sous l'impulsion de Sonia Livingstone [LIVINGSTONE, BOVILL, 2001], montre que les clichés les plus courants concernant cette classe d'âge sont trompeurs. La téléphilie des jeunes est bien tempérée car si ces derniers valorisent le petit écran, quasi universellement regardé à cet âge et stimulus permanent de débats, rien ne vient confirmer une quelconque hégémonie : les 4-14 ans forment une tranche d'âge où la consommation télévisuelle est relativement faible (2 h 18 par jour en 2011 selon Médiamétrie) ; les adolescents valorisent peu la télévision par rapport au cinéma, Internet et aux sorties entre amis ; la lecture n'est pas directement concurrencée par les écrans et l'ordinateur. Les jeunes inventent une culture un peu plus homogène socialement que celle des adultes, plus métissée dans ses origines nationales et beaucoup plus fondée sur l'écoute de la musique et de la radio [GLEVAREC, 2005]. Source d'apprentissages individuels et collectifs, c'est-à-dire de compétences dans le décodage de l'image et de l'écrit, d'habileté dans les pratiques relationnelles comme le souligne Dominique Pasquier, elle a tendance à se diffuser vers la culture adulte plutôt que l'inverse. L'informatique ludique et l'Internet illustrent parfaitement cette tendance puisqu'ils sont souvent appropriés en premier par les jeunes, en complet renversement de l'effet d'héritage culturel (voir chapitre 16).

« De l'exclusion à l'éclectisme »

La pluralisation des activités et la consommation généralisée de culture « grand public » montrent que les individus se soucient moins de la hiérarchie supposée des pratiques, même si les plus discriminantes comme l'opéra et la danse demeurent l'apanage des plus diplômés. Nous passons d'un régime de différenciations à un régime de mélanges, « de l'exclusion à l'éclectisme » comme le résume

Donnat [1994]. Certains auteurs tentent d'expliquer ce changement au moyen de modèles de hiérarchie culturelle rendus plus complexes. Richard Peterson [1992] évoque ainsi une opposition entre deux nouveaux groupes, les *omnivores* et les *univores*. Les premiers, issus des milieux supérieurs, s'ouvriraient aux activités associées aux cultures populaires, additionneraient les pratiques en développant un goût pour la diversité qui serait en même temps une stratégie de maintien des différences : les univores, issus des milieux populaires, seraient beaucoup plus exclusifs dans leurs choix, restreints aux médias de masse, ne disposant pas de capacités de jeu avec les codes. La montée de l'éclectisme serait avant tout un effet de déplacement de la légitimité culturelle, une sorte de *nec plus ultra* de la distinction comme le défend Philippe Coulangeon [2003, 2004, 2011], et non un mécanisme de démocratisation. Ces tentatives de défense de modèles purement verticaux se heurtent cependant aux études qui soulignent la diversité des types d'omnivores et l'impossibilité de ramener ces derniers au type distinctif. Face à l'ampleur des mutations culturelles en cours, elles apparaissent très restrictives. Koen Van Eijck et Wim Knulst [2005] montrent que c'est en fait une véritable rupture générationnelle qui intervient, les jeunes se tournant de plus en plus vers les diverses cultures médiatiques alors que les anciens conservent un ancrage dans la culture « classique » : l'hypothèse du snobisme culturel n'est plus nécessaire pour comprendre la participation croissante aux cultures médiatiques.

Dans *La Culture des individus* [2004], Bernard Lahire réexamine de son côté les études statistiques des goûts déclarés des Français pour confirmer que « l'écrasante majorité des individus connaissent des oscillations entre registre culturel légitime et registre culturel illégitime ». La dissonance est la règle et non la mise en conformité avec un *habitus* supposé homogène. Cet auteur choisit pourtant de modifier plus que de contester le modèle de la légitimité culturelle. Si les individus ne distribuent pas leurs choix et ne se distribuent pas entre eux en fonction de l'échelle de légitimité culturelle imposée par les dominants (dont les croyances sont supposées relayées par les institutions scolaires et culturelles), c'est parce qu'il existe en réalité plusieurs échelles de légitimité en concurrence. Les médias de masse sont de nouvelles instances de consécration (par le nombre) en opposition avec les instances scolaires/culturelles (jouant sur la rareté et la noblesse). À cela, il faut ajouter le poids des contextes dans lesquels s'inscrivent les actions (circonstances incitatrices, obligations...) et la variété des instances de socialisation (influence des groupes de pairs), brouillant le jeu de pure reproduction. Cette analyse se heurte cependant aux limites de la théorie qu'elle veut enrichir. Hervé Glévarec [« La fin du modèle classique de la légitimité culturelle », 2005] observe que classer les œuvres et les genres a priori pour déterminer des profils consonants ou dissonants, comme le fait Lahire, est un pur effet de légitimisme. Qui décidera de la plus ou moins grande valeur conférée aux œuvres ? L'affirmation de la prééminence du chercheur, qui peut décider en dernier ressort de la légitimité faible du rap ou moyenne du rock, n'est pas une réponse satisfaisante et expose à des incohérences du point de vue statistique : le rock et le rap sont en fait surconsommés par les milieux supérieurs !

C'est un véritablement changement de modèle de la culture qu'impose la mutation des pratiques : loin de pouvoir être réduites à la dimension de la légitimité, les activités culturelles se révèlent être des quêtes d'expériences [SCHULZE, 1992], qui se sont autonomisées du social (au sens des *Cultural Studies*, voir chapitre suivant) et qui sont assez largement incommensurables entre elles [FROW, 1995]. S'appuyant sur des résultats statistiques et qualitatifs issus du domaine musical, Glévarec propose ainsi de basculer du constat d'une « pluralité des ordres de légitimité », effectué par Lahire, à celui d'une « hétérogénéité des ordres de légitimité », qui fonde une forme nouvelle de tolérance. Si les individus ne cessent de juger et de hiérarchiser, ils ont tendance à le faire au sein de grands ensembles constitués en genres (la chanson, le rock, le rap, la musique classique, etc.) et moins entre les genres eux-mêmes : il y a « cohabitation de plusieurs régimes de valeur sans possibilité pour l'un ou l'autre de dominer ». Ils se détachent des mécanismes de violence symbolique à l'égard de la variété des œuvres et des goûts des autres. Cette évolution doit à la fois à l'hétérogénéisation croissante des milieux sociaux (mobilité, migrations, travail/chômage, diversification des formes familiales), à la légitimation par l'État des anciens « arts moyens », à la moindre prégnance des normes scolaires et à un relâchement du « contrôle social », qui soulage les milieux supérieurs de l'impératif de se montrer supérieurs et les milieux populaires de celui de se sentir coupables d'aimer ce qui ne serait pas jugé légitime.

Une tendance idéologique de fond permet aussi d'expliquer ce processus, l'affirmation de ce que Glévarec [2005, 2013] nomme le régime de « justice culturelle » ou de « diversité ». Les sociétés contemporaines, de plus en plus multiculturelles, s'interdisent de penser des différences absolues et stimulent des comportements d'évitement des problèmes de hiérarchie, voire d'ouverture et de respect – dans tous les milieux sociaux et non seulement dans les milieux supérieurs et les dernières générations. Sans disparaître, « les inégalités socio-économiques ne sont plus aussi *tenues* que par le passé par des formes de domination symbolique ». Si des effets de légitimité culturelle se manifestent donc toujours, parfois violemment, c'est par enchâssement dans une culture de la diversité, au sein d'un régime de « postlégitimité » et non de légitimité ou d'a-légitimité [MAIGRET, 2012].

De la consommation à la réception

Pour riches d'enseignements qu'elles soient, les statistiques sur les pratiques culturelles ne fournissent que des indications limitées aux achats et fréquentations, dans le cadre de ce que l'on nomme une morphologie sociale. Leur force comme leur faiblesse est qu'elles reposent sur la définition de groupes sociaux et objets aux propriétés stables, qui pousse souvent à essentialiser les pratiques d'un côté, les types de biens symboliques de l'autre. Les variables sociodémographiques (sexes, âges, religions, appartenances territoriales, niveaux d'étude, revenus) mises en relation avec les médias suffiraient à décrire les contenus (classés par « genres », types d'écriture ou contenus plus ou moins riches) et les pratiques (« populaires », « cultivées », etc.). Ces dernières sont pourtant si variées qu'elles échappent à des classements aussi simples. Lorsque l'on dresse par exemple la carte des recoupements des publics des différents genres de livres, on s'aperçoit que les « goûts » révélés ne respectent pas les frontières des genres proprement dits. Ainsi en est-il des individus qui élisent les romans policiers ou d'espionnage et les ouvrages historiques (il s'agit du public plutôt masculin et âgé) ou de ceux qui associent les romans sentimentaux, les romans policiers et les documentaires et essais vécus (choix plutôt féminin). Les genres en eux-mêmes font l'objet de choix contradictoires de la part de publics relativement homogènes : les livres d'art sont associés prioritairement aux romans cultivés (caractéristique des femmes inactives aisées) ou au contraire aux ouvrages scientifiques et techniques (ingénieurs acquérant une « culture littéraire »).

Les œuvres circulent entre milieux sans respecter les barrières supposées des goûts. Les historiens ont ainsi mis en évidence le succès auprès d'un public parfois analphabète des adaptations de Shakespeare sous une forme mélodramatique (dans les États-Unis du xixᵉ siècle étudié par Lawrence Levine, 1988). À propos des titres de la Bibliothèque bleue de Troyes, collection littéraire ciblant le lectorat le plus massif et le plus populaire du xviiiᵉ siècle au milieu du xixᵉ, Roger Chartier a observé que les textes édités, imprimés « avec des caractères défraîchis et mal assortis », vendus à faibles prix, n'étaient que des reprises de textes déjà existants dans des livres brochés. Autrement dit, ces textes « mis en livres bleus ne sont pas "populaires" en eux-mêmes mais appartiennent à tous les genres, toutes les époques, toutes les littératures ». Ces exemples témoignent de l'impossibilité de penser les groupes sociaux comme de purs artefacts des produits qu'ils utilisent, ou de voir dans des œuvres, « populaires » ou non, des objets plus ou moins riches suivant un axe de référence et un seul.

Dès que l'on déplace l'analyse au niveau qualitatif, les incohérences de la sociologie de la légitimité culturelle et les apories de la méthode quantitative deviennent encore plus marquées. La sociologie de l'art et de la lecture, très imprégnée de l'idée que les œuvres et les publics qu'elle étudie se correspondent, montre depuis la fin des années 1970 que tel n'est pas le cas. Une étude fameuse de Pierre-Michel Menger [« L'oreille spéculative. Consommation et perception de la musique contemporaine », 1986] sur les interprétations des œuvres de Messiaen ou de Boulez fournies par les auditeurs de musique contemporaine fortement cultivés nous apprend – cas limite – que les représentations en salle de concert de ces œuvres loin d'être vécues comme un plaisir signifient bien souvent pour ceux qui les suivent régulièrement un « devoir culturel de consommation ». La consommation se révèle être ouvertement passive et frustrante car elle va visiblement à l'encontre des « goûts » que ces mélomanes affichent par ailleurs. À une question portant sur ses préférences musicales, l'une des personnes interrogées a pu répondre : « La musique doit pouvoir être mémorisable ; j'aime me rappeler l'œuvre que j'ai entendue et pouvoir la chanter après le concert ». Un comble lorsque l'on connaît le caractère particulièrement déstructuré et non mélodique de cette musique savante contemporaine ! Rien ne garantit que plus on s'élève dans la hiérarchie sociale des œuvres et des publics plus les jugements esthétiques s'affinent, plus la capacité de jugement augmente, c'est-à-dire se rapproche de celle des professionnels[1]. Cette relation que l'on considère généralement comme

---

1. On trouvera dans les travaux de Jean-Claude Passeron réunis dans *Le Raisonnement sociologique* [1992] de nombreux exemples issus du domaine de la peinture et de l'interprétation littéraire.

vérifiée en raison du cercle vicieux de la définition des objets culturels (les plus dotés en « capital culturel » choisissent les meilleurs objets qui les définissent à leur tour) n'est pas vérifiée automatiquement. On remarque que les discours des consommateurs « cultivés », certes plus empreints de formalisme scolaire que les autres, ne sont souvent que des voiles masquant l'inanité d'expériences esthétiques essentiellement distinctives. Le capital culturel – la socialisation et l'incorporation de goûts – peut déterminer plus ou moins fortement la consommation (voir le point précédent) sans déterminer la réception. Celui-ci ne rend pas compte non plus des pratiques des amateurs (mélomanes, spectateurs fervents de théâtre), qui sont généralement issus des publics éduqués mais qui présentent des caractéristiques différentes de ces derniers, issues de la longue confrontation à des formes culturelles imposant un rapport exigeant, de « converti » selon la formule wébérienne d'Emmanuel Pedler, de « fan » comme le montre Claudio Benzecry dans le cas des amateurs d'opéra.

Les traditions de recherche sur la réception

La notion de réception, issue du vocabulaire technique mais détachée de ses connotations cybernétiques et béhavioristes, est le carrefour de toutes les interrogations sur les publics depuis que l'école littéraire allemande de Constance, emmenée par Hans Robert Jauss et Wolfgang Iser, parle d'« esthétique de la réception », en réaction à la théorie critique. Dans les années 1970, Jauss opère une rupture majeure lorsqu'il inclut la jouissance dans les modes de lecture d'une œuvre (il rend la littérature au domaine du quotidien) et évoque l'idée d'une rencontre entre l'horizon d'attente du texte (ses exigences stylistiques propres) et l'horizon personnel du lecteur (son univers social et individuel). Il désacralise ainsi la littérature et l'inscrit dans le champ de la communication, du dialogue, comme la sémiotique de Umberto Eco tend à le faire au même moment, ce qui explique sa forte influence sur l'analyse littéraire classique, sur l'étude des pratiques de lecture et sur la sociologie de l'art et de la culture. Dans le prolongement de ses travaux, de nombreux chercheurs s'intéressent aux lectorats, aux auditoires et aux visiteurs de musées en dégageant leurs multiples variations interprétatives[1].

Mais l'École de Constance ne constitue qu'une source de réflexion, reste limitée par son application au seul domaine littéraire et par une absence de théorisation des rapports sociaux[2]. Il existe au moins « cinq traditions à la recherche du public » ainsi que l'affirment Klaus Bruhn Jensen et Karl Erik Rosengren [1990]. La théorie lazarsfeldienne des effets limités et le courant des usages et gratifications (issu de cette dernière) forment le premier noyau, déjà centré sur les médias de masse mais fortement teinté de fonctionnalisme. L'analyse littéraire, souvent croisée avec l'analyse sociologique sur le vieux continent, expulse de son bastion

1. Voir les ouvrages coordonnés par Michel Picard (1987), Martine Poulain [1988] ou Bernadette Seibel [1995] et le livre de Jacques Leenhardt et Pierre Józsa [1982].
2. Laurence Allard [1994] rappelle que l'esthétique de la réception conserve des reliquats d'élitisme littéraire, Jauss opposant toujours communications de masse et littérature de façon normative.

universitaire la croyance en l'essence supérieure de la littérature sans s'ouvrir vraiment aux cultures « populaires » et « grand public ». Les études de réception et surtout les *Cultural Studies*, dont il est question dans le chapitre suivant, forment le dernier bloc historique et le renouvellement le plus important puisqu'il inclut un questionnement sur les médias de masse et les cultures marginales. La réception n'est donc pas un objet théorique mais un champ empirique, une surprise permanente pour de nombreux courants de recherche qui partagent quelques présupposés fondamentaux :

– la présence à un spectacle musical, l'écoute audiovisuelle ou la lecture ne peuvent être réduites à une simple consommation de biens aux propriétés objectives et aux effets univoques ;

– il faut analyser les discours que tiennent les usagers ou récepteurs sur leurs pratiques, et mettre en évidence les diverses appréhensions et compréhensions des mêmes objets ;

– le rapport aux médias et aux contenus des médias fait l'objet d'une négociation sociale ou identitaire de la part de celui qui l'utilise, dans des limites définies par ce média et ces contenus.

Michel de Certeau et la question de la réception

La formulation la plus élégante des actes interprétatifs mis en œuvre lors de la lecture, de l'écoute ou du suivi d'un spectacle visuel, a été fournie par Michel de Certeau dans un ouvrage qui condense la plupart des interrogations sur ce sujet. Certeau a suivi un parcours atypique dans l'université, garant de son indépendance à l'égard des courants critiques alors dominants en France [pour une biographie intellectuelle et une étude des rapports entretenus par cet auteur avec la recherche historique, sociologique et les *Cultural Studies* voir MAIGRET, 2000]. Jésuite passionné par la mystique classique (celle des XVIe et XVIIe siècles), il s'intéresse progressivement aux populations religieuses exclues de l'ordre dominant (les ascètes, les hérétiques, les sorciers), en développant un regard d'historien attaché à la remise en cause des effets ethnocentriques de l'écriture des élites. Le savoir sur ces populations est généralement dérivé des seuls rapports des autorités judiciaires, des textes des Églises ou des livres des écrivains de l'époque, très éloignés des paroles des acteurs eux-mêmes. L'historien se doit de les recomposer en tenant compte de la distance et de la violence qu'il imprime lui aussi à ces cultures par son récit. Le regard se tourne peu à peu vers les XVIIIe et XIXe siècles avec des travaux sur la paysannerie sous la Révolution française puis sur les lecteurs populaires, avant d'aborder les pratiques les plus contemporaines, notamment celles liées aux médias de masse. Certeau désingularise ainsi la question des publics populaires et des effets supposés des médias au cours des années 1970 en rappelant les invariants de la domination du jugement des élites : misérabilisme ou populisme. Sa réponse noue les fils de la pragmatique de Wittgenstein, de la sémiotique de Eco, de l'ethnologie ouvrière de

Hoggart (voir chapitre suivant) et de l'histoire des *Annales.* Elle tient en une politique de métaphores suggestives chargées de donner de la substance aux pratiques ou « arts de faire », dans le cadre d'une redécouverte de l'action effectuée au même moment par d'autres penseurs (Erving Goffman, Alain Touraine ou Anthony Giddens).

Dans un chapitre fameux du premier tome de *L'Invention du quotidien* [*Arts de faire*, 1980], « Lire : un braconnage », Certeau pose, en suivant la leçon marxiste, que la relation entre producteurs et consommateurs de sens est inégalitaire : ceux qui disent, écrivent, mettent sur le marché ou font lire, ont un pouvoir sur ceux qui consomment, qu'ils soient lecteurs ludiques ou scolaires, celui d'imposer du sens et les formes qui le véhiculent. Mais cette relation a toujours été conflictuelle et il n'existe pas de victoire aisée pour l'une ou l'autre des parties. L'autonomie des milieux dominés s'est même accrue au cours de l'histoire, avec la sécularisation et l'avènement de loisirs différenciés du pouvoir d'État. Les producteurs de sens sont des propriétaires de terres (les textes) dont ils réglementent l'accès et les usages. Les consommateurs (Certeau n'emploie pas le terme de récepteurs dont la vogue viendra ensuite) sont analogues à des braconniers qui chaparderaient des biens en toute illégalité pour composer leur quotidien : sélectionner des éléments dans un texte, le lire à sa façon, le mettre en relation avec d'autres éléments étrangers à sa production. Les propriétaires mettent en place des stratégies, des actions de contrôle de l'espace qui piègent les dominés – il faut bien passer par leurs terres, c'est-à-dire par leurs idéologies – alors que les braconniers mènent des tactiques, des actes fugaces de résistance, de la guérilla temporelle (réussir des « coups »). Il faut s'appuyer sur une théorie de l'appropriation pour comprendre que les lectures des dominés ne sont pas inadaptées par rapport à une lecture de référence (exigée par l'auteur, l'industrie, l'école), qui supposerait un sens en-soi des textes. Chacun compose – et reproduit pour partie – sa propre culture sociale avec des objets disparates. « Le lecteur est le producteur de jardins qui miniaturisent et collationnent un monde [...] Barthes lit Proust dans le texte de Stendhal ; le téléspectateur lit le paysage de son enfance dans le reportage d'actualité ». Les lecteurs sont aussi des nomades, errant de terres en terres, ils ne lisent pas ou pas seulement les textes qu'ils sont censés lire, malgré leurs préférences, et ne peuvent être définis par leurs choix – ce que les statistiques sur les pratiques culturelles montrent bien (il n'est guère étonnant que Certeau ait représenté, à partir des années 1970, l'une des sources intellectuelles des grandes enquêtes du ministère de la Culture). La signification du nomadisme, l'*impertinente absence* des lecteurs, n'est pas la même selon les milieux sociaux, celle des fractions cultivées se rapproche de ce que l'on nomme éclectisme, liberté de choix, celle des fractions populaires consiste le plus souvent en un « faire avec », mais rempli de sens.

Les « faires » selon Michel de Certeau

Acteur	Lieu	Action	Niveau d'action	Type d'absence
Propriétaires	Terres occupées	Stratégies	Espace	Nomadisme = Éclectisme
Braconniers	Déplacements	Tactiques	Temps	Nomadisme = Faire avec

Cette vision de la réception repose en fait sur la conjugaison de quatre thèses. Les faibles, comme les autres, sont capables d'actions habiles, voire de prouesses, à l'image d'un sauteur de corde qui sait agir sans avoir à penser ce qu'il réalise (c'est le sens de la notion d'*art de faire* chez Kant) : les tactiques renvoient à des compétences fondamentales, universellement présentes. Prenons l'exemple (qui n'est pas chez Certeau) de ce que l'on nomme familièrement le tunnel de publicité reliant le journal télévisé du soir à la fiction de *prime time*. Les chaînes de télévision et les annonceurs maîtrisent cet espace car il est impossible de changer le contenu pour les téléspectateurs (ils n'ont pas accès aux stratégies de production). Mais il est toujours possible de développer des tactiques temporelles de détournement : zapper, débarrasser la table, discuter, s'immerger dans certaines publicités en s'évadant d'elles ou en s'évadant en elles (ironie, oubli, adhésion partielle). Il s'agit du niveau 1.

L'expression des compétences varie suivant les publics en fonction de critères identitaires et sociaux : les personnes âgées zappent moins que les autres et préfèrent suivre des récits linéaires, mais, par exemple, prêtent moins attention aux publicités que les jeunes, qui s'intéressent aux éléments esthétiques ou parodiques des spots. Les choix des uns et des autres relèvent d'une appropriation, de goûts sociaux, sexués, générationnels et individuels (niveau 2).

La dimension politique, polémologique, de tout acte explique que l'on parle de résistance à des pouvoirs dominants lorsque l'on parle de tactiques et braconnages. Les actes du téléspectateur peuvent être vus comme des microlibertés face aux pouvoirs des télévisions, des idéologies véhiculées et du marché (niveau 3).

La dernière thèse (niveau 4) rompt avec toute la tradition du déterminisme sociologique : il n'existe pas de règle qui permette de comprendre pleinement et de prédire ce que va faire telle personne ou tel public face aux contenus (ici, des publicités). Certeau parle de phénomène chaotique, au sens mathématique, de comportement à ce point complexe, chargé de variables, qu'il n'est plus réductible à une ou plusieurs équations. Les acteurs se confrontent en permanence à une altérité qui dérange les trajectoires. « Tout semble pareil dans la structure où s'introduit le détail qui en change pourtant le fonctionnement et l'équilibre » (*Arts de faire*, « Le temps des histoires »). La mystique imprègne en réalité les actes les plus quotidiens qui se composent de minuscules visées utopiques. Dans le langage courant, cela s'exprime par l'idée que les individus sont capables d'évasion, d'expérience, d'apprentissage, de découverte. Cette intuition précoce est au cœur des théories sociologiques des décennies ultérieures (voir chapitre 15).

Conclusion

De l'analyse de la consommation médiatique à celle de la réception, sociologie et histoire ont donné un contenu aux pratiques « populaires » que la métaphore du braconnage exprime le mieux. Il manque pourtant un élément à l'étude de la réception pour s'affirmer vraiment. Parce qu'elle s'est constituée en opposition aux théories critiques, celle-ci a d'abord cherché à souligner les capacités de résistance des individus à l'égard des pouvoirs codés par les médias, elle est donc demeurée dépendante d'une vision marxiste et structuraliste de la domination qu'elle se contente d'inverser : le pouvoir est concentré en haut, il est monolithique, mais on peut lui résister en bas (d'où l'apologie typiquement intellectuelle des petites insurrections du quotidien). Conscient de ces enjeux, Michel de Certeau, déclare faire l'apologie des pratiques populaires à titre de thérapeutique, de technique d'écriture anti-élitiste, et développe les quatre niveaux de lecture du braconnage qui interdisent de le réduire à un objet trop simple. Mais on retrouve dans ses textes l'idée empruntée à Michel Foucault d'une confrontation entre pouvoirs institués, disciplinant, et individus tacticiens, qui empêche encore de penser les pratiques médiatiques comme des cultures et des lieux complexes où s'exprime le conflit à tous les niveaux, et non seulement comme des résistances.

Télévision et culture s'opposent-elles ?
Ou dépasser la définition scolaire de la culture

L'expérience de la communication de masse est souvent jugée contradictoire avec celle de l'œuvre artistique. La culture est en effet définie dans nos sociétés occidentales à partir de l'idée de visée esthétique, de singularité et de hiérarchie des valeurs, elle est supposée regrouper ce qu'il y a de meilleur dans une culture (au sens le plus large) alors que la télévision serait proche du flot d'images, de l'indifférenciation, de la routine industrielle, de la passivité, du plaisir immédiat, et pourrait tout juste servir d'instrument de démocratisation culturelle avec la création de programmes ou de chaînes spécifiques (Arte). Mais ce manichéisme ne résiste pas longtemps à l'analyse de l'histoire des idées ainsi qu'à l'étude des contenus des programmes et des pratiques des téléspectateurs.

L'invention de la culture savante

Notre définition de la culture « cultivée » est très enracinée socialement au point de paraître évidente. Pourtant, elle s'appuie sur une construction historique, une logique de l'œuvre prônée par les romantiques puis par les partisans de l'art pour l'art, valorisée seulement depuis le XVIIIe siècle, âprement défendue par des écrivains tels que Flaubert ou Mallarmé au XIXe siècle, relayée et rationalisée par l'école puis amplifiée par les politiques culturelles au XXe siècle. Elle suppose des auteurs une indépendance sociale absolue dans l'acte de création, qui demeure assez largement un mythe, quelle que soit l'époque considérée. Elle requiert ensuite des publics une capacité de discernement et d'appréciation très particulière, bien analysée par Alain Viala [1985] dans sa variante scolaire classique. La norme qui régit la pratique du lecteur se comprend avant tout comme une éthique du plaisir qui exclut le plaisir. La littérature, définie selon un critère linguistique, celui du bien écrire, doit faire l'objet d'une visée formelle : l'agrément procuré par une œuvre doit sans cesse s'effacer devant les éléments rhétoriques qui le motivent (quelles figures l'auteur emploie-t-il pour produire cet effet ?), devant l'enjeu de vérité (que nous apprend l'auteur ?), et en dernier ressort devant l'effet moral censé joué comme un effet cathartique (enseigner par le texte le courage ou le sérieux, tirer une leçon). Le commentaire de texte impose que la lecture soit reproduite encore et encore et découpe le texte ligne à ligne, il invite peu à peu à savourer mais il émousse ainsi la jouissance initiale.

Ce rapport à l'œuvre a évolué au cours du temps mais en conservant la visée formaliste, l'objectif moral s'effaçant de plus en plus derrière la recherche d'un plaisir purement cognitif poussée dans ses derniers retranchements dans l'univers de l'art contemporain (voir les travaux de Raymonde Moulin). Il présente l'avantage d'initier à l'étude des formes, l'esthétique, mais en supprimant le plaisir immédiat, en proposant un plaisir différé à ceux qui n'ont pas les moyens d'opérer ainsi, il a pour conséquence d'exclure un nombre élevé d'individus d'une culture. L'appel à des politiques culturelles sert alors de prolongement à la grande mission d'évangélisation laïque effectuée par l'école, instrument de diffusion démocratique de la « culture » et de la compétence particulière que l'on veut propager. « Le problème est de faire pour la culture ce que la IIIᵉ République a fait pour l'enseignement. Chaque enfant de France a droit aux tableaux, au théâtre, au cinéma comme à l'alphabet » (André Malraux, le 27 octobre 1966). Cette conception paternaliste infiltrait déjà les recherches des sociologues français humanistes tels que Joffre Dumazedier – cibles des critiques de Bourdieu – qui avaient le courage de rompre dans les années 1960 avec la critique véhémente des effets néfastes des médias de masse mais qui demeuraient dans l'esprit d'une télévision contrôlée par l'État, en voyant surtout dans cette dernière une opportunité de relais pour la culture cultivée que l'on pourrait enfin populariser.

Le caractère composite de la culture

La survalorisation de l'écriture, renforcée par la montée des effectifs des étudiants et des enseignants, par la constitution d'un milieu littéraire autonome et par la promotion de l'État comme institution rationalisante, a donc conduit à considérer comme supérieures certaines formes écrites de culture (dans son sens anthropologique général), à reconstituer une histoire idéale de la littérature en amalgamant tous les types de productions écrites de l'histoire jugées dignes de figurer dans un panthéon, et à calquer sur elle notre perception des autres formes de communication (sculpture, peinture, etc.). Or c'est tout l'intérêt de travaux sur la Grèce antique que de démontrer que le mode initial de composition de l'*Illiade* ou de l'*Odyssée*, œuvres cruciales dans l'histoire de la littérature, est oral et non écrit, c'est-à-dire improvisé et lié à la célébration rituelle de la communauté. Ce qui permet à l'anthropologue Florence Dupont dans *Homère et Dallas* [1990] de relever une erreur ethnocentrique courante : « le plus irritant, pour qui passe sa vie à tenter de reconstituer les cultures de l'Antiquité et de les rétablir dans leurs différences, est de voir ces nouveaux humanistes s'emparer d'Homère ou de Lucrèce pour en faire les pères fondateurs de leur dogme. L'imposture est trop grossière, les poètes de l'Antiquité ne peuvent pas servir de caution à ces militants de l'Esprit, de la Raison et du Livre. À commencer par celui que l'humanisme a coutume de placer à l'origine de toute la culture occidentale ». « Il serait temps d'admettre que notre culture du livre et du monument ne peut se réclamer légitimement d'une culture de la voix et de l'événement ». Notre « culture cultivée » n'est pas monolithique comme voudrait le faire croire une idéologie trop simple de l'œuvre. La logique ascétique du rapport à l'écrit et de l'autonomie artistique ne résume pas celle de culture, ce que soulignent aussi les multiples études sur la production et la perception de l'art à diverses époques (pour la Renaissance, lire Michael Baxandall).

La télévision comme culture ou « médiaculture »

Il n'apparaît plus absurde alors de défendre l'idée que la télévision, loin d'être l'annexe honteuse de notre culture contemporaine, est devenue l'un de ses piliers. Média « bardique », selon la formule de John Fiske et John Hartley, elle renoue à bien des égards avec la tradition de la culture orale avec ces produits généralement dépréciés que sont les séries, répétant et modifiant sans cesse leurs récits comme le fait le barde dans sa relation avec ses publics. Rien n'est plus proche aujourd'hui des structures de l'*Odyssée* que celles du feuilleton *Dallas* selon Florence Dupont, qui a dégagé les affinités entre ces deux œuvres par ailleurs très différentes.

Média en grande partie relationnel (selon Dominique Mehl), la télévision est une nouvelle forme de culture participative dont les publics s'emparent pour animer les contenus, leur donner vie dans l'échange verbal et l'imaginaire d'une relation de co-construction du sens qui peut passer aussi bien par les fictions, les jeux que par les *talk shows*. En démocratie, elle sert le plus grand nombre dans les échanges quotidiens telle une « culture grand public » par rapport à laquelle chacun se positionnerait différemment tout en partageant les mêmes références (Edgar Morin, Dominique Wolton). Pour les publics les plus consommateurs, généralement très éloignés des biens et services culturels tant en termes d'éducation, de goûts que d'offre disponible, elle peut servir de porte d'accès à toutes les formes de communication sous la forme d'un « all purpose medium » (selon l'expression de Denis McQuail) c'est-à-dire de « média à tout faire » (information, divertissement sous toutes ses formes, débats de sociétés), qui remplace l'ensemble des autres formes culturelles comme le souligne Michel Souchon. Dans ses dimensions juvéniles et musicales, elle peut être envisagée comme un art de vie à la façon du pragmatiste Richard Shusterman qui fait du rap l'exemple même d'une culture ne séparant pas expression artistique et plaisir corporel.

Enfin, et ce serait une erreur que de l'oublier, la télévision n'est pas seulement esthétique du quotidien. Elle n'échappe pas à la dimension messagère (celle de l'information notamment) ni à la logique de l'œuvre, au sens où l'entend l'idéologie de l'art pour l'art : la logique de la distinction et de la création patrimoniale côtoie celle de flux dans les films, dessins animés, séries, shows musicaux qui privilégient les expériences innovantes (du *Prisonnier* à *Columbo* et *Ally McBeal*). Il reste encore à produire l'esthétique d'une époque et d'un média qui, selon les constats pionniers de David Thorburn ou de Umberto Eco [1987], mêle au sein des mêmes œuvres techniques artisanales, culture orale, structures mythiques, innovations formelles, autotélisme, ironie et intertextualité, bref, la plupart des modes anciens et moins anciens de faire du sens et de la culture. Profondément syncrétique, plurielle, la télévision est le prototype même d'une

« médiaculture », nouvelle forme de médiation politique et esthétique qui ne repose pas principalement sur une culture de la hiérarchie, sur la séparation entre art et communication [MAIGRET, MACÉ, 2005].

Au-delà du choc des cultures : que devient l'école ?

La prise en compte de l'existence d'une culture télévisuelle est implicite pour la majorité des gens, malgré la distance souvent marquée à l'égard de ce qui est considéré comme vulgaire ou de mauvaise qualité (ce qui peut relever du constat mais aussi de la concession à l'égard de la norme lettrée). Au moment où entre en déclin l'idéologie scolaire, l'école doit redéfinir sa mission avec difficulté. Le manichéisme est là encore à éviter. L'école ne peut se transformer en institution écho des pratiques quotidiennes et de la culture populaire (laquelle ?) après avoir exprimé celle d'une élite. Elle cherche une voie entre ouverture aux formes contemporaines de culture et enseignement des compétences traditionnelles – qui constituent aussi notre culture.

Bibliographie

ALLARD Laurence, « Dire la réception. Culture de masse, expérience esthétique et communication », *Réseaux*, 68, 1994.

BAUDELOT Christian, CARTIER Marie, DETREZ Christine, *Et pourtant ils lisent...*, Seuil, 1999.

BAUDELOT Christian, ESTABLET Roger, *Le Niveau monte*, Seuil, 1989.

BAXANDALL Michael, *L'Œil du Quattrocento* (1972), Gallimard, 1985.

BENZECRY Claudio E., *The Opera Fanatic. Ethnography of an Obsession*, Chicago, University of Chicago Press, 2011.

BERNSTEIN Basil, *Langage et classes sociales. Codes sociolinguistiques et contrôle social* (1971), Minuit, 1975.

BESSARD-BANQUY Olivier (dir.), *Les mutations de la lecture*, Bordeaux, PU Bordeaux, 2012.

BOURDIEU Pierre, *Ce que parler veut dire. L'économie des échanges linguistiques*, Fayard, 1982.

– *La Distinction. Critique sociale du jugement*, Minuit, 1979.

– *Esquisse d'une théorie de la pratique*, Genève, Droz, 1970.

BOURDIEU Pierre, BOLTANSKI Luc, CASTEL Robert, CHAMBOREDON Jean-Claude, *Un art moyen. Essai sur les usages sociaux de la photographie*, Minuit, 1965.

BOURDIEU Pierre, DARBEL Alain, *L'Amour de l'art. Les musées d'art européens et leur public*, Minuit, 1966.

BOURDIEU Pierre, PASSERON Jean-Claude, *Les Héritiers. Les étudiants et la culture*, Minuit, 1964.

CERTEAU Michel de, *L'Invention du quotidien*, t. I, *Arts de faire* (1980), Gallimard, 1990.

– (écrit en collaboration avec Dominique JULIA et Jacques REVEL), « La beauté du mort. Le concept de culture populaire », *in* CERTEAU Michel de, *La Culture au pluriel* (1974), Seuil, 1993.

CHARTIER Roger, « L'Écrit à l'ère du numérique », *Le Français aujourd'hui*, 178, septembre 2012.

– *Au bord de la falaise. L'histoire entre certitudes et inquiétudes*, Albin Michel, 1998.

– *Culture écrite et société. L'ordre des livres (xive-xviie siècle)*, Albin Michel, 1996.

– « Textes, imprimés, lectures », *in* POULAIN Martine (dir.), *Pour une sociologie de la lecture. Lecture et lecteurs dans la France contemporaine*, Le Cercle de la Librairie, 1988.

COULANGEON Philippe, *Les métamorphoses de la distinction. Inégalités culturelles dans la France contemporaine*, Grasset, 2011.

– « Classes sociales, pratiques culturelles et styles de vie. Le modèle de la distinction est-il vraiment obsolète ? », *Sociologie et sociétés*, 36/1, 2004.

– « La stratification sociale des goûts musicaux. Le modèle de la légitimité culturelle en question », *Revue française de sociologie*, 44/1, 2003.

DAYAN Daniel (dir.), « À la recherche du public. Réception, Télévision, Médias », *Hermès*, 11-12, 1993.

DONNAT Olivier, *Les pratiques culturelles des Français à l'ère numérique. Enquête 2008*, La Découverte/Ministère de la Culture et de la Communication, 2009.

– « La stratification sociale des pratiques culturelles et son évolution. 1973-1997 », *Revue française de sociologie*, XL/1, 1999.

– *Les Pratiques culturelles des Français. Enquête 1997*, La Découverte-La documentation Française, 1998.

– *Les Français face à la culture. De l'exclusion à l'éclectisme*, La Découverte, 1994.

– « Démocratisation culturelle : la fin d'un mythe », *Esprit*, 34, mars-avril 1991.

DONNAT Olivier, COGNEAU Denis, *Les Pratiques culturelles des Français, 1973-1989*, La Découverte-La documentation Française, 1990.

DONNAT Olivier, TOLILA Paul (dir.), *Le(s) Public(s) de la culture*, Presses de Sciences Po, 2003.

DUMAZEDIER Joffre, *Vers une civilisation du loisir ?* Seuil, 1962.

DUPONT Florence, *Homère et Dallas. Introduction à une critique anthropologique*, Hachette, 1991.

ECO Umberto, *De Superman au surhomme* (1978), Grasset, 1993.

– « Innovation et répétition : entre esthétique moderne et post-moderne », *Réseaux*, 68, 1994 (1987).

ESTABLET Roger, FELOUZIS Georges, *Livre et télévision : concurrence ou interaction ?* PUF, 1992.

ÉTHIS Emmanuel, *Les spectateurs du temps. Pour une sociologie de la réception du cinéma*, L'Harmattan, 2008.

– *Sociologie du cinéma et de ses publics*, Armand Colin, 2005.

– (dir.), *Avignon, le public réinventé. Le festival sous le regard des sciences sociales*, La documentation Française, 2002.

FISKE John, HARTLEY John, « Bardic Television », in *Reading Television*, Londres, Methuen, 1978 (repris dans NEWCOMB Horace (dir.), *Television, The Critical View*, New York, Oxford University Press, 1987).

FROW John, *Cultural Studies and Cultural Value*, Oxford, Clarendon Press, 1995.

GLEVAREC Hervé, *La culture à l'ère de la diversité. Essai critique trente ans après* La Distinction, Editions de L'Aube, 2013.

– *Libre antenne. La réception de la radio par les adolescents*, « Médiacultures », Armand Colin-INA, 2005.

– « La fin du modèle classique de la légitimité culturelle. Hétérogénéisation des ordres de légitimité et régime contemporain de justice culturelle. L'exemple du champ musical », *in* MAIGRET Éric, MACÉ Éric (dir.), *Penser les médiacultures. Nouvelles pratiques et nouvelles approches de la représentation du monde*, Armand Colin-INA, 2005.

GLÉVAREC Hervé, PINET Michel, « La "tablature" des goûts musicaux : un modèle de structuration des préférences et des jugements », *Revue française de sociologie*, 50/3, 2009.

– « La radio, un espace d'identification pour les adolescents », *in* DONNAT Olivier (dir.), *Regards croisés sur les pratiques culturelles*, DEP-La documentation Française, 2003.

GRIGNON Claude, PASSERON Jean-Claude, *Le Savant et le populaire. Misérabilisme et populisme en sociologie et en littérature*, Gallimard-Seuil, 1989.

HALL Stuart, « Notes sur la déconstruction du "populaire" » (1981), *in* HALL Stuart, *Identités et cultures. Politiques des Cultural Studies*, Éd. Amsterdam, 2008.

HENNION Antoine, MAISONNEUVE Sophie, GOMART Émilie, *Figures de l'amateur. Formes, objets, pratiques de l'amour de la musique aujourd'hui*, La documentation Française, 2000.

INSEE : www.insee.fr (consulter notamment INSEE Première et la liste des publications portant sur les pratiques culturelles).

ISER Wolfgang, *L'Acte de lire*, Bruxelles (1976), Pierre Mardaga, 1985.

JAUSS Hans Robert, *Pour une esthétique de la réception* (1970), Gallimard, 1978.

JENSEN Klaus Bruhn, ROSENGREN Karl Erik, « Cinq traditions à la recherche du public » (1990), *Hermès*, 11-12, 1992.

KALIFA Dominique, *La Culture de masse en France (1860-1930)* (2 vol.), La Découverte, 2001.

LAHIRE Bernard, *La Culture des individus. Dissonances culturelles et distinction de soi*, La Découverte, 2004.

LE GRIGNOU Brigitte, *Du côté du public. Usages et réceptions de la télévision*, Economica, 2003.

LE GUERN Philippe, PASQUIER Dominique (dir.), « Les nouvelles formes de la consécration culturelle », *Réseaux*, 117, 2003.

LEENHARDT Jacques, JÓSZA Pierre (avec Martine BURGOS), *Lire la lecture. Essai de sociologie de la lecture*, Le Sycomore, 1982.

LEVINE Lawrence W., *Highbrow/Lowbrow, The Emergence of Cultural Hierarchy in America*, Cambridge, Harvard University, Press, 1988.

LIVINGSTONE Sonia, BOVILL Moira (dir.), *Children and their Changing Media Environment. A European Comparative Study*, Mahwah, Lawrence Erlbaum Associates, 2001.

MAIGRET Éric, « Bande dessinée et postlégitimité », *in* MAIGRET Éric, STEFANELLI Matteo (dir), *La Bande dessinée : une médiaculture*, Armand Colin-INA, 2012.

– « Pierre Bourdieu, la culture populaire et le long remords de la sociologie de la distinction culturelle », *Esprit*, mars-avril 2002.

– « Les trois héritages de Michel de Certeau. Un projet éclaté d'analyse de la modernité », *Annales HSS*, 3, 2000.

MAIGRET Éric, MACÉ Éric (dir.), *Penser les médiacultures. Nouvelles pratiques et nouvelles approches de la représentation du monde*, Armand Colin-INA, 2005.

MAUGER Gérard, POLIAK Claude, PUDAL Bernard, *Histoires de lecteurs*, Nathan, « Essais et Recherches », 1997.

MÉDIAMÉTRIE, *Enquête annuelle sur les audiences TV* (www.mediametrie.fr);

MEHL Dominique, *La Fenêtre et le miroir. La télévision et ses programmes*, Payot, 1992.

MENGER Pierre-Michel, « L'oreille spéculative. Consommation et perception de la musique contemporaine », *Revue française de sociologie*, XXVII/3, 1986.

MISSIKA Jean-Louis, WOLTON Dominique, *La Folle du logis. La télévision dans les sociétés démocratiques*, Gallimard, 1983.

MOULIN Raymonde, *L'Artiste, l'institution et le marché*, Flammarion, 1992.

PASQUIER Dominique, *Cultures lycéennes. La tyrannie de la majorité*, Autrement, 2005.

PASQUIER Dominique, JOUËT Josiane (dir.), « Les jeunes et l'écran », *Réseaux*, 92-93, 1999.

PASSERON Jean-Claude, *Le Raisonnement sociologique. L'espace non-poppérien du raisonnement naturel*, Nathan, « Essais et Recherches », 1991.

PEDLER Emmanuel, *Sociologie de l'opéra*, Parenthèse, 1999.

– (avec Emmanuel ÉTHIS), « En quête de réception : le deuxième cercle. Approche sociologique et culturelle du fait artistique », *Réseaux*, 68, 1994.

PETERSON Richard A., « Le passage à des goûts omnivores : notions, faits et perspectives », *Sociologie et sociétés*, XXVI/1, 2004.

– « Understanding Audience Segmentation. From Elite and Mass to Omnivore and Univore », *Poetics*, 21, 1992.

PICARD Michel (dir.), *La Lecture littéraire*, Clancier-Guénaud, 1987.

POULAIN Martine (dir.), *Pour une sociologie de la lecture. Lecture et lecteurs dans la France contemporaine*, Le Cercle de la Librairie, 1988.

RANCIÈRE Jacques, *La mésentente. Politique et philosophie*, Galilée, 1995.

SCHULZE Gerhard, *Die Erlebnisgesellschaft. Kultursoziologie der Gegenwart*, Francfort et New York, Campus Verlag, 1992.

SEIBEL Bernadette (dir.), *Lire, faire lire. Des usages de l'écrit aux politiques de la lecture*, Le Monde Éditions, 1995.

SHUSTERMAN Richard, *L'Art à l'état vif. La pensée pragmatiste et l'esthétique populaire*, Minuit, 1991.

SOUCHON Michel, « La télévision dans l'espace des loisirs », *Projet*, 229, 1992.

– *La Télévision des adolescents*, Éditions Ouvrières, 1969.

THORBURN David, « Television as an Aesthetic Medium », *in* CAREY James W. (dir.), *Media, Myths, and Narratives. Television and the Press*, Newbury Park, Sage, 1990.

– « Television Melodrama », *in* NEWCOMB Horace (dir.), *Television, the Critical View*, Oxford, Oxford University Press, 1987.

VAN EIJCK Koen, KNULST Wim, « No More Need for Snobbism : Highbrow Cultural Participation in a Taste Democracy », *European Sociological Review*, 21/5, 2005.

VIALA Alain, *Naissance de l'écrivain. Sociologie de la littérature à l'âge classique*, Minuit, 1985.

WOLTON Dominique, *Éloge du grand public. Une théorie critique de la télévision*, Flammarion, 1990.

Chapitre 10

Les *Cultural Studies* (études culturelles)

De la critique à la réception et au-delà

PAR BIEN DES CÔTÉS, le mouvement britannique et américain des *Cultural Studies*, qui s'épanouit véritablement durant les années 1970-1990, peut être décrit comme une synthèse des efforts menés jusqu'alors sur le thème de la culture de masse. Il associe en effet un regard critique, attentif aux formes de domination culturelle, à une visée compréhensive des usages de la culture médiatique, au sein d'une nouvelle solution théorique au problème du lien entre pouvoir et culture. Apportant une très grande attention à la démarche qualitative, il relie tradition littéraire, ethnographie et sociologie de l'observation participante dans un regard qui ne se veut plus élitiste. En faisant voler en éclats le tabou de la supériorité absolue de formes de culture sur d'autres et en s'ouvrant à la richesse des pratiques des publics, il se présente comme une étape majeure de la réflexion, en dépit de ce que l'on considère généralement comme ses errements populistes et postmodernistes.

La Culture du pauvre : vers une ethnologie des milieux populaires

L'origine de ce qui deviendra peu à peu une gigantesque nébuleuse de recherches, faisant fi des frontières disciplinaires et des continents, est à trouver dans les travaux de Richard Hoggart, professeur de littérature à l'université de Birmingham et auteur de *La Culture du pauvre* [1957], ouvrage à mi-chemin de l'autobiographie et de l'essai ethnographique. Originaire de la classe ouvrière anglaise, dont les conditions de vie sont alors particulièrement difficiles, Hoggart connaît toutes les étapes de l'ascension sociale grâce à la bourse d'enseignement qu'il a obtenu et qui lui a permis de suivre des études supérieures : les hontes et les maladresses de l'élève méritant et le détachement de son milieu d'origine. Mais il demeure aussi profondément lié au monde ouvrier, souvent considéré comme aliéné par les médias de masse et incapable de former une véritable culture, auquel il applique le regard informé et impliqué de l'anthropologue.

Il remarque tout d'abord que la presse populaire, alors abondamment lue, remplie d'histoires extraordinaires et sensationnalistes, n'est pas reçue sans distance. Elle fait l'objet de ce qu'il nomme une *attention oblique* (ou *consommation nonchalante* dans la traduction française de Jean-Claude Passeron). Il n'y a pas adhésion forte aux contenus mais ironie, inattention, défiance, il faut savoir « en prendre et en laisser ». On feuillette pour connaître la fin avant de commencer, on ne s'attarde pas sur les publicités, on s'attache à un monde qui fait plaisir sans être jugé réel. Ces remarques rejoignent au fond celles des auteurs des usages et gratifications et des théoriciens des filtres cognitifs, à cette différence que le sens des pratiques est présenté dans toute sa plénitude. Hoggart développe une description des composantes de la culture ouvrière, très liée à un désir de surmonter symboliquement les éprouvantes conditions de travail, au travers d'un goût de la vitalité, de l'exubérance et des jeux de hasard. La valeur suprême est celle du foyer : le quartier et le logement forment des sanctuaires face aux menaces externes. L'opposition « eux-nous » structure les rapports sociaux, le monde du travail et la médecine étant par exemple tenus à distance. Les médias de masse sont utilisés pour alimenter la réalité quotidienne en jouissances au jour le jour et pour accroître la communion au sein du foyer. Ils parlent d'un monde de promesses constitué en environnement mais, surtout, ils font parler, croître l'activité dans le foyer. Cette analyse précède l'avènement de la télévision mais on sait à quel point elle permet de comprendre les usages populaires de ce média : dans les foyers ouvriers, le téléviseur trône au milieu de la salle à manger, demeure sans cesse allumé, emplit la pièce de voix supplémentaires et sert de support aux échanges mais n'est pas suivi intensément quand il n'est pas moqué[1].

Le nouveau marxisme de Stuart Hall

Les analyses de Hoggart rejoignent celles de Edward P. Thompson, historien britannique opposé à la vision sinistre du prolétariat véhiculée par le marxisme de son temps, et surtout celles de Raymond Williams, issu comme lui du monde ouvrier et fin critique de la théorie marxiste de la culture[2]. Une constellation est donc en place qui rend possible une réflexion éloignée de la théorie de l'école de Francfort mais revendiquant l'appartenance à une nouvelle gauche. Hoggart fonde en 1964 le *Centre for Contemporary Cultural Studies*, éponyme du courant de recherche qui se développe à Birmingham autour de cette ambition. Accaparé par la mise en place de la télévision publique britannique puis par sa participation aux travaux de l'UNESCO, il en abandonne la direction à Stuart Hall dans les années 1970. Hall est un universitaire au parcours très particulier, fortement

1. Une analyse assez hoggartienne du succès de la télévision dans les milieux populaires peut être trouvée dans les travaux français d'Olivier Schwartz [1990] ou dans les analyses de la télévision faites par Chambat et Ehrenberg [1988] et Dominique Boullier [1988, 2004].
2. La proximité intellectuelle entre Hoggart et Williams a été à ce point remarquée qu'un mythe s'est répandu, celui des deux pères fondateurs que l'on pourrait confondre en une sorte de « Raymond Hoggart ». Il est à noter cependant que Williams ne participait pas au centre créé par le seul Hoggart et que des différences entre les deux auteurs existaient bien sûr également.

marqué lui aussi par l'expérience de la différence et du déracinement. Enfant du colonialisme britannique, Jamaïcain de naissance, il se sait être « le sucre sur la tasse de thé anglaise », nécessairement confronté au problème de sa couleur de peau[1]. Devenu « intellectuel diasporique » en s'établissant en Grande-Bretagne au moyen d'une bourse d'études, rallié au marxisme, il rejette pourtant le magistère intellectuel : son désir de changement social ne se double pas d'un goût assez courant chez de nombreux penseurs radicaux pour l'autorité et l'élitisme. Hall effectue la révolution théorique attendue au sein du marxisme britannique. Il accepte l'idée que la domination capitaliste passe à la fois par le travail et par la culture, comme le soulignait *L'Idéologie allemande*, et que l'idéologie des dominants soit véhiculée par l'éducation et par les médias au moyen d'univers de signes, ce qu'a bien compris la sémiotique de Barthes et d'Eco.

Mais, influencé par la lecture d'Antonio Gramsci et les écrits d'historien de Marx, il donne un contenu anthropologique à ce qui n'est généralement conçu que comme un masque d'intérêts, comme un voile d'illusions : l'idéologie est un système de significations et de pratiques qui expriment les valeurs d'un groupe social et non seulement une stratégie, une ruse destinée à tromper ceux qui s'y laissent prendre. La contradiction est également introduite dans le schéma à tous les niveaux de la société. Le monde des dominants n'est pas uni mais conflictuel, il repose sur l'alliance conjoncturelle de fractions de classes. Le monde des médias, qui relève de la « classe dirigeante », est l'écho de ses dissensions internes et il possède de plus sa propre autonomie de fonctionnement. Les médias ont tendance à reproduire le champ idéologique de la société et sa structure de domination mais il ne s'agit que d'une tendance systématique. Si l'idéologie des dominants cherche à se présenter comme naturelle et universelle, à s'imposer sous la forme d'une *hégémonie*, c'est-à-dire d'une idéologie dominante, elle est cependant traversée de contradictions et en « équilibre instable » (Gramsci). Elle est historiquement changeante et, de plus, confrontée à une lutte de classes qui se manifeste dans les capacités de résistance et de contradiction des milieux populaires. Il faut redonner au monde ouvrier la dignité d'un acteur, à la manière de Hoggart ou Thompson. Il est nécessaire aussi de ne pas s'arrêter au seul monde ouvrier : toutes les fractions sociales dominées participent au jeu culturel et s'expriment au moyen ou en relation avec les médias de masse.

Le modèle codage/décodage

Stuart Hall fait de la culture un espace de conflits et rejette l'idée d'une correspondance entre le moment de production et celui de réception des messages médiatiques. Il ne serait même pas possible de parler de communication si les deux pôles se confondaient ! La linguistique de Bakhtine (ou Volosinov) est ici mise à contribution, avec la sémiotique « corrigée » de Barthes et Eco, celle qui ne croit plus en l'imposition de messages idéologiques sur les cires molles que seraient les publics. Face au codage proposé par les médias, Hall repère trois positions de réception ou de décodage [« Codage/décodage », 1973] :

---

1. On trouvera de nombreux éléments sur le parcours intellectuel de cet auteur dans le livre publié par David Morley et Chen Kuan-Hsing, *Stuart Hall. Critical Dialogues in Cultural Studies*, 1996.

1. *Le mode hégémonique* dans lequel le décodage du récepteur est équivalent au codage de l'émetteur. Cette situation est vérifiée « lorsqu'un téléspectateur intègre directement et sans restrictions le sens connoté d'informations télévisées ou d'une émission d'actualités, par exemple, et décode le message en fonction du code de référence qui a servi à le coder ». D'une certaine façon, ce cas correspond à celui postulé par la sémiotique des années 1960, imaginant que les publics avalent ou gobent les messages tels qu'ils ont été fabriqués (mais cette sémiotique considère aussi que les publics sont en attente de normes moyennes, de codes imposés). Même dans ce cas pourtant, les messages ne sont pas exempts de tensions et de contradictions car l'idéologie véhiculée est le produit de rivalités entre les dominants eux-mêmes et entre les dominants et leurs « agents signifiants », les organisations médiatiques.

2. *Le mode négocié*, modifiant pour partie les significations dégagées. Le récepteur accepte la définition de la réalité véhiculée par le message mais l'adapte localement, en restreint la portée, voire s'y oppose partiellement. Un ouvrier peut accepter des arguments donnés aux informations en faveur d'un gel des salaires, au nom de l'intérêt national, mais décider de se mettre en grève pour défendre le sien.

3. *Le mode oppositionnel*, faisant apparaître des références étrangères au codage pour le contrer. Dans ce cas, le récepteur oppose l'idéologie à laquelle il adhère à celle dont il critique les connotations. Pour reprendre l'exemple donné par Hall relatif à un gel des salaires (marqué par le contexte des années 1970), le téléspectateur remplace « intérêt national » par « intérêt de classe » dans le discours médiatique : « Il détotalise le message dans le code préféré pour le retotaliser dans un autre cadre de référence ».

Il n'y a pas de raison pour qu'un message soit automatiquement décodé comme il a été codé. La coïncidence entre le deux est tout de même dominante pour Hall, qui considère que le pouvoir est un fait omniprésent. L'hégémonie est imposition d'un sens dominant ou d'une lecture *préférentielle*, mais il ne s'agit que d'un cas de figure. Les enquêtes de David Morley confirment pour le centre le modèle sur le plan empirique. Dans son étude sur les publics de « *Nationwide* », cet auteur interroge 29 groupes de téléspectateurs d'un programme d'information et met en évidence les lignes de fracture dans la lecture de ce programme : il y a bien différenciation suivant le milieu social, l'âge, le sexe. En compliquant le tableau de la réception, Morley met en danger le modèle codage/décodage qui confond les dimensions de reconnaissance, compréhension, interprétation et réponse aux messages. Cette redécouverte des résultats lazarsfeldiens par des penseurs de gauche au départ hostiles à ce courant de recherche, selon l'accusation de James Curran qui parle de réinvention de la roue [« La décennie des révisions. La recherche en communication de masse des années 1980 », 1992], ne se réduit pas à cela. Morley est sociologue, puise dans les recherches de Giddens, Bernstein, Bourdieu et Certeau, l'idée que les individus sont à la fois héritiers de dispositions et capables d'inventer, de produire de nouvelles formes d'action. Il intègre la notion d'idéologie-dialogue, ce que ne faisait pas Lazarsfeld. Confronté aux études féministes [bien présentées par VAN ZOONEN, 1994], il abandonne une interprétation centrée sur la seule classe sociale : le pouvoir n'est pas seulement lié à la lutte des classes mais à la différence d'âges, de rôles sexués, etc., il est relativement diffus dans le corps social. Hall s'est inspiré des travaux de Frank Parkin sur les classes sociales pour proposer son modèle qui reproduit implicitement la tripartition classique entre système de valeur dominant (bourgeoisie), système de valeur subordonné (celui des fractions intermédiaires), système de valeur radical (celui des partis subversifs). Or la question de la négociation du sens n'est pas seulement liée à la classe sociale.

Malgré ces difficultés, au début des années 1980, il est possible de parler de synthèse britannique sur la question de la communication. L'idée selon laquelle chacun choisirait comme il le souhaite ses formes d'expression et de sens est naïve. Mais, parallèlement, le schéma de la culture de masse appauvrie et appauvrissante est battu en brèche car la relation entre les médias et leur public ne peut pas être envisagée comme directe et automatique, c'est-à-dire comme aliénante et décérébrante. La culture « populaire » ou « de masse » n'est ni une expression artistique libérée des contraintes de classes ni l'effet pur d'une domination : elle un rapport négocié, mais à l'avantage des milieux dominants.

Le basculement américain

Le passage doit d'abord être décrit en termes quantitatifs : les effectifs d'enseignants-chercheurs concernés sont démesurés aux États-Unis par comparaison avec le Royaume-Uni. Au-delà de Birmingham et du Goldsmiths College de Londres où enseigne Morley, les *Cultural Studies* se sont développées dans des départements relativement marginaux au Royaume-Uni – les polytechnics, lointains équivalents des IUT français – et la création de postes se fait depuis les années 1980 à un rythme lent, sous la pression de la demande estudiantine et non sous celle de l'université. Aux États-Unis, au contraire, ce sont des départements entiers qui se créent avec le label *Cultural Studies*, et des cycles anciens qui se transforment pour adopter ce nouveau drapeau.

Le succès s'explique par la rencontre de deux volontés critiques. Les *Cultural Studies* se pensent tout d'abord comme restructuration disciplinaire (ou plutôt a-disciplinaire) à partir d'un rejet des filières classiques marquées par le structuralisme, l'essentialisme et les positions élitistes : les études littéraires ne se consacrent qu'à la littérature consacrée, les *film studies* à la cinéphilie cultivée, quant aux sciences sociales, elles négligent le contemporain immédiat des médias, il est donc souhaitable de créer une nouvelle forme d'enseignement. Elles se présentent ensuite comme mouvement social opposé au pouvoir de l'élite blanche éduquée, les WASP, en se ralliant aux courants féministes et en faisant siennes les luttes des minorités « ethniques » et homosexuelles. Il s'effectue alors une rencontre avec le fait communautaire en plein développement, un intérêt pour des formes d'identité considérées comme réprimées : un département de *Cultural Studies* aux États-Unis peut simplement se constituer en un bloc d'enseignement sur l'histoire de la culture des Afro-Américains, des Américains d'origine asiatique, etc. Dans les années 1980, les *Cultural Studies* servent de point de rencontre, de monnaie d'échange entre différentes disciplines et champs – *literary studies, english studies, film studies, media studies, gender studies, gay et queer studies, black et ethnic studies*, etc. – toutes et tous attachés à la réhabilitation de la culture populaire et de masse. La conséquence est que l'expression *Cultural Studies* va commencer à désigner des objets, des positions théoriques et des pratiques que ne revendiquent pas nécessairement les fondateurs.

Les nouvelles positions théoriques : une critique radicale de l'élitisme

Les *Cultural Studies* américaines, déjà préparées par leurs racines – la tradition du pragmatisme, la sociologie de Wright Mills et de Herbert Gans, les publications de McLuhan et de James Carey ou le *Journal of Popular Culture* de John Cawelti – empruntent une voie originale en opérant des déplacements théoriques et méthodologiques sur plusieurs plans. L'impulsion intellectuelle est bien britannique, même dans l'ouverture aux « sous-cultures » et dans la critique du canon universitaire. Professeur de lettres, Anthony Easthope considère que l'objet littéraire doit être « dissout », Richard Dyer démontre très tôt la spécificité des lectures homosexuelles des grands mythes hollywoodiens et rapproche ainsi *Gay Studies* et *Film Studies*, Angela McRobbie et Charlotte Brunsdon s'engagent dans les *Women's studies*, Martin Barker travaille sur la bande dessinée, etc. De nombreux chercheurs américains ont fait le pèlerinage à Birmingham : Andrew Ross, spécialiste de la question des intellectuels américains et de leurs rapports au populaire, Lawrence Grossberg, qui incarne le mouvement dans les années 1990.

Mais les *Cultural Studies* américaines revendiquent plus fortement encore une rupture méthodologique par leur volonté affichée de ne parler de la culture de masse et de ses usages ni de façon « neutre », ni « au nom des autres », mais de l'intérieur. Elles s'offrent comme une entreprise radicale de critique de l'élitisme intellectuel et de ses effets en effectuant une mise en abyme permanente des effets de définition imposés par le chercheur au moyen d'une auto-analyse de la position sociale et institutionnelle de ce dernier (ce en quoi il fait violence à ce qu'il constitue comme objet, notamment le populaire). On ne peut parler au nom des autres, il faut par conséquent tenter d'abolir concrètement la distance à l'égard du peuple et des minorités, abolir même la distance sociologique qui parle de neutralité axiologique. Cette entreprise est salutaire car elle est critique de la critique adornienne sans être simple repentance et aphasie intellectuelle. De ce point de vue, la figure emblématique est celle de John Fiske. Ce dernier s'engage dans une apologie délibérée des cultures télévisuelles, se dit universitaire *et* fan, par exemple de la série télévisée de science-fiction Star Trek [*Understanding Popular Culture*, 1989], quand l'un de ses héritiers, Henry Jenkins, explore en tant que bisexuel les lectures bisexuelles de cette même série télévisée, à la manière des chercheurs des *Gay* ou *Queer Studies* effectuant leur *coming out*. Dans *Textual Poachers. Television Fans and Participatory Culture* [1992], ouvrage reprenant les intuitions de Certeau sur les braconnages pour les appliquer à la question des fans et des genres, Jenkins développe l'idée que les publics sont aussi producteurs de textes et non seulement récepteurs, qu'ils sont stratèges et non seulement tacticiens.

En s'intéressant à tout ce qui fait sens dans l'univers médiatique, les *Cultural Studies* américaines font sauter le verrou de la recherche sur la culture la plus dépréciée, celle des milieux intermédiaires, des classes moyennes... Il faut reconnaître que les *Cultural Studies* britanniques étaient demeurées assez froides à l'égard de tout ce qui ne représentait pas selon elles le populaire authentique : la classe ouvrière (masculine). *La Culture du pauvre*, qui peut représenter une belle introduction à l'étude de la télévision et de ses usages populaires, contient des accents dénonciateurs à l'égard des nouveaux médias de masse, accusés de détruire la culture ouvrière traditionnelle, entretenue au contraire par les anciens médias de masse (la presse papier) : Hoggart n'a pas évité de verser dans une attitude dénonciatrice à l'égard d'une nouvelle culture moyenne et individualiste qui viendrait corroder le solidarisme familial. Le parti pris ouvriériste de Hoggart était relayé par les études de Dick Hebdige [*Subculture. The Meaning of Style*, 1979] sur les « sous-cultures » punks vues comme des révoltes ouvrières, et par le collectif dirigé par Stuart Hall et Tony Jefferson sur les Skinheads, Rasta et Rockers (*Resistance through Rituals. Youth Subculture in Post-War Britain*, 1976). Brunsdon a évoqué et déploré l'aspect périphérique des *gender studies* à Birmingham alors que d'autres ont souligné que Hall est Jamaïcain de naissance mais n'a jamais évoqué avant les années 1990[1] ce que c'est qu'être noir dans le Commonwealth...

Ceux que l'on appelait sarcastiquement les « petits bourgeois » dans les années 1970 ne sont pas vraiment étudiés par Hoggart et Hall qui réfutent la thèse de la mystification des masses mais s'inscrivent encore dans une forme de dénégation à l'égard d'un univers particulièrement méprisé dans le marxisme. Ce n'est plus le cas des nombreuses études américaines sur les cultures fans, cultures diversifiées et ne relevant pas d'un seul milieu social, mais dont les formes les plus visibles appartiennent d'abord aux milieux intermédiaires. Dans sa dimension partagée, de culture moyenne au sens de culture commune, la télévision est également placée au cœur des enquêtes, les séries télévisées (dans les années 1980, les incontournables *Dallas et Dynasty*) devenant prétexte à de nombreux débats. Le verrou des minorités ethniques et sexuelles est lui aussi cassé, tout ce qui ne relevait pas de systèmes d'opposition en termes de classes sociales est désormais évoqué dans les publications de Donna Haraway, Constance Penley, Andrew Ross, bell hooks : pratiques corporelles marginales ou non (piercing, tatouages, etc.), pornographie, jeux vidéo, cyber-technologies, etc. Les *Cultural Studies* américaines décrivent un monde beaucoup plus égalitaire que celui imaginé par les modèles verticaux de Bourdieu, Tarde, Katz et Lazarsfeld, mais marqué par l'expression aiguë des différences et des identités.

Polysémie et négociation généralisée du sens

Sur le versant de la théorie des pratiques, les *Cultural Studies* américaines radicalisent le modèle « codage/décodage », en faisant appel au principe d'autonomie de l'interprétation énoncé par le dernier Barthes (celui du *Plaisir du texte*) et surtout par Michel de Certeau. L'idéologie est imposition d'un pouvoir, subi, négocié et/ou critiqué, mais à la différence de Hall et Morley, l'accent est mis sur la négociation voire sur la critique. Les pratiques populaires sont des tactiques de résistance

---

1. Il faut noter cependant que Paul Gilroy avait inauguré une réflexion sur les identités ethniques et « raciales ».

s'appuyant sur la polysémie fondamentale des contenus, quels qu'ils soient, incorporant le plaisir et renforçant les identités. Pour éclairer le pluralisme interprétatif, Fiske explique avec humour que le premier *Rambo* (avec Sylvester Stallone), dénonçant les persécutions subies par un ancien combattant du Vietnam à son retour aux États-Unis et sa réponse guerrière à la violence qu'il subit, était au moment de sa sortie le film favori de Ronald Reagan... et des Aborigènes d'Australie.

Sans procéder à une analyse de réception, il est possible d'imaginer que ce sont les connotations viriles et nationalistes qui ont pu emporter l'adhésion du Président, particulièrement soucieux de tourner la page de la culpabilité américaine dans ce conflit et de redonner une image conquérante du pays. Pour les Aborigènes, Fiske reprend l'étude de l'Australien Eric Michaels qui montre à quel point ces derniers s'intéressent peu à la dimension américano-américaine du film et se retrouvent au contraire dans un personnage maladroit, hispanophone, c'est-à-dire inapte à s'exprimer dans l'idiome WASP dominant, pourchassé par la police, retournant à l'état de nature en se réfugiant en forêt. Le récit est perçu comme une métaphore de leur propre condition : les Aborigènes doivent adopter la tradition linguistique britannique, forment le groupe social où la délinquance est la plus élevée et la plus réprimée en Australie, et leurs liens avec la nature, le *bush*, sont encore très marqués. Les livres de Fiske fourmillent d'exemples surprenants. La chanson « Beds are burning » du groupe *Midnight Oil* est très populaire chez les ouvriers mineurs australiens qui s'attachent aux sonorités « hard rock » et non aux paroles proaborigènes qui contredisent leurs préjugés raciaux. « Born in the USA » de Bruce Springsteen est une ballade désenchantée sur le rêve américain pour les progressistes et un nouvel hymne nationaliste pour les conservateurs. Madonna sert à la fois les fantasmes sexuels masculins et les rêves d'émancipation des adolescentes, le jean est un vêtement dont les usages sociaux sont extrêmement variables...

Le parcours de Janice Radway donne une idée de celui effectué par de nombreux universitaires à cette époque. Féministe, spécialiste de littérature, elle décide de s'intéresser aux romans à l'eau de rose de la fameuse collection canadienne « Harlequin » afin de témoigner de la domination vécue par leurs lectrices. Elle procède à une analyse des romans, de type sémiotique, et choisit de contacter un groupe de fans dans une ville du Middlewest dans une démarche dite ethnographique qui tranche avec celle des auteurs dénonciateurs. Les ferventes lectrices qu'elle rencontre sont souvent des femmes au foyer faisant partie des milieux intermédiaires, s'échangeant les romans et discutant entre elles de leurs préférences par le biais d'un club. Dans *Reading the Romance* [1984], Radway fait part de son étonnement progressif. L'analyse textuelle fait ressortir le contenu répétitif et patriarcal de récits qui ne cessent de souligner l'infériorité sociale des femmes (voir encadré) : une belle jeune femme et un homme aisé, professionnellement reconnu, tombent amoureux, l'homme rejette la femme mais les deux personnages se retrouvent finalement pour se marier. Les livres présentent les héroïnes comme invariablement passives et même soumises à l'ordre masculin (le viol commis par le héros en début de roman n'est pas rare), uniquement désirées pour leur capital esthétique, avides de mariage, celui-ci venant consacrer la supériorité masculine et leur acceptation des humiliations subies. Pourtant, les interprétations des lectrices sont à la fois homogènes et en contradiction avec celles que la chercheuse a de ces ouvrages. Les romans Harlequin sont de magnifiques leçons données aux hommes et à leur nature sauvage puisqu'ils les montrent évoluant vers les positions féminines. Les lectrices des romans sentimentaux adhèrent certes aux clichés romantiques et patriarcaux de ces ouvrages qui renforcent certainement leur infériorité sociale, mais elles le font car le spectacle de la domination sexuelle – vécue par ailleurs dans la vie de tous les jours – est là pour rendre crédible une situation qui doit ensuite basculer dans un tout autre sens.

La lecture des romans Harlequin (d'après Janice Radway, 1984)

Récit « sémiotique »	Récit des lectrices
Rencontre Une jeune femme charmante mais pauvre rencontre un homme riche et professionnellement reconnu. Supériorité sociale de l'homme. L'amour masque la domination.	Rencontre Une jeune femme charmante mais pauvre rencontre un homme riche et professionnellement reconnu. Supériorité sociale de l'homme. L'amour s'accompagne de la domination.
Rupture L'homme brusque la femme : la domination sociale passe aussi par la domination physique.	Rupture L'homme brusque la femme : la domination sociale passe aussi par la domination physique.
Séparation Travail d'acceptation de son infériorité par la femme.	Séparation Travail de conversion de l'homme aux valeurs féminines.
Réconciliation Victoire masculine car acceptation par la femme des violences antérieures et consécration par le mariage de la supériorité de l'époux.	Réconciliation Victoire féminine car l'homme avoue des sentiments et rejette la violence.

Les lectrices perçoivent les héroïnes comme des êtres avides d'autonomie, prêtes au conflit avec le héros, finalement reconnues dans leur identité propre de femmes : le héros se féminise à la fin du roman en déclarant tendrement son amour et en pleurant. La conversion aux valeurs traditionnellement considérées comme « féminines » prend tout son sens dans des romans sentimentaux qui, s'ils ne présentaient pas la femme dans sa condition de dominée, ne seraient pas réalistes ou pertinents[1]. Janice Radway voit d'abord dans cette réception étonnante une ultime ruse de l'idéologie patriarcale. Incapables de changer leurs vies, les lectrices rêvent d'une victoire imaginaire qui les empêche d'agir dans le monde réel. Dans l'introduction de la nouvelle édition de son livre en 1992, informée des recherches menées dans l'ensemble du champ des *Cultural Studies*, elle conclut au contraire à une forme de féminisme véhiculée par ou façonnée au contact des romans à l'eau de rose. S'ils ne sont guère révolutionnaires, ceux-ci confrontent consciemment certaines femmes à leur condition, leur permettent de faire retour sur elles-mêmes, d'imaginer de nouvelles solutions, en bref, ils favorisent aussi un changement social. La négociation du sens puisé dans les médias est une expérience contradictoire et en partie progressiste.

---

1. Pour une actualisation des contenus des romans Harlequin, lire PÉQUIGNOT, *La Relation amoureuse. Analyse sociologique du roman sentimental moderne*, 1991.

Les difficultés de la « démocratie sémiotique » et du « postmodernisme »

L'entreprise « culturelle » poussée à l'extrême devient très risquée du point de vue méthodologique. Parler de groupes aux identités très stables, décodant en fonction de ces dernières, ramène à un essentialisme, à un « culturalisme ». Le « populisme » n'est pas non plus très loin lorsque l'on vante une culture à laquelle on pense appartenir tout en conservant la chaire universitaire. On peut parler pour le « peuple » en se donnant ainsi bonne conscience d'appartenir à ceux qui croient s'ouvrir aux autres, mais surtout développer des fantasmes d'intellectuels qui confondent leurs interprétations, un peuple rêvé, et celui qu'ils veulent observer. Cette « ventriloquie » est dénoncée par Stuart Hall qui marque sa distance à l'égard de ce qu'il considère comme une dérive.

En faisant passer la question du « pouvoir » du texte au lecteur, devenu producteur du sens en dernière analyse, certains auteurs ont peu à peu effectué une sorte de fuite en avant dans deux directions opposées et complémentaires. La valorisation unilatérale des « cultures populaires » aboutit en premier lieu à une apologie de la liberté des acteurs. Fiske, dans une version anarchiste du Certeau des « braconnages » et des « tactiques de détournement », évoque l'idée de « guérilla sémiotique » pour expliquer que les usagers des médias sont toujours capables de sélectionner ce qui leur convient dans ce qui apparaît être dès lors un marché des valeurs : le supertexte de la « démocratie sémiotique[1] ». Or comme le remarquent de nombreux critiques, en particulier David Morley, cette orientation revient à légitimer comme seule rationalité de la culture de masse les mécanismes du marché, chacun pouvant trouver et justifier les raisons pour lesquelles il consomme tel ou tel produit de la culture de masse dans le cadre d'un ultralibéralisme. Le succès des *Cultural Studies* aux États-Unis s'explique d'autre part par son flirt avec un autre courant issu de la mort du structuralisme : la philosophie « postmoderne » et sa problématique « déconstructionniste » nourrie par les théoriciens français (Lyotard, Baudrillard, Foucault, Derrida). Si tout est construit par le discours, alors tout peut être déconstruit, il n'y a plus d'essence des choses mais des représentations mises en abîme (la citation), de sorte que les identités et les croyances deviennent fragmentées et volatiles (Lawrence Grossberg), et que le réel n'est rien d'autre que les discours qu'on en tient. L'intuition d'une volatilité des pratiques est ici très enrichissante car elle s'oppose au culturalisme des identités figées : la multiplicité des logiques au sein d'un même individu ou d'un groupe est potentiellement contradictoire. Mais pour certains, elle devient clairement une théorie de l'inconsistance des identités, de la fluidité, du nomadisme. Or le constat isolé d'une grande capacité d'interprétation des publics et d'une souplesse des identités aboutit à des banalités, pour reprendre la critique des auteurs australiens Meaghan Morris et John Frow.

À cette théorie de la déconstruction conduisant à une philosophie de l'hyper-réalité, du simulacre, Stuart Hall oppose une interprétation moins abstraite

---

1. L'image du forum culturel de Newcomb et Hirsch [1987] est proche de ces remarques. On consultera Daniel Dayan [1992] pour avoir par ailleurs une vision des débats sur la volatilité des publics.

du social : l'enjeu est moins celui d'une « postmodernité » que de la définition de nouvelles expériences de et dans la modernité, exprimées par les figures de « l'étranger », du « nomade » (thème de la diaspora), du métissage et de l'hybridation culturelle. Cette recontextualisation de la question des identités et de ses rapports avec une culture de masse de plus en plus métissée et globalisée est au centre de l'appropriation des *Cultural Studies* par les chercheurs australiens et asiatiques qui mettent l'accent sur le décentrement « postcolonial » de la question des identités, des catégories des sciences sociales et de la modernité, et sur une réinscription des *Cultural Studies* (en particulier John Frow) dans une problématique plus proche des questionnements sociologiques sur l'individualisme contemporain, ses formes d'expérience et d'accord, en référence également aux recherches françaises, mais cette fois en sociologie (voir chapitre 15).

Plus loin dans le constructivisme : les tournants *queer et postcolonial*

En résumé, les *Cultural Studies* apportent un modèle de négociation du sens ou de communication polyphonique qui permet de dépasser les oppositions radicales entre culture noble/dominante et culture populaire/dominée (oppositions dont la sociologie de la culture démontre la moindre pertinence dans les pratiques culturelles). En appliquant le tournant gramscien au marxisme, elles rappellent qu'il existe dans la culture en général et dans la communication de masse en particulier, des rapports de pouvoir pouvant avoir des effets de domination, mais que ceux-ci sont « sans garanties » comme le précise Stuart Hall. Les messages véhiculés par les médias ne sont jamais homogènes même si leurs émetteurs peuvent viser une véritable hégémonie : les milieux dominants ne sont tout simplement pas capables d'occuper leur position sans système d'alliances conjoncturelles, par définition instables. Les interactions en partie conflictuelles entre journalistes, scénaristes, producteurs, patrons de chaînes, annonceurs, intérêts industriels, etc., expliquent la polysémie médiatique. Plus important encore, l'expérience sociale des groupes subalternes – faite de rapports de classe, de genre, de « race » ou d'ethnicité – n'est pas tout entière dans la violence culturelle vécue mais tend au contraire à s'exprimer dans l'invention de nombreuses subcultures et contre-cultures, dont une grande part influence à son tour la communication de masse, comme on le voit avec le jazz, le punk, le hip-hop, les cultures gays et lesbiennes. Les œuvres de la communication de masse elle-même enregistrent une prolifération d'usages et d'interprétations échappant à l'intentionnalité des producteurs et des diffuseurs pour devenir le support de constructions identitaires, contestataires, transgressives ou décalées, bien appréhendées par les *Cultural Studies* dans le cadre du tournant ethnographique. Le dépassement des difficultés rencontrées – culturalisme pur et postmodernisme liquide – s'opère par un recours à une théorie des expériences plastiques de la modernité.

L'adoption d'un nouveau tournant encore plus constructiviste, encore plus large dans ses références et sa portée que le tournant culturel, permet également de ne pas en rester au balancement stérile entre essentialisme et postmodernisme. Le constructivisme incite non pas à se passer de la référence au réel mais à ne plus envisager ce dernier hors processus d'interprétation. Or l'une des versions les plus abouties a été développée par Judith Butler [1990], Eve Kosofsky [1991] et Teresa de Lauretis [1987], dans le cadre des *Queer Studies*, une branche de la recherche centrée sur l'analyse des minorités lesbiennes, les plus dévalorisées (*queer* en anglais signifie bizarre, étrange, ou peut représenter une insulte, « pédale »), devenue peu à peu l'un des creusets de la transformation de l'ensemble des sciences sociales. Judith Butler, influencée par le Michel Foucault des politiques de l'identité, présente un point de vue radical sur la connaissance qui fait de la totalité des processus identitaires et des actions humaines un ensemble de *performances*, au sens de Derrida et Austin. Puisque dire c'est faire, la réalité sociale est d'abord un jeu d'étiquetages qui ont été solidifiés, refroidis au cours du temps. Le masculin et le féminin ne sont pas des forces naturelles, un donné, mais des séries d'opérations historiques qu'il faut identifier et localiser face à l'évidence biologique de la séparation des genres. « Le "sexe", cette désignation supposée la plus crue, se révèle toujours être déjà "cuit" ». Les catégorisations de genres (hommes-femmes) et les catégorisations sexuelles (hétérosexuels-homosexuels) sont de pures constructions historiques qui produisent les événements auxquels elles se réfèrent. C'est l'oppression patriarcale – et non la nature – qui engendre les dichotomies. En proposant d'entrer dans la fabrique des différences pour les dénoncer, Butler suggère une émancipation des rapports d'identité, l'exploration de possibles dans le rapport aux corps et dans les représentations des médias de masse. Mais, loin du postmodernisme, l'idée est celle d'une déconstruction par éclipses, c'est-à-dire d'un contra (au sens de Preciado) et non d'un post (à la Baudrillard). Les politiques contre-identitaires ne sont pas faciles, elles n'arrachent pas d'un monde saturé de sens pour faire glisser dans un monde sans contrainte, lisse et dénué de sens. Ce qui est aussi nommé *technologies du genre*, à la suite des *technologies du soi* de Foucault, peut être mis au service d'un jeu de déconstruction partielle des identités, infléchissant, mettant entre parenthèses les effets d'assignation identitaire sans les supprimer en tant que tel.

Appliqué aux cultures médiatiques, le queer savoir permet de développer une démarche qui se passe de l'étiquetage préalable en cultures nobles ou moins nobles. Le concept de *performance* fournit un outil d'analyse des postures adoptées, tant au niveau des images, du corps que du langage. Il s'agit de décrire une réalité communicationnelle qui n'est pas définie de façon évidente et stable, de comprendre par ailleurs que la définition produit un effet de pouvoir. Les éléments visuels signifiants sont traités comme des catégories de pensée, de représentation et de régulation, à interpréter en fonction des informations disponibles sur les auteurs et les publics, et non comme des systèmes de signes autonomes signifiant en soi. La pornographie [WILLIAMS, 1989, 2004 ; BOURCIER, 2001, 2005 ; PAASONEN, 2007 ; CERVULLE, REES-ROBERTS, 2010] se dissout comme objet unifié, adoptant des formes grand public (affaire Clinton/Lewinsky), avant-gardistes, straight, gays... La dénonciation française du port du voile par de jeunes filles [GUÉNIF-SOUILAMAS, MACÉ, 2004] renvoie à des tactiques de stigmatisation de l'ensemble des identités de banlieue et non seulement/vraiment à un noble égalitarisme laïc. Cette démarche rend possible un regard de plus en plus délivré des préconceptions qui bloquent la compréhension des cultures analysées. Les *Queer Studies* se rapprochent ainsi des *Subaltern*

Studies et des *Postcolonial Studies*, qui se donnent pour programme une ouverture du discours scientifique aux points de vue des minorités, en particulier non-occidentales, dans le droit fil des travaux pionniers de Paul Gilroy, Stuart Hall, Homi Bhabha, Edward Said et G. Ch. Spivak. Pour ces auteurs, l'anti-essentialisme permet de redonner de la dignité aux acteurs niés par l'histoire. Il sert aussi à saisir les processus de mises en cohérence des identités et les sentiments contradictoires des minorités. Être noir, comme le note Gilroy, est un artefact social et historique, une forme de domination, c'est également une culture, une identité « vécue comme un sentiment cohérent (si ce n'est toujours stable) de l'expérience du moi et qui, bien que n'étant pas une réalité naturelle et spontanée, produit une activité pratique », s'incarnant par exemple dans les pratiques musicales dites noires comme le hip hop.

Ces multiples constats ne signifient pas que les *Cultural Studies* renoncent à un programme critique. Les visées hégémoniques, qui reposent sur des systèmes d'alliances conjoncturelles, sont certes instables mais bien présentes, ainsi le that-chérisme longuement analysé par Stuart Hall [2008]. De ce fait, les *Cultural Studies* se présentent comme un « contextualisme radical » ou un « conjoncturalisme », comme le souligne bien Lawrence Grossberg [2010] à la suite de Stuart Hall. Elles situent toujours leurs travaux (par exemple sur la race) dans des contextes historiques (par exemple les changements sociaux de la Grande-Bretagne des années 1980-1990, liés à des trajectoires coloniales), sans universaliser les catégories mobilisées (« la » race). Il s'agit à chaque fois de rapporter une conjoncture comme une condensation ou une articulation de discours, de technologies, de régimes de pouvoir, imbriqués dans l'espace et dans le temps, et pour ce faire de déployer une analyse multidimensionnelle et complexe.

Pourquoi les Études culturelles ont-elles rencontré un écho tardif en France et en Italie ?

Si le courant des études culturelles a connu un réel succès dans les pays anglo-saxons puis dans les pays d'Europe du Nord, enfin dans certains pays asiatiques, il a longtemps semblé absent en France ou en Italie. L'absence de tradition de ce type est probablement la conséquence d'un « effet 68 » qui s'est traduit par plus de permissivité sociale mais aussi, dans ces pays, par le développement d'un mouvement particulièrement puissant de rejet des pouvoirs institués, auxquels étaient assimilés – par élitisme – les médias tant dans leurs fonctions informative que culturelle. En France, les importantes traditions de recherche défendues au sein du CECMAS par Georges Friedmann et surtout Edgar Morin (et à un degré moindre par Roland Barthes dont le regard sur les cultures médiatiques demeu-rait très distant), attachés à la fois à une critique des industries culturelles et à la défense des nouvelles cultures, se sont évanouies dans les années 1970 avec le retour ou plutôt la quasi découverte des travaux de l'École de Francfort. Le triomphe d'une sémiologie centrée sur les contenus dans les deux pays et l'affir-mation d'une sociologie française de la culture assez hostile à l'étude des médias de masse, celle de Pierre Bourdieu, ont longtemps rendu illégitime une attitude plus tolérante, aussitôt qualifiée de « populiste ». Le problème de l'inégalité sociale est alors considéré comme essentiel et relègue au second plan les clivages d'âges, de genres, d'ethnies, révélant la prégnance d'un imaginaire « républica-niste » français, franchement hostile à une conception en termes de minorités/ subalternes (conception au cœur des approches *Cultural Studies*).

On peut considérer cependant que, dans les années 1970 et 1980, Michel de Certeau incarne à lui seul la tradition « culturelle » en France en raison du rôle qu'il a tenu dans la mise en œuvre des enquêtes sur les pratiques culturelles dans ce pays, et de son influence sur les études des usages de la lecture. Les *Cultural Studies* anglo-saxonnes ont d'ailleurs beaucoup puisé à sa source, même si l'usage qui a été fait de ses travaux par les divers courants ne correspond pas nécessai-rement à ses prises de position et à une œuvre plus complexe et plus large que la question de la réception. En Italie, Umberto Eco est à la fois propagateur d'une recherche culturellement généreuse, ouverte à toutes les formes d'expres-sion, et défenseur d'une sémiotique brillante mais très formelle, c'est-à-dire peu centrée sur la rencontre avec des publics. La redécouverte de la culture de masse, entendue dans son sens non stigmatisant, s'opère alors par le biais des travaux des historiens ou de prises de position héritées d'Edgar Morin. *La Folle du logis* de Jean-Louis Missika et Dominique Wolton et l'*Éloge du grand public* du même Dominique Wolton sont, au cours des années 1980, des invitations fortes à dépasser le stade de la stigmatisation de la télévision et de ses publics, moins dans le sens d'une analyse des cultures que d'une description des médias de masse comme outils de formation d'une communauté démocratique. En France comme en Italie, la sémiologie des petits-enfants de Barthes, Eco et Metz décloisonne les disciplines, les regards et les objets (avec par exemple les recherches de Fausto Colombo, 1998). L'indispensable travail de passeur de Daniel Dayan permet le rétablis-sement de la circulation de textes. Le courant des *Sciences de l'information et de la communication* étudie sa proximité avec les *Cultural Studies* [JEANNERET, OLLIVIER, 2004]. La sociologie (de la culture, des mouvements sociaux) et la philosophie modifient leurs cours (avec Marie-Hélène Bourcier, Elsa Dorlin, Éric Macé, Éric Maigret, Raphaëlle Moine, Geneviève Sellier...), en se tournant clairement vers les médias de masse et les identités de genres puis postcoloniales. En Italie, le mouvement s'opère à partir de l'expérience de la revue *IKON* dirigée par Giovanni Cesareo, proche de Stuart Hall, et des travaux de Salvatore Abruzzese.

Bibliographie

ANG Ien, *Living Room Wars. Rethinking Media Audiences for a Postmodern World*, Londres, Routledge, 1996 (chapitre traduit : « Culture et communication. Pour une critique ethno-graphique de la consommation des médias dans le système médiatique transnational », *in* GLEVAREC *et al.*, 2008).

– *Watching Dallas* (1985), Londres, Routledge, 1989.

BAKHTINE Mikhaïl, *Le Marxisme et la philosophie du langage. Essai d'application de la méthode sociologique en linguistique* (1929), Minuit, 1977.

BARKER Martin, *Comics, Ideology, Power and the Critics*, Manchester, Manchester University Press, 1989.

BHABHA Homi K., *Les lieux de la culture. Une théorie postcoloniale* (1994), Payot, 2007.

BOULLIER Dominique, *La Télévision telle qu'on la parle. Trois études ethno-méthodologiques*, L'Harmattan, 2004.

– « Les styles de relation à la télévision », *Réseaux*, 32, 1988.

BOURCIER Marie-Hélène, *Sexpolitiques. Queer zones 2*, La Fabrique, 2005.

– *Queer zones. Politiques des identités sexuelles, des représentations et des savoirs*, Balland, 2001.

BRANTLINGER Patrick, *Crusoe's Footprints. Cultural Studies in Britain and America*, Londres, Routledge, 1990.

BUTLER Judith, *Le Pouvoir des mots. Politique du performatif* (1997), Éditions Amsterdam, 2004.

– *Trouble dans le Genre. Pour un féminisme de la subversion* (1990), La Découverte, 2005.

CAREY James, *Communication as Culture. Essays on Media and Society* (1989), Londres, Routledge, 1992.

– « Mass Communication Research and *Cultural Studies* : An American View », *in* CURRAN James, GUREVITCH Michael, WOOLLACOTT Janet (dir.), *Mass Communication and Society*, Edward Arnold/The Open University Press, 1977.

CERVULLE Maxime, REES-ROBERTS Nick, *Homo Exoticus. Race, classe et critique queer*, Paris, A. Colin/Ina, 2010.

CHAMBAT Pierre, EHRENBERG Alain, « De la télévision à la culture de l'écran. Sur quelques transformations de la consommation », *Le Débat*, 52, 1988.

CHANEY David, *The Cultural Turn*, Londres, Routledge, 1994.

COLOMBO Fausto, *La cultura sottile. Media e industria culturale in Italia dall'Ottocento agli anni novanta*, Milan, Bompiani, 1998.

CURRAN James, « La décennie des révisions. La recherche en communication de masse des années 80 » (1990), *Hermès*, 11-12, 1992.

DAVIES Ioan, *Cultural Studies and Beyond. Fragments of Empire*, Londres, Routledge, 1995.

DAYAN Daniel (dir.), « À la recherche du public. Réception, Télévision, Médias », *Hermès*, 11-12, 1993.

– « Les mystères de la réception », *Le Débat*, 71, 1992.

DORLIN Elsa, *La matrice de la race. Généalogie sexuelle et coloniale de la nation française*, La Découverte, 2006.

DYER Richard, *Le star-système hollywoodien* suivi de *Marilyn Monroe et la sexualité*, L'Harmattan, 2004.

– *Heavenly Bodies. Film Stars and Society*, Londres, BFI, 1986.

– *Stars*, Londres, BFI, 1979.

EASTHOPE Anthony, *Literary into Cultural Studies*, Londres, Routledge, 1991.

FISKE John, *Understanding Popular Culture*, Boston, Unwin Hyman, 1989. – *Reading the Popular*, Boston, Unwin Hyman, 1989.

– « Moments of Television : Neither the Text nor the Audience », *in* SEITER Ellen, BORCHERS Hans, KREUTZNER Gabrielle, WARTH Eva-Maria (dir.), *Remote Control. Television, Audiences and Cultural Power*, Londres, New York, Routledge, 1989.

– « British *Cultural Studies* and Television », *in* ALLEN Robert (dir.), *Channels of Discourse*, Chapel Hill, Londres, University of North Carolina Press, 1987.

– *Television Culture* (1978), New York, Routledge, 1994.

FOUCAULT Michel, « Les techniques de soi », in *Dits et écrits, 1954-1988*, IV, Gallimard, 2001.

– « Sexe, pouvoir et la politique de l'identité », in *Dits et écrits, 1954-1988*, II, Gallimard, 1994.

– *Histoire de la sexualité*, vol. 3, *Le souci de soi*, Gallimard, 1984.

FRITH Simon, *Performing rites : on the value of popular music*, Cambridge, Harvard University Press, 1996.

– *Sociology of Rock*, Londres, Constable, 1978.

FROW John, *Cultural Studies and Cultural Value*, Oxford, Clarendon Press, 1995.

GANS Herbert, *Popular Culture and High Culture*, New York, Basic Books, 1974.

GILROY Paul, *After Empire. Melancholia or Convivial Culture ?* Londres, Routledge, 2004.

– *L'Atlantique Noir. Modernité et double conscience* (1992), Kargo, 2003.

– *There Ain't No Black in the Union Jack. The Cultural Politics of Race and Nation*, Londres, Hutchinson, 1987.

GLEVAREC Hervé, MACÉ Éric, MAIGRET Éric, Anthologie *Cultural Studies*, Armand Colin-INA, 2008.

GRAMSCI Antonio, « La question des intellectuels, l'hégémonie, la politique » (1931), dans *Textes*, Éditions Sociales, 1983.

GRIPSRUD Jostein, *The Dynasty Years. Hollywood Television and Critical Media Studies*, Londres, Routledge, 1995.

GROSSBERG Lawrence, *Cultural Studies in the Future Tense*, Durham, Duke University Press, 2010.

– *Bringing It All Back Home. Essays on Cultural Studies*, Durham, Duke University Press, 1997.

– *It's a Sin. Essays on Postmodernism, Politics and Culture*, Sydney, Power Publications, 1988.

GUÉNIF-SOUILAMAS Nacira, MACÉ Éric, *Les féministes et le garçon arabe*, Éditions de l'Aube, 2004.

HALL Stuart, *Le populisme autoritaire. Puissance de la droite et impuissance de la gauche au temps du thatchérisme et du blairisme* (1979-2003), Éd. Amsterdam, 2008.

– *Identités et cultures. Politiques des Cultural Studies*, Éd. Amsterdam, 2008 (2ᵉ édition, recueil de textes établi par Maxime CERVULLE).

– Entretien *in* ALIZART Mark, HALL Stuart, MACÉ Éric, MAIGRET Éric, *Stuart Hall*, Éd. Amsterdam, 2007.

– « Qui a besoin de l'"identité" ? » (1996), *in* HALL Stuart, 2008.

– « *Cultural Studies* and its Theoretical Legacy », *in* GROSSBERG Lawrence, NELSON Cary, TREICHLER Paula (dir.), *Cultural Studies*, New York, Routledge, 1992.

– « Quel est ce "noir" dans la "culture populaire noire" ? » (1992), *in* HALL Stuart, 2008.

– « Nouvelles ethnicités » (1989), *in* HALL Stuart, 2008.

– « The Problem of Ideology : Marxism without guarantees » (1986), *in* MORLEY David, KUAN-HSING Chen (dir.), 1996.

– Introduction à M<small>ORLEY</small> David, *Family Television. Cultural Power and Domestic Leisure*, Londres, Routledge, 1986.

– « La culture, les médias et l'"effet idéologique" » (1977), *in* G<small>LEVAREC</small> *et al.*, 2008.

– « Codage/décodage » (1973), *in* G<small>LEVAREC</small> *et al.*, 2008.

H<small>ALL</small> Stuart, J<small>EFFERSON</small> Tony (dir.), *Resistance through Rituals. Youth Subculture in Post-War Britain*, Londres, Harper Collins, 1976.

H<small>ARAWAY</small> Donna, *Manifeste cyborg et autres essais. Sciences, fictions, féminismes* (1991), anthologie établie par A<small>LLARD</small> Laurence *et al.*, Exils Éd., 2007.

H<small>ARRIS</small> David, *From Class Struggle to the Politics of Pleasure. The Effects of Gramscianism on Cultural Studies*, Londres, New York, Routledge, 1992.

H<small>EBDIGE</small> Dick, *Sous-culture. Le sens du style* (1979), Zones, 2008.

H<small>OGGART</small> Richard, *La Culture du pauvre. Étude sur le style de vie des classes populaires en Angleterre* (1957), Minuit, 1970.

J<small>EANNERET</small> Yves, O<small>LLIVIER</small> Bruno (dir.), « Les sciences de l'information et de la communication. Savoirs et pouvoirs », *Hermès*, 38, 2004.

J<small>ENKINS</small> Henry, Interview, *in* H<small>ARRISON</small> Taylor *et al.* (dir.), *Enterprise Zones. Critical Positions on Star Trek*, Boulder, Westview Press, 1996.

– *Textual Poachers. Television Fans and Participatory Culture*, New York, Londres, Routledge, 1992.

J<small>ONES</small> Paul, « The Myth of "Raymond Hoggart" : On "Founding Fathers" and Cultural Policy », *Cultural Studies*, 8/3, 1994.

K<small>AENEL</small> André, L<small>EJEUNE</small> Catherine, R<small>OSSIGNOL</small> Marie-Jeanne (dir.), *Cultural Studies. Études Culturelles*, Nancy, Presses Universitaires de Nancy, 2003.

K<small>OSOFSKY</small> Ève S., *Épistémologie du placard* (1991), Éd. Amsterdam, 2008.

L<small>AURETIS</small> Teresa de, *Théorie* queer *et cultures populaires : de Foucault à Cronenberg*, Éd. La Dispute, 2007. Édition établie par Pascale M<small>OLINIER</small> et Marie-Hélène B<small>OURCIER</small>.

– *Technologies of Gender. Essays on Theory, Film and Fiction*, Indianapolis, Indiana University Press, 1987.

M<small>AIGRET</small> Éric, M<small>ACÉ</small> Éric (dir.), *Penser les médiacultures. Nouvelles pratiques et nouvelles approches de la représentation du monde*, Armand Colin-INA, 2005.

M<small>ATTELART</small> Armand, N<small>EVEU</small> Erik, *Introduction aux Cultural Studies*, La Découverte, 2003.

– « Cultural Studies Stories. La domestication d'une pensée sauvage ? », *Réseaux*, 80, 1996.

M<small>C</small>R<small>OBBIE</small> Angela, *The Aftermath of Feminism. Gender, Culture and Social Change*, Londres, Sage, 2008.

– *The Uses of Cultural Studies*, Londres, Sage, 2005.

– *Postmodernism and Popular Culture*, Londres, Routledge, 1994.

M<small>ILLS</small> Charles Wright, *L'Élite du pouvoir* (1956), Maspero, 1969.

M<small>ORLEY</small> David, *Television, Audiences and Cultural Studies*, Londres, Routledge, 1992 (un chapitre dans G<small>LEVAREC</small> Hervé, M<small>ACÉ</small> Éric, M<small>AIGRET</small> Éric, Anthologie *Cultural Studies*, Armand Colin-INA, 2008.).

M<small>ORLEY</small> David, *The "Nationwide" Audience. Structure and Decoding*, Londres, BFI, 1980 (reprend en partie des travaux menés avec Charlotte Brunsdon).

MORLEY David, KUAN-HSING Chen (dir.), *Stuart Hall. Critical Dialogues in Cultural Studies*, Routledge, 1996.

MORRIS Meaghan, « Banality in *Cultural Studies* », in MELLECAMP Patricia (dir.), *Logics of Television. Essays in Cultural Criticism*, Bloomington, Indiana University Press, 1990.

MUNSON Eve Stryker, WARREN Catherine A. (dir.), *James Carey. A Critical Reader*, University of Minnesota Press, 1997.

NEWCOMB Horace, HIRSCH Paul, « Television as a Cultural Forum », in NEWCOMB Horace (dir.), *Television, the Critical View*, Oxford, Oxford University Press, 1987.

PAASONEN Susanna, *Pornification. Sex and Sexuality in Media Culture*, Oxford, Berg, 2007.

PASSERON Jean-Claude, « Présentation », in *Richard Hoggart en France*, BPI-Centre Georges-Pompidou, 1999.

PÉQUIGNOT Bruno, *La Relation amoureuse. Analyse sociologique du roman sentimental moderne*, L'Harmattan, 1991.

PRECIADO Beatriz, *Manifeste Contra-sexuel*, Balland, 2000.

PROULX Serge (dir.), *Accusé de réception. Le téléspectateur construit par les sciences sociales*, L'Harmattan, 2000.

RADWAY Janice, *A Feeling for Books. The Book-of-The-Month Club, Literary Taste and Middle-Class Desire*, The University of Carolina Press, 1999.

– « *Writing* Reading the Romance », introduction à *Reading the Romance*, édition 1992.

– *Reading the Romance. Women, Patriarchy and Popular Literature*, Chapel Hill, University of North Carolina Press, 1984 (traduction partielle in GLEVAREC et al., 2008).

SAID Edward, *L'Orientalisme. L'Orient créé par l'Occident* (1978), Seuil, 1997.

SCHWARTZ Olivier, *Le Monde privé des ouvriers. Hommes et femmes du Nord*, PUF, 1990.

SILVERSTONE Roger, *Television and Everyday Life*, Londres, Routledge, 1994.

SPIVAK Gayatri Chakravorty, *Les subalternes peuvent-elles parler ?* (1988), Éd. Amsterdam, 2009.

– *A Critique of Postcolonial Reason. Toward a History of the Vanishing Present*, Harvard University Press, 1999.

THOMPSON Edward P., *La formation de la classe ouvrière anglaise* (1963), Gallimard, 1988.

TULLOCH John, JENKINS Henry, *The Science-Fiction Audience. Dr Who, Star Trek and their Fans*, Londres, Routledge, Chapman and Hall, 1995.

VAN ZOONEN Lisbet, *Feminist Media Studies*, Londres, Sage, 1994.

WILLIAMS Linda (dir.), *Porn Studies*, Londres, Duke University Press, 2004.

– *Hard Core. Power, Pleasure and the « Frenzy of the Visible »*, Berkeley, University of California Press, 1989.

WILLIAMS Raymond, *Culture et matérialisme*, Les Prairies ordinaires, 2009.

– « Les formes de la télévision », *Réseaux*, 44/45, 1990 (extrait de *Television. Technology and Cultural Form*, New York, Schocken, 1974).

– *The Long Revolution*, Londres, Chatto and Windus, 1961.

– *Culture and Society, 1780-1950*, Londres, Chatto & Windus, 1958.

Chapitre 11

La sociologie
des professions
de la communication

Que font les journalistes ?

QUE SE PASSE-T-IL dans la boîte noire de la production de l'information et du divertissement ? Est-il possible et souhaitable d'étudier l'émetteur du modèle de Lasswell, ce fameux « qui » à l'origine des messages ? La réponse à cette question est bien entendue positive mais de nombreuses décennies auront été nécessaires pour qu'elle apparaisse comme telle aux chercheurs. Le mépris intellectuel à l'égard des médias de masse, supposés vils et vulgaires, la préoccupation à l'égard des « effets » sur les populations, l'influence de la théorie critique qui pense les « industries culturelles » comme de simples courroies de transmission de l'idéologie dominante, l'intérêt des industries pour la seule recherche sur les audiences et les publics, le triomphe du courant lazarsfeldien jusqu'à l'orée des années 1960, assez peu attentif aux producteurs, se sont conjugués pour rendre peu séduisante l'attention aux professions de la communication, au-delà des efforts de quelques pionniers[1].

Pourtant l'exploration des univers de la production réserve de réelles surprises. Elle accroît la connaissance de la relation culture-pouvoir en dévoilant les mécanismes de dépendance/indépendance politique et économique des journalistes

---

1. Dominique Pasquier évoque ainsi les travaux de Leo Rosten sur les correspondants de presse et ceux de Hortense Powdermaker sur Hollywood dans la présentation de son ouvrage consacré aux scénaristes de télévision [1995] et dans le collectif *Sociologie de la communication* [1997].

et des auteurs de divertissement, tout en soulignant la variété de leurs carrières, de leurs idéologies et de leurs compétences. Si les travaux sur les professionnels ne permettent absolument pas d'aboutir à une vision pluraliste de la société, où chacun pourrait dire ce qu'il pense et serait également entendu, ils démontrent l'existence de formes plurielles d'expression dans nos sociétés, loin de la caricature d'une oppression généralisée par les médias.

La sociologie fonctionnaliste du journalisme : l'étude du « *newsmaking* »

Si l'intérêt pour l'audience a débouché rapidement sur la création d'une industrie du marketing, celui pour les professionnels s'est éveillé lentement avant de favoriser à son tour le développement d'une sociologie du journalisme presque industrielle – les journalistes monopolisant l'attention des chercheurs en raison de leur position centrale dans le processus démocratique et de leur proximité avec les milieux intellectuels. Il n'est pas étonnant dans ce contexte que la sociologie fonctionnaliste des professions libérales, inspirée de Lazarsfeld et de Merton, souvent en accord avec les attentes d'une profession en quête de légitimité, ait largement servi de cadre de référence[1]. Celle-ci suppose une définition presque naturelle de la profession, répondant à un besoin précis de la société. Le journaliste est une figure bien identifiée, appartenant à un groupe de référence, dotée de savoirs et de compétences techniques, devant exercer pour la communauté le double rôle d'informateur neutre et impartial (rendant le monde transparent) et de contre-pouvoir (défenseur engagé de l'intérêt public). Il suffirait de mesurer la bonne adéquation des pratiques réelles à ce modèle pour comprendre le travail des journalistes ! Le problème est que la définition de l'information utilisée dans ce schéma réifie et naturalise cette dernière, comme si elle était affaire de simple restitution d'un réel existant en soi et non lutte d'interprétations, de points de vue sur le monde.

Il reste des vestiges de ce fonctionnalisme dans les nombreux travaux anglo-saxons qui ont adopté une approche plus ethnographique et qui ont cherché à cerner, à partir des années 1960, les mécanismes de production de l'information (« news-making »). Dans l'une des meilleures synthèses sur le sujet, Denis McQuail[2] a bien décrit les étapes de la recherche, depuis les travaux sur l'influence des variables individuelles dans la fabrication de l'information jusqu'aux grandes enquêtes sur la structuration de l'information par le média comme organisation et institution. David M. White a le premier appliqué aux journalistes la notion de *gatekeeper* (gardien/sélectionneur de l'information), empruntée à Kurt Lewin, dans son analyse des choix de dépêches effectués dans un journal local. Sa conclusion est que les goûts et les conceptions subjectives, autrement

---

1. L'approche fonctionnaliste est notamment défendue dans les années 1960 par Jack M. McLeod et Searl E. Hawley [1964]. La présentation de la sociologie des professions effectuée par Claude Dubar [1991] est ici particulièrement utile.
2. Dans son manuel *Mass Communication Theory*, régulièrement édité depuis 1983.

dit l'expérience personnelle, expliquent une grande part de la sélection – qui ne répond donc pas à de purs critères d'impersonnalité et d'objectivité. La régularité des choix d'un journal à l'autre a cependant conduit à remettre en cause l'idée que l'information dépendait d'abord des attentes individuelles. Il existe des contraintes organisationnelles, ce que les auteurs américains nomment des « routines bureau-cratiques », à l'origine du comportement parfois moutonnier des médias d'information. Certains événements sont systématiquement privilégiés parce qu'ils sont considérés comme particulièrement dramatiques ou bien adaptés aux moyens techniques dont disposent les reporters. Toutes les questions nouvelles, surprenantes, mais susceptibles d'être réinsérées facilement dans un contexte, pouvant faire l'objet d'une collecte d'information rapide (sur la base d'un cycle de 24 heures), d'un compte rendu relativement clair et peu ambigu, a priori adapté aux attentes des publics, sont mises en avant tandis que les interrogations sur le long terme, la complexité des enchaînements sociaux et politiques sont écartées. Dans un texte synthétique [« News as Public Knowledge », in *The Power of News*, 1995], Michael Schudson note que dans le contexte américain les médias sont généralement supposés développer quatre « biais » : ils préfèrent traiter d'événements négatifs ou dramatiques (1), de façon distanciée (2), technique (3), en s'appuyant d'abord sur les sources officielles (4).

Les livres de Herbert Gans [*Deciding What's News*, 1979] et de Gaye Tuchman [*Making News*, 1978], considérés comme les fleurons de cette recherche[1], montrent que la presse est une industrie recherchant des formes de standardisation des pratiques pour des raisons de rentabilité économique mais aussi de stabilité organisationnelle. S'inspirant de la phénoménologie allemande et de la sociologie de Goffman, Tuchman évoque en particulier l'importance de la perception du temps dans l'élaboration des nouvelles. Faire de l'information revient à tresser un filet et à capturer des événements, c'est-à-dire des « typifications », dans le continuum souvent jugé comme incontrôlable et même inexplicable du monde. Le journaliste s'appuie sur des éléments récurrents ou prévisibles, organisationnellement bien contrôlés car inscrits dans les possibilités matérielles d'intervention des reporters. Harvey Molotch et Marilyn Lester [1974] croisent pour leur part deux critères (intentionnalité ou non de l'information perçue, identité ou non de l'auteur de l'information et de son promoteur) et divisent les événements construits par les médias en quatre catégories à partir d'une observation des pratiques : « événements de routine » (statistiquement dominants : spectacles sportifs dont la communication est déjà orchestrée par les organisateurs, etc.), « scandales » (délibérément construits, mais au détriment de l'auteur comme le Watergate ou le scandale de la vache folle), « accidents » (explosion inattendue d'une usine, sans que l'auteur ne cherche à communiquer), « heureux hasard » ou « sérendipité » (lapsus public d'un homme politique, combinant hasard et volonté de s'exprimer). La structuration des contenus est mise en rapport avec les actions des journalistes et avec leur insertion dans des ensembles organisationnels.

---

1. Laquelle recherche compte aussi les textes aux titres répétitifs de Roshco (*Newsmaking*, 1975), Golding et Elliot (*Making the News*, 1979), Fishman (*Manufacturing News*, 1981), le collectif dirigé par Cohen et Young (*The Manufacture of News*, 1973), etc.

Le retour de la critique : les journalistes et leur environnement

La convergence de la recherche sur la fabrication de l'information, initialement fonctionnaliste et apologétique, avec le courant critique et marxiste doit être remarquée. Les constats sur les aspects contraignants de la pratique journalistique ouvrent sur des analyses plus globales des rapports entre médias et institutions, contenus et positionnements idéologiques. Ce que l'on considère comme plus aisé à produire, comme adapté aux besoins, comme allant de soi dans une organisation, peut relever encore d'un choix idéologique. Même en situation d'urgence, d'événement violent tel qu'une guerre, il n'est pas naturel de considérer certains procédés, par exemple le direct, comme particulièrement riches en information, ni de choisir de donner en priorité la parole aux puissants, ceux qui disposent d'un accès déjà bien établi (les autorités militaires du pays et non celles de l'adversaire) : la recherche effrénée de l'immédiateté de l'information renvoie à l'obsession occidentale du présent ; le plus grand poids accordé aux puissants traduit la pression des autorités/élites ou la congruence entre les attentes des uns et des autres. Les journalistes, au-delà des idiosyncrasies et des logiques de travail, appartiennent à des milieux sociaux et à des cultures qui se produisent et se reproduisent à travers leurs discours. Comme le recommande Philip Schlesinger [1992], il faut éviter le médiacentrisme et connecter les pratiques aux milieux élargis qui les voient naître. Mais quels sont les canaux par lesquels s'écoule l'influence ? Trois niveaux sont généralement distingués : celui des interactions organisationnelles, celui des structures économiques et, enfin, celui des influences socioculturelles.

Les interactions avec le milieu

Les relations que les médias entretiennent avec leurs sources (notamment, les milieux politiques), leurs annonceurs et leurs dirigeants ne peuvent être décrites sans difficulté. La plupart des chercheurs s'accordent pour évoquer l'influence subie par les journalistes sans qu'un modèle cohérent ait pu être avancé. Les annonceurs ont par exemple gagné la bataille historique des programmes et ont pris pied dans les médias qu'ils façonnent pour partie : les célèbres « soap operas » américains (« opéras de savon ») se nomment ainsi parce qu'ils ont été financés donc modelés à partir des années 1950 par les les-siviers désireux de toucher les publics féminins ; la plupart des grands journaux d'information appartiennent à des industriels soucieux de leurs intérêts... Leur pouvoir est néanmoins limité par de nombreux facteurs. L'existence de sources de revenu alternatives de celles de la publicité tout d'abord : l'hebdomadaire politique satirique français *Le Canard enchaîné* ne vit que de ses ventes, les chaînes à péage telles que Canal + ou HBO ont une plus grande possibilité d'expression. Le prestige ou l'autorité politique des grands médias nationaux et leur bonne santé économique, ensuite, sont gages de plus grande indépendance. L'influence des annonceurs, enfin, est contrebalancée par le caractère très aléatoire de l'activité médiatique qu'ils ne maîtrisent certainement pas plus que les programmateurs ou les rédacteurs. Le propre des médias est de produire sans cesse de nouveaux contenus en intéressant des publics qui demeurent en dernier ressort les vrais juges des programmes. Il se produit donc un échange permanent entre les acteurs du processus de production pour déterminer les orientations payantes, les annonceurs qui doivent savoir s'effacer devant les auteurs de fiction ou les journalistes, ceux qui sont les plus impliqués dans l'acte de création ou de témoignage – ce que met concrètement en évidence le Britannique Jeremy Tunstall dans des textes majeurs sur cette question.

La relation aux dirigeants, sur laquelle Gans a travaillé de façon approfondie, doit se penser par l'intermédiaire de l'idée de négociation et non de domination unilatérale. La pression exercée sur les rédactions est une réalité qui fluctue avec les moments et les hommes. Si la politique d'information se décide une fois pour toutes en haut lieu, son application varie au jour le jour, en fonction des circonstances et des capacités de réappropriation des journalistes et reporters : le conflit n'est pas absent des rédactions. Au-delà, la mesure de l'influence des structures économiques pose de nombreux problèmes conceptuels (voir plus bas).

Le débat sur les sources et leur influence a été mis en forme, dans les années 1970, par la sociologie britannique des médias, opposée à la tradition fonctionnaliste américaine et revendiquant une réflexion critique, mais également influencée par les travaux de Leo Rosten et de Everett Hughes, à orientation ethnographique[1]. Jeremy Tunstall interroge plus de 200 journalistes avant d'écrire *Journalists at Work*, ses préférences allant à la technique de l'entretien semi-directif, et suggère un modèle d'interactions structurées entre les journalistes et les informateurs. Les deux camps doivent à la fois collaborer et lutter pour faire passer de l'information ou en recueillir, selon les intérêts des uns et des autres. Selon Gans, cette interaction s'effectue dans le cadre de rapports déséquilibrés. Le monde des journalistes étant faiblement réactif à l'égard de la diversité sociale, il prend rarement l'initiative de multiplier les informateurs et de mettre fondamentalement en perspective les questions traitées. Puisqu'il s'appuie sur des sources connues, récurrentes, stéréotypiques, l'avantage revient à ces dernières, qui bénéficient du vrai pouvoir de la presse, celui de procéder par omission, d'exclure ceux qui ne sont pas recevables. Molotch et Lester considèrent que l'accès aux médias augmente avec l'aptitude à proposer des discours en conformité avec leurs attentes, i. e. déjà configurés pour le flux de l'information. Les chances de succès pour les promoteurs sont maximales lorsqu'ils formatent leur intervention dans la catégorie des « événements de routine », les autres événements, plus fluctuants, étant difficiles à contrôler[2]. Les études des années 1990, des deux côtés de

---

1. Des éléments sur ce courant de recherche incluant des auteurs tels que James Curran ou Philip Schlesinger, coexistant en Grande-Bretagne avec les *Cultural Studies*, figurent dans le livre d'hommages à Jeremy Tunstall dirigé par Howard Tumber [2000].
2. On peut opposer à cet argument des contre-exemples bien connus. La couverture de certaines guerres, comme celles du Golfe et d'Irak, événements aléatoires s'il en est, n'a pas entraîné, bien au contraire, un retrait médiatique des sources officielles [FERRO, 1991 ; WOLTON, 1991 ; MATHIEN, 2001 ; CHARON, MERCIER, 2004]. Parfois, plus l'événement est imprévisible plus les journalistes se laissent dessaisir de leur parole et font massivement appel aux autorités et aux experts.

l'Atlantique, s'attachent à un phénomène inverse : le pouvoir des journalistes sur leurs sources, y compris le monde politique. L'incroyable succès des médias de masse en termes d'audience et de prestige, la libéralisation de l'audiovisuel et l'affirmation d'une « médiacratie » ont engendré des effets en retour sur les élus qui peuvent être mis sous les projecteurs de l'actualité et incités à comparaître devant le « tribunal de l'opinion » [penser aux divers lynchages médiatiques survenus au cours de cette décennie, à commencer par la fameuse affaire Lewinsky, analysés par THOMPSON, 2000]. Une sociologie de l'homme politique « broyé par la communication triomphante » [WOLTON, 1997] se développe, même si ce phénomène n'inverse que très partiellement la relation sources/médias [CHARON, MERCIER, 2003] et témoigne aussi d'une extension des pouvoirs des publics.

Le marché

Au niveau des structures économiques et de leurs conséquences sur les pratiques journalistiques, aucun consensus n'est en voie d'établissement. Les auteurs les plus proches des théories néo-classiques, traditionnellement américains, soutiennent que plus l'offre est diversifiée sur un marché plus les possibilités d'expression des journalistes sont fortes et plus les publics pourront avoir accès à des formes d'information variées, le monopole public d'information menant au contraire à la restriction d'information. Les partisans de services publics médiatiques, traditionnellement européens, répondent que l'information ne satisfait pas seulement des goûts ou des intérêts particuliers mais qu'elle est toujours un bien public, utile à la communauté pour se former comme entité politique : la formation de grands oligopoles d'information dans un système libéral conduit à un appauvrissement, quand la concurrence acharnée sur un marché atomisé mène à la médiocrité et à la dispersion. Même si l'on considère de plus en plus ces deux positions comme complémentaires et que le clivage États-Unis-Europe s'atténue, elles ne permettent pas de comprendre l'extrême hétérogénéité des situations. Le monopole public de l'information télévisuelle et radiophonique a clairement joué contre le pluralisme d'expression en France, au point que la privatisation ait été décidée par un Président socialiste, François Mitterrand. Les excès de la concentration ou de l'émiettement économique s'observent aujourd'hui sur les marchés télévisuels (où de grands groupes privés cherchent à contrôler de nombreuses chaînes et leurs contenus) ou de l'Internet (avec la profusion de sites redondants, qui n'ont rien à dire). Dans d'autres contextes, la concurrence exacerbée peut avoir des effets positifs sur l'innovation mais les oligopoles de type schumpétérien peuvent mener des politiques audacieuses, lancer des investissements à long terme, lourds et risqués, rendus possibles par leur taille.

L'apparition de grands groupes nationaux ou mondiaux de communication signifie parfois qu'une plus grande autonomie sera accordée aux journalistes, soudainement dégagés des intérêts locaux, la gestion d'entités aussi vastes passant aussi par l'élaboration de critères de gestion impersonnels (centrés sur l'idée de réponse à une demande) et non plus familialistes (les dirigeants pouvant considérer la presse comme leur chose). Les services publics modernes remplissent pour leur part des fonctions que le marché n'assure pas (même aux États-Unis, il existe des chaînes parlementaires). L'argument tocquevillien d'une pluralité nécessaire de modes d'expression et de supports comme antidote aux problèmes posés par l'étroitesse ou la mauvaise qualité de l'expression, conserve sa force sans fournir la clé d'un progrès dans la démocratie d'opinion. L'existence ou non d'une corrélation précise entre structures de marché et « qualité » de l'information est une grande question d'avenir pour la recherche, au cœur des nouveaux courants de l'économie des médias [voir LE FLOCH, SONNAC, 2000] qui ne se contentent plus d'appliquer des modèles simples d'économie néo-classique au champ de l'information et de la culture, ou de déduire des trivialités sociologiques critiques une économie des médias (l'information « s'industrialiserait » de plus en plus, perdant en qualité, etc.).

L'appartenance sociale et la transmission de codes culturels

De nombreuses enquêtes ont rendu compte des origines sociales des journalistes. Leur appartenance aux milieux intermédiaires et surtout supérieurs justifie le reproche qui leur est fait de s'intéresser prioritairement à des thématiques non populaires, par rejet actif du « peuple » ou, plus généralement, par pure ignorance. Mais rien de simple ne peut être déduit de ce constat. S'il souhaite un élargissement social de l'accès aux médias pour accroître la diversité des contenus, Schudson observe que l'empathie sociale n'est jamais totalement impossible. L'argument du renfermement absolu et permanent des élites sur elles-mêmes n'est pas tenable. Des auteurs de gauche relèvent la faible sensibilité des médias aux idées progressistes – statistiquement avérée – quand ceux de droite observent que le recrutement des journalistes, au niveau national, se fait généralement en faveur des « *liberals* » (de gauche) et dénoncent les campagnes de presse contre les leaders conservateurs et, surtout, réactionnaires – deux faits là encore largement avérés par la sociologie des années 1970-1980 et toujours pertinents au début du XXIe siècle. Herbert Gans démontre que les journalistes mélangent en moyenne points de vue conservateurs et progressistes car ils partagent les valeurs dominantes d'une société capitaliste, socialement ordonnée, mais se pensent majoritairement démocrates et modérés. Leur appartenance à la « classe moyenne » limite leur vision du monde et témoigne aux yeux de tous de leur loyauté à l'égard de l'*establishment*, mais elle garantit pour cette même raison leur liberté d'expression et leurs marges de manœuvre.

À un niveau plus macrosociologique, la question de l'influence structurelle des milieux dominants est posée par des auteurs tels que Noam Chomsky, Edward Herman, ou J. Herbert Altschull qui soutiennent que des liens organiques existent en permanence et de façon massive entre les journalistes et les intérêts dominants. La presse est au service des intérêts capitalistes et ne fait que répercuter leurs idées, leur culture, selon la thèse marxiste du reflet. L'absence de preuves empiriques et l'aspect grossier de l'argument invalident largement cette nouvelle version de la théorie du complot. Depuis les années 1970, le marxisme s'est en fait orienté vers la question de la transmission de schèmes culturels, de cadres d'expression adoptés en priorité par les médias, et non de contenus directement et perpétuellement dérivés des intérêts dominants comme des ordres auxquels il faudrait se conformer. Dans un ouvrage collectif [*Policing the Crisis. Mugging, the State and Law and Order*, 1978], Stuart Hall envisage la thèse d'une reproduction hégémonique due à l'effet structurant de la parole des puissants. Parce qu'ils ont accès les premiers aux médias pour commenter les événements et parce qu'ils maîtrisent les codes symboliques légitimes, les puissants imposent aux journalistes ou intervenants une « première définition » des problèmes évoqués dont ces derniers restent prisonniers. On retrouve chez Gans ou chez Tunstall une conception proche de l'influence structurelle.

À la même époque, Pierre Bourdieu (avec Luc Boltanski [1976]) évoque de façon plus succincte le pouvoir de définition du réel que détiennent les organisateurs de débats télévisés. La confrontation entre Georges Marchais, secrétaire général du Parti communiste français, et Jacques Chirac, homme politique de droite, tourne nécessairement à l'avantage du second, formé dans le même type d'école (l'ENA) que les journalistes présents sur le plateau alors que le second s'exprime de manière brutale, populaire et non technocratique. Les informations et débats médiatiques seraient guidés de façon inconsciente par les cadres culturels acquis dans les milieux sociaux supérieurs et dans les écoles distinguées. Pourtant, on peut opposer à cette analyse de nombreux arguments. La thèse de la faiblesse médiatique de Georges Marchais est d'autant plus surprenante que ce dernier est, à l'époque, clairement apprécié par une fraction importante de la population, y compris pour sa façon de parler, et qu'il obtient des scores électoraux encore élevés pour le parti communiste (contrairement à ce que l'on observe dans les autres pays européens) : Marchais plaît à des publics qui ne s'intéressent pas prioritairement aux définitions « dominantes » du débat politique ; il est considéré comme un bon communiquant à sa façon et invité sans relâche par des journalistes qui ne l'apprécient pas mais qui le considèrent comme important ou représentatif. À travers cet exemple, il apparaît que l'approche structuraliste sous-estime fortement les objectifs multiples des milieux de l'information, néglige les capacités de réponse des publics et dégage des ensembles culturels dont la cohérence est aléatoire.

Si les *Cultural Studies* de Stuart Hall abandonnent par la suite l'idée d'une d'unité profonde de la bourgeoisie dominante et des médias qui véhiculeraient ses propos, accordent la possibilité d'oppositions populaires sans renoncer à la notion de pouvoir, la sociologie de Bourdieu durcit ses positions à l'égard des médias. Loin des travaux qui soulignent avec finesse le caractère double de la production de l'information, à la fois novateur et standardisé, les textes publiés à la fin du siècle dernier [*Sur la télévision/L'Emprise du journalisme*, 1996], évoquent la seule connivence avec les pouvoirs ou la pression insoutenable des contraintes professionnelles des journalistes sans que des terrains soient proposés à l'analyse : les journalistes ne sont vus que comme les « marionnettes de la nécessité », pour reprendre la formule de Bourdieu, et non comme des acteurs développant des stratégies dans des espaces de relations multiples (ce qui serait pourtant en accord avec les positions théoriques de ce même auteur développées dans son *Esquisse d'une théorie de la pratique*). Le pamphlet est pédagogique, à la fois parce qu'il pointe des phénomènes réels et parce qu'il verse dans la caricature des positions marxistes : il opère un curieux retour aux thèses de l'École de Francfort après que Bourdieu en eut été, à gauche, l'un des plus importants critiques (*La Distinction* rejetait les métaphores industrielles d'Adorno).

Le problème de la multiplicité des objectifs

Pour insatisfaisante qu'elle soit, la conclusion des débats sur la construction idéologique de l'information ne peut être que contradictoire. De fait, les médias sont la plupart du temps suiveurs, et en ce sens, conservateurs. Mais ils sont aussi suiveurs des groupes contestataires lorsque ces derniers parviennent à se faire entendre (dans et hors médias). Les informations, d'abord favorables, au début des années 1960, à l'intervention militaire américaine au Vietnam, deviennent hostiles à cette dernière quand les manifestations sociales se multiplient au cours des années 1960 [HALLIN, « *The Uncensored War* ». *The Media and Vietnam*, 1986]. Dans le même ordre d'idées, les journaux qui, pendant les années 1990, ne montraient pas, ou si peu, les manifestations de chômeurs et les difficultés des professions agricoles, vont soudainement couvrir de façon inflationniste la lutte antimondialisation et les revendications syndicales des organisations agricoles de gauche pendant les années 2000 (en surexposant des personnages emblématiques : José Bové, en France, Lori Wallach, aux États-Unis, Vandana Shiva, en Inde). Cette couverture a des effets ambigus sur les organisations protestataires, elle peut les gonfler et les dégonfler aussi rapidement, comme le démontre le premier Todd Gitlin qui a analysé les relations entre des groupes en compétition dans la dénonciation de la guerre du Vietnam [*The Whole World is Watching*, 1980]. En tout état de cause, le constat selon lequel les médias discréditeraient systématiquement les mouvements sociaux n'est pas validé empiriquement.

L'élasticité des niveaux d'implication politique des journalistes et la variabilité de leur soutien aux acteurs sociaux sont liées à la multiplicité des objectifs qu'ils poursuivent. Il est nécessaire de revenir un instant à la question des logiques organisationnelles pour analyser ce phénomène. En réponse à la complexité du monde et à leur positionnement dans la société, les femmes et les hommes qui font l'information adoptent une attitude presque paradoxale en créant une routine de l'exceptionnel ou, selon les mots de Tunstall, une « bureaucratie de la non-routine », qui masque l'instabilité présente et fait croire à l'immobilisme de leurs pratiques, à un intérêt exclusif pour les situations acquises. En réponse à cette instabilité, les journalistes doivent pourtant produire de l'innovation, du risque, s'adresser à des acteurs nouveaux, s'intéresser à ce qu'ils perçoivent être des tendances profondes, endosser des rôles divergents, comme tous les acteurs de la production médiatique en perpétuelle création de « prototypes » : chaque matin le journal ressemble à celui d'hier, il est d'une certaine façon standardisé, mais son contenu est aussi nécessairement nouveau, en réponse à un monde perçu comme tel – dans le cas contraire le journal s'expose à plus ou moins long terme à la sanction d'un lectorat critique. Même quand tout semble parfaitement réglé entre une rédaction, ses commanditaires et ses sources, il y a la plupart du temps déviation, instabilité et non déterminisme. Le problème pour le chercheur est alors de ne pas accepter l'idéologie – peut-être la plus influente dans le monde de l'information selon Tuchman – que se sont forgés les journalistes à partir de ce constat : celle d'une neutralité de leur position, de l'accès à un univers de faits bruts, radicalement originaux, dont ils seraient les explorateurs. Il serait également intéressant de savoir si le chaos révélé par ces pratiques obéit à des lois, comme en mathématique, ou s'il est véritablement un désordre négocié. Dans un article très riche, Philip Schlesinger [1992], lui-même issu de la tradition britannique des recherches sur l'information, s'oppose à Jeremy Tunstall et à Stuart Hall en appelant à la constitution d'une sociologie forte des interactions entre sources d'information et journalistes, à la façon d'un Pierre Bourdieu parlant de champs d'intérêts et de stratégies. Il serait ainsi possible de saisir les pratiques et les discours des journalistes, sans déterminisme, et de rompre avec le relativisme de leur idéologie, obsédée par l'indétermination et le manque de temps pour la compréhension.

Sa proposition, reprise par des auteurs anglo-saxons (Rodney Benson) et déjà développée par des auteurs français (Erik Neveu), pourrait aboutir à un rapprochement des traditions sociologiques des deux côtés de la Manche, permettre de systématiser le regard sur le monde de l'information, mais elle se heurte au penchant pour le déterminisme de Bourdieu lui-même dès qu'il aborde la question des médias, et aux limites fortes du concept de champ, qui ne rend pas compte de l'ensemble des actions humaines. L'idée de champ sert en effet à concevoir les acteurs du processus d'information comme liés entre eux par des mécanismes de concurrence (pairs contre pairs) et par des intérêts communs (pairs contre personnes extérieures au champ, par exemple les politiques). Elle améliore la connaissance de nombreuses situations – ainsi ces moments de mimétisme qui voient tous les journaux du matin reprendre la même information, pas nécessairement centrale pour les lecteurs mais considérée comme telle par la communauté des journalistes, chacun cherchant simplement à se démarquer légèrement des autres (c'est la « circulation circulaire de l'information » dénoncée par Bourdieu). Mais elle repose sur des postulats d'homogénéité et de rigidité fortement remis en cause (acteurs guidés par l'inconscient de leur *habitus*, réduction de l'idée d'intérêt à sa seule définition « économique », exclusion supposée systématique de ceux qui ne détiennent pas les clefs d'accès d'un champ...) et néglige de ce fait l'existence de logiques véritablement contradictoires au sein d'un champ et de logiques oppositionnelles à l'égard des pratiques dominantes. D'où la nécessité de ne pas oublier au moment de cette convergence, d'un côté, l'idée d'indétermination des événements et des pratiques proposée par Tunstall, auteur pourtant attaché à la modélisation des relations entre agents et par ailleurs critique des pouvoirs des industries, et, de l'autre, l'apport de Stuart Hall qui, malgré (ou à cause de) son structuralisme marxiste moins conséquent, « gramscien », développe l'idée de voix divergentes pouvant s'exprimer au sein des médias, ce que conteste largement Bourdieu.

Au-delà du niveau organisationnel et cognitif, la pluralité des rôles peut se lire à partir d'une philosophie politique [MUHLMANN, 2004] ou sociologie compréhensive, les journalistes d'information se heurtant à des contraintes de type formel dans le cadre d'un contexte historique précis [LEMIEUX, *Mauvaise presse*, 2000]. Se présentant comme un tribunal de l'opinion, les journalistes ne se plient pas aux règles de la preuve juridique qu'ils peuvent pourtant approcher, et jouent l'espace public contre l'État – leur identité et déontologie sont donc « insaisissables ». Le pluralisme fondamental des valeurs et des rôles dans les démocraties est évidemment l'origine des attitudes plurielles et parfois antagonistes. Jacques Le Bohec [*Les Rapports presse-politique. Mise au point d'une typologie « idéale »*, 1997] rappelle que le mot « démocratie » peut signifier participation à un processus commun, compétition entre projets, représentation de tous, réglementation des procédures d'expression, limitation des pouvoirs. Le journal d'information doit donc se penser respectivement comme agora, lieu d'expression des partis (ou parties), service public, lieu d'expression libre et lieu de contre-pouvoir, ce qui sollicite des attitudes de soutien ou d'adversité à l'égard des projets particuliers, de respect de tous les points de vue, de subjectivité des prises de position du journaliste, de méfiance envers les intérêts constitués. L'activité d'information ne se réduit pas à une affaire simple de reproduction des idées dominantes ou, réciproquement, de miroir fidèle du monde, plutôt à un processus de négociation où certains pèsent plus que d'autres mais où chacun doit sauver la face en référence à des valeurs plurielles. Le jeu d'intérêts entre les acteurs de l'information est à plusieurs niveaux, ce qui explique que la relation prenne des formes différentes selon les contextes : le journaliste peut développer à l'égard du politique de l'amitié ou de la familiarité en privé, de la défiance en public, de la moquerie entre pairs... Les relations étroites des journalistes locaux aux édiles peuvent traduire l'existence d'une connivence mais aussi une simple dépendance réciproque, vitale, entre la presse et ses sources.

Morphologie et conflits identitaires : qui sont les journalistes ?

La recherche empirique anglo-saxonne tire sa force du fait qu'elle lie le producteur à sa production, « l'information », au risque d'idéaliser cette dernière dans sa version fonctionnaliste. La sociologie européenne « continentale » s'est intéressée prioritairement aux identités et aux parcours des producteurs[1] en abandonnant le plus souvent le contenu aux spécialistes de l'analyse des signes, qui cherchent à décrire les variations « intermédiatiques » d'une même information [VERÓN, 1981], les styles de discours ou les contraintes des différents supports médiatiques (par exemple CHARAUDEAU, 1997, la sémiotique italienne de Paolo Fabbri, Gianfranco Bettetini et Francesco Casetti...), les occurrences lexicales [BONNAFOUS, 1991], à côté des recherches des spécialistes en sciences politiques sur les dispositifs télévisuels [MERCIER, 1996]. Cette sociologie est moins englobante que le courant anglo-saxon dont elle rejoint pourtant les conclusions en montrant l'hétérogénéité sociale du milieu professionnel et des pratiques dont il est le support.

Les travaux de Jean-Marie Charon ou de Rémy Rieffel illustrent l'entreprise de délimitation professionnelle mené par les journalistes depuis un siècle, la longue quête d'une identité qui n'a abouti qu'à la fiction d'une fermeture avec l'attribut

---

1. À noter cependant le développement récent d'une sociologie des professions [SIRACUSA, 2001] et les travaux d'historien de Jérôme Bourdon [1994].

symbolique de la carte professionnelle. L'univers de la presse se partage tradi-tionnellement entre journalisme d'information politique et générale (imprégné de l'idée de jouer un rôle de contre-pouvoir), journalisme audiovisuel (écar-telé entre divertissement et information), journalisme spécialisé (qui se veut plus pédagogique) et journalisme local (aux fonctions communautaires plus affirmées). La profession, déjà éclatée et très affectée par un mouvement de précarisation [ACCARDO et al., 1995 et 1998], voit, à partir des années 1980, ses frontières s'effacer face aux métiers de la communication (publicitaires, directeurs de communication étudiés par Jacques Walter, 1995) puis face au développement des « travailleurs du Web » [CHARON, LE FLOCH, 2011 ; DAGIRAL, PARASIE, 2010] et subit une perte de légitimité liée au grand flou l'entourant désormais. Cette trajectoire apparemment déclinante ne doit pas masquer pour autant la grande victoire des journalistes, que l'on ne peut comprendre si l'on en reste à l'impasse de la définition fonctionnaliste des professions. Si l'on dépasse la question des compétences et des techniques et que l'on prend en compte les ambitions qui définissent aussi les groupes, il apparaît que les journalistes ont réussi à s'imposer comme un groupe à l'incertitude constitu-tive et productive. Denis Ruellan, à la suite des travaux de Luc Boltanski sur les cadres, évoque la notion de professionnalisme du flou pour rappeler que l'incerti-tude peut être profitable sous certaines conditions puisqu'elle permet de tirer profit de chaque genre sans s'enfermer dans une spécialité. Le flou n'est pas un malentendu pour ceux qui prétendent au statut d'historien du temps présent, et qui peuvent en exhiber les attributs (attitude critique, appel à l'expertise), au statut de quatrième pouvoir ou, plus récemment, d'aiguillon de la justice [CHARON, FURET, 2000], tout en entretenant parfois des relations fortes avec les publics de divertissement, le désir de faire de l'audience et le phénomène de starification comme le présentateur du journal télévisé [LEROUX, 1997].

Conclusion : un paysage sans public ?

Les analyses consacrées au journalisme ont largement désubstantialisé les notions de profession et d'information en les présentant comme des construc-tions et des compromis, sans aller jusqu'à les inscrire dans le cadre d'une culture démocratique nouvelle, cadre de conflits sociaux de représentation débordant les frontières de l'information et du divertissement. La question de la qualité de l'information, qui est aussi celle de sa construction, a généralement été posée en termes très limités d'influence de sources et de direction sur les journalistes, de structures idéologiques auto-suffisantes, la relation au monde étant conçue sous la forme d'échanges avec un environnement externe, excluant les publics. L'information reste pensée comme un espace naturellement autonome et non comme un espace régulièrement autonomisé pour accomplir sa propre mission démocratique, ce qui conduit à confondre des tendances ou des limitations avec des propriétés essentielles. Pour Schlesinger [1978], le chaînon manquant du professionnalisme est de façon significative le public, absent des prises de décision et des représentations des acteurs de la production (sauf sur le mode cynique). Pour de nombreux autres auteurs, le décloisonnement progressif entre divertissement et information (*l'infotainment*) traduit au contraire la pression commerciale des publics, souvent perçue comme une menace absolue, comme le signe d'un glissement de la qualité à la futilité, de même que l'utilisation de formats informatifs de plus en plus ironiques, courts, contraignants, centrés sur le débat. Il est vrai que le principe de la division entre « faits » et « commentaires », sur lequel reposait historiquement le journalisme, appartient au passé. Une étude statistique de Thierry Watine [2005] a montré au Québec que les nouvelles strictement informatives ne représentaient plus que 32 % des énoncés de la presse écrite d'information, 26 % des énoncés télévisuels, 50 % des énoncés radio. C'est la coexistence de rubriques comme l'information froide, des échanges avec les invités et le public [AUBERT, 2009], des critiques, des clins d'œil et des points de vue du journaliste, qui l'emporte désormais et non plus les anciens « modes configurants » [LOCHARD, 1996]. Mais bien plus qu'un cynisme généralisé, cette évolution témoigne de la prise en compte des récepteurs comme acteurs à respecter, de l'abandon des prérogatives idéalistes du journaliste, dont on sait que la neutralité est sous tension, de l'ouverture de certaines coulisses...

Au final, l'*infotainment* ne constitue que l'une des orientations du journalisme, dont la vocation populaire et parfois pédagogique est indéniable [BRANTS, 1998/2003], et, sauf conditions extrêmes, il demeure possible de fournir de l'information de qualité dans des formats restreints et hybrides, à condition de respecter les règles de la comparaison entre des situations, de produire une mise en perspective historique, de penser le rapport aux sources, y compris dans un « deux minutes » télévisé. La montée du divertissement et du dialogue n'est pas synonyme de déclin de l'information mais doit être comprise comme traduisant la perméabilité de plus en plus élevée des médias de masse à tous les enjeux sociaux, au travers de supports variés du débat public et de la compréhension du monde. Ce constat ne doit pas occulter le fait que les professionnels de l'information et du divertissement sont peu nombreux et que leurs productions ne représentent qu'un canal très étroit de discussion des rapports sociaux, concentrant l'ensemble des enjeux de sens dans les sociétés démocratiques. Cette tension extraordinaire explique leurs difficultés professionnelles dans la recherche de l'information ou du spectacle approprié, et, d'un point de vue compréhensif, leurs incertitudes identitaires.

Bibliographie

ACCARDO Alain (dir.), *Journalistes précaires*, Bordeaux, Le Mascaret, 1998.

– (dir.), *Journalistes au quotidien. Outils pour une socio-analyse des pratiques journalistiques*, Bordeaux, Le Mascaret, 1995.

AUBERT Aurélie, *La Société Civile et ses médias, quand le public prend la parole*, Éd. Le bord de l'eau-INA, 2009.

BOLTANSKI Luc, *Les Cadres. La formation d'un groupe social*, Minuit, 1982.

BONNAFOUS Simone, *L'Immigration prise aux mots. Les immigrés dans la presse au tournant des années 1990*, Kimé, 1991.

BOURDIEU Pierre, *Sur la télévision*, suivi de *L'Emprise du journalisme*, Liber-Raisons d'agir, 1996.

BOURDIEU Pierre, BOLTANSKI Luc, « La production de l'idéologie dominante », *Actes de la recherche en sciences sociales*, 2, 1976.

BOURDON Jérôme, *Haute fidélité. Pouvoir et télévision 1935-1994*, Seuil, 1994.

BRANTS Kees, « Who's Afraid of Infotainment ? », *European Journal of Communication*, 13/3, 1998 (« De l'art de rendre la politique populaire… ou "qui a peur de l'infotainment ?" », *Réseaux*, 118, 2003, avec un dossier spécial).

CHARAUDEAU Patrick, *Le Discours d'information médiatique. La construction du miroir social*, Nathan, 1997.

CHARON Jean-Marie, « De la presse imprimée à la presse numérique : le débat français », *Réseaux*, 160-161, 2010.

– *Cartes de presse. Enquête sur les journalistes*, Stock, 1993.

– « Journalisme : l'éclatement », *Réseaux*, 52, 1992.

CHARON Jean-Marie, FURET Claude, *Un Secret si bien violé*, Seuil, 2000.

CHARON Jean-Marie, LE FLOCH Patrick., *La Presse en ligne*, La Découverte, 2011.

CHARON Jean-Marie, MERCIER Arnaud (dir.), *Armes de communication massive. Informations de guerre en Irak : 1991-2003*, CNRS éditions, 2004.

– « Les journalistes ont-ils encore du pouvoir ? », *Hermès*, 35, 2003.

DAGIRAL Éric, PARASIE Sylvain, « Presse en ligne, où en est la recherche ? », *Réseaux*, 160-161, 2010.

DELFORCE Bernard, « Le constructivisme : une approche pertinente du journalisme », *Questions de communication*, 6, 2004.

DEVILLARD Valérie, LAFOSSE Marie-Françoise, LETEINTURIER Christine *et al.*, *Les journalistes français à l'aube de l'an 2000. Profils et parcours*, Éditions Panthéon-Assas, 2001.

DUBAR Claude, *La Socialisation. Construction des identités sociales et professionnelles*, Armand Colin, 1991.

FERRO Marc, *L'information en uniforme. Propagande, désinformation, censure et manipulation*, Ramsay, 1991.

GANS Herbert, *Deciding What's News. A Study of CBS Evening News, NBC Nightly News, Newsweek and Time*, New York, Panthéon Books, 1979.

GITLIN Todd, *The Whole World is Watching. Mass media in the Making and the Unmaking of the New Left*, Berkeley, University of California Press, 1980.

HALL Stuart *et al.*, *Policing the Crisis. Mugging, the State and Law and Order*, Londres, Mac-Millan, 1978.

HALLIN Dan, « Images de guerre à la télévision américaine. Le Vietnam et le Golfe persique », *Hermès*, 13-14, 1994.

– « *The Uncensored War* ». *The Media and Vietnam*, New York, Oxford University Press, 1986.

LE BOHEC Jacques, *Les Rapports presse-politique. Mise au point d'une typologie « idéale »*, L'Harmattan, 1997.

Le Floch Patrick, Sonnac Nathalie, *Économie de la presse*, La Découverte, 2000.

Lemieux Cyril, *Mauvaise presse. Une sociologie compréhensive du travail journalistique et de ses critiques*, Métailié, 2000.

Leroux Pierre, « Les deux publics des 7 d'or. Principes de célébration et de consécration du journalisme télévisuel », *Politix*, 37, 1997.

Lochard Guy, *L'Information télévisée. Mutations professionnelles et enjeux citoyens*, Vuibert-Clémi-INA, 2005.

– « Genres rédactionnels et appréhensions de l'événement médiatique : vers le déclin des "modes configurants" », *Réseaux*, 76, 1996.

Lochard Guy, Soulages Jean-Claude, « La parole politique à la télévision. Du logos à l'éthos », *Réseaux*, 118, 2003.

Marchetti Dominique, « Les conditions de réussite d'une mobilisation médiatique et ses limites : l'exemple d'Act Up-Paris », *in* CURAPP, *La Politique ailleurs*, PUF, 1998.

Martin Marc (dir.), *Histoire et médias. Journalisme et journalistes français, 1950-1990*, Albin Michel, 1991.

Mathien Michel (dir.), *L'information dans les conflits armés. Du Golfe au Kosovo*, L'Harmattan, 2001.

– *Les Journalistes et le système médiatique*, Hachette, 1992.

McLeod Jack M., Hawley Searl E., « Professionalization among Newsmen », *Journalism Quarterly*, 41, Fall 1964.

McQuail Denis, *McQuail's Mass Communication Theory* (1983), Londres, Sage, 2000.

Mercier Arnaud, *Le Journal télévisé. Politique de l'information et information politique*, FNSP, 1996.

Missika Jean-Louis, Wolton Dominique, *La Folle du logis, La télévision dans les sociétés démocratiques*, Gallimard, 1983.

Molotch Harvey, Lester Marilyn, « Informer : une conduite délibérée. De l'usage stratégique des événements », *in* Beaud Paul *et al.* (dir.), *Sociologie de la communication* (1974), *Réseaux – CNET*, 1997.

Muhlmann Géraldine, *Du Journalisme en démocratie*, Payot, 2004.

– *Une histoire politique du journalisme, XIXe-XXe siècle*, PUF, 2004.

Neveu Erik (dir.), « La politique saisie par le divertissement ? », *Réseaux*, 118, 2003.

– *Sociologie du journalisme*, La Découverte, 2001.

– « Médias, mouvements sociaux, espaces publics », *Réseaux*, 98, 1999.

Padioleau Jean Gustave, « Système d'interaction et rhétoriques journalistiques », *Sociologie du travail*, 3, 1976.

Palmer Michael, « Agences de presse : urgence et concurrence », *Mots*, 47, 1996.

– *Des petits journaux aux grandes agences. Naissance du journalisme moderne*, Aubier, 1983.

Pasquier Dominique, « Le paradoxe du scénariste », Introduction à *Les Scénaristes et la télévision. Approche sociologique*, Nathan cinéma, 1995.

Powdermaker Hortense, *Hollywood. The Dream Factory*, Boston, Grosset, 1950 (traduction partielle « Hollywood, l'usine à rêves », *Réseaux*, 86, 1997).

RIEFFEL Rémy, « Pour une approche sociologique des journalistes de télévision », *Sociologie du Travail*, 4, 1993.

– (dir.), *Les Journalistes français en 1990. Radiographie d'une profession*, La documentation Française, 1992.

– (dir.), *Sociologie des journalistes*, Réseaux, 51, 1992.

– *L'Élite des journalistes. Les hérauts de l'information*, PUF, 1984.

ROSTEN Leo, *The Washington correspondents*, New York, Harcourt Brace, 1937.

RUELLAN Denis, *Le Professionnalisme du flou. Identités et savoirs des journalistes français*, PUG, 1993.

SCHLESINGER Philip, « Repenser la sociologie du journalisme. Les stratégies de la source d'information et les limites du média-centrisme », *Réseaux*, 51, 1992.

– *Putting « Reality » Together. BBC News*, Londres, Methuen, 1978 (traduction partielle « Le chaînon manquant : le professionnalisme et le public », *Réseaux*, 44-45, 1990).

SCHUDSON Michael, *The Power of News*, Harvard University Press, 1995 (traduction partielle dans *Politix*, 37, 1997).

– *Discovering the News. A Social History of American Newspapers*, New York, Basic Books, 1978.

SIRACUSA Jacques, *Le JT, machine à décrire. Sociologie du travail des reporters à la télévision*, Bruxelles, INA-De Boeck, 2001.

THOMPSON John B., « La nouvelle visibilité », *Réseaux*, 129-130, 2005.

– *Political Scandal. Power and Visibility in the Media Age*, Cambridge, Polity, 2000.

TUCHMAN Gaye, *Making News. A Study in the Construction of Reality*, New York, The Free Press, 1978.

– « Objectivity as Strategic Ritual. An Examination of Newsmen's Notions of Objectivity », *American Journal of Sociology*, 77, 1972.

TUMBER Howard (dir.), *Media Power, Professionals and Policies*, New York, Routledge, 2000.

TUNSTALL Jeremy, *Journalists at Work. Specialist Correspondents, Their News Organizations, News Sources and Competitor-Colleagues*, Londres, Constable, 1971.

– *The Westminster Lobby Correspondents. A Sociological Study of National Political Journalism*, Londres, Routledge-Kegan Paul, 1970.

VÉRON Eliseo, *Construire l'événement. Les médias et l'accident de Three Mile Island*, Minuit, 1981.

WALTER Jacques, *Directeur de communication. Les avatars d'un modèle professionnel*, L'Harmattan, 1995.

WATINE Thierry, « Séparation des faits et des commentaires. Le déclin d'un principe journalistique fondateur », *in* BERNIER Marc-François, DEMERS François, LAVIGNE Alain, MOUMOUNI Charles, WATINE Thierry, *Pratiques novatrices en communication publique. Journalisme, relations publiques et publicité*, Les Presses de l'Université Laval, 2005.

WHITE David M., « The Gatekeeper. A Case Study in the Selection of News », *Journalism Quarterly*, 27, 1950.

WOLTON Dominique, *Penser la communication*, Flammarion, 1997.

– *War Game. L'information et la guerre*, Flammarion, 1991.

Chapitre 12

Des professions aux logiques de production

La tension standardisation-innovation dans les industries créatives

Face à la recherche sur le journalisme, qui a eu tendance à négliger les interactions complètes de la sphère médiatique avec les autres sphères, surtout celle des publics dans leur pression commerciale et communicationnelle, la sociologie des professionnels du divertissement et de la production culturelle représente une alternative ou un prolongement. En détaillant les difficultés et les incohérences des statuts de l'auteur travaillant pour les industries culturelles, les aspirations manquées, les refoulements et les réussites perçues, ce courant dont le pionnier est Edgar Morin, fait ressortir en creux la dépendance fondamentale de ces industries à l'égard d'un imaginaire démocratique provoquant une rupture fondamentale dans la production de la culture. Elle éclaire ainsi la relation au populaire en montrant que les producteurs de sens sont généralement placés dans une situation où ils doivent percevoir et moduler des exigences et des opinions, en conciliant des idéaux artistiques et des contraintes organisationnelles. L'adéquation au moins partielle à des « demandes » émanant de « publics », peut prendre la forme d'une quête désespérée et mythique de l'audience, qui aboutit pourtant à la formation de cultures beaucoup moins inégalitaires que dans les sociétés antérieures.

Edgar Morin : la tension entre standardisation et innovation

Le débat sur l'industrie culturelle, si violemment lancé par l'École de Francfort, a été profondément renouvelé dès les années 1960 par Edgar Morin dans les pages de *L'Esprit du temps* [1962], dont on suivra ici la lecture éclairante effectuée par Éric Macé [2001]. Auteur de gauche, humaniste et non-croyant, issu d'une famille juive de la diaspora méditerranéenne, Morin est attaché au marxisme mais il n'a jamais entretenu de rapport conflictuel à la bande dessinée ou au cinéma hollywoodien qu'il fréquente dès son enfance dans les rues du Paris populaire de Ménilmontant. Ses efforts, contemporains de ceux de Hoggart, visent à comprendre sans inquiétude les changements globaux provoqués par l'irruption d'une nouvelle culture, *a priori* produite selon les normes de la fabrication industrielle, s'adressant à une masse sociale, « gigantesque agglomérat d'individus saisi en deçà et au-delà des structures internes de la société (classes, famille, etc.) ». L'ouvrage utilise pour partie un vocabulaire emprunté à Adorno et Horkheimer quand il évoque les producteurs et celui d'une anthropologie du religieux lorsqu'il se tourne vers les contenus ou les imaginaires produits, ce qui a pu conduire à classer Morin dans le camp des épigones de la Théorie Critique ou de la sociologie du réenchantement, alors que ses thèses subvertissent ces deux courants de l'intérieur. Selon lui, la naissance d'une culture produite ni par des institutions (l'État, l'Église, etc.) ni par des élites mais par des entreprises sur un marché, venant s'ajouter aux formes nationales, religieuses, artistiques, et non s'y substituer comme le pensait Adorno, est d'abord un acte de démocratisation, au sens tocquevillien du terme. Le marché vient répondre à l'égalisation des conditions, visible dans la recherche généralisée de loisirs, en participant de la construction d'un public historiquement nouveau, le « grand public ». Ce dernier ne signifie pas disparition des barrières sociales mais mise en relation des identités et des différences. « La culture industrielle est le seul grand terrain de communication entre les classes sociales ». Quelles que soient les identités et les positions dans la société, nous partageons ses références communes, ce qui lui confère le statut de « première culture universelle de l'histoire de l'humanité ».

La réussite de l'industrie culturelle n'est pas une conséquence du processus de mystification qui endormirait les esprits, elle s'explique d'abord par son aptitude à plaire, à intéresser les gens par des œuvres suffisamment riches, socialement « réalistes ». Morin reprend ici les résultats de la sociologie de Lazarsfeld, mais il ajoute une dimension organisationnelle et culturelle à ces derniers. Si le marché mène à des formes de médiocrité et de banalisation car la logique financière de la standardisation prime, son fonctionnement naturellement instable interdit de penser que les produits y sont intégralement répétitifs. Pour survivre et se développer, les entreprises doivent innover, proposer des produits originaux, prendre des risques. « La création culturelle ne peut être totalement intégrée dans un système de production industrielle ». Il est vrai que les romans sentimentaux peuvent être produits sur le même patron (« le cœur peut se mettre en conserve ») mais leur succès ne peut perdurer sans innovation narrative, découverte de nouvelles problématiques et de façon de s'exprimer, en lien avec des attentes sociales. L'industrie culturelle est le lieu de l'éternelle empoignade entre une logique « industrielle-bureaucratique-monopolistique-centralisatrice-standardisatrice », qui pousse à contenir les capacités de création, à réduire les initiatives pour se contenter de faire fonctionner les formules qui marchent, et une contre-logique « individualiste-inventive-concurrentielle-autonomiste-novatrice », qui nécessite que l'on accorde de la liberté aux auteurs en espérant que leurs efforts seront couronnés de succès. Cette dualité intrinsèque, cette tension fondatrice que l'on trouve à l'œuvre dans le cinéma comme dans la musique, interdit de réduire l'industrie à un espace conformiste.

Pour s'établir, la « culture de masse » doit non seulement incorporer la nouveauté formelle de l'œuvre, mais également celle des rapports sociaux en perpétuelle évolution – en plus de leur diversité. Elle est donc ambivalente, ambiguë, syncrétique et réversible. Conjuguant l'unité et la diversité, elle s'offre sous la forme de textes contradictoires entre eux (*ambivalents*) et en eux (*ambigus*)[1]. Il n'est pas impossible pour des publics féminins de découvrir dans les productions audiovisuelles des contenus féministes à côté des contenus majoritairement patriarcaux, et même de consommer des œuvres à la fois féministes et anti-féministes (ce que les chercheurs des *Cultural Studies* ont montré très régulièrement, par exemple Janice Radway). La polysémie – intentionnelle ou non – est une composante évidente de la culture contemporaine, appelée à être appropriée par de multiples populations. Le caractère *syncrétique* ou *éclectique* est commandé par la recherche de l'audience la plus élevée, par le souhait de parler en même temps à des groupes hétérogènes. Il ressort de l'incroyable mélange des genres, des conventions narratives, des thèmes (folkloriques, cosmopolites, etc.), des catégories de publics visés (les médias pour adultes sont de plus en plus juvéniles, la presse pour enfants de plus en plus ouverte sur le monde adulte) et des façons de relier les différences. Il s'agit d'évoquer la variété des problèmes perçus dans une société complexe, ce qui explique son aspect émancipateur pour les jeunes et les femmes, en apportant des solutions divertissantes mais qui ne cessent de redevenir des problèmes pour ceux qui les suivent. La *réversibilité* des contenus, ou leur *évolutivité*, traduit leur dépendance à l'égard des conflits qui se manifestent dans le social : rien n'est définitivement figé dans les sociétés démocratisées, ni dans les compromis établis au sein du monde du travail ou de la famille, ni dans les représentations médiatiques.

La sociologie de Morin débute par une approche organisationnelle et débouche sur une macrosociologie des imaginaires dite des mythologies modernes. Celle-ci a été critiquée pour son supposé holisme naïf, la notion d'*esprit du temps* ayant les accents romantiques et communautaires du *zeitgeist* allemand. Mais la notion est chargée de beaucoup plus de complexité et de dynamique chez Morin qui se rapproche du Weber de *L'Éthique protestante et l'esprit du capitalisme* et de Durkheim lorsqu'il évoque un double mouvement de constitution des images « en fonction des besoins individuels qui émergent » et de « modèles, qui incitent à une certaine praxis ». Les médias servent à la fois de miroirs qui réfléchissent le social et de fenêtres sur le monde qui rendent possibles des apprentissages, comme l'observe Dominique Mehl [1992]. *L'Esprit du temps* relève de la production et de la stabilisation de cadres communs suffisamment en résonance avec les dispositions et les expériences les plus fréquentes et les plus significatives dans la société, qu'il encourage en retour. Il s'agit d'un imaginaire connu de tous sans être celui de tous, à partir duquel il y a aussi débat. Morin décrit celui des années

---

1. Noël Burch [2000] parle pour sa part de « double speak », comme dans l'exemple qu'il fournit de *Starship Troopers*, film de Paul Verhoeven foncièrement anti-militariste mais qui peut être vu aussi comme... un bon film de guerre !

1930-1960 qui lui paraît marqué par la montée de l'hédonisme et par la recherche de l'accomplissement individuel, en rupture avec l'éthique ascétique tradition-nelle, imaginaire déjà remis en cause à la fin des années 1960 lorsqu'une « crise du bonheur » se manifeste, dévoilant dans les fictions les facettes négatives du processus d'individualisation. Si cet auteur ne clarifie pas suffisamment les étapes méthodologiques d'une analyse des imaginaires contemporains et a tendance à surestimer leur force de cohésion (on devrait parler au minimum de plusieurs esprits du temps coexistant, et même d'espaces publics conflictuels), il ouvre sur une recherche des interactions sociales générales produisant des ensembles struc-turés de contenus dans les médias dont il souligne en même temps la plasticité : la forte évolutivité du mythe moderne et sa relation à double sens avec les publics le rendent inassimilable au mythe religieux institutionnalisé (il y a en fait « décom-position du sacré » et non retour au sacré), comme au mythe sémiologique de Barthes, qui ne servait qu'à dénoncer le caractère limité de la petite-bourgeoise, privée de capacité de dialogue dans la culture de masse.

L'économie politique : des industries culturelles aux industries créatives

La mise en évidence des tensions qui traversent les médias de masse est un résultat également acquis dans la tradition de l'économie politique de la commu-nication qui s'affirme à partir des années 1960 aux États-Unis avec les travaux de Herbert Schiller, dénonçant l'*impérialisme culturel* américain, puis en Europe avec les publications des Britanniques Jeremy Tunstall et Nicholas Garnham et des Français Bernard Miège et Armand Mattelart. Ce courant au nom ambigu – il ne s'agit pas tant de développer une véritable économie des médias que de s'opposer à certains phénomènes tels que la concentration américaine des moyens de production – repose plutôt sur une étude des faits organisationnels et économiques dont l'optique est d'abord dénonciatrice. Mais en détaillant les interactions et en entrant dans la boîte noire de l'industrie culturelle, il parvient à une vision plus nuancée au cours des années 1980, adoptant le pluriel – *les* industries culturelles – et l'idée que ces dernières sont beaucoup plus une méta-phore qu'une réalité intangible [voir la présentation de MATTELART, 2001]. Les marchés sont certes dominés par les entreprises américaines mais pas en raison d'un projet machiavélique des autorités ou d'une réussite structurelle de leurs produits. C'est d'abord le talent patiemment développé des sociétés télé-visuelles et cinématographiques d'outre-Atlantique et leur maîtrise des coûts qui expliquent leur capacité d'exportation, puis leur opportunisme : la libéra-lisation des chaînes de télévision dans les années 1980-1990 crée une énorme et soudaine demande de programmes dans le monde à laquelle ne peuvent répondre dans un premier temps que les entreprises déjà bien établies (voir encadré). Tunstall explique que si la délicate notion d'impérialisme doit être retenue, alors elle doit aussi qualifier la politique culturelle de la France et celle de la Grande-Bretagne. On pourrait ajouter aujourd'hui celle de l'Égypte, de l'Inde, du Japon, du Brésil, de l'Allemagne, autant de pays qui ont su créer des systèmes télévisuels ou cinématographiques ambitieux. La variété croissante des productions dans le monde et l'apparition de nouvelles puissances exportatrices relativise l'idée d'hégémonie (mais pas celle de domination) en rappelant que l'instabilité, l'innovation et la diversité sont au cœur du phénomène culturel [HESMONDHALGH, 2002].

L'autre courant qui pourrait revendiquer l'appellation d'économie politique de la communication mais que l'on nomme plutôt « économie de la culture » en raison de son intérêt pour les œuvres et activités consacrées, est formé à l'origine par les économistes « orthodoxes » venus explorer les arts et les médias. Partant de présupposés très différents, ils aboutissent à des constats similaires à ceux des auteurs de l'économie politique, repris aujourd'hui par une socio-économie de la culture. Baumol et Bowen [1966] initient une réflexion qui prend la forme d'une longue série de paradoxes dans le modèle néoclassique. Contre le cliché d'une économie florissante, gagnante à tous coups, la culture est profondément modelée par le risque et par les stratégies pour y remédier. L'histoire des studios américains de production est celle de leur concentration et de leurs faillites régulières (qui affecte aussi les repreneurs, japonais dans les années 1980, français ensuite). Le marché du travail est l'un des plus décourageants qui soit. Pour les aspirants, il n'existe peut-être pas plus d'une chance sur 500 de devenir artiste dans le domaine musical « classique », pas plus d'une sur des milliers dans le domaine « populaire » [TOWSE, 2001]. Une fois entré dans le circuit, les espoirs de revenus ne sont pas élevés. Les métiers culturels se définissent par un apprentissage permanent et par la variété des emplois occupés pour répondre à « un marché du travail recherchant une flexibilité fonctionnelle très élevée mais pour des emplois hautement qualifiés » [MENGER, 1997]. Il existe donc une faible relation entre formation initiale et compétence ultérieure.

Les artistes sont des gens généralement très éduqués mais qui acceptent en moyenne des revenus plus faibles que les gens ayant le même niveau d'études qu'eux, assumant financièrement le risque d'une carrière très aléatoire qui peut aussi mener à la fortune en quelques semaines. L'existence de forts coûts fixes, les économies d'échelle permises par la grande taille des marchés et le phénomène de report massif des publics sur quelques films ou disques, sont à l'origine de gains extraordinaires obtenus par les artistes réputés, les « stars » [ROSEN, 1981], recherchées par les publics et par les employeurs par sécurité comme par engouement (Morin remarque déjà que « la vedette est le meilleur anti-risque de la culture industrielle »). Mais sauf à décliner encore et encore ce qui a marché, ces gains demeurent au fond imprévisibles car la demande est extrêmement élastique à l'offre. L'expression du talent et la créativité sont centrales mais indéfinissables, il est donc impossible de les reproduire de façon industrielle. Au total, la plus grande incertitude règne, selon la remarque de Pierre-Michel Menger [1989], plus aiguë encore dans le secteur dit « commercial », « industrialisé », que dans le secteur « art et essai ». Si la demande pour la musique « classique » est par exemple beaucoup plus faible que celle pour les chansons « populaires », elle est par contre assez stable et ne subit pas les à-coups, les processus de flux et de reflux qui caractérisent les œuvres en prise avec les attentes d'une large population. À l'opposé de la vision adornienne, il faut donc considérer les médias de masse comme des univers hautement incertains, par conséquent obsédés par la minimisation du risque, mais voués à investir, à multiplier les essais et les répertoires pour espérer réussir. Il est donc nécessaire de passer de la notion de conformisme à celle d'innovation voire de créativité lorsque l'on évoque la réussite commerciale des œuvres « populaires », sous peine d'inverser la causalité. Le concept d'industrie culturelle, même pluralisé, cède la place à celui d'*industries créatives* à la fin du XXᵉ siècle, non sans résistance. Le discours académique, en cherchant à supprimer l'illégitimité et la médiocrité de principe des médias de masse, rencontre en effet avec cette expression le discours néolibéral – managérial et étatique – qui valorise l'expansion des secteurs dynamiques de l'information et de la communication, et l'idée d'une implication créative dans le travail [HESMONDHALGH, 2002 ; CAVES, 2000 ; GARNHAM, 2005][1].

Howard Becker : la production comme coopération

Les traits centraux de l'économie des médias sont étudiés de façon diachronique et sectorielle par les historiens et les sociologues qui tentent de dégager des tendances dans les structures de production et dans le fonctionnement du marché du travail [voir le résumé de FLICHY et PASQUIER, 1997, et les travaux séminaux de HIRSCH, 1972] : importance des coûts fixes et des économies d'échelles, augmentation de la précarisation sur les marchés du travail, passage du salariat au statut d'intermittent, absence de véritables centres de formation des auteurs permettant de hiérarchiser les professions, montée du marketing... Il manque encore une vision de très long terme qui permettrait de ne pas substantialiser ces évolutions, chaque média enregistrant des transformations cycliques [PETERSON, BERGER, 1975] et chaotiques. La précarisation et la perte d'indépendance des auteurs sont par exemple contrebalancées régulièrement par la nécessité d'accorder de la liberté à ces derniers. Les filières cinématographiques ont tour à tour été dominées dans le monde par les producteurs, les distributeurs et par les réalisateurs, certains pays disposant de mécanismes interventionnistes qui compliquent encore les rapports [BONNELL, 1989 ; DAGNAUD, 2006], ou de facteurs d'intrication entre cinéma et télévision qu'il faut détailler [CHANIAC, 1994 ; CHANIAC, JÉZÉQUEL, 1998 ; CRETON, 2003, 2005]. Chaque mouvement musical naissant (punk, rap, grunge), repose sur l'innovation et la liberté d'expérimenter accordée par les industries aux jeunes auteurs, avant l'accroissement du contrôle et la mise en place de formules plus stéréotypées [GUIBERT, 2006]. Comprendre la production à un moment donné signifie donc explorer la chaîne qui relie les propriétaires, actionnaires, dirigeants, directeurs, chargés de marketing, créateurs, techniciens, distributeurs, etc.

---

1. L'augmentation de la flexibilité dans les milieux artistiques ayant précédé celle dans la plupart des autres secteurs économiques, l'ambiguïté est encore plus manifeste : faut-il conclure que la société tout entière suit la logique des professions artistiques et/ou que celles-ci ne sont qu'aux avant-postes de phénomènes de marché très généraux [voir CHRISTOPHERSON, STORPER, 1989 ; STORPER, 1989 ; MENGER, 2003 et 2005] ?

Cette exploration peut se faire à partir d'une sociologie de la domination comme celle de Pierre Bourdieu, qui dans son analyse du champ littéraire puis dans celle du champ journalistique dévoile des règles de fonctionnement interne de la production, mais élimine d'une part l'éventualité d'une interaction avec le public, d'autre part le caractère fluctuant de certaines évolutions jugées quasi inéluctables (fermeture de l'espace télévisuel aux intellectuels, autonomisation du regard esthétique, etc.)[1]. Elle se conforme plus fréquemment à la vision non déterministe de la réalité sociale défendue par Howard Becker, qui partage avec Bourdieu l'idée d'une contextualisation des acteurs (évitant de recourir à l'imaginaire romantique du créateur génial et isolé) sans supposer l'existence d'un abîme entre producteurs et récepteurs. Héritier de l'école sociologique de Chicago, pianiste de jazz, Becker a connu de l'intérieur des formations musicales « populaires » et observé les réseaux qui les font exister [*Outsiders*, 1963]. Dans *Les Mondes de l'art* [1982], cet auteur théorise la production d'une œuvre comme action collective engageant des acteurs appelés à coopérer, à établir des conventions. Les réseaux englobent producteurs ou propriétaires, fabricants de matériels, créateurs, techniciens, fonctionnaires, intermédiaires, mais aussi créateurs du passé et du présent auxquels on se réfère – ainsi que les publics auxquels on s'adresse. L'œuvre comme action collective incorpore les traces matérielles et cognitives des multiples interactions, souvent conflictuelles, qui font se rencontrer techniques personnelles et de groupes, routines, catégories de perception... Il est donc possible de lire en elle certaines des conventions qui l'ont engendrée. Chaque monde de l'art évolue avec les conventions qui le façonnent et ne suit pas nécessairement les mêmes orientations que les autres, la reconnaissance culturelle d'un « art » ou le dédain à l'égard d'un « artisanat » ou d'une « sous-culture » ne faisant que traduire la réussite ou l'échec d'une mobilisation et non l'essence de ce monde.

L'économie politique cherche à comprendre les formes culturelles en étudiant les contraintes qui pèsent sur les créateurs, même si elle ne peut postuler une équivalence simple entre structures organisationnelles et types de contenus, les structures de production ne déterminant pas les formes artistiques ou informationnelles comme le rappelle Denis McQuail [1992]. La sociologie dite interactionniste accorde pour sa part des capacités de négociation aux acteurs qui savent se conformer aux conventions, en jouer ou en imposer d'autres. Les régimes juridiques du droit d'auteur, du copyright et du trademark influent par exemple de façons variées sur la façon dont les créateurs perçoivent leurs œuvres. Mais si la loi distribue des positions contraignantes, elle ne favorise pas en soi des types de discours, elle est, comme l'écrit Jane Gaines [1991], chercheuse au confluent des études juridiques et des *Cultural Studies*,

---

1. La variété des situations sectorielles et nationales illustre bien les limites d'une description trop généralisante : si la télévision publique française s'est développée sans recourir aux « intellectuels » et en souffrant de leur mépris, avant de connaître la concurrence violente du privé (encore plus affirmée en Italie), la télévision publique britannique a, pour sa part bénéficié du soutien du monde intellectuel et apparaît plus que jamais dominante. De même, l'autonomie artistique varie-t-elle suivant que l'on se penche sur la bande dessinée française ou américaine, les cinémas européens ou américains, les arts plastiques, etc.

une convention qui s'insère dans les conventions plus larges : un texte peut être interprété différemment dans différents secteurs et à différentes époques, bien que son existence ne puisse être ignorée. On peut observer de la même façon l'impact d'une innovation telle que celle de la télévision à péage. Moins dépendantes de l'audience que leurs concurrentes, les nouvelles chaînes de télévision à péage ont souvent accordé plus de liberté aux créateurs que les autres chaînes, la structure influant bien sur les contenus. Pourtant, on ne peut conclure à l'absence de renouvellement dans les chaînes gratuites [voir THOMPSON, 1997 ; BEYLOT, SELLIER, 2004, sur la nouvelle fiction policière « de qualité »], avec le lancement de séries audacieuses dans les années 1990 et 2000 (*Oz*, *Friends*, *Urgences*, *Ally McBeal*, *Lost*, *The Good Wife* : quelles sont les séries du câble et celles des chaînes gratuites ?) : il est possible de créer des œuvres « de qualité » en subissant des contraintes fortes. La variable de l'identité artistique, la façon dont les auteurs conçoivent leurs rapports aux œuvres, apparaît donc au moins aussi déterminante que la contrainte imposée.

Le défi d'une identité artistique à l'heure des médias de masse

L'histoire et la sociologie de l'art doivent venir ici au secours d'une sociologie des médias qui idéaliserait les activités artistiques du passé en se contentant de reprendre le credo des créateurs contemporains désabusés. La difficile jonction de ces courants de recherche, supposant une parfaite symétrie des points de vue, effectuée en France par Dominique Pasquier et Sabine Chalvon-Demersay, aux États-Unis par Richard Peterson, permet de dépasser le débat sur la liberté créatrice. Comme l'indiquent Pasquier et Chalvon-Demersay, l'existence de contraintes fortes est ce qui caractérise le mieux l'art des siècles passés... et celui de notre temps[1]. Toute la peinture de la Renaissance est une peinture de commande, quant à la création partagée, voire anonyme, elle a plutôt été la règle que l'exception.

La grande rupture a été le développement d'une idéologie romantique de l'auteur et de l'œuvre, favorisant certes un accomplissement psychologique et social mais oblitérant tout le caractère collectif et hétéronomique de la création ainsi que la richesse de l'inscription dans des traditions. L'art contemporain occupe de ce point de vue une position surprenante car il est le lieu de valorisation d'auteurs extraordinairement singularisés, dépendants de logiques de marché ou de commandes publiques à un degré rarement atteint au cours de l'histoire (comme

---

1. L'écrivain italien Alessandro Baricco relativise la contrainte financière comme critère de définition des œuvres en prenant l'exemple de l'achat d'un disque de Beethoven, auteur « pur » s'il en est : « que je sache, Beethoven écrivait pour de l'argent, et de lui jusqu'à la maison de disques d'aujourd'hui, et jusqu'au pianiste qui est en train de jouer pour vous, ce que vous avez acheté a été construit par des gens qui voulaient des tas de choses, mais, entre autres, une : de l'argent. [...] Beethoven est une marque. Les impressionnistes français en sont une. Kafka en est une. Shakespeare en est une. Umberto Eco également. Et aussi *La Republica*, ou "Mickey", ou la Juventus. Ce sont des mondes. Qui signifient bien plus que ce qu'ils sont » (*Next. Petit livre sur la globalisation et le monde à venir*, Albin Michel, 2002).

le relèvent les sociologues de l'art, Heinich, Menger et Moulin). Symétriquement, les auteurs de la télévision et du cinéma renouent avec la production collective du passé (surtout aux États-Unis), alors qu'ils cherchent à vivre en accord avec des sociétés où la subjectivité est exacerbée. L'évolution de cette tension, bien saisie par Eve Chiapello [1998] du point de vue du management, fait partie des objets à analyser autant que les contraintes organisationnelles ou morphologiques des professions. Elle marque les réalisateurs de télévision déchirés entre leurs rêves de metteurs en scène et d'artisans [CORSET, 1984 ; BOURDON, 1993], les producteurs audiovisuels [DAGNAUD, 2006 ; GLEVAREC, 2001 ; TUNSTALL, 1993], qui doivent concilier les aspirations créatrices de leurs auteurs, les coûts de fabrication des œuvres et leurs propres prétentions artistiques, venant « contaminer les logiques gestionnaires » [CHALVON-DEMERSAY, 1997] ou les animateurs de télévision, figures familialistes, hoggartiennes, particulièrement aimées du grand public mais en disgrâce auprès des techniciens et des réalisateurs [CHALVON-DEMERSAY, PASQUIER, 1990].

Dans l'enquête qu'elle a menée sur les scénaristes français de télévision, qui a valeur exemplaire par la mobilisation simultanée des apports interactionnistes, de l'économie politique et de la sociologie de l'art, Dominique Pasquier [*Les Scénaristes et la télévision. Approche sociologique*, 1995] souligne bien les conséquences parfois néfastes de ce conflit identitaire. Comme toutes les autres professions, celle de scénariste se caractérise par un jeu subtil de « barrière » et de « niveau » [pour reprendre le vocabulaire de GOBLOT, 1925], c'est-à-dire par la recherche d'une identité commune reposant sur des critères techniques et/ou artistiques ainsi que par la volonté d'instaurer un contrôle de l'accès à la profession, qui la distingue et la protège. Or cette population a échoué à se définir collectivement et à s'organiser de façon forte : les scénaristes ne se sont pas regroupés en syndicat mais en guilde (contrairement aux journalistes ou aux réalisateurs), ils ne bénéficient pas de la reconnaissance du public (à la différence des animateurs), mais ils peuvent s'appuyer sur un statut, celui d'auteur, que leur reconnaît la loi relative au code de la propriété intellectuelle (à l'instar des artistes plasticiens mais à la différence des scénaristes américains, régis par le *copyright*).

Trois vagues d'auteurs se sont succédé : les anciens, qui ont connu l'époque du monopole public et qui défendent une logique de l'œuvre, la nouvelle génération, entrée à partir du début des années 1980 et souvent formée au roman policier, une troisième et massive dernière vague, enfin, entrée au début des années 1990 à l'occasion de l'instauration de quotas d'œuvres d'expression française et composée de jeunes auteurs aux origines très diverses (techniciens de l'audiovisuel, comédiens, réalisateurs). Une série de conflits peut se déduire de l'hétérogénéité des recrutements, des idées et des pratiques ainsi que des rapports différenciés aux réalisateurs et aux producteurs. Les jeunes auteurs réclament une organisation rassurante de leur profession et une rationalisation des méthodes d'écriture proches de celles observées aux États-Unis (selon la formule des ateliers d'écriture) alors que les anciens demeurent attachés au statut d'auteur, que leur envient souvent les Américains. Il y a là d'ailleurs un étonnant chassé-croisé : « au moment même où une grande partie des scénaristes français réclament une protection professionnelle à l'américaine, les scénaristes américains tentent d'obtenir un droit moral à la française ». L'ethos de l'œuvre est cependant tellement prégnant en France qu'il explique aussi le malaise des jeunes scénaristes qui investissent dans la fiction unitaire (le télé-film) leurs aspirations artistiques, remplacées par la vénalité dès qu'ils font de la sitcom, conçue comme industrielle (« il ne faut pas charrier, ce n'est pas du Shakespeare » explique un auteur). La hiérarchisation des genres télévisuels est finalement très forte en France et préjudiciable à la série, hiérarchisation elle-même préjudiciable aux scénaristes et aux producteurs de fiction TV qui, en la produisant, confortent le discrédit social qui les frappe. Pourtant, ce genre repré-sente une forme d'expression à part entière, comme l'a amplement démontré la création américaine dans un contexte où la rationalisation et la mutualisation des méthodes de travail sont beaucoup plus affirmées, pour le pire (déposses-sion subjective) et le meilleur (multiplication du nombre d'intervenants, donc des regards subjectifs critiques).

Existe-t-il une dictature de l'audience ?

Les médias de masse ne se conçoivent que dans l'interaction postulée avec des populations nombreuses et hétérogènes, travailler pour le « grand public » étant à la fois synonyme de reconnaissance populaire et de malaise identitaire dans des sociétés où le projet artistique demeure individualiste. Cette tension est à son apogée avec la mise en place d'outils de quantification chargés de définir les réactions de ceux auxquels on s'adresse, la logique du public deve-nant peu à peu recherche d'une programmation fédératrice appréhendée par les résultats d'audience pour les médias privés qui se financent essentiel-lement par la publicité ou pour les médias publics qui tirent une partie de leur légitimité du nombre. L'histoire de la mesure d'audience semble être *a priori* celle du succès croissant des régies publicitaires, des annonceurs, des instituts de mesure mais aussi des pouvoirs publics, au détriment des produc-teurs et des créateurs, dans un mouvement généralisé de standardisation, de recherche du plus petit dénominateur commun [dans la perspective critique de CHAMPAGNE, 1994]. La complexité de l'évolution depuis les années 1950 invite cependant à nuancer ce constat [CHALVON-DEMERSAY, 1998 ; BOURDON, 1993 ; MÉADEL, 2004]. Aux États-Unis, le triomphe de la mesure d'audience traduit le recul des annonceurs qui, en l'absence de représentation alternative des publics, déterminaient initialement les programmes en fonc-tion de leurs propres attentes (les lessiviers commandant par exemple des « *soap operas* » pour les publics féminins de l'après-midi). En Europe, l'intro-duction de l'audience télévisuelle a représenté un affranchissement à l'égard de la représentation étatique antérieure : le téléspectateur-consommateur est désormais reconnu comme un acteur à part entière, potentiellement menaçant, et non plus comme un élève à éduquer. La fuite en avant dans le quantitatif, dans la magie d'une représentation simplifiée des attentes, a produit des dérives incontestables, celles d'une dictature de l'audimat qui pousse les chaînes de télévision à sacrifier le long terme pour le court terme et à arbitrer en défaveur des programmes audacieux en partant du principe qu'un bon résultat vaut acquiescement des choix opérés pour aujourd'hui et pour demain. La logique économique du grand nombre repose sur une représentation très partielle des publics, le concept d'audience servant à mesurer certaines réactions *a posteriori* à des programmes, donc à une offre donnée, et non à comprendre une demande, dont on ne sait apprécier ni la qualité ni l'intensité. En ce sens, il n'existe pas de dictature de l'audience, simplement imposition d'une demande imaginée.

Les travaux de Todd Gitlin, véritable plongée ethnographique dans les coulisses de la télévision américaine, apportent une confirmation empirique à ces remarques. Dans *Inside Prime Time* [1983], Gitlin montre que la télévision américaine fonctionne comme un « art de la photocopie », les choix de programmation étant essentiellement négatifs et moutonniers. Il s'agit d'éviter ce qui pourrait déplaire au plus grand nombre pour ne conserver que des genres et des thématiques supposés acceptables, sans cesse reproduits. La télévision a donc tendance à ne fonctionner que pour le noyau dur des téléspectateurs, excluant les autres publics, les changements ne s'opérant que par effets de paliers. L'homosexualité est par exemple absente des séries jusque dans les années 1970, sous prétexte que son évocation pourrait choquer, mais l'audace d'un producteur peut être récompensée par une bonne audience, entraînant un suivisme généralisé (penser aussi à la multiplication foudroyante des émissions de téléréalité). L'analyse des tests[1] effectués par les chaînes de télévision, qui pourraient apporter des informations qualitatives complémentaires, renforce ce constat. Les résultats modifient rarement les opinions des divers acteurs et sont avant tout instrumentalisés par les producteurs et diffuseurs pour imposer leurs points de vue aux créateurs. Ce sont des outils internes de négociation et de légitimation des décisions (changer un passage, minorer un thème, etc.) qui servent des politiques de production plus qu'ils n'évaluent intuitivement les attentes des publics.

L'utilisation des données ne se résume pourtant pas à une pure méconnaissance des publics. Gitlin choisit de ne décrire que le versant conformiste de l'audiovisuel, mais ses conclusions apparaissent au fond ambiguës puisqu'elles évoquent l'existence de changements provoqués par quelques stratégies innovatrices et par la perception de bons résultats d'audience. D'autres explorations des milieux de l'audiovisuel, opérées par Sabine Chalvon-Demersay [1998] ou Régine Chaniac [2003], font généralement ressortir le dualisme de la quête de l'audience. Même si d'un point de vue technique les données sont mauvaises, elles sont utilisées comme des moyens de communication entre les professionnels et les publics. Même si les tests sont entachés de nombreux défauts et répondent d'abord à des logiques de résolution des conflits internes à la production, ils laissent parfois filter des réactions, à l'instar des tests publicitaires[2].

---

1. Ces tests consistent à réunir une petite centaine de personnes dans une salle, à partir d'une représentativité grossière relative à l'âge et au niveau d'éducation, et à poser quelques questions sur la perception d'un épisode pilote d'une série (ou d'un film encore inédit).
2. Les professionnels de la télévision comme les publicitaires ne mesurent en fait jamais les résultats futurs d'un produit mais ils peuvent tirer des leçons d'un test. Une anecdote fameuse

La quête des publics par la mesure de l'audience est un mythe qui contribue à une prise en compte de la multiplicité des attentes : la tension qui travaille les médias de masse ne disparaît pas dans le bain corrosif du tout quantitatif. L'audience chiffrée est moins une réalité définitive qu'un élément de négociation dans la chaîne qui relie les acteurs de la création, d'abord instrumentalisé par les directeurs de production avec le concept d'audimat, mais laissant aussi sourdre des appréciations populaires et des possibilités de défense de territoire pour les créateurs. Les grands médias ne s'y trompent pas qui, sans cesser d'être positivistes, multiplient les indicateurs (petits/gros consommateurs, stabilité de l'écoute, etc.), les études qualitatives et la sociométrie pour tenter de créer un art de la programmation, complémentaire de celui de la photocopie. « Suffrage censitaire à l'envers », « vote du pauvre », selon les formules de Michel Souchon, les tests d'audience n'ont pas de valeur prédictive mais ils sont un outil essentiel pour une télévision qui ne fonctionne plus en vase clos et s'ouvre à certaines attentes, en priorité celles des gros consommateurs. C'est à une véritable « télévision de la demande » (Dominique Mehl), à une télévision capable d'intégrer les mondes vécus des publics (John Fiske), que répond la mise en place de ces tests, instaurant au moins de façon minimale et négative une « dictature démocratique » insupportable pour ceux qui n'acceptent pas l'idée que les émissions de variété, les « *reality shows* » ou les matchs de football, aux audiences si massives, correspondent à des choix, à des goûts, et ne sont pas les réceptacles de l'absence de distinction de foules passives.

Conclusion

Le débat sur les industries créatives aboutit à la découverte de paradoxes dont le moindre n'est pas celui de la prise en compte contradictoire des audiences. Il n'existe pas seulement une tension entre production et réception mais également une tension au sein des actes de production comme de réception. Il est difficile d'en saisir l'origine si l'on en reste à une sociologie d'acteurs fermés les uns aux autres, sans liens autres que ceux établis par la communication de masse. Le débat demeure limité car il ne porte encore que sur des attentes croisées et non sur une dynamique historique. L'objectif de la troisième partie est de replacer les médias dans le grand bain du social, de boucler la culture, non pas fonctionnellement et de façon rassurante, à la façon de la cybernétique, mais démocratiquement, dans le conflit des interprétations.

---

dans le monde de la publicité le souligne bien. La société Bic avait lancé dans les années 1980 un parfum bon marché vendu dans les bureaux de tabac, sur le principe du gadget jetable, sans effectuer de test préventif, en partant du principe que les tests étaient bien trop imparfaits pour rendre compte de l'impact d'une innovation. L'étude de l'échec complet de ce produit a permis de comprendre que les consommateurs percevaient le faible prix et le lieu d'achat comme des éléments de dégradation symbolique d'un produit très connoté par le luxe. Une série de tests n'aurait certainement pas permis de mesurer le succès ou l'insuccès à venir mais aurait probablement détecté certaines réticences d'achat...

La question de l'impérialisme culturel

Le dossier Dallas

Les séries télévisées sont des supports idéaux de réflexion sur la question de l'impérialisme culturel, celles ayant atteint une large diffusion au-delà de leur pays d'origine sont en effet pour la plupart américaines. Depuis les années 1980 nous disposons de travaux importants sur les réceptions de *Dallas*, la série peut-être la plus populaire de l'histoire de la télévision. L'enquête internationale menée par Elihu Katz et Tamar Liebes [*The Export of Meaning, Cross-Cultural Readings of Dallas*, 1990] souligne avec richesse l'ambiguïté de la thèse de l'imposition culturelle. Dans la tradition des *Usages et Gratifications*, elle est fondée sur une comparaison des réactions de publics variés à la retransmission de mêmes épisodes de Dallas (ces publics étaient surtout interrogés en Israël pour des raisons de commodité et de coût) :

– un groupe d'Arabes israéliens ;
– un groupe de Juifs israéliens, membres d'un kibboutz ;
– un groupe de Juifs israéliens, soviétiques d'origine et nouvellement arrivés ;
– un groupe d'Américains interrogés aux États-Unis ;
– un groupe de Japonais interrogés au Japon.

Un enquêteur issu du même milieu national et social que les membres du groupe qu'il interroge pose quelques questions précises, relatives aux épisodes (vus sur magnétoscope), et laisse ces derniers discuter librement (procédure des entretiens semi-directifs/observation participante). Pour éviter les distorsions possibles, les divers groupes interrogés présentaient des profils socio-demographiques proches. Il ressort de ces entretiens que dans tous les milieux culturels la trame de Dallas est décodée à partir des mêmes éléments narratifs, des thèmes dits « primordiaux » (enjeux de richesse, conflits familiaux, histoires d'amour, etc.), que les mêmes réactions indignées se manifestent à l'égard de J. R., le personnage central de la série, ainsi qu'une fascination pour la beauté de certains personnages ou une véritable ironie à l'égard des facilités de récit des scénaristes. Ce constat effectué, il est intéressant d'observer que les publics se divisent en réalité sur l'importance qu'ils accordent aux différents thèmes et par leur recours plus ou moins fréquent à de grands types de discours (Katz et Liebes utilisent pour ce faire une grille d'analyse des discours qu'ils répartissent en quatre grandes catégories inspirées de la linguistique de Jakobson et de la sémiotique de Barthes).

Quelques types de lectures selon Liebes et Katz

– Référentielle « ludique » : évocation des récits avec distanciation et jeu de rôle
– Référentielle « réelle » : rapprochements entre les récits et la vie quotidienne
– Critique métalinguistique : analyse de la série du point de vue de sa fabrication
– Critique idéologique : rejet des contenus pour des raisons idéologiques

Les groupes « traditionalistes » (Arabes et Juifs du kibboutz) ont le plus fréquemment recours aux discours référentiels ludiques, ils voient plus que les autres dans *Dallas* une grande saga familiale centrée sur la question de l'autorité du patriarche, de la rivalité entre les frères autour de la reconnaissance du droit d'aînesse ou de la stérilité. Ils se reconnaissent partiellement dans cette série qui leur semble faire la description d'un univers où le clan familial reste central, bien qu'elle ait pour cadre le Texas du XXe siècle. Les Juifs « soviétiques » sont ceux qui se moquent le plus d'une série qui leur semble d'abord révéler au grand jour les vices du capitalisme américain (l'obsession de l'argent) et ses contradictions idéologiques (les personnages ne sont pas heureux). Les Américains sont particulièrement curieux pour leur part des conditions de création de la série (critique métalinguistique), s'intéressent aux acteurs, à l'évolution programmée de la série, la compare avec d'autres séries hollywoodiennes concurrentes. À la question « Pourquoi parle-t-on tant de bébés dans Dallas ? » les Arabes répondent avant tout que les bébés sont au cœur de la querelle entre les héritiers, qu'ils sont l'enjeu même de la reproduction familiale, alors que les Américains estiment que les bébés sont d'abord très utiles aux scénaristes car ils permettent de faire durer la série !

L'étude du contre exemple japonais vient éclairer l'un des seuls échecs de *Dallas* (avec le Brésil dont on peut supposer que la forte production de *telenovelas* a pu barrer l'entrée de séries américaines), très vite retiré de l'antenne pour cause de mauvaise audience. Il prouve également qu'il n'existe aucune réelle martingale du succès télévisé. La retranscription des entretiens menés dans ce pays montre que l'hostilité des publics provient de la description de relations sociales chaotiques, sans cesse menacées par le conflit. Les Japonais sont de grands consommateurs de séries américaines qu'ils peuvent plébisciter et la violence est très présente sur leurs écrans, mais si leur société est aussi plus marquée par la domination patriarcale que dans les pays occidentaux leur attachement à un idéal de relations douces, fondées sur une harmonie apparente des rapports familiaux, fait obstacle au spectacle de familles déchirées, dénuées de civilité. Dallas heurte leur image d'une Amérique consensuelle et d'une masculinité responsable (d'où le triomphe de *La petite maison dans la prairie*).

La conclusion est donc que les publics s'interprètent plus qu'ils n'interprètent, en fonction de leurs origines et de leurs ressources culturelles, de leur proximité à la production aussi. *Dallas* ne vient pas écrire le roman américain sur la page blanche des cultures nationales. Les études effectuées dans d'autres pays dans les années 1980 illustrent bien ce constat. Ien Ang a montré au moyen de courriers que l'intérêt que les Néerlandais manifestaient pour *Dallas* était fortement lié à la nature très libérale de leur société : loin de présenter le visage d'une société traditionnelle, la famille texane apparaît comme le prototype d'un univers de relations déstructurées et comme un antidote à cette crise des structures. En Allemagne, Herta Herzog a noté que le rejet à l'égard de J. R. était peut-être moins élevé que dans les autres pays occidentaux, notamment qu'aux Pays-Bas pourtant limitrophes, la clé étant à trouver dans le caractère plus affirmé du pouvoir patriarcal dans ce pays (J. R. n'est pas plus aimé qu'ailleurs mais son statut de garant du lien familial et ses qualités de battant ne sont pas négligés). Joëlle Stolz, en Algérie, confirme que l'une des raisons du succès de *Dallas* est qu'il renvoie l'image d'un modèle familial ancré dans la tradition alors même que les sociétés du Maghreb connaissent de profonds bouleversements de leurs traditions (*Dallas* fonctionnant comme un objet réflexif, à la fois nostalgique et prospectif).

Comment expliquer le succès mondial de certaines séries télévisées ?

Des critiques méthodologiques peuvent être adressées à ces enquêtes (l'échantillon de lettres étudié par Ien Ang est très réduit ; dans la vaste enquête de Katz et Liebes la composition sociale des groupes n'est pas toujours identique, il existe notamment un biais en faveur des milieux intellectuels supérieurs dans le groupe japonais) mais leur apport est incontestable dans un débat sur l'impérialisme culturel. Le succès des séries américaines est lié à plusieurs facteurs et non à la simple puissance de frappe d'une industrie et à l'effet d'imposition d'une culture. La production audiovisuelle américaine apparaît particulièrement adaptée dans ses structures commerciales comme dans ses structures organisationnelles à l'exportation de séries dans le monde entier. La télévision répond depuis les années 1980 à une logique de la demande à laquelle ont parfaitement su s'adapter les entreprises américaines : la fin des monopoles publics et de leur logique d'offre en Europe (et dans de nombreuses autres régions du monde) a rendu nécessaire l'importation de séries américaines déjà amorties et bon marché, ce qui explique la diffusion d'une série comme *Dallas* sur tous les écrans du monde à partir de cette époque (puis dans les années 1990 de séries telles que *Beverly Hills* ou *Baywatch*). Les séries américaines sont par ailleurs élaborées à partir de principes éprouvés dans le cinéma hollywoodien : recours à des scénaristes spécialisés, séries expérimentées grâce à un feuilleton-test (pilote), mesures d'audiences, intrigues relativement simples, personnages clés répondant à une logique de télévision relationnelle (par opposition à une télévision messagère). Elles ne parviennent à séduire des populations très différentes que par des contenus quasi-universels, dont les réceptions nationales varient le plus souvent. Les grandes séries américaines s'appuient sur des schémas connus (relations amoureuses, relations familiales, opposition entre le bien et le mal, etc.) inscrits dans des contextes peu précis qui rendent possible un investissement personnel des téléspectateurs sans réduire le potentiel utopique des séries (appréciées aussi parce qu'elles sont américaines, porteuses d'une attente de dépaysement : gratte-ciel, déserts, richesse matérielle...).

La réussite exceptionnelle de certaines séries n'a pu se produire sans la conjonction de réceptions nationales spécifiques, s'agrégeant par un effet de mode. Les raisons du succès des feuilletons varient suivant les pays, un effet de mode, de curiosité, accentuant le désir de voir une série connue. Il y a toujours une réception secondaire d'un feuilleton : une « communauté mondiale » existe (à un niveau plus modeste voir le succès français de *Hélène et les garçons*, sitcom aimée ou détestée mais regardée). Il est donc possible de tracer des limites à la thèse de l'impérialisme culturel en rappelant l'existence, bien connue maintenant, de réceptions différenciées et de louer les qualités des séries américaines. Il est possible aussi de déplorer l'existence d'effets monopolistiques ou oligopolistiques dans le secteur de l'exportation de séries télévisées et de rappeler que les téléspectateurs ne sont pas demandeurs seulement de feuilletons étrangers mais aussi de productions nationales et d'autres genres de programmes. De nombreuses enquêtes montrent d'ailleurs que là où une production nationale existe (cette production hors États-Unis augmente depuis les années 1990-2000) les publics ont tendance à la préférer aux productions américaines. Le succès international de la téléréalité à la fin des années 1990 le confirme, un programme comme *Big Brother* possédant autant de versions nationales très différenciées que de lieux d'exportation.

Enfin, le problème de la définition de ce que serait la culture américaine et des valeurs qu'elle exporterait se pose avec acuité. Il est difficile de réduire une société à quelques éléments, encore plus de différencier ce qui lui appartient dans un paysage mondialisé : le succès de *Buffy* repose en partie sur la mondialisation du statut adolescent et des jeux de subversion limitée des identités sexuées [WILCOX, LAVERY, 2002], qui n'est pas un effet d'américanisation, de même que l'attrait pour le surnaturel et la critique institutionnelle [CLARK, 2003]. Si l'on tient à opposer des blocs culturels en compétition, il faut constater que les grandes enquêtes sur les valeurs [INGLEHART, 1999] concluent à la convergence des cultures nationales non vers le modèle américain, s'il existe, mais vers celui des pays nord-européens, aux exportations audiovisuelles très faibles.

Bibliographie

ANG Ien, *Watching Dallas. Soap Opera and the Melodramatic Imagination* (1985), Londres, Routledge, 1989.

BAUMOL William, BOWEN William, *Performing Arts. The Economic Dilemma*, New York, The Twentieth Century Fund, 1966.

BECKER Howard, *Les Mondes de l'art* (1982), Flammarion, 1987.

– *Outsiders. Études de sociologie de la déviance* (1963), Métailié, 1985.

BEYLOT Pierre, SELLIER Geneviève (dir.), *Les séries policières*, L'Harmattan, 2004.

BONNELL René, *La Vingt-cinquième image. Une économie de l'audiovisuel* (1989), Gallimard-FEMIS, 1996.

BOURDIEU Pierre, *Les Règles de l'art. Genèse et structure du champ littéraire*, Seuil, 1992.

– « Le marché des biens symboliques », *L'Année sociologique*, vol. XXII, 1971.

BOURDON Jérôme (dir.), « Une télévision sans service public ? », *MédiaMorphoses*, Hors série, 2005.

– « Les réalisateurs de télévision. Le déclin d'un groupe professionnel », *Sociologie du travail*, 4, 1993.

– « À la recherche du public ou vers l'indice exterminateur. Une histoire de la mesure d'audience à la télévision française », *Culture technique*, 1991.

BURCH Noël, « Double Speak. De l'ambiguïté tendancielle du cinéma hollywoodien », *Réseaux*, 99, 2000.

CAVES Richard E., *Creative Industries. Contracts between Art and Commerce*, Cambridge, Harvard University Press, 2000.

CHALVON-DEMERSAY Sabine (dir.), « Les Publics : généalogie de l'audience télévisuelle », *Quaderni*, 35, 1998.

– (dir.), « Modèles et acteurs de la production audiovisuelle », *Réseaux*, 86, 1997.

CHALVON-DEMERSAY Sabine, PASQUIER Dominique, *Drôles de stars. La télévision des animateurs*, Aubier, 1990.

CHAMPAGNE Patrick, « La loi des grands nombres. Mesure de l'audience et représentation politique du public », *Actes de la Recherche en Sciences Sociales*, 101-102, 1994.

CHANIAC Régine (dir.), « L'audience », *Hermès*, 37, 2003.

– « La télévision de 1983 à 1993 », *Chronique des programmes et de leurs publics*, INA-SJTI, 1994.

CHANIAC Régine, JÉZÉQUEL Jean-Pierre, *Télévision et cinéma. Le désenchantement*, Nathan-INA, 1998.

CHIAPELLO Ève, *Artistes versus managers. Le management culturel face à la critique artiste*, Métailié, 1998.

CHRISTOPHERSON Susan, STORPER Michael, « The Effects of Flexible Specialization on Industrial Politics and the Labor Market : The Motion Picture Industry », *Industrial and Labor Relations Review*, 42/3, 1989.

CLARK Lynn Schofield, *From Angels to Aliens. Teenagers, the Media, and the Supernatural*, Oxford University Press, 2003.

CORSET Pierre, « La sociologie d'un corps professionnel. Les réalisateurs de télévision », *Réseaux*, 9, 1984.

CRETON Laurent, *Économie du cinéma. Perspectives stratégiques*, Armand Colin, 2005 (3ᵉ édition).

– (dir.), *Le Cinéma à l'épreuve du système télévisuel*, CNRS éditions, 2003.

DAGNAUD Monique, *Les Artisans de l'imaginaire. Comment la télévision fabrique la culture de masse*, Armand Colin, 2006.

FISKE John, *Television Culture* (1978), New York, Routledge, 1994.

FLICHY Patrice, PASQUIER Dominique, « Programmes et professionnels. Introduction », in BEAUD *et al.* (dir.), *Sociologie de la communication*, Réseaux-CNET, 1997.

GAINES Jane, *Contested Culture. The Image, the Voice, and the Law*, Chapel Hill, The University of North Carolina Press, 1991.

GARNHAM Nicholas, « From cultural to creative industries: an analysis of the implications of the "creative industries" approach to arts and media policy making in the United Kingdom », *International Journal of Cultural Policy*, 11/1, 2005.

– *Capitalism and Communication*, Londres, Sage, 1990.

GITLIN Todd, *Inside Prime Time*, New York, Pantheon Books, 1983 (traduction partielle : « Prévoir l'imprévisible », *Réseaux*, 39, 1990).

GLEVAREC Hervé, *France Culture à l'œuvre. Dynamique des professions et mise en forme radiophonique*, CNRS éditions, 2001.

GOBLOT Edmond, *La Barrière et le niveau* (1925), PUF, 1967.

GUIBERT Gérôme, *La Production de la culture. Le cas des musiques amplifiées en France*, Irma, 2006.

HEINICH Nathalie, *Le Triple jeu de l'art contemporain*, Minuit, 1998.

HERZOG-MASSING Herta, « Decoding Dallas », *Society*, 24/1, 1986.

HESMONDHALGH David, « Industries culturelles et *cultural studies* (anglophones) », *in* GLEVAREC Hervé *et al.*, Anthologie *Cultural Studies*, Armand Colin-INA, 2008.

– *The Cultural Industries*, Londres, Sage, 2002/2007 (1re et 2e édition).

HIRSCH Paul, « Processing Fads and Fashions. An Organization-Set Analysis of Cultural Industry Systems », *American Journal of Sociology, 11IA*, 1972.

INGLEHART Ronald, « Choc des civilisations ou modernisation culturelle du monde ? », *Le Débat*, 105, 1999.

KARPIK Lucien, *L'économie des singularités*, Gallimard, 2007.

LIEBES Tamar, KATZ Elihu, « L'exportation du sens : lectures transculturelles de la télévision américaine », *Études et documents d'information*, UNESCO, 104, 1992.

– *The Export of Meaning, Cross-Cultural Readings of Dallas*, Oxford, Oxford University Press, 1990 (trad. partielle : « Six interprétations de la série "Dallas" », *Hermès*, 11-12, 1993).

MACÉ Éric, « Éléments d'une sociologie contemporaine de la culture de masse. À partir d'une relecture de *L'Esprit du temps* d'Edgar Morin (1962) », *Hermès*, 31, 2001.

MATTELART Armand, DELCOURT Xavier, *La Culture contre la démocratie ? L'audiovisuel à l'heure transnationale*, La Découverte, 1984.

MATTELART Tristan, « L'internationalisation de la télévision entre déterritorialisation et reterritorialisation », *in* PAGÈS Dominique, PÉLISSIER Nicolas (dir.), *Territoires sous influence 2*, L'Harmattan, 2001.

McQUAIL Denis, *Media performance. Mass Communication and the Public Interest*, Londres, Sage, 1992.

MEHL Dominique, *La Fenêtre et le miroir. La télévision et ses programmes*, Payot, 1992.

MÉADEL Cécile (dir.), « Public : cher inconnu ! », *Le Temps des Médias*, 3, 2004.

MENGER Pierre-Michel, *Les intermittents du spectacle. Sociologie d'une exception*, EHESS, 2005.

– *Du Labeur à l'œuvre. Portrait de l'artiste en travailleur. Métamorphose du capitalisme*, Seuil, 2003.

– *La Profession de comédien. Formations, activités et carrières dans la démultiplication de soi*, Ministère de la Culture et de la Communication, 1997.

– « Rationalité et incertitude de la vie d'artiste », *L'Année sociologique*, 39, 1989.

– *Les Laboratoires de la création musicale. Acteurs, organisations et politique de la recherche musicale*, La documentation Française, 1989.

– *Le Paradoxe du musicien*, Flammarion, 1983.

MIÈGE Bernard *et al.*, *Capitalisme et industries culturelles*, Grenoble, PUG, 1978.

MORIN Edgar, *L'Esprit du temps, 1 – Névrose*, Grasset, 1962.

MOULIN Raymonde, *L'Artiste, l'institution et le marché*, Flammarion, 1992.

PASQUIER Dominique, « La télévision comme expérience collective : retour sur les Mondes de l'art », *in* PESSIN Alain, BLANC Alain (dir.), « L'Art du terrain. Mélanges offerts à Howard S. Becker », L'Harmattan, 2004.

– *Les Scénaristes et la télévision. Approche sociologique*, Nathan, 1995.

PASQUIER Dominique, « Une télévision sur mesure. Les données d'audience dans le système américain », *Réseaux*, 39, 1990.

PASQUIER Dominique, CHALVON-DEMERSAY Sabine, « Les mines de sel : auteurs et scénaristes de télévision », *Sociologie du travail*, 4, 1993.

PETERSON Richard, « Mais pourquoi donc en 1955 ? Comment expliquer la naissance du rock », *in* MIGNON Patrick, HENNION Antoine (dir.), *Rock, de l'histoire au mythe* (1990), Anthropos, 1991.

– « La sociologie de l'art et de la culture aux États Unis », *L'Année sociologique*, 39, 1989.

PETERSON Richard, BERGER David, « Cycles in Symbol Production : the Case of Popular Music », *American Sociological Review*, 40/2, 1975.

ROSEN Sherwin, « The Economics of Superstars », *American Economic Review*, 15, 1981.

SCHILLER Herbert, *Mass Communications and American Empire* (1969), Boulder, Westview Press, 1992.

SOUCHON Michel, « L'apport des méthodes quantitatives à la connaissance du public de la télévision », *Hermès*, 11-12, 1993.

– « Les programmateurs et leurs représentations du public », *Réseaux*, 39, 1990.

– *Petit écran, grand public*, La documentation Française, 1980.

STOLZ Joëlle, « Les Algériens regardent *Dallas* », *in Les Nouvelles chaînes*, PUF, 1983.

STORPER Michael, « The Transition to Flexible Specialisation in the US Film Industry. External Economies, the Division of Labour, and the Crossing of Industrial Divides », *Cambridge Journal of Economies*, 13/3, 1989.

THOMPSON Robert J., *Television's Second Golden Age*, Syracuse University Press, 1997.

TOWSE Ruth, *Creativity, Incentive and Reward. An Economie Analysis of Copyright and Culture in the Information Age*, Cheltenham, Edward Elgar Publishing, 2001.

TUNSTALL Jeremy, *Television Producers*, Londres, Routledge, 1993.

– *The Media are American. Anglo-American Media in the World*, Londres, Constable, 1977.

TUNSTALL Jeremy, PALMER Michael, *Media Moguls*, Londres, Routledge, 1991.

WILCOX Rhonda, LAVERY David (dir.), *Fighting the Forces : What's at Stake in Buffy the Vampire Slayer ?* Lanham, Rowman & Littlefield Publishers, 2002.

WILLIAMS Raymond, *Culture and Society, 1780-1950*, Londres, Chatto & Windus, 1958.

TROISIÈME PARTIE

Pluraliser
la communication

Démocratie, créativité
et réflexivité

Chapitre 13

Les théories politiques de l'opinion publique

Peut-on revenir aux effets forts ?

Sociologiser la communication, comme cela a été fait dans la seconde partie, signifie opposer une logique de construction des actions humaines à une pure logique fonctionnelle de transmission. Les médias sont des espaces où se jouent la formation, la reproduction et la contestation d'ensembles de pratiques et de croyances, mêlant indissociablement pouvoir et culture, chacun de ces éléments se lisant dans l'autre. Le risque d'une telle démarche a été plusieurs fois souligné. Il est de concevoir les actes sociaux comme donnés et fermés sur eux-mêmes, à l'intérieur d'un système tendant soit vers le culturalisme soit vers un structuralisme centré sur la domination symbolique. Le déplacement opéré reviendrait à remplacer un naturalisme par un sociologisme, largement contredit par les multiples tensions et contradictions relevées par exemple dans les médias. Face à ce risque, la sociologie a développé une strate supplémentaire de description des actes humains qu'elle ne réduit jamais à des produits univoques. L'interprétation et le changement sont au cœur des activités, surgissant de façon manifeste sous la forme du conflit, de l'expérience de soi et de l'altérité dans les sociétés démocratiques. L'étape suivante d'une sociologie de la communication consiste à comprendre la dynamique entre production et réception du sens comme une véritable mise en relation des communicateurs, contenus et publics – comme cela avait déjà été esquissé au niveau microsociologique dans les chapitres sur la réception et la production – mais en réinscrivant les médias dans l'ensemble plus large des relations sociales conflictuelles, au sein d'un processus continu de démocratisation.

Penser la communication de masse comme l'un des lieux par où advient la démocratie peut d'abord se faire à partir des théories politiques de l'opinion qui renouvellent à partir des années 1970 les conceptions sur le rôle de l'information en proposant avec les modèles d'« *agenda setting* » et de « spirale du silence » un retour à la notion d'effet. Ce retour heuristique permet de poser des questions qui demeuraient latentes : Quel est le rôle des médias dans la constitution et la vie de l'ensemble de la société, au-delà des cultures qui la composent ? Peut-on mesurer le degré de perméabilité de la sphère médiatique aux enjeux et contradictions politiques ? Largement contestée en raison de son ancrage positiviste ou de la tentation rétrograde qu'elle peut induire, la formule du retour aux effets masque en fait une avancée significative vers une vision cognitiviste et constructiviste de la représentation politique. De ce point de vue, les théories de l'opinion publique récapitulent l'évolution de la pensée sociologique, des effets à la construction sociale des faits, mais en déplaçant la réflexion au niveau macrosocial, celui de la confrontation de l'ensemble des médias et de la société. Elles représentent une charnière entre les conceptions fonctionnelles ou normatives et celles ancrées dans l'idée de démocratisation.

Les effets d'agenda et la spirale du silence

La recherche en science politique d'abord fascinée par les médias, accusés de contribuer à l'irrationalité des masses avec Lippmann et Tchakhotine, ou censés les éduquer avec Lasswell, a connu un accomplissement précoce et certainement stérilisant avec la théorie des effets limités. Le renouveau des réflexions passe par conséquent dans les années 1970 par une volonté de rupture à l'égard du paradigme lazarsfeldien, centré sur le court terme et sur les seuls mécanismes de défense individuels ou interpersonnels (sélectivité). Les effets des médias opèrent au niveau sociétal et sur le long terme, non par inculcation mais en neutralisant la sélectivité ou en la faisant porter sur un ensemble restreint de choix.

Avec la notion d'agenda, Maxwell McCombs et Donald Shaw [1972] se donnent un outil original pour identifier et comparer les opinions véhiculées par les médias et celles des citoyens, afin d'en établir les liens. Un agenda est une hiérarchie de priorités, une liste d'enjeux classés par importance croissante, que l'on peut appréhender par exemple en dénombrant à un moment donné les sujets traités dans la presse et la quantité de temps d'antenne et/ou de lignes qu'ils génèrent, ou, pour les citoyens, en effectuant des sondages d'opinion et des entretiens. La corrélation entre les agendas, statistiquement vérifiée par les auteurs, voire l'antériorité des préoccupations des journalistes, conduisent à se poser la question de l'influence par effet de structure. Selon la formule fameuse de Bernard Cohen, les médias ne nous diraient pas ce qu'il faut penser mais *à quoi il faut penser*. Si rien ne détermine les opinions, positives, négatives ou indifférentes à l'égard d'un événement, tout pousse à produire des opinions sur cet événement, donc à éliminer des possibles. De façon proche, la théorie de la spirale du silence d'Elisabeth Noelle-Neumann [1974] soutient que les médias interviennent dans l'espace social en réprimant la diversité des opinions. L'auteur observe l'existence d'un décalage entre les opinions conçues par les individus et leur expression en public (que l'on pourrait repérer statistiquement dans certaines circonstances) et s'appuie sur une analyse des intentions de vote aux élections fédérales allemandes de 1965, au départ indécises, gagnées par les démocrates chrétiens après la publication de prévisions favorables, pour évoquer l'existence d'un effet boule-de-neige, un ralliement en faveur du camp annoncé vainqueur.

L'originalité de cette nouvelle version des effets de suivisme, dits « *band-wagon* » (prendre le train en marche) et de retrait (les individus dissidents quittent le débat ou le vote), éternels dragons de mer des sciences politiques, réside en son corps d'hypothèses : la peur de l'isolement guide les individus des sociétés contemporaines ; l'absence de contacts avec autrui conduit à une ignorance de la variété des opinions et à une forte dépendance à l'égard de ce qui est perçu comme dominant ; les individus ne cessent d'évaluer les opinions statistiquement dominantes dans leur entourage pour adopter les positions qui ne les isoleront pas ; l'intensité de l'engagement public est fonction de la probabilité perçue de succès. Un groupe majoritaire produit généralement une dynamique qui conforte sa supériorité, mais s'il doute de ses opinions ce groupe perd son leadership au profit d'un groupe convaincu de sa force et défendant ses opinions en public.

Dans un second texte [1984], les médias sont inscrits au cœur du mécanisme, qui se rapproche de celui de l'agenda. La perception des opinions dominantes ne s'effectue plus seulement au sein de l'entourage mais en tenant compte des discours tenus par les « leaders d'opinion » de la télévision ou de la radio, les journalistes et personnalités de premier plan. Une petite population est capable de limiter le sens critique des individus qui se retirent des débats en entrant dans une spirale du silence, instaurant une opinion dominante : les médias nous disent *ce qu'il ne faut pas penser.*

Les médias font-ils vraiment l'élection ?

Ces deux problématiques valident le soupçon de manipulation des élections en évoquant la pression de la définition médiatique de la réalité, en particulier sur les indécis. Les critiques qui leur ont été adressées et les révisions auxquelles leurs auteurs les ont soumises permettent néanmoins d'en relativiser la portée. La théorie de l'agenda demeure très partielle si elle n'intègre pas l'existence d'autres agendas que ceux des médias et des citoyens, notamment celui des hommes politiques, et si elle n'étudie pas à la fois toutes les interactions entre ces groupes et toutes les interactions au sein de ces groupes. Il ressort des nombreux travaux menés ultérieurement par McCombs et Shaw et leurs héritiers [voir BREGMAN, 1989 ; MCCOMBS et SHAW, 1993, avec WEAVER, 1997] ainsi que des recherches pionnières de Cohen (1963) et Cobb et Elder [1972] sur l'agenda des décideurs politiques (*agenda building*, par opposition à l'*agenda setting*, celui de construction de l'opinion publique), un tableau extrêmement brouillé des relations. L'impact combiné des agendas citoyens et médiatiques sur les hommes politiques est fréquemment relevé, avec l'exemple fameux du Watergate [LANG, LANG, 1983], mais c'est surtout l'idée d'un va-et-vient permanent voire d'une intrication qui domine (dans le cas du Watergate, les prises de position du gouvernement ont également joué). L'influence des agendas médiatiques sur les citoyens est parfois inversée, plus généralement relativisée avec l'idée qu'elle ne s'exerce pas pour tous ni à tout moment, les citoyens étant capables d'opposer leurs propres informations et valeurs à celles des journaux, l'attention étant également fonction de la crédibilité accordée aux médias.

Des exemples récents peuvent être avancés qui manifestent l'existence de distorsions significatives entre les agendas ou l'absence de causalité simple. En France, l'élection présidentielle de 1988 est lue à travers le prisme de la cohabitation par les journalistes alors que le problème du chômage demeure invariablement la préoccupation première des citoyens [BREGMAN, MISSIKA, 1987] ; contre les attentes de la presse, le résultat, en 1992, du référendum de Maastricht se joue sur le fil du rasoir ; durant l'élection présidentielle de 1995, Édouard Balladur est le favori de tous les grands médias et bénéficie du soutien de la chaîne de télévision la plus regardée, TF1, mais il n'accède même pas au second tour de l'élection. La présence de l'extrême droite au second tour de l'élection présidentielle française de 2002, dans le contexte d'une campagne électorale centrée sur la question de l'insécurité, peut difficilement s'expliquer par un effet d'agenda, même si le suivisme médiatique a été aussi flagrant que navrant. La question de l'insécurité était déjà au sommet de l'agenda citoyen quand l'élection présidentielle de 2002 débute et que le futur vainqueur, Jacques Chirac, décide de faire campagne sur ce thème [MERCIER, 2003]. Son concurrent socialiste l'avait inscrite depuis 1997 à la seconde place de son propre agenda sans parvenir à négocier une définition du problème qui ne soit pas récupérable par l'extrême droite. En Italie, l'omniprésence médiatique de Silvio Berlusconi après son élection en 1994 n'empêche pas sa chute rapide ; sa réélection en 2001 s'explique non par une manipulation médiatique mais par une campagne politique qui sait opérer une synthèse habile entre deux électorats bien déterminés, sans séduire l'ensemble des citoyens [LAZAR, 2002].

La spirale du silence est contredite par les travaux de Serge Moscovici [*Psychologie des minorités actives*, 1979] qui rappelle que les minorités disposent de beaucoup plus de capacités de s'exprimer et de contribuer au changement social que ne le suppose Noelle-Neumann. La thèse de la perception de soi par le seul aspect de la déviance est d'autre part assez largement invalidée : le concept même de déviance varie d'une société à l'autre et d'un individu à l'autre, sans qu'il soit possible d'universaliser un mécanisme simple de répression et sa supposée conséquence, la spirale du silence. S'il existe une différence statistiquement significative entre les intentions de vote et les résultats effectifs pour certains partis politiques minoritaires – les électeurs de partis extrémistes ont généralement tendance à cacher leurs intentions plus que les autres – aucune loi générale ne peut être produite concernant un retrait de la vie publique. De nombreux contre-exemples peuvent être apportés à toute évocation d'une démobilisation occasionnée par les médias. L'élection présidentielle de 1995, qui voit l'électorat de gauche s'effondrer durant les premiers mois de la campagne (face aux sondages favorables à Édouard Balladur et au sentiment qu'une nouvelle majorité est en train de naître ?) porte finalement en tête du premier tour le candidat socialiste Lionel Jospin. Certains évoquent l'existence d'un contre-effet, dit « *underdog* » (protestation minoritaire en souhaitant le succès de la majorité), qui aurait pu jouer – des électeurs de Balladur auraient volé au secours du candidat annoncé perdant, Jacques Chirac, présenté comme un sympathique *looser* – en oubliant que cet effet est aussi rigoureusement indémontrable que le « *band-wagon* ». À mesure que l'on se rapproche de l'élection, les partis et les candidats retrouvent en fait des trajectoires assez connues, la dynamique politique semble par conséquent bien plus ancrée dans les différences sociales que dans la seule circulation de l'information. Dans des recherches ultérieures, Noelle-Neumann [1999] accorde moins d'importance aux médias et part du principe que l'on peut prédire le résultat d'une élection en identifiant une cohorte de leaders d'opinions (à la façon des auteurs du *People's Choice* qui supposaient l'existence quasi naturelle de meneurs), dont les intentions de vote révéleraient à l'avance celles des populations suiveuses. L'histoire de sa théorie, comme de celle de l'*agenda setting*, est celle de sa réinscription progressive dans le modèle lazarsfeldien et dans la complexité des interactions sociales.

La séduction exercée par ces modèles tient à leur positivisme, l'idée que l'on peut quantifier un impact médiatique, ou à leurs racines critiques. McCombs et Shaw se veulent instrumentalistes, ils souhaitent développer une théorie de moyenne portée, à la pertinence sociologique faible mais empiriquement vérifiable. L'instrument qu'ils mettent au point est cependant tellement frustre qu'il restitue rarement une information cohérente. Leur attachement à la conceptualisation d'effets simples participe du fantasme de la constitution d'une science purement mécanique des actes humains. Or les variables ne sont pas indépendantes et se décomposent elles-mêmes en innombrables variables, les médias étant un sous-ensemble du social[1]. Face à cet échec, les promoteurs de l'effet d'agenda ont effectué un détour par l'expérimentation en laboratoire, qui rend encore plus abstrait le savoir récolté dans ce domaine, et ont déplacé leurs réflexions au niveau plus qualitatif des cadres informationnels (en parlant d'*agenda framing*, au sens de Goffman), se rapprochant d'une sémio-psychologie expérimentale. Avec Noelle-Neumann, une ambition anthropologique est affirmée, dans le sillage du Tocqueville de la tyrannie du conformisme social, qui se révèle être dans ce cas un retour en arrière. Les médias ont la capacité de museler l'opinion comme de la produire parce que l'opinion est une réalité parfaitement objectivable et non-relationnelle. Les opinions naissent hors du social, peuvent être mesurées, subissent ensuite la pression du social pour être mesurées de nouveau. Les médias contraignent les individus à exprimer ou à réprimer des opinions librement élaborées depuis leur extériorité, dans le cadre d'une théorie pré-sociologique.

Ironiquement, cette vision d'une opinion publique aliénée, qui se veut de droite, n'est pas sans lien avec la vision marxiste d'un Todd Gitlin [1978], pourtant plus raffinée, qui découvre dans l'effet de renforcement des opinions, allégué par les Lazarsfeldiens, la racine des effets à long terme des médias : le pouvoir est d'abord maintien du *statu quo* en faveur des dominants et non bouleversement magique par influence directe. L'effet de renforcement est l'effet puissant des médias qui nous disent *ce qu'il ne faut pas penser* ou *à quoi il ne faut pas penser*, pour le plus grand profit des pouvoirs structurellement établis, nous donnant à choisir de façon illusoire entre des objets équivalents, Pepsi ou Coca, Carter ou Reagan. Par-delà les différences, ce rapprochement n'est pas fortuit si l'on connaît les affinités entre les versions de droite et de gauche du mythe d'une société de masse et l'influence que la Théorie Critique a sur la chercheuse allemande, ancienne étudiante

---

1. Les théories des effets d'agenda et de la spirale du silence sont asymptotiquement vraies, au sens où l'asphyxie complète de l'information dans les médias jouerait en faveur de la production d'un consensus, à condition que la société ne dispose pas de réseaux alternatifs d'information.

d'Adorno, préoccupée quant à elle par une supposée omniprésence médiatique de l'intelligentsia de gauche susceptible de modifier le climat politique en Allemagne.

L'opinion publique existe-t-elle ?

Le concept d'opinion publique est évidemment l'enjeu profond des débats. Sous la thèse de sa manipulation se cache celle de son inexistence ou à tout le moins de son inconsistance. L'hostilité de certains courants scientifiques à l'égard de ce concept est à la hauteur des espoirs qu'il peut susciter depuis deux siècles chez les politiques puis chez les industriels des sondages, qui se sont arrogé le quasi-monopole de son expression, le sondage d'opinion étant supposé résoudre la contradiction entre démocratie représentative et gouvernement du peuple par le peuple en traduisant la volonté générale, le consensus sous-jacent ou l'opinion majoritaire délivrée aux élus. Face à cette vision idyllique qui a encore cours (« Les Français pensent que... »), les critiques fortes de Pierre Bourdieu [1970, inspirées de BLUMER, 1948] font référence.

La société est composée de rapports de force qui interdisent de la penser comme une unité harmonieuse reposant sur un consensus. Il n'existe pas de sujet en soi « politique », ni d'opinion nécessairement « personnelle », encore moins « publique », au sens de commune : la plupart des gens ne sont pas capables de se prononcer abstraitement sur des sujets prédéfinis ou s'inclinent devant les définitions dominantes. Le champ politique est une élaboration historique de la bourgeoisie et l'idée d'avoir une opinion est une invention socialement distribuée en faveur des plus éduqués, dont l'effet est d'exclure ceux qui n'en ont pas ou ceux que l'on n'entend pas. Les sondages mesurent un état artificiel du social par le jeu des « non-réponses », des réponses changeantes et des réponses obligées aux enquêteurs face à ce qui est perçu comme légitime de répondre (effet d'imposition de problématique). Ils n'appréhendent pas une réalité en soi mais une construction : l'image de l'opinion est le reflet de ceux qui commandent, organisent ou interprètent les enquêtes[1]. Seul un engagement des intellectuels auprès d'un mouvement social puissant devrait permettre une émancipation populaire. L'opinion publique, dont l'existence est remise en cause par les tenants d'une démocratie par le militantisme, est également malmenée par les courants de science politique – on l'a vu avec McCombs, Shaw et Noelle-Neumann – qui ont cherché à en saisir la logique. Le constat de Philip Converse [1964] selon lequel les opinions individuelles sont contradictoires et leur agrégation sujette à caution a longtemps fait autorité. Ce scepticisme a parfois même donné à penser que la démocratie fonctionnerait mieux si l'on demandait moins leur avis aux citoyens et plus aux experts, ou si l'on s'en remettait aux mouvements militants plutôt qu'aux procédures électives.

---

1. Ces critiques sont prolongées par Daniel Gaxie [1978] et Patrick Champagne [1990] qui souligne pour le premier la force de l'effet d'imposition des catégories dominantes dans la construction de l'opinion, pour le second le caractère historiquement construit de l'opinion publique, « machine de guerre idéologique, bricolée durant le XVIIe siècle, par les élites intellectuelles et la bourgeoisie de robe afin de légitimer leurs propres revendications ».

Ce constat n'est rendu possible que par un appauvrissement manifeste de la problématique de l'opinion publique. La sociologie de la domination, ici comme ailleurs, surestime l'homogénéité et le poids des définitions dominantes et sous-estime les capacités populaires de réflexion et d'action. Elle s'approche d'une conception du conflit communicationnel pour expliquer qu'il n'a pas lieu : le pouvoir est obéissance et ne peut être renversé que par un acte radical. Les politologues en restent de leur côté à une approche en termes d'états intentionnels dans le cadre d'une rationalité pauvre, de « pile ou face » (on est d'accord ou pas d'accord). Si l'on opère un retour aux premières pensées sur ce sujet, lors du moment fondateur des sciences sociales, comme le suggèrent, depuis la fin du XXᵉ siècle, de nombreux chercheurs, l'analyse de l'opinion redevient plus fructueuse. John Dewey lui ouvre un espace plus large que celui du contrôle des institutions en observant que la démocratie repose sur le pari d'une véritable activité ou créativité venue du « public ». La politique ne consiste pas en l'agrégation de points de vue pré-construits mais en une discussion interminable, empruntant de nombreuses voies, qui produit une auto-altération des points de vue. De même, pour Tarde, l'opinion se forge dans l'échange, selon l'idée moliéresque d'une conversation constituée en surprise, dans laquelle chacun s'entend énoncer une opinion qu'il n'avait pas conscience de posséder.

Pour l'exprimer dans le langage interactionniste, avec Louis Quéré [1990], une théorie de l'opinion en termes de contenus de l'esprit, d'états mentaux, de dispositions, doit céder la place à une théorie en termes de jeux de langage, d'usages, de symboles, de pratiques communes. L'expression privée, intime, est déjà un dialogue avec soi-même qui incorpore l'environnement commun. L'interaction publique n'existe pas comme quelque chose d'autonome mais comme une dynamique faisant exister et se rencontrer opinions individuelles et opinion partagée, cristallisations d'idées en états et remises en cause permanentes. Le tournant praxéologique ou procédural est effectué en science politique par John Zaller [1992, voir la présentation de ce texte effectuée par Loïc Blondiaux dans l'édition française] qui synthétise les travaux sur l'instabilité de l'opinion de Converse, les objections qui lui ont été adressées (certaines opinions collectives sont très stables dans le temps) et la sociologie lazarsfeldienne pour retrouver les postulats pragmatistes. Les individus s'exposent sélectivement aux informations politiques et réagissent de façon critique aux discours des élites en fonction de leur degré de compétence politique. Leurs opinions ne sont ni stables ni unifiées mais éclatées en de multiples points de vue sur un même sujet, potentiellement contradictoires et évolutifs. La faible cohérence des attitudes signifie que les sondages peuvent guider pour partie les réponses par leur formulation ou le contexte de passation en poussant à adopter une position simple. Cette faible cohérence n'est toutefois pas due à un déficit de rationalité mais au caractère collectif, distribué, du processus d'opinion (qui, au niveau agrégé, a souvent la cohérence des états). La grande plasticité des attitudes et leur ambivalence sont la manifestation de la continuité de l'interaction démocratique, qui rend impossible une fermeture totale des points de vue et un arrêt de la dynamique temporelle. L'agrégation des opinions effectuée par les sondages est un travail de cadrage influencé par des élites, mais « il faut bien que quelqu'un se charge de simplifier et de cristalliser les enjeux de manière à rendre l'action possible ».

Les sondages d'opinion, aussi imparfaits et fascinants soient-ils, ne méritent ni l'opprobre ni l'apologie puisque leur but n'est pas de refléter une opinion publique chimériquement pure, même à un moment donné, ni de servir seulement les intérêts des gouvernants en fonctionnant comme une instance de rationalisation et de discipline du nombre [REYNIÉ, 1998], mais de l'aider à se représenter de façon continue et contradictoire. Avec Loïc Blondiaux [1998], l'histoire politique montre que le plus intéressant n'est pas de s'interroger sur les effets des sondages sur le jeu politique mais de comprendre leur invention comme un effet de la démocratisation. L'opinion publique fournie par les sondages est une fiction parmi d'autres (par exemple, celle qui fait parler de mouvements sociaux) qui a l'avantage de reposer sur les mêmes postulats que l'autre grande fiction en démocratie, le suffrage universel : chacun peut s'exprimer et chaque voix a le même poids. Ce ne sont pas tant les sondages qui « fabriquent » la démocratie que la démocratie qui a choisi de fabriquer les sondages et de se fabriquer dès lors à travers eux en résolvant le problème de l'incarnation du peuple souverain[1], avec le soutien de ce dernier : en acceptant cette technique promue par des ingénieurs, des chercheurs et des politiques, « le peuple a participé à la production de cette opinion publique, de cette nouvelle définition de lui-même ». Cette invention, par-delà la critique des impérities et de la morgue des industriels, n'est profondément contestée que par ceux qui opèrent une distinction entre les bonnes et les mauvaises émanations du peuple que seraient le suffrage et le sondage, et par la perception croissante de ses limitations (accroissement de la labilité et de l'instabilité des réponses, prolifération abusive...).

La communication politique comme interaction

Les médias et les sondages ont un impact fort sur la politique mais qui ne porte pas essentiellement sur le processus par lequel les hommes politiques sont élus. Il est vrai que la compétition politique a été profondément transformée, avec le développement d'un marketing politique fondé sur la séduction, la rapidité, un vocabulaire limité. Mais ce qui ressemble souvent à de la facilité peut aussi servir de raccourci cognitif pour les citoyens, et si la télévision, à ses débuts, sélectionnait les candidats par leur look, la plupart des hommes politiques ont su s'adapter, apprivoiser le médium [BOURDON, 1994]. L'impact des sondages sur le résultat de l'élection est d'autre part indécidable car ces derniers ne forment que l'un des éléments de la réflexivité du public. Le changement majeur permis par les médias de masse est donc inverse de celui généralement dénoncé. Il gît dans la possibilité que s'instaure une forme de représentation continue de l'opinion, précaire et forcément inégalitaire, en proposant une scène où se rencontrent les

---

1. Les sondages représentent un moyen d'élargir les modalités de la représentation populaire, ou, selon la formule de l'historien Pierre Rosanvallon (dont le réflexe premier est pourtant de se méfier du télévisuel), de « donner de la chair à la démocratie ».

arguments et les passions. Ce constat, ancré dans la sociologie du Tocqueville de l'égalisation des conditions, dans la philosophie de la conflictualité démocratique de Claude Lefort comme dans la sociologie d'Alain Touraine, guide les remarques de Dominique Wolton [1989] sur l'apport de la communication au jeu démocratique. En mettant en relation trois acteurs centraux, hommes politiques, journalistes, « opinion publique au travers des sondages », à l'issue d'une lutte bicentenaire pour les droits individuels et pour la liberté d'expression, la communication politique ne produit pas une société consensuelle magiquement réconciliée par l'échange, d'où surgirait une volonté générale, mais un espace de construction laborieuse, conflictuelle, qui est le propre de la démocratie.

C'est parce que l'opinion publique n'existe pas en soi qu'il y a communication politique, entrechocs des définitions la faisant exister, surgissant des trois pôles. Le phénomène d'exclusion et celui d'effet d'imposition de problématiques ne disparaissent à aucun moment du processus démocratique qui favorise cependant une participation croissante : il ne fait aucun doute que les élus comme la presse sont dépendants de leur perception des opinions du public, qu'ils s'efforcent d'en jouer ou de s'y adapter. La communication politique est, malgré ses défauts, la condition du fonctionnement du politique, le contraire de sa dégradation, « le facteur d'organisation de l'irrationalité politique dans un cadre communicationnel ». Wolton inscrit par ailleurs la politique dans un espace plus large de communication, fondé sur la référence au « grand public » des médias de masse, au sens de Morin, empêchant de penser la démocratie comme un jeu se réduisant à trois joueurs dans le seul espace politique. C'est cette relation qui fonde une réflexion sur le concept d'espace public.

Vers le concept d'espace public

Débarrassées de leur béhaviorisme et rendues plus qualitatives, les modélisations de l'agenda et de la spirale du silence peuvent être rapprochées de cette construction de la politique. En décrivant des cadres d'expression et en insistant sur le facteur de la disponibilité (le fait de proposer des thématiques à penser), elles fournissent un instrument pour analyser les interactions politiques et le déploiement des idéologies. Les structurations par éliminations et les codages de significations influent sur les idées, d'une certaine façon, elles sont les idées puisqu'elles leur permettent d'exister – qu'est-ce qu'une idéologie sinon un système contraignant d'interprétations ? Le cadrage quantitatif ou qualitatif de la réalité est un outil de connaissance comme de domination. La vie politique en perpétuelle élaboration collective, traversée de contradictions, jamais fermée sur elle-même, repose sur une imagination sociale, une production de mots, d'images, de calendriers, de hiérarchies, par lesquels le « peuple » est dit, se mobilise, s'imagine en de multiples fractions qui s'opposent et interagissent.

Il ne faut pas oublier pour autant qu'il existe d'autres ressources intellectuelles mobilisables par les individus que celles mesurées par les analyses d'agenda et que le principe de dialogue s'applique à toutes les représentations. Des auteurs comme David Morley, Peter Dahlgren ou William Gamson ont clairement montré que les interprétations des informations sont aussi variées que celles des fictions et qu'elles s'insèrent dans des interrogations débordant le seul espace politique. L'analyse de l'opinion publique, même quand elle se rapproche d'une sociosémiologie, n'est pas encore suffisamment sociétale et ne prend pas en compte l'existence d'une conflictualité sociale affirmée et l'existence d'acteurs en nombre important. La question de la représentation dans un espace public élargi, non strictement politique, est alors posée.

Les théories du cadrage médiatique : des modèles disparates au risque d'une revalorisation des « effets »

Les réflexions sur les cadrages médiatiques connaissent un réel succès à partir des années 1980 et surtout 1990, donnant l'illusion de l'avènement d'une approche positive intégrée, aux méthodes unifiées, pouvant se substituer aux analyses des professions, des représentations et des publics. La référence à l'ouvrage d'Erving Goffman, *Les cadres de l'expérience* [1974], sert de point de départ à un récit des origines qui verrait le concept de « cadre » s'imposer en raison de sa précision voire de son univocité. Or, pour important que soit l'apport de Goffman, celui-ci n'a fourni qu'une définition très large d'un ensemble varié de phénomènes, dans un contexte relativement souple. Le micro-sociologue s'intéresse au jeu de la production de contraintes dans les processus communicationnels, qui voient les individus interagir notamment par le biais de répertoires de perception ou de modes d'organisation de l'expérience, généralement inconscients. Les « cadres » sont ce qui permet aux individus de « localiser, percevoir, identifier, classer les événements de leur environnement, de leur vécu et du monde » : ils sont structurants mais aussi réversibles et font l'objet de luttes interprétatives.

En psychologisant et en accentuant la dimension cognitive de ces structures, en les autonomisant là où Goffman parle d'interactions renouvelées, en leur conférant ainsi un caractère déterministe, la recherche a pu donner l'impression que l'étude des médias pouvait être réduite à l'identification de principes organisateurs plus ou moins fondamentaux, ravalés au rang de stéréotypes véhiculés par les médias et influençant les publics. Les cadres sont alors tirés du côté des effets d'agenda en sciences politiques et en psychologie cognitive [IYENGAR, 1991 ; SCHEUFELE, 2000]. Dans l'analyse des mouvements sociaux, Todd Gitlin [1980] a analysé de façon pionnière la disqualification opérée par la presse des courants étudiants de gauche comme un schéma cognitif, interprétatif et sélectif d'autant plus persistant et influent qu'il serait non-dit. Mais Gitlin reconnaît par ailleurs, dans le sillage des travaux du *newsmaking* à la Gans, que le journalisme ne peut exister sans mise en scène, sans échafaudage, c'est-à-dire aussi sans « biais », car des derniers ne sont pas de simples limitations de la communication mais ce qui la rend possible.

Si les cadres sont conçus comme des structures objectives, leur identification pose problème car cette procédure repose sur le choix effectué par le chercheur de ce qui est tacite et de ce qui demeure ouvert. Cette difficulté a conduit à abandonner progressivement l'idée de schème latent au profit d'une vision plus délibérative : ce qui est adopté fait l'objet d'une construction active. Dans la définition classique de Robert Entman, le cadrage apparaît alors comme un processus dual (sélection et accentuation) à visée stratégique (promotion d'une vision) : « cadrer consiste à sélectionner certains aspects de la réalité perçue et à les rendre plus saillants dans un texte communicationnel, de façon à promouvoir une définition d'un problème particulier, une interprétation causale, une évaluation morale et/ou une recommandation quant à la manière de la traiter » [ENTMAN, 1993 : 52]. Il n'existe pas de consensus sur ce qu'il faut mesurer dans le spectre complexe de la perception, de la sélection, de la projection, de l'accentuation, de la cohérence, des valeurs, des croyances et même des idéologies. L'idée que le cadrage repose avant tout dans ses effets sur la sélection opérée ne fait pas consensus puisque l'accentuation apparaît à certains comme plus importante, là où d'autres vont surtout insister sur la dimension stratégique et temporelle de l'interprétation. La notion de « contre-cadrage » permet ainsi d'expliquer le changement de cadrage de la guerre d'Irak dans la presse américaine qui, de positive, est devenue négative [KLEIN, BYERLY, MCEACHERN, 2009]. Sans unité théorique, les théories du cadrage se présentent comme un « paradigme fracturé » (Entman) aux méthodes souvent incompatibles, proches de l'analyse statistique de contenu ou de l'analyse de discours suivant les auteurs [SCHEUFELE, 1999]. Dès lors, elles peuvent être mises au service d'une sociologie de la construction des problèmes publics et de la sphère publique si elles n'évacuent pas la dimension culturelle et agonistique de la communication.

Bibliographie

ACHACHE Gilles, « Le marketing politique », *Hermès*, 4, 1989.

BLONDIAUX Loïc, *La Fabrique de l'opinion. Une histoire sociale des sondages*, Seuil, 1998.

– (dir.), « Les sciences du politique aux États-Unis », *Politix*, 40-41, 1997 et 1998.

BLONDIAUX Loïc, REYNIÉ Dominique (dir.), « L'opinion publique. Perspectives anglo-saxonnes », *Hermès*, 31, 2001.

BLUMER Herbert, « L'opinion publique d'après les enquêtes par sondages », *in* PADIOLEAU Jean (dir.), *L'Opinion publique, examen critique, nouvelles directions* (1948), Mouton, 1981.

BLUMLER Jay, CAYROL Roland, THOVERON Gabriel, *La Télévision fait-elle l'élection ?* FNSP, 1978.

BON Frédéric, *Les Sondages peuvent-ils se tromper ?* Calmann-Lévy, 1974.

BOURDIEU Pierre, « L'opinion publique n'existe pas », in *Questions de sociologie* (1973), Minuit, 1980.

BOURDON Jérôme, *Haute fidélité. Pouvoir et télévision 1935-1994*, Seuil, 1994.

BREGMAN Dorine, « La fonction d'agenda : une problématique en devenir », *Hermès*, 4, 1989.

BREGMAN Dorine, MISSIKA Jean-Louis, « La campagne. La sélection des controverses politiques », *in* GRUNBERG Gérard, DUPOIRIER Élisabeth (dir.), *Mars 1986. La drôle de défaite de la gauche*, PUF, 1987.

CHAMPAGNE Patrick, *Faire l'opinion. Le nouveau jeu politique*, Minuit, 1990.

CHARRON Jean, « Les médias et les sources. Les limites du modèle de l'*agenda-setting* », *Hermès*, 17-18, 1995.

COBB Roger, ELDER Charles, *Participation in American Politics. The Dynamics of Agenda-Building*, Baltimore, John Hopkins University Press, 1972.

COHEN Bernard, *The Press and Foreign Policy*, Princeton, Princeton University Press, 1963.

CONVERSE Philip, « The Nature of Belief Systems in Mass Publics », *in* APTER David (dir.), *Ideology and Discontent*, New York, Free Press, 1964.

DAHLGREN Peter, « Les actualités télévisées : à chacun son interprétation » (1988), *Réseaux*, 44-45, 1990.

ENTMAN Robert M., *Projections of Power : Framing News, Public Opinion, and U.S Foreign Policy*, Chicago, University of Chicago Press, 2004.

– « Framing : Toward Clarification of a Fractured Paradigm », *Journal of Communication*, 43/4, 1993.

GAMSON William, *Talking Politics*, New York, Cambridge University Press, 1992.

GAXIE Daniel, *Le Cens caché. Inégalités culturelles et ségrégation politique*, Seuil, 1978.

GERSTLÉ Jacques (dir.), *Les Effets d'information en politique*, L'Harmattan, 2001.

GITLIN Todd, *The Whole World is Watching. Mass media in the Making and the Unmaking of the New Left*, Berkeley, University of California Press, 1980.

– « Media Sociology : the Dominant Paradigm », *Theory and Society*, 6, 1978.

GOFFMAN Erving, *Les cadres de l'expérience* (1974), Minuit, 1991.

IYENGAR Shanto, *Is Anyone Responsible ? How Television Frames Political Issues*, Chicago, University of Chicago Press, 1991.

KATZ Elihu, « La recherche en communication depuis Lazarsfeld » (1987), *Hermès*, 4, 1989.

KLEIN Adam G., BYERLY Carolyn M., MCEACHERN Tony M., « Counterframing Public Dissent : An Analysis of Antiwar Coverage in the U.S. Media », *Critical Studies in Media Communication*, 26/4, 2009.

LANG Kurt, LANG Gladys, *The Battle for Public Opinion. The President, the Press and the Polls during Watergate*, New York, Columbia University Press, 1983.

LAZAR Marc, « Faut-il avoir peur de l'Italie de Berlusconi ? », *Esprit*, Mars-Avril 2002.

LEFORT Claude, *L'Invention démocratique*, Fayard, 1981.

MCCOMBS Maxwell, SHAW Donald, WEAVER David (dir.), *Communication and Democracy. Exploring the Intellectual Frontiers in Agenda-Setting Theory*, Londres, Lawrence Erlbaum Associates, 1997.

MCCOMBS Maxwell, SHAW Donald, « The Evolution of Agenda-Setting Research : Twenty-Five Years in the Marketplace of Ideas », *Journal of Communication*, 43/2, 1993.

MCCOMBS Maxwell, SHAW Donald, « The Agenda-Setting Function of Mass-Media », *Public Opinion Quarterly*, 36, 1972.

MERCIER Arnaud, « Les médias en campagne », *in* PERRINEAU Pascal, YSMAL Colette (dir.), *Le Vote de tous les refus*, Presses de Sciences Po, 2003.

MOSCOVICI Serge, *Psychologie des minorités actives*, PUF, 1979.

NOELLE-NEUMANN Elisabeth, « Seeing the Future through Opinions Leaders : A Methodology to Define Opinion Leaders », *Wapor 52nd Conference*, Paris, septembre 1999.

– « The Theory of Public Opinion. The Concept of the Spiral of Silence », *Communication Yearbook*, 14, 1991.

– *The Spiral of Silence. Public Opinion – Our Social Skin*, Chicago, University of Chicago Press, 1984 (reprend le texte publié en 1974 et traduit par « La spirale du silence », *Hermès*, 4, 1989).

QUÉRÉ Louis, « Opinion : l'économie du vraisemblable. Introduction à une approche praxéologique de l'opinion publique », *Réseaux*, 43, 1990.

REYNIÉ Dominique, *Le Triomphe de l'opinion publique. L'espace public français du XVIe au XXe siècle*, Odile Jacob, 1998.

ROSANVALLON Pierre, *Le Peuple introuvable*, Gallimard, 1998.

SCHEUFELE Dietram A., « Agenda-Setting, Priming, and Framing Revisited : Another Look at Cognitive Effects of Political Communication », *Mass Communication & Society*, 3 (2&3), 2000.

– « Framing as a Theory of Media Effects », *Journal of Communication*, 49/4, 1999.

WOLTON Dominique, « La communication politique : construction d'un modèle », *Hermès*, 4, 1989.

ZALLER John R., *The Nature and Origins of Mass Opinion*, Cambridge, Cambridge University Press, 1992 (trad. partielle « Repenser l'opinion », *Hermès*, 31, 2001).

ZASK Joëlle, *L'Opinion publique et son double. John Dewey philosophe du public*, 2 tomes, L'Harmattan, 1999.

Chapitre 14

Les théories de l'espace public

De Kant à la téléréalité

LE PREMIER MOUVEMENT d'une sociologie de la communication consistait en une dénaturalisation de ses objets (messages, médias, interprétations codées et décodées), le second en une réinscription des objets dans le social, dans le cadre d'un jeu d'interactions entre production et réception du sens. Ce double mouvement, empiriquement fécond, mettait un terme à l'opposition socratique entre raison et technique, idéalisme et sophistique, en soulignant la dimension constructiviste de la réalité, donc des techniques : les hommes font l'histoire, même si, comme le disait Marx, ils ne savent pas l'histoire qu'ils font. Le problème de cette démarche, qui se veut ouverte, est qu'elle aboutit progressivement à une nouvelle fermeture en présentant le monde comme intégralement composé de rapports sociaux de force ou de sens : le social s'est substitué à la technique ou à la raison comme facteur explicatif ultime. La dimension matérielle de l'action humaine est considérée comme un sous-ensemble de cette dernière, même si un point de fuite est constaté : la réalité physique perpétuellement inventée par les hommes est aussi une frontière que l'on ne franchit pas, celle des sciences exactes. Au sein des sciences sociales, une nouvelle aporie se manifeste avec l'opposition entre théorie fonctionnelle, centrée sur l'intégration et/ou la domination, et théorie culturaliste, centrée sur l'expressivité et/ou les identités, se traduisant dans le champ politique par le conflit bien connu entre républicanisme et communautarisme. Les médias comme les échanges interpersonnels ne sauraient conduire – en tendance – qu'à la fusion organique (instrumentalisée ou non par des élites) ou au repli particulariste.

Si l'on relit attentivement les chercheurs étudiés dans les chapitres précédents, promoteurs du paradigme sociologique, une insatisfaction à l'égard de ce schéma perce très nettement. Pour tous, il existe des fuites dans le système, des contradictions ou des irréductibilités. Le fonctionnalisme, si attaché au concept d'intégration, parle de dysfonctions en créant une catégorie à part. Dans le camp marxiste, chez

Adorno et d'une certaine façon chez Bourdieu, le monde social est soumis à des lois implacables mais un changement radical est possible, celui de la révolution ou de l'action intellectuelle. La sociologie de l'*habitus* met en place une machinerie des champs et des capitaux mais en expliquant que la question de la fixation des taux de change entre les capitaux est délicate et que la notion de capital symbolique est d'une complexité menaçante[1].

Les auteurs des *Cultural Studies*, Hall, Morley et même Fiske, mettent l'accent sur la notion de dialogue plus que sur celle de repli identitaire. La sociologie des organisations et des professions conclut à l'existence de « tensions » productives, les sciences politiques évoquent l'instabilité et à la labilité de l'opinion publique. L'usage de métaphores du changement ou la présence de contradictions ne sont assumés pourtant que par quelques auteurs. Michel de Certeau entrevoit ainsi trois niveaux de réalité pour les arts de faire (voir schéma). Les ruses comme compétences fondamentales rappellent la présence de la nature et renvoient au premier niveau. La tension entre appropriations culturelles et résistances socio-politiques exprime la dualité de fonctionnement du social, le balancement entre pouvoir et culture. L'idée que la nouveauté s'introduit dans le monde par l'apprentissage et la fréquentation des autres soutient celle d'une réalité plus englobante, venant coiffer les deux premières. Le monde social serait vraiment un système (de fonctions, de valeurs) s'il n'y avait ce problème : entrer en contact avec les autres semble le perturber. La bipolarisation trop simple du social laisse place à un niveau supplémentaire, celui du surgissement du nouveau et de l'altérité. Il revient à Jürgen Habermas d'en avoir été l'éclaireur le plus systématique. Avec le concept d'espace public, la sociologie de la communication franchit une étape importante sur la voie d'une théorie de la démocratie en élargissant l'horizon encore limité des actions humaines et en pariant sur le caractère émancipateur de ce surgissement.

Les arts de faire selon Michel de Certeau

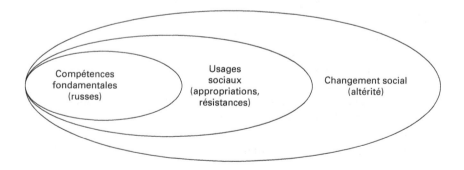

Compétences fondamentales (russes)

Usages sociaux (appropriations, résistances)

Changement social (altérité)

---

1. Pierre-Michel Menger [1997] montre à quel point la sociologie de l'*habitus* repose sur des séries d'oxymorons (« stratégie inconsciente », « finalité sans fin ») désespérément chargés de faire tenir un ensemble qui n'a pas les moyens de rendre compte du réel.

La théorie de l'espace public
de Jürgen Habermas

Le parcours de Jürgen Habermas autant que son œuvre sont exemplaires de la conversion faite de reniements et de nostalgies de toute une génération d'auteurs marxistes aux valeurs de la sociale démocratie, après la déception de voir les rêves de grands soirs tourner en cauchemars. Venu à l'extrême gauche par rejet de la peste nazie, assistant d'Adorno, successeur d'Horkheimer puis directeur de l'Institut d'Études Sociales de Francfort, penseur emblématique du mouvement radical étudiant, Habermas s'éloigne de ses premières attaches pour se mettre en quête d'un fondement philosophique de la démocratie qui lui assure un succès continu – si nécessaire dans le contexte allemand de l'après-guerre – tout en opérant une critique de ses manifestations concrètes, trop marquées à son goût par la définition technocratique du miracle économique.

C'est dans un retour au projet des Lumières, plus particulièrement à celui de Kant, qu'il trouve son premier appui [*L'Espace public. Archéologie de la publicité comme dimension constitutive de la société bourgeoise*, 1962]. Il faut réhabiliter le modèle critique du XVIIIᵉ siècle et la démocratie bourgeoise qui avaient fait de l'usage public de la raison la condition de possibilité de l'opinion, elle-même condition de réalisation de la démocratie. Le raisonnement est le suivant. Le soliloque laisse l'individu face à lui-même et à ses identités tandis que la discussion sur les affaires publiques l'arrache à ses particularismes, le dégage de sa « grossièreté » (Kant). Cette dynamique fructueuse de l'échange entre les personnes privées est la substance d'une arène, l'espace public, qui s'intercale entre la société et l'État comme une instance de légitimation centrée sur la logique individuelle. La publicité, au sens classique et non industriel du terme, assure que la connaissance des points de vue est généralisée, que le secret de l'arbitraire ne règne plus[1]. La rationalité pratique du dialogue, visant l'intersubjectivité et l'universalité, par opposition à la rationalité technicienne, qui poursuit la vérité et l'efficacité, permet de réaliser le consensus des hommes de bonne volonté, issus de leurs univers privés mais se dépouillant peu à peu de leurs intérêts pour se mettre au service de l'universel. Habermas double son analyse théorique d'une mention des organes et lieux par lesquels serait effectivement advenu l'espace public (journaux, salons mondains, cafés, clubs) et déplore dans le même temps l'existence d'une dégradation régulière que le développement des médias de masse aurait accompagnée. La publicité devient commerce et envahit les vies privées au lieu d'être le support du dialogue, la montée de l'individualisme égoïste et exhibitionniste corrompt ce qui était accès au public, les médias ne sont plus que consommation et frivolité narcissiques.

L'absence de connaissance des travaux empiriques sur les médias et le passéisme de la réflexion frappent au premier abord. La vision de la citoyenneté défendue, libérale et utopique, s'accompagne de la rhétorique dénonciatrice, banalement « francfortienne », à l'égard des médias, au nom d'une fidélité au marxisme. D'un côté, Habermas renoue avec la philosophie platonicienne en vantant la raison

---

1. Les transformations du concept de publicité et la relation entre ce dernier et l'épanouissement d'une communication démocratique sont étudiées par André Akoun [1984].

langagière, opposée à la violence de la logique instrumentale (du capitalisme) et à celle de toutes les forces du social qui vont dans le sens du particulier (communautés, religions, pulsions privées...) : la question de la communication est l'habit neuf de la question du logos. De l'autre, il repère un phénomène historique, la montée de la subjectivité dans les médias, qu'il s'empresse de condamner, comme le fait aussi Richard Sennett dont les études pionnières sur l'intimité sont tout aussi critiques (voir encadré) : dans la détestation des médias, les épopées du moi ravissent la place de la fiction décérébrante. Ce double positionnement, contesté par de nombreux auteurs, est intenable parce ce qu'il reproduit mécaniquement la thèse de la mystification, néglige la construction sociale des individus, instaure des frontières absolues entre privé et public qui sont en fait négociées [ELEY, 1992], dévoile une fascination pour l'arène parlementaire, et valorise un espace public bourgeois pré-révolutionnaire supposé être le modèle de la démocratie alors qu'il reposait sur l'exclusion de l'essentiel de l'humanité, les femmes, les jeunes, les milieux populaires, en promouvant au rang d'universel une élite masculine distinguée par le système censitaire n'échangeant pas nécessairement des arguments « rationnels » [FRASER, 1992 ; DAHLGREN, 1991] ! Sur deux points fondamentaux, il ne fait pourtant aucun doute que les thèses sur l'espace public innovent. Habermas explique que l'espace public n'est pas identique à la communication politique, au jeu opinion-médias-hommes politiques qu'il excède largement. Il contient toutes les thématiques, toutes les opinions, qui, émises dans la sphère privée, peuvent gagner le niveau public sans le corrompre (l'aspect normatif de sa pensée étant dans ce verbe).

Le problème n'est plus d'identifier chichement les quelques canaux par lesquels jouerait l'échange entre les publics, les médias et les institutions, comme le font les spécialistes politiques de l'opinion ou les théoriciens d'un système médiatique fermé sur lui-même. Il s'agit aujourd'hui de saisir l'impact massif d'une dynamique de mise en relation généralisée. La société dans son ensemble est le cœur de la communication et la communication exprime l'essence de la société. En prêtant à la communication un pouvoir dialogique illimité et subversif, conditionnant la démocratie, cette théorie refuse par ailleurs de réduire le monde humain à ses déterminations matérielles comme sociales.

L'agir communicationnel

L'une des forces du chercheur allemand est sa grande ouverture aux critiques. Dans la préface d'une nouvelle édition de son célèbre ouvrage [1990], Habermas rejette la « perspective chagrine » qu'il a adoptée, se disant influencé par Adorno, prend acte des critiques historiques et féministes, de la complexité de la question de la réception évoquée par Stuart Hall, comme il avait déjà tenu compte des résultats des usages et gratifications et de ceux de l'économie politique dans son ouvrage majeur, *Théorie de l'agir communicationnel* [1981]. Avec ce livre, la thèse de l'abrutissement des publics et celle de la supériorité de l'espace public bourgeois sont abandonnées au profit d'un approfondissement de la seule théorie des actes communicationnels. Renouant avec les classiques, Habermas se voit conforté dans sa visée par sa lecture du pragmatisme (en particulier Mead), puis par la théorie des actes de langage (Austin, Searle), et développe une discussion de la théorie de l'action sociale de Weber qui lui permet de présenter son propre modèle.

Les quatre idéaux-types de Weber sont interprétés comme des définitions trop limitées, ne portant que sur le seul versant téléologique de l'action, la possibilité d'atteindre un but dans toutes ses dimensions. Leur classement implicite, par ordre croissant de rationalité, va du niveau très faiblement rationalisé de l'habitude (on ne sait pas pourquoi on se conforme à une routine mais on s'en donne néanmoins les moyens), à celui de l'affect (qui attribue une fin à l'action, en plus des moyens), puis des valeurs (l'action est guidée par du sens mais sans tenir compte des conséquences des actes) pour s'achever avec l'action rationnelle en finalité (la gamme de l'action est complète, moyens-fins-valeurs-conséquences). Le développement de la rationalité a permis aux hommes de s'extraire d'un monde de traditions et d'émotions, solidaire du cosmos, et de produire les sociétés modernes, d'abord guidées par les valeurs religieuses puis par la rationalité bureaucratique. Ce développement est parfois considéré comme délétère par Weber qui, dans ses écrits pessimistes, décrit un monde en perte de sens, livré à l'autonomisation de sphères d'activité incapables de produire un monde commun, de communiquer, parce qu'il ne voit pas que les hommes disposent de capacités de faire sens quelles que soient les circonstances[1]. Habermas souhaite au contraire mettre l'accent sur cet agir orienté vers l'intercompréhension et régulé par des principes. Dans une synthèse raffinée, prenant pour modèle le structuro-fonctionnalisme et son goût pour les multiples typologies qu'il entend pourtant combattre, il définit l'agir instrumental comme téléologique et relevant de la visée technique (efficace mais vide de sens), l'agir stratégique (identifié aux actes perlocutoires) comme téléologique, orienté par un intérêt mais en relation avec les décisions d'un partenaire rationnel, et l'agir communicationnel (identifié aux actes illocutoires) comme recherche non-téléologique d'une définition commune des situations. « Les actions instrumentales peuvent être raccordées à des interactions sociales, (tandis que) les actions stratégiques représentent elles-mêmes des actions sociales. En revanche, je parle d'actions *communicationnelles*, lorsque les plans d'action des acteurs participants ne sont pas coordonnés par des calculs de succès égocentriques, mais par des actes d'intercompréhension. »

Habermas se démarque de Marx comme de Weber, en conservant une partie de leur critique de la modernité. Les actes humains incorporent tous les niveaux, sans qu'il y ait divorce entre eux. Nous habitons en même temps tous les mondes, ce qui veut dire que le travail industriel, la politique, la subjectivité et l'intersubjectivité ne s'excluent pas l'un l'autre. Si les individus souffrent ce n'est pas en raison de l'existence d'une incompatibilité absolue entre rationalité téléologique et sens, bureaucratie et éthique, capitalisme et vie sociale, mais en raison du franchissement d'un seuil. Il se produirait un déséquilibre en faveur de l'instrumental, une disjonction entre système (dirigé par le pouvoir économique et technocratique) et monde vécu (lieu des interactions sociales et de l'intercompréhension). À la colonisation intérieure du monde vécu doit répondre l'extension d'un État social et d'une éthique de la discussion. L'espace public n'est plus réservé aux seuls acteurs

---

1. Cette lecture de Weber est évidemment l'une des nombreuses possibles et l'on se reportera aussi à l'interprétation de Hans Joas dans le chapitre suivant.

institutionnels et éclairés mais se comprend désormais à partir de la société civile et des médias de masse [*Droit et démocratie*, 1992] où se distinguent les associations et les mouvements sociaux, considérés comme les principaux contributeurs d'une arène qu'il faut en permanence alimenter.

La solution wébérienne au problème de l'action selon Habermas

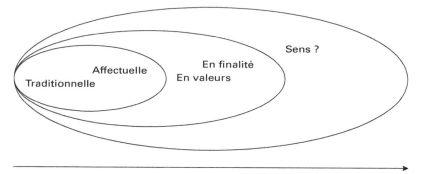

L'agir selon Habermas

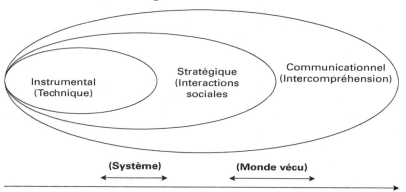

Rationalité comme inter-compréhension

Richard Sennett et *Les Tyrannies de l'intimité* [1974]

Les thèses de Richard Sennett évoquent elles aussi le dépérissement d'un espace public idéalisé par cet auteur, qui dégage trois configurations historiques correspondant à des jeux de rôle sur la scène publique. L'Ancien Régime, avec sa valorisation de l'impersonnalité dans les affaires publiques, lui paraît représenter le modèle de référence. Toute apparition publique serait conditionnée au maintien de l'anonymat et à l'utilisation d'artifices (des masques) comme dans le théâtre. Le « public » rassemble des inconnus actifs, abolissant momentanément les distinctions de rang, retrouvant la modestie et l'absence d'artifice dans la vie privée. Du milieu du XVIIIe siècle jusqu'à la fin du XIXe, des phénomènes économiques et sociaux tels que la ségrégation urbaine et la fin du marchandage, élément du théâtre urbain, introduiraient le vers dans le fruit. Un processus de personnalisation infiltrerait le public, l'individu y important ses désirs et sa passivité. « Le masque devient visage », le voyeurisme se généralise comme « gastronomie de l'œil ».

L'époque contemporaine signe l'arrêt de mort de l'espace public avec l'affirmation de la société intimiste qui investit le divertissement comme la politique et qui trouve dans les médias de masse un support adapté. Le dévoilement des narcissismes, le « déshabillage du moi », devient le seul objectif, à la fois source de satisfaction et de souffrance en tant qu'obligation formelle. Cette vision pessimiste, brillante par son constat précurseur de la psychologisation des pratiques (comme chez Christopher Lasch, ou, plus précocement, chez Hannah Arendt), repose sur la croyance que l'expérience intimiste se situe hors du social, n'engendrant pas de rapports de communication. On peut lui opposer une vision plus complète de l'espace public telle que celle de Dominique Mehl, prenant acte du caractère enrichissant de la société intimiste, source de représentations collectives nourrissant un espace public conçu différemment du Parlement, espace cloisonné où l'on respecte les contraintes de parole. La théâtralité de Sennett et la personne abstraite de Habermas ne sont que des configurations idéal-typisées de l'espace public qui côtoient aujourd'hui une autre grande figure : « la télévision ne détruit ni l'un ni l'autre de ces processus. Elle ajoute, à leurs côtés, un troisième mode d'être en public. À la formule de l'impersonnalité, au modèle de la personnalité, s'adjoint désormais le règne de l'interpersonnalité. Ces divers scénarios apparaissent à des époques différentes mais ils ne succèdent pas. Us cohabitent, s'emboîtent, s'articulent ».

La sphère publique selon Nancy Fraser

Malgré ses remaniements, la perspective de Habermas est toujours aimantée par la définition platonicienne de la raison et par le souhait de hiérarchiser les acteurs démocratiques (mondains éclairés puis mouvements sociaux priment successivement). Si elle fournit le cadre d'un exercice de la démocratie, elle demeure trop économe en acteurs et en logiques. Pourquoi la démocratie ne serait-elle pas vraiment l'affaire de toutes et tous ? Contre son diagnostic idéaliste et restrictif, l'histoire des deux derniers siècles est généralement lue à partir d'un enrichissement populaire de l'espace public, au départ confisqué par quelques-uns, et des types d'échanges l'animant. Si le droit et la contractualisation ont permis d'accroître la représentation des individus, c'est aussi par la lutte qu'ont été acquis les principaux progrès et que se sont élargies les possibilités d'expression. L'absence des femmes de l'espace public bourgeois (qui n'est pas absolue car certaines sapaient déjà les mécanismes de la représentation masculine dans les salons mondains) s'est traduite par la montée de revendications intellectuelles, politiques (les suffragettes), sexuelles, aboutissant aux formes contemporaines du féminisme.

La marginalisation des milieux ouvriers est le moteur du combat syndical de la fin du XIXe siècle, qui s'est produit sur le mode de la grève, de la manifestation, des cris de mobilisation, autant que sur celui de la coopération avec des gouvernements. De ce point de vue, le modèle générique d'Albert Hirschman [1970], loyalisme-défection-prise de parole, décrivant les moyens dont disposent les publics pour exprimer leur mécontentement, apparaît très pertinent. La non prise en compte des intérêts, des identités et des raisons des groupes exclus se paie par une prise de parole de leur part (effort de faire changer les choses de l'intérieur), ou par une défection, une sortie du système (remise en cause globale). Les revendications issues de la sphère privée, des mondes économiques, des croyances, participent déjà d'un espace public et peuvent emprunter les voies les plus indirectes pour trouver le jour. Loin d'être réduit à une période de vide précédant l'éclosion démocratique, le XVIIe siècle bouillonne d'échanges contradictoires s'exprimant dans la sphère littéraire en raison de l'absence de débouchés dans le politique [MERLIN, 1994]. Les sociologues et historiens de la déchristianisation, en particulier Michel de Certeau [1975], avaient déjà clairement établi que les religions avaient à la fois réprimé la diversité des opinions et permis qu'elle se libère par le jeu incessant des querelles et déviances internes puis externes. Au XXe siècle, les Églises catholiques deviennent le refuge de la contradiction dans certains pays de l'Est sous la tutelle communiste, quand l'islamisme cache sous son projet unitaire d'accaparement du politique la diversité et les tensions d'un espace public (y compris féminin) qui menace ce projet [NILÜFER GOLE, 1997 et 2000].

La chercheuse féministe Nancy Fraser a proposé le modèle concurrent de celui de Habermas le plus cohérent et le plus influent. Elle souligne avec force, en s'inspirant de la théorie gramscienne de Stuart Hall et du « second » Foucault (entamant avec *La Volonté de savoir* une conversion à l'idée de fragilité et de contestabilité du pouvoir) que « dès le départ, il a existé des publics concurrents, et non pas uniquement à la fin du XIXe et au début du XXe siècle, comme le sous-entend Habermas ». La *sphère publique* est plus large que celle imaginée par Habermas, elle inclut aussi tous les acteurs non-bourgeois qui aspirent à la représentation, les *contre-publics subalternes.* Ces derniers sont dans un état semi-oppositionnel et semi-négocié à l'égard de la domination vécue, ils utilisent toutes les formes de contestation, comme la manifestation, le défilé, la discussion domestique, le bénévolat, sans respecter la rationalité pratique habermassienne. Aux publics nationalistes, paysans populaires, aux femmes de l'élite et à la classe ouvrière, succèdent une multitude de publics subalternes polycentrés et contradictoires. Après les grandes mobilisations collectives qui ont façonné une société de droits politiques et sociaux, les revendications sont en effet devenues *micro-politiques*, au sens de Foucault (Ulrich Beck utilisera plus tard le concept de *subpolitiques*), elles portent sur les mœurs et les enjeux liés aux identités. La démocratisation s'effectue à travers tous les espaces petits ou grands qui la composent sur des modes souvent alternatifs de ceux imaginés par Habermas, elle passe par la politique comme par le divertissement, les batailles circonscrites au Parlement comme celles qui ont lieu dans les alcôves, dont on sait les secrets très relatifs. Cette vision est qualifiée par Fraser de « plus sombre » que celle de Habermas mais elle se veut beaucoup plus réaliste et porteuse d'un message d'espoir : la démocratisation fonctionne bien, par élargissements successifs à des contre-publics subalternes qui peuvent parvenir à intégrer l'espace des représentations dominantes (non sans subir pendant longtemps des effets de stigmatisation). La sphère publique est traversée de conflits qui peuvent déboucher sur des compromis (et non des consensus). Ses frontières ne sont pas stables, elles sont sans cesse reconstruites en fonction des enjeux de représentations, d'identité, d'intérêt : il n'existe jamais de clôture car la démocratie demeure ce lieu de recherche d'un sens commun. La sphère publique est au final à la fois pluralisée (présence de contre-publics subalternes), hiérarchisée (les publics dominants cherchent à entraver une participation plus large) et conflictuelle (les contre-publics subalternes visent l'émancipation). Fraser remet ainsi en question les quatre hypothèses centrales de Habermas :

1. entrer dans l'espace public signifie suspendre les différences de statut social ;
2. l'espace public nécessite un public consensuel homogène ;
3. le discours dans l'espace public devrait porter sur le bien commun, exclure les problèmes « privés » ;
4. la séparation nette entre l'État et la société civile est nécessaire au bon fonctionnement de l'espace public.

Elle propose un modèle qui ne rejette pas les différences entre appareils d'État, secteurs marchands et associatifs ni le principe d'un modèle normatif de sphère publique, apports de Habermas, mais elle amende les hypothèses idéalistes de ce dernier :

1. dans la sphère publique, il existe des groupes parallèles, des *contre-publics subalternes*, nommant leurs différences et s'opposant à l'espace public bourgeois ;
2. la prolifération d'une pluralité de publics concurrents, d'un réseau de publics parallèles, rapproche d'une plus large démocratie fondée sur le compromis ;
3. le surgissement d'intérêts partiels et de problèmes supposés « privés » permet de dessiner les contours mouvants de la sphère publique : il n'y a pas de limitation des questions ;
4. la dissociation entre État et société civile existe mais elle n'est pas nette : au-delà de la relation avec les représentants une démocratie directe ou quasi-directe est nécessaire.

Les « *talk shows* » : dégradation ou enrichissement ?

La gestion des familles (séparations, recompositions, etc.), les problèmes relationnels parents/enfants, conjoint/conjoint, le genre, la reproduction, les handicaps, l'amour, les passions privées, que l'on devait traditionnellement taire, sont le nouveau creuset de l'élargissement de l'espace communicationnel, comme le soutient Fraser. Dominique Mehl le met clairement en évidence dans *La Télévision de l'intimité* [1996]. La vie privée devient publique et la vie publique devient privée, sans qu'il y ait pathologie puisque les deux ensembles (privé/public) sont avant tout des configurations historiques, « changeantes et fluides », et non des vases communicants, et que les configurations ne se succèdent pas mais se superposent (un homme politique est pour partie dans son rôle de représentant impersonnel, pour partie dans l'exhibition de son moi, quand il y consent ; la télévision informe de façon pédagogique, fait du divertissement, mêle les deux, etc.). Ce changement se traduit par le passage de la « paléo » à la « néo-télévision » – de la volonté de transmettre des savoirs à celle de faire lien avec les publics et leur vie quotidienne[1]. De messagère, i. e. déterminée par l'offre, la télévision devient relationnelle, guidée par la perception de la demande, puis compassionnelle : elle s'attache aux vécus des individus en établissant des communautés émotionnelles solidaires par un échange supposé plus égalitaire entre offre et demande (là encore, sans qu'il y ait expulsion d'un modèle par un autre).

La sociologie revendique une place centrale pour les médias de masse dans le processus de psychologisation en rejetant, comme le fait Schudson [« Why Conversation is Not the Soul of Democracy », 1997], le mythe de la supériorité absolue de la conversation de face-à-face au sens habermassien (et du Dewey nostalgique des petites communautés). Cette dernière est en effet limitée par un faible rayon d'action et une implication forte des personnes produisant une timidité ou une crainte de la violence interpersonnelle. La communication à distance généralise les rapports entre les personnes et les décontextualise, leur donnant accès aux coulisses des autres [MEYROWITZ, 1985], elle produit également une implication distanciée, protectrice, permettant que les liens ne se rompent pas, contribuant largement à l'expression ritualisée des conflits, y compris ceux de l'intimité. Les « *reality shows* » et les « *talk shows* », qui traitent essentiellement de ces sujets, ont été, dans les années 1990, le terrain privilégié de la contestation anti-habermassienne, après que les *soaps* et les sagas familiales telles que *Dallas* et *Dynasty* aient été le support du plaidoyer pour la complexité des publics, dans les années 1980. Cette vague d'émissions télévisuelles, souvent condamnées pour son voyeurisme et son exhibitionnisme de « télépoubelle », a été décrite à partir du langage de la dénonciation qui déplore le manque de goût et d'authenticité (la production essaie d'orchestrer les séquences), les intentions commerciales, la constitution des invités en personnages caricaturaux, l'instrumentalisation de la faiblesse des institutions sociales (les producteurs développant un discours civique par opportunisme)...

Au-delà des défauts perçus de ces programmes, leur apport apparaît double. On peut les créditer d'un élargissement de l'espace public au témoignage intime

---

1. Selon la définition de Casetti et Odin [1990], à la suite des remarques de Eco (« la caractéristique de la Néo-TV, c'est le fait qu'elle parle de moins en moins du monde extérieur (ce que la Paléo-TV faisait ou feignait de faire). Elle parle d'elle-même et du contact qu'elle est en train d'établir avec son public » [1983]. Voir aussi LOCHARD et BOYER [1995]. Cette distinction s'entend comme celle des types d'espace public : il y a cohabitation des modèles et non substitution. La confusion des genres télévisuels, ainsi l'*infotainment*, traduit à la fois la progression du quotidien et le maintien de l'intérêt pour l'informatif, même au sein du divertissement.

comme le fait Dominique Mehl, en observant que la confession publique et le partage d'expérience sont une tendance séculaire dans les sociétés occidentales (qui ont inventé la psychanalyse) et une réalité déjà bien présente depuis les années 1950-1960 dans les médias, par exemple dans les émissions de radio [CARDON, 1995], les magazines télévisés [JEANNENEY, SAUVAGE, 1982], voire dans les jeux relationnels [MACÉ, 1992] ou, de façon surprenante, dans les bandes dessinées de super-héros [MAIGRET, 1995]. Reprenant le modèle de Fraser, Sonia Livingstone et Peter Lunt [« Se faire entendre dans l'espace public. Les femmes, la télévision et le citoyen-téléspectateur », 1994] expliquent leur rejet violent par le fait qu'ils entrent en profonde résonance avec une forme d'émancipation des minorités, en particulier féminines. Les sujets des *talk shows* sont souvent des « problèmes de bonne femme », qui n'étaient pas jugés dignes jusqu'à récemment d'entrer dans l'arène des affaires publiques et qui sont exposés sans souci d'expertise. On y parle de solitude, de conflits entre enfants et parents, d'impuissance sexuelle, sur des modes essentiellement conversationnels s'éloignant de la conception patriarcale de la rationalité – « abstraite et non narrative, scientifique et non conversationnelle, logique et non émotionnelle, générale et non particulière ». L'accès des populations traditionnellement exclues de l'espace public, incluant aussi les minorités sexuelles, ethniques, d'âge, s'effectue par le témoignage, le compte rendu anecdotique, qui, loin d'appauvrir les débats, en renforce la complexité. « Les discussions qui en sont issues laissent entrevoir une reformulation des règles du débat médiatique, dans le sens d'un éloignement par rapport à une tradition qui privilégie l'expertise et les formes scientifiques du savoir élitiste, chasse gardée typiquement masculine, au profit d'un discours fondé sur le savoir des gens ordinaires, qui s'appuie sur l'expérience personnelle, l'observation directe et un mode d'expression narratif. » C'est une reformulation de l'espace public et des rôles assignés aux personnes qui est opérée.

À l'espace public habermassien, fondé sur la prise en compte raisonnée des points de vue opposés, sur le consensus social et sur la discussion rationnelle critique, s'ajoute un espace public conflictuel, fondé sur la négociation et formé de publics variés, visant un compromis négocié. « Chaque partie apporte des arguments préparés à l'avance, plus lourds de rhétorique que de rationalité analytique, dans le but d'aboutir au meilleur compromis, celui jugé comme tel par la partie la plus persuasive : aucune des parties n'a besoin de se rendre aux arguments des autres, il s'agit simplement de s'entendre sur un juste milieu [...] L'espace public conflictuel ne cherche explicitement qu'à équilibrer les différences, à faciliter la représentation des moins puissants et à réguler les discours des plus puissants en vue de parvenir à un compromis honnête et applicable. »

Les formes de l'expérience publique

La thèse de l'espace public condense donc au moins deux débats. Tout d'abord celui sur les modes de rationalité des acteurs : sont-ils guidés par des motifs logiques, au sens habermassien, ou par des intérêts et des passions, avec ce que cela implique de stratégique ? Cette première tension, éclairante car fondée sur l'existence de modes d'expression dont on perçoit les différences, n'existe évidemment que par référence au schéma « idéalistes contre sophistes » : il ne faut pas oublier qu'elle ne peut servir à substantialiser raison et persuasion comme deux entités parfaitement autonomes, le droit rationnel ou plutôt rationalisé n'est aussi qu'un acte de pouvoir, c'est-à-dire un effet de langage qui a réussi, tandis qu'un effet de langage a ses raisons, sa rationalité (en ce sens, il faut suivre la théorie généralisée de l'argumentation de Georges Vignaux [1976], présentant l'argumentation comme le cadre commun de toute forme de connaissance). La thèse de l'espace public, ensuite, est dépendante de la définition de ce qui est politique : doit-on considérer comme public le seul espace institutionnel dit politique ou celui, plus large, des relations de pouvoirs et d'identité entre individus et groupes sociaux ? En croisant ces deux systèmes d'opposition on obtient un tableau à quatre cases qui permet de situer certaines approches.

Les espaces publics et leurs acteurs

	« Raison/Abstraction »	« Stratégie/Narration »
Espace public officiel : le lieu de la politique, les institutions	1 Espace public habermassien La politique comme consensus rationnel Hommes politiques, fonctionnaires	2 Espace public conflictuel La politique comme intérêts des acteurs Hommes politiques, fonctionnaires Syndicats, Groupes de pression « Opinion publique »
Espace public non-officiel, non-institutionnel : le politique, les relations de pouvoir et de construction des identités	3 Espace public habermassien élargi Le politique comme consensus rationnel Syndicats, Groupes de pression « Opinion publique » Information médiatique	4 Espace public conflictuel Revendications et narrations identitaires Mouvements sociaux « Publics » Médias

Dans ce tableau, tous les acteurs peuvent être au fond inscrits dans chacune des cases. Un élu demeure lié à la société civile par toutes les fibres de son être, cette appartenance à l'espace des négociations quotidienne modifiant son travail politique. Un individu téléspectateur de *reality shows* est aussi un citoyen électeur et parfois un membre d'association. Des idéaux-types peuvent cependant être dégagés. Les hommes politiques et fonctionnaires s'inscrivent dans la case 1 si on les considère comme porteurs de la rationalité du droit (position du premier Habermas), ou dans la case 2 si on les considère comme des acteurs préoccupés par des intérêts (analyses sociologiques et économiques des rapports de pouvoir). Les groupes intermédiaires (syndicats, groupes de pression, associations...) méritent bien leur nom puisqu'ils sont à cheval sur les deux systèmes de classement.

Ils occupent les cases 2 et 3 selon qu'ils usent du registre stratégique ou rationnel (second Habermas), selon qu'ils sont considérés aussi comme relevant de la société civile ou du processus politique. Ils n'occupent pas stricto sensu l'espace de la politique, des institutions, même si dans la pratique une place leur est reconnue sur le mode des groupes de pression. Les publics, vus au travers des rêves, des revendications, des contestations des groupes affinitaires et des individus, intègrent l'espace public au moyen de la fiction et de la discussion, notamment quand elles prennent pour support les médias (case 4). Ils peuvent aussi avoir pour nom « opinion publique » avec tous les artifices les construisant (sondages) et s'inscrire dans la case 3 de la construction légale-rationnelle (les lois dépendent aussi de la prise en compte des « opinions ») ou dans la case 2.

L'opposition entre raison et stratégie, si limitée, peut être éliminée au profit d'une vision ne différenciant pas fondamentalement les modes d'expression publique. La « rhétorique », au sens où l'entend Aristote, est l'opérateur d'une telle synthèse qui conduit à penser l'échange comme une dramaturgie en même temps que comme une argumentation logique. Pour se déployer, l'argumentation nécessite des cadres sensibles qui l'incarnent et la symbolisent. Pour agir, la narration est tendue par de bonnes raisons qui lui donnent sens. La rhétorique, conciliante, se situe dans le monde de la probabilité et de la généralité alors que la raison, plus dure, joue sur la certitude et l'universalité, et la persuasion, plus lâche, sur la composition des intérêts et le local. La rhétorique est donc à mi-chemin ou bien elle décrit le parcours qui mène de l'un à l'autre. Dans cette optique qui se veut proche de celle du Kant de la *Raison pratique*, Louis Quéré [1992] assimile l'espace public à un objet à deux faces indissociables : une sphère de discussion (délibérative), et une scène d'apparition (dramaturgique). La première est proche des positions de Habermas et la seconde de l'idée que la politique doit s'accompagner de la visibilité procurée par les médias de masse [THOMPSON, 1991, 1995]. Cette thèse ne doit pas conduire à rabattre la distinction entre deux étages indissociables sur une opposition entre deux univers bien dissociés : les médias n'entreraient pas dans la sphère délibérative et ne seraient que mise en scène (on retrouverait l'opposition entre espaces publics officiel et non-officiel du tableau). Par exemple, l'affaire de la vache folle illustre bien la difficulté à démêler l'aspect dramaturgique et l'aspect argumentatif, le rôle des médias, celui de l'opinion publique et celui des politiques. La distinction de Quéré sert à repérer la façon dont se forment des problèmes publics, dans le cadre d'une analyse phénoménologique qui se réclame des penseurs pragmatistes ou interactionnistes, Dewey, Goffman ou Schütz [CEFAÏ, 1996, 1998, 2002]. L'apparition d'un problème [HILGARTNER, BOSK, 1988 ; GAMSON, MODIGLIANI, 1989] est la construction d'un cadre interprétatif non consensuel. Celui-ci naît d'un conflit de points de vue autour desquels se rassemblent des groupes en compétition, se donnant en spectacle et en démonstration devant des publics. Les acteurs – protagonistes et spectateurs – se lient par des procédures telles que la narration, le témoignage, la démonstration scientifique, l'interprétation juridique, autant de formes de l'expérience publique qu'il faut explorer, en composant une structure de mots, de personnes, de contextes, que l'on nomme espace public, conçu comme une arène dont les contours sont indéfiniment extensibles : de nouveaux participants, de nouveaux faits, de nouvelles querelles et les conséquences des débats sur ceux qui n'étaient pas encore participants, reconfigurent en permanence ce public que Dewey voyait comme une structure d'interaction en perpétuel élargissement. Une telle approche peut rejoindre la sociologie des professions et des organisations qui cherche à nommer les acteurs impliqués dans un processus public, les types d'engagement et les cadres d'interprétation (Tuchman, Molotch et Lester...). Avec elle, il ne s'agit plus de découvrir *a posteriori* les résultats des luttes de sens et leurs effets de distribution de positions sociales mais de saisir en actes les querelles façonnant l'espace public.

Aller au bout du processus de pluralisation et de reconnaissance

Du schéma habermassien demeure l'idée d'une mise en commun de paroles et de faits légitimant le processus démocratique, ainsi que l'idée d'une élasticité de cet espace, ne reflétant pas des structures sociales intangibles. L'idéalisme d'un auteur trop occupé par une volonté de se démarquer de processus instrumentaux comme Platon cherchait à s'arracher à la matière, est quant à lui largement rejeté. Avec le concept de sphère publique, qui interdit de clore les opérations par lesquelles les êtres humains décident de se mettre en commun et de produire des mondes, la parole et les souhaits du sociologue sont eux aussi relativisés. Les groupes sociaux et les logiques de communication ne sont pas stables *a priori*. Il reste à en tirer les conséquences pour la pratique même de l'analyse sociologique (chapitre suivant). Mais aussi à saisir l'articulation d'une telle analyse avec celles portant sur la justice : en quoi le fait de lutter pour la prise en compte des aspirations collectives réduit-il le jeu des inégalités ? Inscrite dans le champ des théories de la reconnaissance (incluant celles de Honneth, Ricœur, Caillé), qui postulent que les identités sont devenues plus importantes que les intérêts de classe dans les mobilisations politiques contemporaines, la vision de Nancy Fraser a été critiquée :

1. l'idée de sphère publique a tendance à homogénéiser les contre-publics dans une représentation occidentalisée des mobilisations collectives (Judith Butler), qui ne reposent pas toujours sur la mise en groupe (Axel Honneth) ;
2. elle dissocie rationalité économique et justice sociale, c'est-à-dire redistribution et reconnaissance (Judith Butler, Iris Young) ;
3. elle demeure encore solidaire de celle d'espace public en ce qu'elle contient le présupposé du cadre national.

Dans ses réponses, Nancy Fraser s'est fermement démarquée du modèle concurrent de la reconnaissance proposé par Axel Honneth, qui présente l'avantage de mettre l'accent sur certains vécus subjectifs (demande de « respect » exprimée par les personnes). Pour ce dernier, tout conflit social est sous-tendu par une lutte pour la reconnaissance, au sens de Hegel, qui lui confère une

signification morale et qui se révèle d'abord porté par des aspirations individuelles se déployant en trois sphères (l'amour, le droit et l'estime sociale).
Chacune de ces sphères est relative à un espace de conflit, à l'expérience d'une
forme de dénégation (ou « mépris) et peut conduire à l'autoréalisation de soi
(respectivement : « confiance en soi » par la reconnaissance des besoins affec-
tifs, « respect de soi » par la reconnaissance des droits et « estime de soi » par la
reconnaissance des capacités concrètes/aptitudes pratiques). Héritier de l'École
de Francfort, Honneth, qui s'appuie aussi sur la psychologie sociale de Mead et
de la psychanalyse de Winnicott, se démarque fortement de Habermas mais fait
comme ce dernier de l'intersubjectivité la clé de voute des processus sociaux. Sa
perspective est profondément idéaliste et individualiste : il n'y a pas de reconnaissance du sujet sans expérience de reconnaissance réciproque, normative, entre
sujets, dont on ne sait précisément pourquoi ils se mobilisent ou pas. En réponse
aux critiques sur l'homogénéisation des identités collectives et sur l'absence d'articulation de ces dernières avec les réalités économiques, Fraser explique que la
reconnaissance culturelle des groupes mobilisés répond à la domination culturelle mais n'évince pas la redistribution économique comme remède à l'injustice
et comme objectif des luttes politiques : « les luttes pour la reconnaissance prennent place dans un monde où les inégalités matérielles s'accentuent tant sur le
plan des revenus et de la propriété que sur celui de l'accès à l'emploi, à l'éducation, aux soins de santé ou aux loisirs ». Il s'agit donc de ne pas opposer trop
durement culture et économie, qui sont à la fois liées et irréductibles l'une à
l'autre. Pour ne pas verser dans une vision identitaire absolue, qui peut conduire
au communautarisme, ou dans un matérialisme économiste, la question de la
reconnaissance est articulée à celle du statut (au sens de Max Weber) quand celle
de la justice économique est articulée à la classe sociale, les deux s'articulant.

Enfin, Fraser concède le fait que le concept de sphère publique a été conçu
pour décrire des mobilisations politiques face aux pouvoirs privés et pour leur
permettre d'exercer une influence sur l'État dans un cadre national. Elle transpose
cette logique au niveau postétatique : afin de créer une « sphère publique transnationale », il serait nécessaire de créer des pouvoirs publics transnationaux qui
seraient eux-mêmes soumis à la critique des publics. Elle prend ainsi ses distances
avec l'idée pionnière de « patriotisme constitutionnel » de Jürgen Habermas
(lancée dès 1992 et à l'origine de la constitution européenne), qui suppose qu'une
simple adhésion au niveau des valeurs peut fédérer les peuples.

La téléréalité et les contradictions de l'individualisation

La « téléréalité » a provoqué commentaires acerbes et condamnations morales
à la hauteur de son succès d'audience et de sa diffusion foudroyante sur les
chaînes du globe. Le fonctionnement de jeux mêlant fiction scénarisée et spontanéité des intervenants a pu surprendre [sur les règles de la réalité-mystification
ou « réalsification » déjà entrevues dans les *reality shows* voir CHARAUDEAU,
GHIGLIONE, 1997 ; pour l'analyse d'une télévision post-documentaire et les
réactions des publics voir HILL, 2004 ; HILL, PALMER, 2003] autant que les
composantes idéologiques de programmes réfléchissant un monde du travail

où la réussite et la flexibilité semblent reines (les participants étant voués de façon illusoire ou non à réussir une carrière médiatique par la seule grâce de leur personnalité). Contre l'image du rouleau compresseur écrasant les particularismes, notons qu'ils ne sont pas construits ni reçus de la même façon dans le monde et à l'intérieur de chaque société [LOCHARD, SOULEZ, 2003].

Ludiques, expressifs ou réparateurs pour certains spectateurs, inesthétiques ou psychologiquement insupportables pour d'autres, ils peuvent présenter des aspects très patriarcaux et racistes (élimination des candidats de couleur, valorisation des stratégies « masculines » agressives) ou des potentialités d'émancipation (logiques féminines et juvéniles, représentation de minorités). Leur véritable dénominateur commun réside dans la mise en perspective et la valorisation des capacités des individus, entrant ici en résonance avec les attentes dominantes de sociétés où les choix ne se font plus sur des critères collectifs imposés. La téléréalité exprime la quintessence de la télévision relationnelle même si elle est souvent moins audacieuse que les *reality shows* et les *talk shows* [MEHL, 2002], son développement répond à l'avènement d'un imaginaire plus égalitaire et à une individualisation croissante. Le problème de la construction des liens, désormais électifs, est abordé au travers des goûts, des espérances, des affinités et des conflits entre des individus partagés entre le sentiment de maîtriser leur destin, de triompher [LIEBES, 1999], et les affres de l'indécision, de l'égarement, de la dépression, suivant un mouvement de balancier bien connu depuis le romantisme (prototype de notre société des individus), finement décrit pour les années 1990 par Alain Ehrenberg à partir du terrain des drogues et des souffrances psychologiques. Accompagnant la défaillance des institutions et des solidarités traditionnelles, la télévision relationnelle peut être perçue comme un palliatif fonctionnel de la communication, comme le laisse entendre Ehrenberg dans une optique critique. Il est possible de la considérer de façon plus neutre comme une série d'illustrations des défis proposés aux individus « réflexifs » [BECK, 1986], enjoints d'explorer les mondes moraux et sentimentaux, de se construire par extériorisations successives de traces d'eux-mêmes [KAUFMANN, 2001], faisant découvrir aux populations les plus nombreuses les modes de vie qui étaient autrefois réservés aux populations artistiques et bourgeoises.

La personnalisation de la vie politique : une corruption de la démocratie ?

Le mouvement d'individualisation brouillant les frontières entre espace public et vie privée dans les médias de divertissement et de débat, affecte également la communication politique qui voit ses acteurs rechercher la mise en scène de l'individu, le discours personnel, voire la confession. En France, cette personnalisation est généralement jugée très négativement en raison d'une tradition politique républicaine valorisant la représentation et les processus institutionnels. Cette tradition vise l'impersonnalisation du pouvoir qu'elle définit comme inappropriable, *res publica*. Toute mise en avant de la personne dans l'action politique est vue comme une dégradation ou une corruption d'un authentique espace public (défini implicitement à partir des principes de rationalité, de publicité et d'impersonnalité). Les hommes politiques valorisant leur personne sont accusés de dérive populiste ou charismatique, de démagogie, de goût pour le plébiscite. L'État serait porteur des idéaux de progrès et déploierait l'histoire de la Raison à travers ses serviteurs quasi anonymes.

Il faut reconnaître que l'abus de personnalisation existe pour les hommes politiques, qu'ils recherchent sciemment l'exposition de la personne à la flamme des médias, qu'ils se brûlent parfois à ce jeu ou qu'ils en soient les victimes : Bernard Tapie, né dans les médias mais condamné aussi par eux ; Bill Clinton, attaqué sur sa conduite privée par des médias se laissant dicter leur agenda par une fraction (républicaine) du Sénat, un juge et un courant chrétien. La politique en France rejoint malgré toutes les évolutions observées ailleurs [CHAMBAT, 1997]. La présidentialisation du régime effectuée par de Gaulle accroît la perception d'un pouvoir personnel, comme sa recherche d'un lien direct avec le peuple au moyen des médias (qui n'est pas encore une exhibition de l'intime). La diffusion parallèle d'une culture de l'individu et du marketing politique, incitant à vendre l'homme politique comme un produit, conduisent à une recherche effrénée de la notoriété et au dévoilement de l'intime dans le cadre d'une concurrence nouvelle des chaînes de télévision, dans des émissions telles que *Questions à domicile* ou *Les absents ont toujours tort* puis dans des *talk shows*, et dans des ouvrages (*Le Pouvoir et la vie* de Valéry Giscard d'Estaing). Le phénomène est désormais à plusieurs entrées, comme il existe plusieurs individualismes. La personnalisation politique peut :

– relever du charisme, de l'appel à l'émotion et aux solutions miracles (Le Pen), ou de la tradition (attachement à la personne par féodalisme, confiance en l'homme du clan, Mitterrand ou Chirac) ;

– apparaître comme un principe de représentation ou comme un moyen de porter un projet collectif (un pouvoir est incarné par un homme, Mitterrand = PS) ;

– s'identifier à la recherche du look et de la notoriété ;

– manifester la confusion public-privé, la poursuite d'une idéologie du dévoilement (Sennett), de l'authenticité qui contraint l'homme politique à relâcher l'autocontrôle et accompagner le repli particulariste des citoyens [LE GRIGNOU, NEVEU, 1993 ; NEVEU, 1992] ;

– ou répondre à une transformation profonde de la relation gouvernants-gouvernés.

Avec le dernier point, l'interprétation du phénomène cesse d'être critique. Le modèle républicain, en crise, est vu comme évoluant sous la contrainte du social avec l'idée que la démocratie n'est pas seulement dans les institutions mais également dans ce que l'on formule à travers les concepts d'opinion et de public. Face au déclin des grandes idéologies et à la montée des exigences des individus à l'égard des institutions, les politiques doivent proposer un visage plus humain, déployer les signes de la proximité avec les électeurs, jeter aux orties une identité froide, technocratique, une façade impersonnelle cachant leur domination réelle et l'arbitraire des décisions qui sont parfois, elles, parfaitement personnelles. Dans une société marquée par la pression du public et la complexité des enjeux pour des élus chargés à la fois de résoudre les problèmes et de représenter des populations hétérogènes, dotées d'intérêts divergents, la personnalisation peut apparaître pour les publics comme un moyen d'apprécier, de juger les représentants. À partir de quels principes ? La capacité de faire face à des imprévus, de gérer la complexité et de faire preuve d'une réelle autonomie ressort nettement, l'image devenant un « raccourci dans la quête coûteuse de l'information » selon Bernard Manin [1995]. Cette vision « néo-aristotélicienne » – les individus décident à partir des arguments de « séduction » et des arguments « rationnels » – donne une épaisseur sociale au principe de légitimité en démocratie, et renvoie à une étude des publics et de leurs aptitudes à sélectionner leurs représentants : le bon citoyen comme le bon élu doit sans cesse se préoccuper des conséquences de ses actes et de ses engagements. Avec cette limite : les hommes politiques sont dans leur grande majorité capables de cacher leurs émotions malgré l'existence supposée d'un impératif, ce qui signifie que le fonctionnement politique intimiste n'expulse pas le fonctionnement plus « classique ». Réciproquement, les animateurs/producteurs de *talk shows*, qui jouaient le renouvellement du spectacle politique par la provocation, en effectuant donc une certaine désacralisation du pouvoir, se sont adaptés à des politiques capables de négocier leur implication. Les deux catégories d'acteurs proposent désormais le plus souvent une représentation banalisée où le spectacle n'est que relativement surprenant et où la politique est en apparence prise au sérieux [LEROUX, RIUTORT, 2013].

Bibliographie

AKOUN André, *La Communication démocratique et son destin*, PUF, 1984.

ARENDT Hannah, *Condition de l'homme moderne* (1961), Calmann-Lévy, 1993.

ARISTOTE, *Rhétorique*, Le livre de poche, Librairie générale française, 1991.

BECK Ulrich, *La Société du risque. Sur la voie d'une autre modernité* (1986), Aubier, 2001.

BOYER Alain, VIGNAUX Georges (dir.), « Argumentation et rhétorique », *Hermès*, 15-16, 1995.

BUTLER Judith, « Merely Cultural », *Social Text*, 52/53, 15 (3-4), 1997.

CAILLÉ Alain (dir.), *La quête de reconnaissance. Nouveau phénomène social total*, La Découverte, 2007.

CARDON Dominique, « "Chère Menie…" Émotions et engagements de l'auditeur de Menie Grégoire », *Réseaux*, 70, 1995.

CASETTI Francesco, ODIN Roger, « De la paléo à la néo-télévision », *Communications*, 51, 1990.

CEFAÏ Daniel, « Qu'est-ce qu'une arène publique ? Quelques pistes pour une approche prag-matiste », *in* CEFAÏ Daniel, JOSEPH Isaac (dir.), *L'Héritage du pragmatisme. Conflits d'urba-nité et épreuves de civisme*, Éditions de l'Aube, 2002.

– *Phénoménologie et sciences sociales. Alfred Schütz, naissance d'une anthropologie philo-sophique*, Droz, 1998.

– « La construction des problèmes publics. Définitions de situation dans des arènes publiques », *Réseaux*, 75, 1996.

CERTEAU Michel de, *L'Écriture de l'histoire*, Gallimard, 1975.

CHAMBAT Pierre, « Représentation politique et exposition de la personne à la télévision », *in* ION Jacques, PERONI Michel (dir.), *Engagement public et exposition de la personne*, Éditions de l'Aube, 1997.

CHAMBAT Pierre, ERHENBERG Alain, « Les *reality shows*, nouvel âge télévisuel ? », *Esprit*, janvier 1993.

CHARAUDEAU Patrick, GHIGLIONE Rodolphe, *La Parole confisquée. Un genre télévisuel : le talk show*, Dunod, 1997.

CURRAN James, « Rethinking the Media as a Public Sphere », *in* DAHLGREN Peter, SPARKS Colin (dir.), *Communication and Citizenship. Journalism and the Public Sphere*, Londres, Routledge, 1991.

DAHLGREN Peter, *Television and the Public Sphere*, Londres, Sage, 1995.

– « L'espace public et les médias. Une nouvelle ère » (1991), *Hermès*, 13-14, 1994.

ECO Umberto, « TV : la transparence perdue », *in La Guerre du faux* (1983), Grasset, 1985.

EHRENBERG Alain, *La Fatigue d'être soi. Dépression et société*, Odile Jacob, 1998.

– *L'Individu incertain*, Calmann-Lévy, 1995.

– *Le Culte de la performance*, Calmann-Lévy, 1991.

ELEY Geoff, « Nations, Publics, and Political Cultures. Placing Habermas in the Nineteenth Century », *in* CALHOUN Craig (dir.), *Habermas and the Public Sphere*, Cambridge, MIT Press, 1992.

FERRY Jean-Marc, « Les transformations de la publicité politique », *Hermès*, 4, 1989.

FRANÇOIS Bastien, NEVEU Erik (dir.), *Espaces publics mosaïques. Acteurs, arènes et rhéto-riques des débats publics contemporains*, Rennes, PUR, 1999.

FRASER Nancy, *Le féminisme en mouvements. De 1960 à l'ère néolibérale*, La Découverte, 2012.

– *Qu'est-ce que la justice sociale ? Reconnaissance et redistribution*, La Découverte, 2005.

– « Repenser la sphère publique : une contribution à la critique de la démocratie telle qu'elle existe réellement » (1992), *Hermès*, 31, 2001.

FRASER Nancy, HONNETH Axel, *Redistibution or Recognition ? A Political-Philosophical Exchange*, New York, Verso, 2003.

GAMSON William, MODIGLIANI André, « Media Discourse and Public Opinion on Nuclear Power. A Constructionist Approach », *American Journal of Sociology*, 95, 1989.

GOLE Nilüfer, « Snapshots of Islamic Modernities », *Daedalus*, 129/1, 2000.

– « The gendered nature of the public sphere », *Public Culture*, 10/1, 1997.

Habermas Jürgen, *Après l'État-Nation. Une nouvelle constellation politique*, Fayard, 2000.

– *Droit et Démocratie* (1992), Gallimard, 1997.

– *Théorie de l'agir communicationnel*, 2 t. (1981), Fayard, 1987.

– *L'Espace public. Archéologie de la publicité comme dimension constitutive de la société bourgeoise* (1962 puis 1990), Payot, 1993.

Hilgartner Stephen, Bosk Charles, « The Rise and Fall of Social Problems. A Public Arena Model », *American Journal of sociology*, 94/1, 1988.

Hill Annette, *Reality TV*, Londres, Routledge, 2004.

Hill Annette, Palmer Gareth (dir.), « Big Brother », *Television & New Media*, 3/3, 2002.

Hirschman Albert, *Défection et prise de parole. Théorie et application* (1970), Fayard, 1995.

Honneth Axel, *La société du mépris. Vers une nouvelle théorie critique*, La Découverte, 2006.

– *La Lutte pour la reconnaissance* (1992), Cerf, 2000.

Jeanneney Jean-Noël, Sauvage Monique, *Télévision, nouvelle mémoire. Les magazines de grand reportage*, Seuil, 1982.

Kant Emmanuel, « Idée d'une histoire universelle au point de vue cosmopolitique » et « Réponse à la question qu'est-ce que les Lumières », in *Œuvres philosophiques* (Gallimard) « La Pléiade », t. 2, 1985.

Kaufmann Jean-Claude, *Ego. Pour une sociologie de l'individu*, Nathan, 2001.

– « Voyeurisme ou mutation anthropologique ? », *Le Monde*, 11 mai 2001.

Lasch Christopher, *Le Complexe de Narcisse. La nouvelle sensibilité américaine* (1979), Robert Laffont, 1981.

Le Grignou Brigitte, Neveu Erik, « Intimités publiques. Les dynamiques de la politique à la télévision », *Revue française de science politique*, 43/6, 1993.

Leroux Pierre, Riutort Philippe, *La politique sur un plateau. Ce que la télévision fait à la représentation*, PUF, 2013.

Liebes Tamar, « Serais-je belle, serais-je riche ? Images culturelles de la réussite chez les adolescentes », *Réseaux*, 98, 1999.

Livingstone Sonia, Lunt Peter, « Se faire entendre dans l'espace public. Les femmes, la télévision et le citoyen-téléspectateur », *Réseaux*, 63, 1994.

– *Talk on Television. Audience Participation and Public Debate*, Londres, Routledge, 1994.

Lochard Guy, Boyer Henri, *Notre écran quotidien*, Dunod, 1995.

Lochard Guy, Soulez Guillaume (dir.), « La téléréalité, un débat mondial », *MédiaMorphoses*, Hors série, 2003.

Macé Éric, « La télévision du pauvre. Sociologie du "public participant" : une relation "enchantée" à la télévision », *Hermès*, 11-12, 1992.

Macé Éric, Peralva Angela, *Médias et violences urbaines, Débats politiques et construction journalistique*, La documentation Française, 2002.

Maigret Éric, « Strange *grandit avec moi*. Sentimentalité et masculinité chez les lecteurs de bandes dessinées de super-héros », *Réseaux*, 70, 1995.

Manin Bernard, *Principes du gouvernement représentatif*, Calmann-Lévy, 1995.

MEHL Dominique, « La télévision relationnelle », *Cahiers internationaux de sociologie*, CXII, 2002.

– « Loft Story. La fracture culturelle », SOFRES-L'état de l'opinion, Seuil, 2002.

– *La Télévision de l'intimité*, Seuil, 1996.

MENGER Pierre-Michel, « Temporalité et différences inter-individuelles. L'analyse de l'action en sociologie et en économie », *Revue française de sociologie*, XXX/VIII, 1997.

MERLIN Hélène, *Public et littérature au XVIIe siècle*, Les Belles Lettres, 1994.

MEYROWITZ Joshua, *No Sense of Place. The Impact of Electronic Media on Social Behaviour*, New York, Oxford University Press, 1985.

MURRAY Susan, OUELLETTE Laurie (dir.), *Reality TV. Remaking Television Culture*, New York, New York University Press, 2004.

NEVEU Erik, « Le spectre, les masques et la plume », *Mots*, 32, 1992.

PAILLIART Isabelle (dir.), *L'Espace public et l'emprise de la communication*, Grenoble, PUG, 1995.

PASQUIER Dominique (dir.), « Télévision et débat social », *Réseaux*, 63, 1994.

QUÉRÉ Louis, « L'espace public : de la théorie politique à la métathéorie sociologique », *Quaderni*, 18, 1992.

RICŒUR Paul, *Parcours de la reconnaissance*, Stock, 2004.

SCHUDSON Michael, « Why Conversation is Not the Soul of Democracy », *Critical Studies in Mass Communication*, 14, 1997.

SENNETT Richard, *Les Tyrannies de l'intimité* (1974), Seuil, 1979.

THOMPSON John B., *The Media and Modernity. A Social Theory of the Media*, Cambridge, Polity, 1995.

– *Ideology and Modern Culture. Critical Social Theory in the Era of Mass* (1991), Cambridge, Polity, 1995.

VIGNAUX Georges, *L'Argumentation. Essai d'une logique discursive*, Genève, Droz, 1976.

VOIROL Olivier, « Les luttes pour la visibilité. Esquisse d'une problématique » *Réseaux*, 129-130, 2005.

YOUNG Iris Marion, « Unruly Categories : A Critique of Nancy Fraser's Dual Systems Theory », *New Left Review*, 222, 1997.

Chapitre 15

La nouvelle sociologie des médias

Réflexivité, expérience et médiation

À TRAVERS L'ÉTUDE DES PRINCIPALES THÉORIES DE LA COMMUNICATION, leur critique et leur mise en relation, ce livre a tenté de pointer l'émergence d'une sociologie de la communication et d'en élaborer les étapes conceptuelles et pratiques. Ce chapitre récapitule la démarche en la systématisant au moment où s'effectue une remise en cause des sciences sociales, menacées par leur propre projet. Il n'a pas échappé en effet que le développement d'un concept comme celui d'espace public représentait un défi pour une recherche qui, en dépassant les déterminismes technologiques, biologiques et linguistiques, définissait de façon trop abrupte un objet – le social – et une position surplombante – celle du chercheur. Cette opération avait le mérite de dégager l'espace des interactions, de faire dépendre le sens des relations humaines, mais en faisant payer l'extériorité de l'activité scientifique par les marques de la subjectivité embarrassante et souvent violente du chercheur : élitisme, populisme, misérabilisme, volonté d'ingénierie sociale, etc. En posant la participation de tous à une difficile démocratie du sens, lentement formulée, donc la surprise permanente du social, en notant que les discours et les revendications émanent du bas comme du haut, filtrent à travers les programmes les plus sérieux comme les plus insouciants, la théorie de l'espace public brise le cadre du sociologisme. La radicalisation de cette démarche ne débouche pourtant pas sur une posture de régression, celle des postmodernes, mais sur une nouvelle sociologie des médias renouant avec ses racines.

Les trois temps d'une sociologie de la communication

« Dénaturaliser, culturaliser, pluraliser », s'il fallait résumer l'entreprise sociologique par une formule, alors celle-ci serait certainement l'une des plus pertinentes. La sociologie est un projet historique fondé sur le refus d'un ordre naturel et divin. Son premier acte est de déconstruire l'évidence du monde, sa prétendue naturalité, en désignant l'existence d'une réalité seconde. Ce ne sont pas les techniques qui produisent le monde humain, ni une biologie déterministe, ni les règles du langage. Il n'existe pas non plus de tendance des univers matériels à envahir, à désacraliser un monde humain supposé pur. L'univers humain n'est pas consubstantiel à la question de la nature, ni affranchi d'elle, il est tout simplement au-delà, réalisant et inventant ses propres lois. Lire les actes de communication au niveau technique c'est écraser l'univers humain, le ramener à la causalité simple (du stimulus, de la langue), prendre les points d'un plan à nombre restreint de dimensions pour des trajectoires mentales complexes. L'accomplissement de la sociologie s'opère dans un second temps par le biais de la constitution d'un objet – la société – que l'on décrit à partir d'un collectif fonctionnel ou d'une coalescence d'actions individuelles menant au collectif (et pouvant l'incorporer). Le social apparaît alors comme le produit de pouvoirs et de cultures, i. e. de systèmes de relations de domination et de systèmes de sens partagés, se lisant les uns dans les autres. Les médias sont des extensions des luttes et des partages symboliques qui font les sociétés.

Le passage d'une vision ancrée dans la nature, dans la lenteur et l'évidence supposée des choses, à celle d'une culture, d'une dynamique des relations humaines mettant sans cesse en question ce qui est établi, éclaire deux modèles de la communication qui guident implicitement les théories. Le premier, hérité du religieux puis de l'économique et du technique, est défini par l'idée de transmission et par une valorisation des dimensions spatiales de l'échange, le second est défini par ce que James Carey [1989] a proposé d'appeler une conception rituelle de la communication, héritée elle aussi du religieux mais se rapprochant des notions de dramaturgie et incorporant la temporalité. Lorsqu'ils communiquent dans des arènes conçues à cet effet, les êtres humains cherchent d'abord à se compter, à se prouver qu'ils sont ou ne sont pas membres d'un même groupe, et à faire sens, à élaborer des réseaux d'appartenances et de différences constitués en signes. Ces deux modèles sont toujours présents dans toute société bien que le second réponde en propre à ce qu'est une société.

Entreprise de dénaturalisation du monde, la sociologie évoque l'existence d'un monde culturellement construit en se heurtant à une limite : comment parler de règles de ce nouveau monde sans le durcir, lui donner la prégnance de ce qui va de soi ? Pour certains, sa mission s'achève devant une telle difficulté. La sociologie s'épuise à son tour dans une naturalisation du social, dans l'idée d'un univers clos, sans faille, d'une machine de production et de reproduction d'identités et de différences, ce que l'on nomme le sociologisme. Cette tendance a été le plus fortement combattue par les féministes à partir de la question du genre et par les chercheurs travaillant sur la nation et la globalisation (voir encadré). Ces deux courants reprochent à la sociologie de s'être constituée à une époque où l'influence des cadres nationaux et patriarcaux a culminé et d'avoir cristallisé l'impensé de cette époque dans ses concepts. Le social a été conçu comme une grande boîte, la nation, contenant de plus petites boîtes, les communautés ethniques ou les groupes socio-professionnels, comme des poupées russes, toutes hermétiques. L'identité sociale repose sur l'idée que l'on appartient ou que l'on n'appartient pas, que tout se résout dans des processus de distinction et d'intégration, avec l'horizon d'une masculinité sûre d'elle-même, incarnant la stabilité et la positivité, et celui de la nation, au référent si naturel. Prolongeant ces critiques, les auteurs des *Cultural Studies* ont conclu à l'effacement nécessaire d'une discipline qui rigidifie les pratiques, qui les discipline arbitrairement, dans des charges visant en priorité le fonctionnalisme anglo-saxon et les théories du *rational choice* [voir en particulier, à la suite des remarques de Stuart Hall, les textes de MORLEY, 1996 ; MORLEY, ROBINS, 1995 ; STRATTON, ANG, 1996 ; ainsi que LASH, URRY, 1987, 2000, la critique la plus affirmée étant celle de Spivak). Le troisième temps de la sociologie serait celui de sa disparition, et les *Cultural Studies*, plus attentives au particulier, plus généreuses à l'égard des êtres, en seraient l'éloge funèbre.

Le transnational et le post-genre comme tournants communicationnels

La critique des concepts de nation et de genre a été l'un des pivots de la contestation des sciences sociales « classiques », fondées sur l'idée de clôture et rendant peu compte de la naissance d'espaces publics nouveaux, plus fluctuants, plus réflexifs. Les limites des catégories identitaires et la volonté de les dépasser sont l'indice d'un tournant communicationnel pour les disciplines du social qui n'envisagent plus l'échange comme une transmission entre deux entités stables mais comme une production de différences au sein d'un espace commun.

La globalisation, étudiée très tôt par l'anthropologue indo-américain Arjun Appadurai, manifeste la complexité des identités modernes qui reposent de moins en moins sur l'appartenance à un ordre politique et à un imaginaire simples et exclusifs. La multiplication des flux entre les nations – qu'ils soient composés de personnes (*ethnoscapes* dans le vocabulaire de Appadurai), de technologies (*technoscapes*), de biens et services (*financescapes*), d'informations (*mediascapes*) ou d'idéologies (*ideoscapes*) – interdit de penser le monde sur le modèle de l'homogénéisation ou de la résistance en prétextant la domination américaine. Appadurai évoque une « indigénisation » des pratiques comme Roland Robertson [1992] parle de « glocalisation » et Ulf Hannerz [1991, 1996] de « créolisation » : il y a mélange des cultures avec asymétrie des relations. De fait, les États-Unis ne sont plus la cause de la mondialisation mais seulement un acteur puissant, travaillé de l'intérieur par ce mouvement qui voit les minorités ethniques et les populations pauvres ou ex-colonisées contribuer aussi fortement au changement du monde. Les attentats du 11 septembre viennent confirmer avec force les thèses d'Appadurai fondées sur l'idée d'interaction culturelle globale et de flux disjonctifs. Le terrorisme islamiste est une résistance à la mondialisation qui entraîne une mondialisation : on n'échappe pas à la *cosmopolitique* [BECK, 2006]. Il peut être vu comme une co-construction Occident/Non-Occident et, du point de vue des images, comme une production conjointe des terroristes et des médias (qui condamnent des actes qui ne pourraient exister sans eux [DAYAN, 2006], ce qui les place dans un état d'incertitude déontologique et identitaire [ZELIZER, ALLAN, 2002, CALHOUN, PRICE, TIMMER, 2002]), sur fond de réceptions différenciées dans les divers ensembles culturels et nationaux. Les travaux sur le postcolonialisme et sur le caractère flottant des identités nationales sont relayés par ceux portant plus spécifiquement sur les médias dans un contexte globalisé, notamment par les recherches de Kevin Robins sur la cohabitation de flux médiatiques nationaux et internationaux au sein de la télévision turque et des pratiques des familles d'origine turque [AKSOY, ROBINS, 2000 ; ROBINS, 2001 ; MORLEY, ROBINS, 1995]. La problématique de la constitution d'une identité européenne, vue comme cohabitation et non comme assimilation des identités nationales, vient rappeler elle aussi le caractère désuet d'une réflexion crispée sur des référents figés. L'Europe n'est pas un objet mais un projet, elle est un système ouvert, non déterministe, selon les remarques d'Edgar Morin [1987], qui repose sur l'apprentissage de la coexistence de différences vécues [MERCIER, 2003 ; DACHEUX, 2003 ; WOLTON, DACHEUX, 1999], selon un principe déjà éprouvé dans les contextes belge et suisse et attesté par les hybridations latines [LOCHARD, SCHLESINGER, 2000].

Les identités sexuées, pensées comme intangibles durant les premiers temps de la sociologie, vacillent elles aussi sous le coup des travaux féministes et gays, attachés à une déconstruction des positions naturalistes. Il n'existe pas de masculinité ou de féminité évidentes, héritées de la nature, seulement des constructions historiques que l'on nommera « genres » dont l'aspect artificiel peut être prouvé – ce qui signifie que le modèle dominant masculin fondé sur la virilité doit être contesté. Les études de Richard Dyer réclamant la prise en compte du regard homosexuel dans le champ des médias sont ici parmi les plus significatives. Le courant post-féministe *queer* (présenté par BOURCIER, 2001, 2005, 2011, à partir de la lecture effectuée par BUTLER [1990] du second Foucault) va encore plus loin dans le sens d'un constructivisme radical en pensant au-delà des genres, ce que ne faisait pas le féminisme des années 1960-1980, attaché à la seule dénonciation de la domination masculine, ni le mouvement gay, dénonçant la norme hétérosexuelle pour valider une identité homosexuelle : la notion de genre est un obstacle à la liberté des individus dont les pratiques sexuelles dépassent toute catégorisation. Si l'on ne pense plus les pratiques en termes de déviances, elles apparaissent comme proliférantes et ne peuvent être ramenées à des identités rassurantes par leur stabilité.

L'impasse de la postmodernité

La critique dite « postmoderniste », qui inspire une partie des membres des *Cultural Studies* autant qu'elle les divise, est encore plus dévastatrice. Selon cette nébuleuse de penseurs – philosophes de la déconstruction tels que Derrida et Lyotard, ex-marxiste et ex-sociologue comme Baudrillard, à peine fédérés par l'usage d'un mot créé dès les années 1930, mais popularisé bien plus tard par Frederic Jameson[1] – la sociologie peut être incluse dans l'ensemble des composantes dépassées d'une modernité obsédée par la technique et par une foi naïve dans le progrès. Son discours serait celui de l'ordre, des identités, des collectifs et du telos, de la finalité historique. Or tout semble concourir dans notre monde contemporain, centré sur les appétences individuelles multiples et contradictoires, à saper l'autorité d'une vision impérialiste qui faisait de la Raison un guide universel : les identités se diluent, l'histoire se dissout, l'absence de fondement métaphysique dernier est révélée au grand jour, ne subsiste plus que des discours qui flottent sans référent.

Cette fuite en avant hors de la métaphysique et de la tradition marxiste dont on renie les hypothèses et les rêves après les avoir embrassés, a été elle-même déconstruite et ramenée à ses présupposés plus que contestables (les travaux de Zygmunt Bauman [1997], faisant ici référence). La dénonciation de la modernité et de ses récits est elle-même un « vieux » récit moderne actualisé par certains intellectuels de la fin du XXᵉ siècle qui ne supportent pas leur déclassement, le fait de ne plus être considérés comme le centre de la vie publique, porteurs de la rationalité collective, confondant leur expérience du monde avec le monde (ou son absence). Elle radicalise la peur de la technique et la déception à l'égard de la raison, opposées l'une à l'autre par idéalisme puis rejetées toutes deux dans un mouvement qui demeure moderne quoique nihiliste. Le dandy universitaire oscille entre la jouissance de se croire revenu de tout, de se répandre dans les médias sur l'impossibilité de dire quoi que ce soit, et la vision cauchemardesque d'un monde dénué de sens auquel il confère pourtant une unité historique substantielle : nous serions entrés dans une « postmodernité ». Par bien des côtés, ce discours n'est guère nouveau, rejoignant les philosophies vitalistes et pessimistes du XIXᵉ siècle, mais la mise en garde scientifique qu'il contient, au-delà d'un constructivisme devenu chaotique et arbitraire, doit être prise au sérieux, servir d'aiguillon pour la sociologie. En se moquant des prétentions à unifier les pulsions et les orientations individuelles et collectives, il suggère la destruction du mythe du sujet et brise la dureté de l'acteur souvent trop homogène des sciences sociales (au profit d'une vision de la modernité « liquide ») [BAUMAN, 2000].

Le retour aux pères fondateurs : le tournant de la réflexivité

Le défi lancé à la sociologie trouve une réponse dans un retour aux pères fondateurs trop amalgamés par les postmodernes et dans le constat que la critique ne désagrège pas cette discipline mais, au contraire, la nourrit. Nous l'avons vu dans le second chapitre, l'essor des sciences sociales ne s'est pas fait autour d'un seul noyau de pensées et un clivage entre l'Europe et les États-Unis s'est même produit sur la question de la définition de l'expérience sociale et de la modernité, influençant les évaluations de l'apport des communications de masse. L'institutionnalisation des sciences sociales s'est ensuite opérée des deux côtés de l'Atlantique en suivant une ligne le plus souvent rationaliste, les savoirs se sont ossifiés avec les concepts de

---

1. Pour une histoire de la notion voir ANDERSON, 1998.

pratique utilisés. Le fonctionnalisme, la *Théorie Critique*, la sociologie des champs et le culturalisme ont raconté à leur manière l'extraction du social de la nature en effectuant une clôture de ce dernier. La prise en compte de la volatilité des pratiques et de l'innovation sociale est pourtant présente dès le départ et continue de travailler les pensées du XXe siècle. La profonde relecture des classiques effectuée par Hans Joas [*La Créativité de l'agir*, 1992] montre à quel point les auteurs les plus engagés dans des visions déterministes usent sans cesse de métaphores de la créativité (la révolution, chez Marx) et de questionnements incertains (l'innovation morale, chez Durkheim) pour ne pas fermer leurs modèles sur eux-mêmes.

**L'action sociale chez Weber selon Joas :
le charisme comme élément productif englobant**

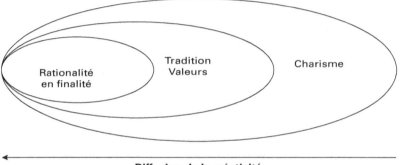

Rationalité en finalité

Tradition
Valeurs

Charisme

Diffusion de la créativité

Joas s'éloigne de la lecture habermassienne de Weber, décrivant les étapes d'une rationalisation de plus en plus poussée, en faisant ressortir des textes sur le charisme les incertitudes d'un auteur qui range dans cette catégorie tout ce qui n'entre pas dans le schéma de la rationalisation et qui lui semble régénérer la vie collective. Weber laisse entendre que le social ne se réduit ni à des valeurs ni à un mouvement menaçant d'impersonnalisation, sans parvenir à trouver la bonne mesure puisqu'il assimile le charisme à la force mystérieuse du rayonnement personnel. Les recherches sur les médias prolongent cette démarche à leur façon lorsqu'elles pointent les innombrables contradictions, les multiplicités de niveaux de lectures et d'actions des programmateurs et des publics, le débat culminant avec le concept d'espace public, posé au départ en termes rationalistes avec Habermas puis enrichi par la notion de logique polyphonique.

Certains auteurs, longtemps minorés, font de la complexité de l'action le point de départ de leur réflexion. Georg Simmel, le premier, voit dans l'arrachement au monde naturel le principe d'une dynamique contradictoire que ne résout aucune dialectique. La capacité d'abstraction humaine provoque une scission entre un monde objectivé, un environnement, et une réalité psychique, celle de l'individu pensant, qui ne conduit ni à une synthèse sublime achevant un processus historique ni à une irrémédiable et dangereuse séparation entre deux tendances antagonistes autonomisées (idéalisme contre matérialisme, rationalisation contre monde vécu). La faille existentielle et le jeu qu'elle produit sont présents à tout moment, simplement exacerbés dans notre modernité qui, en choisissant de multiplier les possibilités de distanciation par la diffusion de la monnaie, de la concentration urbaine et de l'intellectualisation mathématique de l'existence, accroît la variété des états objectifs et subjectifs. Les humains s'éprouvent tantôt comme des choses externes, tantôt comme des sources de sens, mais dans un même surgissement. Ils utilisent leurs facultés de se fragmenter indéfiniment en parties d'eux-mêmes pour se construire au moyen de rôles qu'ils habitent sans pouvoir y être parfaitement identifiés. Contrairement à la plupart des auteurs européens, Simmel ne déduit aucune faiblesse ontologique du bouillonnement de la modernité, aucun pessimisme, même s'il perçoit la vie contemporaine comme épuisante en raison des innombrables et incessantes sollicitations contradictoires. S'il existe une *Tragédie de la culture*, celle de ne jamais coïncider avec soi-même, de ne jamais résoudre la tension entre le fait d'être sujet et objet, elle est originelle, permanente, source de la vie humaine. L'opposition avec le paradigme critique qui se développera par la suite est évidente. L'aliénation qu'Adorno repère dans la culture médiatique n'existe pas, ou alors elle est présente dans toutes les dimensions artistiques et même humaines : elle décrit une modalité du rapport à la culture, au sens le plus large, rapport qui n'est pas fondé sur une adhésion permanente. À l'expression d'*aliénation* Simmel considère préférable de substituer celle d'*objectivation* pour en retirer la charge normative, la vie pouvant être aussi joyeuse que douloureuse. L'illustration de ces tendances et des contre-tendances subjectivantes est fournie dans de nombreuses études sur l'art trahissant un penchant pour une esthétisation de la sociologie chez un auteur qui ne s'y réduit pourtant pas.

En présentant un sujet fondamentalement clivé, se créant par extériorisations, par objectivations qui permettent au Moi de sortir et de revenir en lui, de se confronter aux autres, sans que le social élaboré par durcissements progressifs ne le capture définitivement, cette pensée fonde un paradigme qui a largement essaimé, articulé par de nombreux chercheurs autour des concepts de réflexivité, d'expérience et de médiation. La réflexivité naît de la distance aux rôles occupés. L'expérience désigne le processus par lequel s'opère la socialisation, faite d'allers et retours. La médiation souligne l'effort continu de mise en relation nécessaire entre les objets et les sujets à travers la stabilisation de *formes sociales*. Les individus s'impliquent dans l'interaction qu'ils découvrent déjà structurée mais les *formes* auxquels ils se plient sont en fait des produits cristallisés de l'interaction qui peuvent encore et toujours se faire et se défaire. Ces éléments sont présents chez Goffman qui, selon l'interprétation de Danilo Martuccelli [1999], n'est pas seulement un anthropologue structuraliste parti à la recherche des invariants de la situation d'interaction, mais également un penseur de la modernité réflexive, hanté par « la difficulté de l'interaction dans des sociétés démocratiques égalitaires ». Les individus sont aujourd'hui particulièrement distants de leurs rôles sociaux et soumis aux exigences de l'égalité supposée avec les autres, ils se pensent « libres ensemble » [DE SINGLY, 2000]. Ils doivent s'efforcer d'ordonner leur identité et de régler leur présentation de soi pour maintenir la cohérence des interactions, devenues plus nombreuses et plus fragiles à mesure que les traditions s'affaiblissent. Chacun s'efforce de s'inscrire dans les *cadres* de l'action collective (expression préférée à celle de *formes sociales*), dont l'un des plus importants est celui de la permanence de l'identité individuelle, en soufflant régulièrement dans les *coulisses*, des lieux où la saisie de soi et des autres redevient moins tendue.

Depuis plusieurs décennies, les théories structuralistes et systémiques ont elles aussi négocié le tournant de la créativité de l'agir. La théorie de l'auto-production de la société d'Alain Touraine, esquissée dans les années 1970, s'enracine dans une perspective évolutionniste qui prend peu à peu la forme d'une sociologie du Sujet opposée à toute clôture du social. Il existe quelque chose d'irréconciliable dans l'affirmation du Sujet, dans la tension entre le *je* subjectif et le *soi* objectif, qui se traduit par la souffrance ou par l'orgueil des individus mais aussi par l'existence d'une lutte permanente au niveau des collectifs. Les sociétés modernes comprennent qu'elles inventent leurs catégories plus qu'elles ne les découvrent toutes faites et font du politique, en perpétuelle recomposition, l'espace d'apparition et de confrontation des normes, du juste et de l'injuste. Le conflit collectif est l'expression de la béance existentielle, la condition et l'issue de l'acte démocratique et non un passage obligé menant au consensus. En s'attachant d'abord aux mouvements sociaux et moins aux micro-politiques, en ayant recours aux registres opposés et désuets de l'existentialisme et du fonctionnalisme qu'il incite pourtant à dépasser (lire ici encore Danilo Martuccelli), Alain Touraine a tendance à limiter la portée de son œuvre, mais il apporte parmi les premiers l'idée que la communication crée un monde commun sans pour autant mener à la confusion des êtres toujours changeants : le conflit est la condition de possibilité de l'échange et non un préalable désagréable ou une conséquence inattendue. Le Britannique Anthony Giddens [*La Constitution de la société*, 1984 ; *Modernity and Self-Identity*, 1991] élabore une théorie de la constitution du social qui, par sa volonté de ne pas dissocier les niveaux micro et macrosociologiques, se rapproche du structuralisme génétique de Bourdieu, la structure étant à la fois l'origine ou la palette de ressources des actions et le résultat de ces dernières, insistant cependant sur le potentiel perturbant de la réflexivité.

Les individus peuvent toujours revenir sur leurs traces, s'auto-saisir, même si ce n'est pas de façon consciente. Cette capacité ne manifeste pas l'existence d'une existence hors du social (contrairement à Simmel qui imagine de façon plus radicale un ego hors socialisation) mais l'effort continu du social de se produire, conduisant parfois à l'échec de la reproduction : les structures ne jouent pas de façon externe, elles se constituent de façon endogène. Giddens déplace la question de la réflexivité au niveau d'une opposition entre sociétés traditionnelles, imprégnées par les routines de face-à-face et par l'absence de distanciation entre les individus, qui mettent l'accent sur l'espace en calculant le temps à partir de lui, et sociétés modernes, qui ont inventé les moyens de communication à grande distance et généralisé le déplacement et l'abstraction, détachant le temps de l'espace voir aussi THOMPSON, 1995]. Notre époque n'est pas réflexive par essence, alors que les précédentes ne le seraient pas, comme le pensent les postmodernes, mais les traits de la réflexivité y sont phénoménalement plus évidents et plus déterminants. Les rapports contemporains sont de plus en plus communicationnels, ils s'appuient sur un temps linéaire et partagé à l'échelle mondiale, donc sur une délocalisation menant à la mondialisation. Les individus recherchent la coordination des actions à distance, passant par l'établissement de relations de confiance, dans un schéma à la Simmel ou à la Goffman mais appliqué à une réflexivité de structure. En sens inverse, ils relocalisent leurs actions en inventant de petites traditions et s'engagent dans les méandres de l'expérience psychologique, de la réflexivité de soi.

Le paradigme de l'agir réflexif ou créatif, comme le baptise Hans Joas, hante la sociologie européenne depuis sa formation et trouve déjà une formulation forte dans le pragmatisme américain. Le schéma triadique de Peirce met l'accent sur l'expérience fondamentalement collective et discursive de la production du savoir (élargissement vers la tiercéité) – même s'il sous-entend avec un vestige de scientisme que la connaissance consiste à revenir vers la priméité[1]. Mead affine cette vision communicationnelle de l'action en présentant l'individu comme un être initialement pluriel, opérant une synthèse des attentes multiples qui l'affectent et qui lui font adopter des rôles, lesquels rôles lui permettent de faire retour sur lui-même et de se constituer, avec les autres, en objet stable. Le siège de la créativité serait ainsi le corps, qui n'est pas un simple outil mais le lieu d'une socialité primaire, « d'un rapport social antérieur à toute intentionnalité consciente » (Joas). Avec Dewey, ce sont les conséquences globales du dépassement perpétuel de règles du jeu qui sont examinées. Pour le philosophe, la logique humaine excède la production de normes et la relation entre moyens et fins, elle a pour horizon la confrontation de projets indéterminés et de situations où il y a intrication des moyens et des fins. Le concept de « démocratie créative » défendu par Dewey rend bien compte du basculement vers une théorie de l'interdépendance généralisée dans laquelle la multiplicité des individus et des dimensions à l'intérieur de chaque individu s'exprime sans visée d'un accord qui mettrait fin à cette multiplicité.

La réalité et la logique scientifique selon Peirce

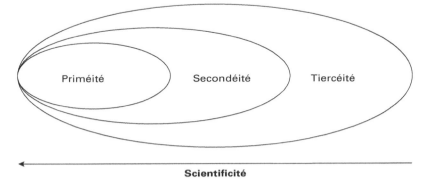

---

1. La redécouverte du pragmatisme en communication peut inciter à parler de « sémiotique sociale » comme le fait Jensen [1995].

Les trois types d'agir dans une sociologie de l'expérience créative (Dewey, Joas)

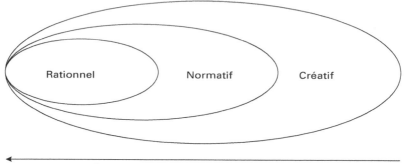

Rationnel   Normatif   Créatif

◄ Caractère englobant de la logique créative

De la sociologie aux *Cultural Studies*... et retour

Si le choc culturaliste a eu pour conséquence salutaire de réveiller cette partie de la sociologie devenue sociologisme, engoncée dans ses certitudes et dans ses concepts rigides, il n'est pas en contradiction avec une recherche dont le moteur demeure le doute et qui a pour cette raison progressivement centré son regard sur les individus et sur les combinaisons de rationalité qui les font vivre au lieu de les réduire à des effets de structure ou à des atomes optimisateurs. Une sociologie de la sociologie s'est élaborée, ne prenant plus pour acquis les résultats ni pour transparente l'histoire de ce courant scientifique. L'un de ses jalons, *La Société du risque* [1986] d'Ulrich Beck, remarque qu'en s'établissant avec la modernité la sociologie s'est largement identifiée à cette forme parti-culière de modernité qui a triomphé au XXᵉ siècle, celle de l'industrialisation, des nations, de la masculinité, de la constitution de classes sociales, de la sépa-ration entre espaces spécialisés, de l'opposition entre experts et profanes. Or cette forme – qui ne s'efface pas – apparaît de plus en plus relativisée. Les clivages entre le loisir et le travail, entre le privé et le public, entre les genres, entre le politique et le non-politique s'estompent, l'infaillibilité des sciences est dénoncée comme un mythe, les inégalités sociales ne reculent pas mais les classes sociales perdent leur sens face aux impératifs de l'individualisme, l'ordre des nations se découvre contesté par la dimension du transnational.

La description approfondie de ces changements effectuée par Beck illustre le passage d'une société moderne industrielle, qui rejetait le mythe de l'identité entre nature et société opérée par la notion de tradition mais qui créait ses propres traditions (classes sociales, nations, genres), à une société moderne réflexive, qui détraditionnalise la modernité industrielle en rejetant ses catégories établies, deve-nues de véritables catégories « zombie » qui subsistent quoique mortes[1]. Pour paraphraser Beck qui a choisi d'explorer le terrain de la perception du risque, les individus étaient autrefois frappés par des coups du sort envoyés par Dieu ou par la nature puis par des injustices du système social, ils subissent aujourd'hui des échecs

---

1. L'expression est dans BECK et BACK-GERNSHEIM, 2002, chapitre 14.

personnels (dans leur perception). Il n'y a plus d'extériorité des actions, celles-ci se réfèrent d'abord à elles-mêmes et à leur composition collective et non plus à des autorités externes. En ce sens, il y a affinité entre le développement d'un individualisme réflexif et celui d'une démocratie qui ne se pense plus seulement à partir des institutions. La phase suivante d'une sociologie de l'action consiste à dépasser le stade des métaphores et des contradictions pour celui de l'analyse systématique des ressorts de l'action plurielle [LAHIRE, 1998 ; SCHULZE, 1992 ; SINGLY, 2003] et à inscrire cette dernière dans une théorie de la démocratie [DUBET, 1994].

Les trois niveaux de réalité sociale selon Ulrich Beck

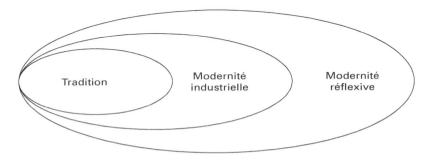

Le troisième temps de l'activité sociologique n'est donc pas celui de la disparition mais plus simplement celui de la pluralisation. Le mouvement de la critique, de la dénaturalisation, s'applique à lui-même. Il faut dénaturaliser la culture pour donner la parole à ceux qui ont été exclus lorsque la « société » a été constituée en instance d'explication. Ce mouvement repose sur ce qu'Éric Macé [2002] nomme un « constructivisme conflictualiste » par lequel chacun renonce à penser détenir le dernier mot sans pour autant garder sa langue dans sa poche (l'engagement demeure donc l'une des modalités de l'entreprise intellectuelle). L'entrée dans un débat productif signifie que les positions de chacun préexistent mais peuvent évoluer sous la pression de l'expérience et des redéfinitions de situation. Aux antipodes du relativisme, cette position suppose l'existence de savoirs ordinaires et scientifiques garantis par des méthodes mais dont les effets de composition ne sont pas donnés *a priori*. Les premiers essais de définition des règles de fonctionnement de ce nouvel espace public ont été effectués par Bruno Latour dans des textes consacrés aux rapports entre activités scientifique et politique – ou activités scientifico-politiques puisque la séparation absolue est un mythe [*L'Espoir de Pandore* et *Politiques de la nature*, 1999]. Latour substitue à l'opposition entre nature et culture une nouvelle entité nommée « collectif » qui représente l'interaction des « humains » et des « non-humains » au sein d'un espace d'expérience[1].

---

1. Selon Bruno Latour « nous n'avons jamais été modernes », au sens où nous n'avons jamais vécu sur une réelle opposition entre nature et culture, laissant entendre que cette opposition est totalement infondée. Mais la différence que cet auteur maintient entre « humains » et « non-humains » à travers l'idée même d'une médiation (il existe bien une « réalité extérieure » est-il écrit dans *Politiques de la nature)* démontre qu'il cherche à dépasser les catégories d'une certaine modernité, celle des XIXe et XXe siècles, en conservant ces dernières comme soubassements.

Le collectif grossit lors de chaque affaire publique à mesure que des acteurs, des pratiques, des résultats nouveaux se présentent pour nourrir la discussion. Les « controverses » désignent le mode d'expansion du social, oscillant entre exploration de mondes possibles et composition de collectif, pour mener à la recherche d'un monde commun. Dans ce schéma, on pourrait dire que la communication n'apparaît plus seulement comme une fonction ou comme un idéal à atteindre mais comme le processus par lequel s'opère la pluralisation.

La théorie du collectif de Latour

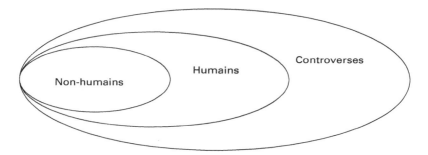

Collectif en expansion

L'intellectuel devenu lui aussi réflexif se révèle *généreux*[1] et non plus critique, il accorde du crédit à ses interlocuteurs et ne les considère plus comme de purs objets. Ce mouvement l'éloigne des postmodernes dont l'erreur n'est pas d'être trop réflexifs, et par conséquent désabusés, mais de ne pas être assez réflexifs : ils oublient volontairement la dimension collective de la raison et évitent de se mettre en cause, de voir qu'ils font partie du monde qu'ils jugent. Il n'y a pourtant rien de fondamentalement désagréable et de menaçant dans le fait de ne plus se penser comme le foyer unique de la Raison. Dans le domaine des médias de masse et de la culture populaire, ce tournant correspond aux discussions sur les échelles d'implication du chercheur proposées par Passeron et Grignon et au geste de renoncement à la violence universitaire effectué par Certeau. La dernière violence institutionnelle, celle d'adopter un nom plutôt qu'un autre pour désigner ce que fait le chercheur, se pose évidemment. Faut-il rester attaché au mot « sociologie » ? Certainement pas pour le plaisir corporatiste de faire discipline, dans le sens d'une technique de domination. Mais à ce mot que l'on démocratise et pluralise déjà par l'emploi de « sciences sociales », rien ne paraît encore s'opposer sérieusement sinon justement ceux de « démocratisation » ou de « pluralisation », qui ne peuvent évoquer une discipline, dans le sens d'une logique. La rigueur de la démarche sociologique, opposée à celle souvent flottante des *Cultural Studies*, et l'importance qu'elle confère à la question des relations entre culture et pouvoir, désormais dénuée de déterminisme et de dénonciation,

---

Nous sommes en ce sens en train de quitter une semi-modernité pour une modernité réflexive, comme le remarque Beck, et non sur le point de fonder ou de prolonger un monde a-moderne.
1. Selon le qualificatif employé par Bruno Latour à propos d'Ulrich Beck dans la préface française de *La Société du risque*.

plaident en faveur d'un retour à une tradition qui voit revenir à elle au début du XXIᵉ siècle les approches qui s'en éloignaient les décennies précédentes. La troisième génération des *Cultural Studies* britanniques, emmenée notamment par Nick Couldry [*Inside Culture. Re-imagining the Method of Cultural Studies*, 2000], revendique une approche compréhensive dans la lignée de Hoggart et Morley qui s'enracinerait dans une véritable méthode sociologique, après la redécouverte des sciences sociales effectuée par certains membres du courant australien (John Frow). C'est le vocabulaire de la sociologie des religions qui est mobilisé pour appréhender les nouvelles façons de faire lien par les médias de masse, dans une volonté de rendre productifs des concepts qui avaient été écartés de la recherche en communication. L'utilisation du concept durkheimien de rituel sous l'impulsion initiale de James Carey puis de Daniel Dayan et Elihu Katz [*La Télévision cérémonielle*, 1992] permet d'aborder des phénomènes aussi complexes que les célébrations télévisuelles (mort du Président Kennedy, Jeux Olympiques...), et les grandes expériences médiatiques transnationales qui manifestent l'existence d'un double processus d'individualisation et d'institutionnalisation jouant à l'échelle mondiale [LIEBES, CURRAN, 1998], à l'œuvre par exemple dans *Big Brother* [COULDRY, 2002] et dans les « cultes » médiatiques des fans [LE GUERN, 2002]. Ce virage n'est pourtant pas dénué d'ambiguïtés car l'emploi du concept de « rituel » est en réalité largement métaphorique. Ce dernier, très peu réflexif, est en effet devenu problématique au sein même de l'étude des religions puisqu'il relève de l'analyse sociologique classique, de l'outillage du second niveau, il est à ce titre insatisfaisant pour saisir une nouvelle modernité en construction qui attend de nouvelles catégories.

La méthodologie de la nouvelle sociologie des médias : la chaîne des savoirs

Les implications méthodologiques du retour à une sociologie revenant sur ses propres effets d'institutionnalisation sont nombreuses et radicales. Si le propre des relations humaines est de ne se réduire ni aux techniques ni aux groupes constitués, il faut cesser de penser la communication comme média-centrée ou comme socio-centrée et passer des médias aux médiations, selon la formule de Jesús Martin-Barbero [1987. Les médias se présentent comme des objets produisant des effets ou comme des supports servant les rivalités ou les affinités entre groupes. Les médiations représentent les processus par lesquels les acteurs se rencontrent dans leur multiplicité interne et externe et stabilisent des objets dits techniques, des définitions de situation, des représentations, des postures de réception (ou « attachements » pour Antoine Hennion). Les interactions liées aux médias et constituant les médias ne sont qu'un sous-ensemble des médiations, même si les médiations forment l'acte de communication (au sens troisième de pluralisation). Un décloisonnement généralisé s'opère qui interdit d'isoler complètement les acteurs de la communication, comme s'il existait des techniques pures, des textes immanents, des producteurs segmentés des publics et des publics fermés sur eux-mêmes.

Cette mise en relation généralisée permet de mieux comprendre pourquoi les médias semblent parfois produire des effets forts (pourquoi des objets supposés segmentés semblent se répondre). C'est en fait l'incorporation – partielle et mouvante – des propriétés des autres qui explique le « pouvoir » des médias, l'action de la publicité, la rencontre entre des musiques et des publics. Le grand objectif du marketing et de la publicité consiste par exemple à intégrer suffisamment les attentes des consommateurs en les traduisant, en amont, dans les produits – et non tant à les modeler [HENNION, MÉADEL, 1997]. Il n'existe pas de critère absolu d'efficacité car ces attentes existent rarement *a priori* et doivent être révélées de façon dynamique, par médiations successives. Ne sont influencés que ceux qui le souhaitent d'une façon ou d'une autre au cours d'un processus continu d'échange : la publicité la plus efficace est celle fondée sur la plus grande humilité. La musique étudiée par Antoine Hennion [1993] peut également connaître le succès en partie parce qu'elle n'est pas sans lien avec ceux qui l'achèteront : dans un studio d'enregistrement, le public est déjà présent sous la forme du directeur artistique, réagissant à la façon dont le ferait un certain public imaginé. Des interlocuteurs discutent concrètement ou imaginairement avec l'artiste à la façon du consommateur qui, chez Howard Becker, est à la fois le consommateur anonyme et payant, au bout de la chaîne, et le personnage imaginaire que l'artiste se donne. Cette conceptualisation ne doit pas conduire au mythe de l'unité des sociétés, de la correspondance entre une offre et une demande ou de la traduction entre actions congruentes puisqu'il s'agit de montrer au contraire comment se construit continuellement du social, entendu comme monde commun, à partir de conflits, de discontinuités et de négociations plus ou moins avancées. Le problème n'est pas celui de la continuité absolue entre les acteurs mais celui de l'absence d'extériorité de leurs actions (voir l'encadré sur *Le constructivisme social et le constructivisme associationniste*).

Les compartiments classiques de la recherche en communication perdent à leur tour de leur étanchéité avec ce paradigme et c'est une chaîne de savoirs en partie reliés qui est placée au cœur de l'activité scientifique. Cette intuition guide les travaux de la nouvelle sociologie française des médias qui s'efforcent de saisir au plus près les relations entre les divers niveaux de lecture, s'efforçant de concilier totalisation progressive des approches et attention à la volatilité des pratiques, qui mine toute tentative de faire système. Il peut s'agir de cumuler les méthodes en développant des analyses de dispositif télévisuel, de réseaux de sociabilité, des interactions programmes-spectateurs, comme dans l'étude consacrée au *Téléthon* [CARDON, HEURTIN *et al.*, 1999] qui désigne les trois niveaux de description du social par les expressions de *transactions tendues*, *transactions souples* et *transactions réflexives*. La démarche consiste plus souvent à partir d'un pôle d'analyse et à en situer le voisinage. Peut-être faut-il débuter par celui des publics – qui conditionne les interactions en démocratie – pour en indiquer le sens.

La chaîne des savoirs en sociologie des médias[1]

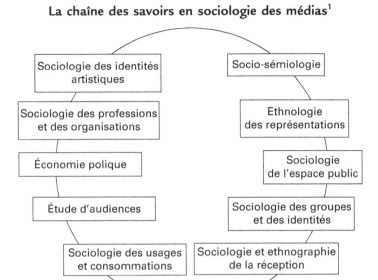

Le constructivisme *social* et le constructivisme *associationniste*

Le point d'arrivée des recherches présentées dans ce chapitre est un constructivisme très particulier, aussi éloigné d'une vision conquérante de la science
véhiculée par les tenants du réalisme que du constructivisme désabusé des
postmodernes. On pourrait le qualifier de modeste et d'optimiste car il repose
sur l'existence d'une communauté d'interprétation, d'un espace public, et se
présente comme exploratoire. Comme tout constructivisme, il s'ancre dans
l'idée que l'ensemble des réalités appréhendées est formé d'échanges, de
confrontations, de sélections et de stabilisations – avec le souhait de penser ce
qui semble figé, voire immuable, les objets, la nature, comme une condensation
d'activités humaines. Le risque d'une telle position est évidemment d'aboutir à
un relativisme qui menacerait la possibilité même d'une activité scientifique :
si tout est construit rien ne peut plus être rendu cohérent, rien ne résiste plus
dans le réel au vertige interprétatif du chercheur. S'attaquant à la croyance
« moderne » (que l'on pourrait plutôt considérer comme « semi-moderne » en
suivant Beck) en la segmentation fondamentale des hommes et des choses, le
premier socio-constructivisme de Michel Callon et Bruno Latour, influencé par
David Bloor, a fourni l'exemple bien connu d'une telle dérive. Les hommes et
les choses n'étant pas en contradiction fondamentale, ils doivent pouvoir se
lire les uns dans les autres, en partant plutôt du pôle humain qui donne sens
au monde. Dans le champ de la communication, plus spécifiquement de l'analyse des innovations technologiques, cette posture a abouti à la mise en place

---

1. NB : cette chaîne fournit une indication sur la communication entre courants de recherche et
non une intégration fonctionnelle de ces courants.

d'une méthodologie dite du *script* ou de l'*inscription*, élaborée par Madeleine Akrich et reprise par Bruno Latour. Les objets, encore remplis des traces des luttes de définition qui les ont fait exister, sont envisagés comme des textes (selon la formule de Steve Woolgar) à partir desquels on pourrait lire l'histoire de leur genèse. La sémiotique de Greimas, centrée sur les notions de narration et d'actant, est évoquée comme la solution méthodologique au problème de l'interprétation. Les humains et les non-humains sont en quelque sorte versés dans le même bain linguistique, présentés comme des acteurs effectuant des négociations, appelées aussi opérations de traduction, avec toutes les difficultés que cela implique et que l'on peut citer pêle-mêle : le monde est-il vraiment analogue à un texte ? existe-t-il alors un code pour le comprendre ? y a-t-il identité entre le code des producteurs et celui des usagers ? À ces questions, les recherches en communication ont répondu depuis longtemps en refusant au modèle linguistique toute prétention à l'universalité et en séparant au moins partiellement les pratiques des usagers ou récepteurs de celles des producteurs. La version de la théorie de la médiation et du constructivisme présentée ici s'éloigne de cette conception. Elle propose d'assimiler l'idée de mixtes humains/ non-humains à une métaphore de troisième niveau au sens de Peirce ou des théoriciens de la réflexivité. La relation entre humains et objets ne doit pas être interprétée en termes naturalistes (niveau un) ni en termes sociologistes et relativistes, comme ont eu tendance à le faire Callon et Latour à partir d'une réflexion qui s'efforçait de dépasser le niveau deux… pour revenir au texte. Le texte est une métaphore à vocation naturaliste ou sociologiste suivant que l'on voit dans les signes une mécanique innée ou l'arbitraire du social. Il faut plutôt observer les humains et les objets dans une dynamique de relations qui s'opère sur le mode de la découverte permanente des propriétés de ces relations, dans le cadre d'un monde conflictuel qui aspire à devenir un monde commun. L'inscription des échanges dans le cadre démocratique et l'idée d'une ouverture des problèmes à des publics sans cesse occupés à se constituer, guident les recherches sur les médias de masse comme une microsociologie plus attentive aux relations aux techniques. À cette vision, on pourrait rattacher toutes les pensées de l'espace public qui ne s'en tiennent pas au modèle habermassien, les théories de la réflexivité ainsi que ce que l'on pourrait nommer le second socio-constructivisme de Latour qui renonce à l'idée de traduction pour se rapprocher de Tarde et Dewey. Dans *Politiques de la nature* et dans *L'Espoir de Pandore*, puis dans *Changer de société. Refaire de la sociologie*, cet auteur abandonne le thème du *constructivisme social* (enchâssé dans une perception d'un social autonomisé, durci, devenu une prison) pour un *constructivisme associationniste*, qui repose sur la prise en compte de toutes les paroles, celles qui sont déjà structurées, celles qui se structurent et celles qui sont en voie d'être affectées par l'expression publique des autres paroles. Le social est un « collectif » en expansion, un ensemble de propriétés se constituant sur le mode de la surprise. Il est toujours ouvert, ce qui signifie que les modèles, les filets interprétatifs du chercheur utilisés pour comprendre les actions, n'ont jamais le temps de se solidifier définitivement.

Le constructivisme ainsi conçu ne renonce pas à l'idée d'une cumulativité des recherches et rompt avec tout relativisme. C'est l'acte de découverte qui est construction mais ce qui est découvert n'est ni désordonné ni illusoire. Les chercheurs (et les acteurs « ordinaires ») mobilisent des savoirs constitués mais ces savoirs ne prétendent pas se former hors d'une histoire des relations entre les êtres qui interdit de dissoudre cette même histoire. Si la nature, perçue comme un ensemble d'effets, de mécanismes objectifs, demeure ce à quoi l'on s'oppose, elle constitue toujours une limite, celle d'un indicible, de quelque chose qui nous échappe. La modestie incite à ne pas mêler absolument les objets et les hommes, chacun conservant une part de mystère pour l'autre. Comme le rappelle Latour, « il ne s'agit pas ici de prétendre que le vieux dualisme, le paradigme précédent, n'a rien à faire valoir » [*L'Espoir de Pandore*, p. 226], il s'agit de se débarrasser du très peu productif dualisme humanité-objectivité en pensant au-delà du vieux dualisme.

La réception

L'étude de la réception des publics, remède historique à l'idéologie de la culture de masse, à l'idée d'un formatage des publics par les médias, cesse ainsi d'être fonctionnaliste ou culturaliste, elle ne décrit plus seulement des ensembles cohérents de lectures effectuées par des groupes socio-professionnels, des genres, des âges, mais restitue des interactions plus générales et présente des acteurs capables d'inventer des solutions à leurs problèmes en fonction des ressources sociales et culturelles dont ils disposent, sans se conformer nécessairement à des solutions établies. L'objectif est de saisir le délicat jeu d'échanges entre identités sociales et relations spécifiques aux médias, qui peut s'apparenter à un problème de poule et d'œuf et qui requiert de conjuguer les résultats de plusieurs domaines de recherche sans plaquage artificiel des uns sur les autres. Une étude consacrée aux publics de bandes dessinées de super-héros [MAIGRET, 1995] ne consistera plus seulement à dépasser l'analyse normative sur les effets délétères d'un média, ni à identifier des récepteurs masculins statistiquement dominants, pour lesquels la lecture sert un enjeu de reproduction fonctionnelle de l'identité masculine, ni à étudier les interprétations spécifiques de sous-groupes (publics féminins, Français/Américains, minorités ethniques...), mais à saisir le moment de l'interaction où les identités se fragmentent, se détachent, se composent et se recomposent. La fréquentation de ces BD apparaît alors lourde de contradictions pour les publics supposés participer d'une simple reproduction identitaire, les valeurs masculines se révélant traversées de tendances multiples, que l'on peut recadrer schématiquement à partir du jeu entre la défense d'un territoire traditionnel (la virilité toujours exigée dans nos sociétés) et l'exploration des mondes de l'intimité (favorisée par exemple par la scolarisation massive et prolongée qui bouleverse les modes de relation aux autres), autant de faits incompréhensibles sans la rencontre entre une sociologie des genres et de l'épuisement des genres (ici de la masculinité), et une sociologie de la réception.

De même, dans *La Culture des sentiments* [1999], Dominique Pasquier suit les étapes d'une recherche fondée sur les notions de créativité et de médiation lorsqu'elle étudie la réception d'une série télévisée française particulièrement dépréciée (*Hélène et les garçons*). Elle évite tout d'abord les jeux de déploration et de célébration qui encombrent les études dans ce domaine et identifie des groupes significatifs en montrant que l'enthousiasme pour Hélène est quasi exclusivement féminin, majoritairement rural et préadolescent. L'objectif central, ensuite, est d'articuler l'ethnographie des pratiques des fans et l'analyse des contextes sociaux dans lesquels s'inscrivent ces derniers, en liant sociologie de la réception et sociologie de la famille au moyen d'un interactionnisme sensible. Programmée après plusieurs décennies de luttes féministes, *Hélène et les garçons* devient le révélateur d'une recomposition des rôles féminins, propose une synthèse entre complémentarité des identités masculines et féminines et liberté absolue de la femme, à ce titre diversement appréciée par les familles populaires et bourgeoises, par les mères attachées à un impératif de revendication d'indépendance et par les filles confrontées à la gestion quotidienne de leurs identités.

Le terme de « réception », conservé par commodité, ne doit donc pas égarer. L'évolution se fait en réalité en faveur d'une prise en compte de l'ensemble des opérations qui constituent les lecteurs ou spectateurs dans leur existence au jour le jour, sans en rester à un moment « r » de la réception, idéalement conçu comme un échange simple et isolable entre un lecteur et un texte. Le mouvement est proche de celui qui éloigne les *Cultural Studies* du terrain de la réception pour celui de la vie quotidienne, ce niveau de l'« *everyday life* » revendiqué par Roger Silverstone [1994] et Joke Hermes [1995] sous l'influence de Certeau, et de la féministe Mary Ellen Brown [1994] élargissant sans cesse le cadrage des « audiences studies » [voir ALASUUTARI, 1999 ; BARKER, BROOKS, 1999]. L'idée même de public est par ailleurs déconstruite dans le sens d'une critique de ses propriétés supposées stables et dans celui d'une pluralisation de ses formes – publics consommateurs, publics de fans [HILLS, 2002 ; GRAY *et al.*, 2007 ; LE GUERN, 2009], « presque public » télévisuel, « non-publics », etc. – selon les constats de John Hartley [1992], Nicholas Abercrombie et Brian Longhurst [1998], qui proposent de passer à une théorie des publics comme « performance » [DAYAN, 2000 ; ESQUÉNAZI, 2003 ; ANCEL, PESSIN, 2004].

La production

Si l'on remonte la chaîne du côté des études de consommation et des études d'audience, qui disent elles aussi les publics mais qui traduisent peu à peu la médiation des institutions et des industries, se détache une économie politique des pratiques plus sensible au pouvoir de définition des situations que détiennent ces dernières. La sociologie des professions et celle des identités artistiques contrebalancent ensuite l'impression d'une toute puissance des contraintes économiques en rappelant que des projets culturels travaillent en retour les industries créatives. La jonction entre ces courants, en tension, est l'un des enjeux des prochaines décennies. Elle passe par l'élaboration de concepts novateurs, multidimensionnels, par exemple dans le secteur de la musique celui de « scène » élaboré au début des années 1990 par Will Straw et discuté par Gérôme Guibert : il s'agit à travers lui d'étudier les carrières de musiciens, les potentiels déséquilibres entre centre et périphérie, les flux de travail et de capital, sans détermination ultime. L'opposition très rude entre économie politique de la communication et *Cultural Studies*, dont témoigne le débat entre Nicholas Garnham [1995] et Larry Grossberg [1995], cède la place à un dialogue et même à la mise en place de passerelles multiples à partir du moment où, comme le signale David Hesmondhalgh [2007], les producteurs culturels ne sont plus présentés comme des acteurs surpuissants et homogènes, où les contradictions et la complexité ne sont plus évacués. Une approche synthétique voire « holistique » des médias [FENTON, 2007] peut ère revendiquée, qui mettrait en relation inégalités structurelles et complexités de la consommation et de la réception.

Les représentations

Du côté des messages, la nouvelle sociologie des médias procède à la même rupture que du côté des interprétations des publics. Il s'agit de rompre avec l'idée d'une essence – matérielle ou sociale – des signes en présentant ces derniers comme des médiations figées, comme le résultat d'une conflictualité sociale qui serait momentanément gelée, ainsi que le théorise Éric Macé [2001 et 2002] en s'appuyant sur les apports de Howard Becker [1999] et de Bruno Latour [2000]. Les contenus des médias de masse peuvent être vus comme des traces des interactions qui les ont constitués, comme des plis condensant les rapports sociaux, les logiques d'action et les mouvements culturels. Déplier ces « avatars », retrouver la chaleur des conflits qui les ont produits, se fait en plusieurs étapes. La première étape est le passage à une analyse des représentations et des discours au sens des *Cultural Studies*. Stuart Hall [1997] l'a mise en forme en reprenant l'objectif proposé par Michel Foucault [1971]. Les discours s'analysent comme des tensions entre représentations et pratiques et non simplement comme des systèmes de signes. Ils sont tout à la fois ce qui est représenté avec régularité, faisant discipline et norme, ce qui est exclu de la représentation, travaillant en négatif à confirmer les normes ou à les contester, et l'ensemble des activités sociales à partir desquels bouillonnent les jeux d'images et de textes : il s'agit de mettre en relation l'analyse des significations et celle des pratiques historiques pour comprendre les partages qui sont produits, n'opérant pas sur le seul plan du langage. L'étude des « dispositifs », deuxième étape elle aussi inspirée de Foucault, fait l'objet d'une sociosémiologie telle que celle de Guy Lochard et de Jean-Claude Soulages [1998], qui décrit les « genres », les formes d'énonciation, les normes verbales et visuelles encadrant les échanges à la fois sur le plan technique et sur le plan historique – et non plus d'une simple sémiologie détachant ces normes de toute conflictualité, de toute négociation du sens entre producteurs et publics. Le dispositif sert à étudier les phénomènes de pouvoir sous l'angle d'une « microphysique ». Il peut s'inscrire dans une perspective « gouvernementaliste » qui considère le pouvoir comme un effet de petites disciplines décentralisées, produisant un gouvernement des corps avec les « biopolitiques », et non seulement comme un effet des instances étatiques et des classes sociales.

Une étude des représentations sociales, fondée sur l'utilisation de méthodes quantitatives ou d'une ethnologie fouillée des rapports qu'entretiennent les personnages des récits et les logiques qui les guident (encadré), peut également fournir des clés de compréhension des sociétés contemporaines. Cette méthode est bien illustrée par les travaux de Sabine Chalvon-Demersay qui lisent les fictions télévisuelles comme des moyens d'identification des problèmes sociaux, comme des thématisations du social. Les récits présentés à une chaîne de télévision par des scénaristes amateurs [*Mille scénarios. Une enquête sur l'imagination en temps de crise*, 1994] et les séries françaises du mercredi soir telles que l'*Instit* [« Une société élective. Scénarios pour un monde de relations choisies », 1996] lorsqu'ils sont regroupés et abordés par leurs points communs renseignent sur un univers familial fin de siècle en pleine désinstitutionnalisation, où les rôles traditionnels ont volé en éclat : les femmes dominent les hommes et les relations sont pensées sur le mode du choix et non plus de la naturalité ou de la contrainte. L'analyse de ces représentations et de leur articulation avec des faits sociaux ne repose pas sur le croisement rapide de quelques résultats issus d'horizons variés (théories de la communication, travaux historiques et juridiques sur le démariage, sociologie de l'individualisme) mais sur une longue fréquentation de ces courants de recherche qui permet de repérer très tôt des tendances et de ne pas simplement superposer des éléments hétéroclites ou de souligner des correspondances : à l'instar de la sociologie de la réception, la sociologie des représentations voit s'accroître sa difficulté car elle suppose que soit maîtrisé un ensemble de spécialisations. D'autre part, elle ne décode plus des objets totalement stabilisés. Dans la fiction analysée par Chalvon-Demersay, qui dit quelque chose de la famille sans la refléter simplement, des solutions concurrentes sont avancées pour reconfigurer les liens devenus purement électifs entre les générations et les genres (fuite individualiste vers l'esthétique, recomposition des familles, retour à des normes claires entre générations sans nostalgie passéiste, etc.), traduisant l'imagination conflictuelle d'une époque qui tente de nommer des problèmes et de les résoudre en les projetant sur le petit écran.

Qu'est-ce qu'une représentation ? Comment l'analyser ?

Les contenus des médias ont longtemps semblé plus faciles à analyser que des interactions sociales car plus aisés à circonscrire. Il y a en effet une matérialité des contenants (livres que l'on place sur des étagères, films que l'on peut regarder en DVD, USB...). Les contenus sont immatériels, ils relèvent du monde du sens, mais ils sont généralement stockables sur des supports matériels, cette caractéristique renforçant le sentiment d'une clôture du texte. Pourtant, les contenus s'intègrent dans les interactions sociales, ils en sont issus et y retournent dès qu'ils sont appropriés par un lecteur, un spectateur. Ils peuvent être vus comme condensant des mondes sociaux et comme nourrissant d'autres mondes sociaux. Lorsque le chercheur se penche sur eux et eux seuls, une forme d'autonomie relative peut leur être accordée : c'est le moment du regard formel sur les codes, les genres, les systèmes de dénotations/connotations. Mais il n'existe pas d'autonomie absolue des contenus qui permettrait de saisir le sens authentique d'un texte, sa vérité hors relation avec les vivants et les morts. Pour cette raison, la sociologie des médias ne restreint pas le moment de l'analyse textuelle au seul décodage formel du matériau par le chercheur, elle procède par élargissements successifs en incluant en amont les acteurs qui ont contribué à la production du matériau et, en aval, les publics et groupes sociaux qui participent de sa définition.

Cette démarche rapproche la sociologie de l'histoire qui pratique depuis très longtemps la combinaison des sources, l'ouverture aux traces de toutes sortes. Mais le défi relevé par les courants historiographiques qui tentent de recomposer des contenus dans un contexte de rareté des sources, peut paraître démesuré pour notre époque tant la masse d'informations disponibles sur les œuvres, leur genèse et leur destin, apparaît gigantesque, comme le souligne Sabine Chalvon-Demersay, qui a fortement contribué au renouvellement de la recherche sur ces sujets. Il est donc nécessaire de procéder de façon très méthodique et d'être impliqué dans les matériaux de façon approfondie, à la façon par exemple des chercheurs-fans, qui ont contre eux la subjectivité du participant mais pour eux une fréquentation intense des communautés et des œuvres – ces chercheurs ayant de ce fait renouvelé de façon spectaculaire le regard porté sur les cultures « moyennes » et « populaires ».

À côté des techniques sémio-sociologiques, la technique du dénombrement, de l'analyse de contenu, qui a enregistré des dérives bien connues (voir chapitre 5), peut être employée aujourd'hui en raison de son efficacité dans le traitement de matériaux abondants si l'on conditionne son emploi à celui d'une « ethnologie et d'une sociologie comparée » [MACÉ, 2006]. Par cette expression, il faut entendre d'un côté l'usage d'une technique de lecture qualitative, plus attentive au détail et aux contradictions des œuvres qu'aux traits statistiquement récurrents (suivant le modèle légué par l'ethnologie compréhensive), de l'autre une stylisation des représentations socialement pertinentes, des thèmes qui structurent les débats dans les sociétés contemporaines, que l'on utilise comme guide dans le cadre d'une comparaison avec les traitements qui leur sont réservés dans les fictions ou dans les informations (sociologie comparée des mondes « virtuels » et « réels »). Le traitement de la famille éclatée/recomposée, thème obsédant de la fin du XXᵉ siècle, sert par exemple d'indicateur dans le cas des séries familiales diffusées aux heures de grande écoute pour Chalvon-Demersay.

En amont de l'analyse de contenu, l'étude des pratiques des journalistes ou des artistes, de leur parcours et de leurs aspirations, de leurs rapports avec leurs sources, leurs employeurs et leurs publics, des contraintes qu'ils subissent et des compétences qu'ils démontrent, peut informer sur le processus de codage qui conduit aux œuvres. Le but est de déceler les strates superposées d'influences, les tractations qui aboutissent aux textes, en croisant des variables qui relèvent au départ de l'économie politique et de la sociologie des professions. Il est possible de faire ressortir de cette façon l'histoire générale d'un genre médiatique que l'on doit confronter ensuite avec le détail de chacune des œuvres qui le composent.

En aval, la rencontre avec les interprétations des publics est désormais considérée comme enrichissante si l'on abandonne le principe de supériorité interprétative absolue du chercheur (sans céder au relativisme). Il s'agit de travailler ensemble analyse de contenu et analyse de réception en posant non pas l'égalité de tous devant les textes mais la coopération de ceux qui n'ont pas accès aux mêmes perspectives. On peut considérer que les travaux de Janice Radway inaugurent ce type de recherche. Partant d'une analyse sémiologique des romans de la collection Harlequin, cette chercheuse se heurte aux interprétations des publics qu'elle veut étudier, pour le moins différentes de ses résultats, rejette tout d'abord ce qu'elle considère comme des lectures « hérétiques » avant de conclure qu'elle peut apprendre de ces dernières à la fois sur les positionnements sociaux des publics et sur les contenus eux-mêmes, dont elle négligeait certaines facettes sous le poids de ses propres préjugés interprétatifs.

Toutes les techniques utilisées apparaissent comme des solutions de mise en contexte généralisée et non comme des formules magiques pour le processus interprétatif.

L'espace public

Les médias de masse apparaissent dès lors comme des instances contribuant aux débats sociaux autant que des supports de représentation. Leurs contenus ne se contentent pas de rendre les conflits qui ont présidé à leur formation, sous la forme de médiations gelées, ils alimentent en aval des querelles, des controverses qu'une sociologie de l'espace public identifie sans que les chercheurs ne se présentent comme intrinsèquement supérieurs aux acteurs qui y sont impliqués. Cette recherche se donne pour mission de décrire, d'un côté, les formes des espaces publics, les types d'engagement, les points d'accès, les vocabulaires, les forces d'exclusion, les effets de composition des définitions – approche privilégiée par les chercheurs du *Groupe de sociologie morale et politique* influencés par Luc Boltanski (Dominique Cardon, Jean-Philippe Heurtin, Cyril Lemieux), ou par les néopragmatistes évoquant la notion d'« arène » comme Daniel Cefaï – et, de l'autre, la dynamique des mouvements sociaux et des micro-politiques qui s'y investissent. On peut citer ici les exemples de la prise de parole par des auditeurs [CARDON, 1995], des débats sur les biotechnologies [MEHL, 1999 ; CHEVEIGNÉ, BOY, GALLOUX, 2002] ou sur les déchets nucléaires [CALLON, LASCOUMES, BARTHES, 2001]. Les travaux sur l'exclusion des femmes des espaces publics officiels et de leur longue subordination dans les représentations médiatiques, avant l'explosion, à partir des années 1960, des normes patriarcales, élucident depuis plusieurs décennies les mécanismes d'accès à des espaces publics officieux [FRASER, 1992], retracent les luttes en cours [KRAKOVITCH, SELLIER, 2001 ; SELLIER, 1998 ; BURCH, SELLIER, 2009] et servent parfois de brûlots à l'origine de polémiques (sur le *backlasch*, le retour du masculin dans les années 1980, le livre contesté de la journaliste Susan Faludi, 1991, voir GAUNTLETT, 2002, sur genres et médias). Les travaux ethnographiques sur les usages des TIC soulignent l'existence de négociations identitaires.

Ito et Okabe [2005] montrent que la messagerie mobile est un moyen pour les jeunes Japonais de « faire reculer les structures contrôlées par les adultes qui gouvernent chaque jour de leur vie » dans un pays où ils disposent de peu de lieux pour discuter en privé. Elle représente aussi une révolution pour les jeunes filles car elle leur donne les clés de l'accès à l'espace public.

Les « produits culturels » comme des mouvements sociaux

Le jeu de l'analyse sociale, qui ne se clôt jamais, reprend avec l'idée que les médias forment de véritables substrats culturels, avec toutes les contradictions que cela implique par la suite au niveau des interprétations des acteurs qui en vivent, en considérant par exemple avec Greil Marcus, auteur ayant entrepris la première véritable étude systématique des musiques « populaires » de l'après-guerre, que le rock et le punk ne sont pas des produits industriels ou des objets appropriés par des minorités sociales mais d'authentiques mouvements sociaux déployant la modernité, comme les grandes ferveurs sportives contemporaines étudiées par Patrick Mignon [1998], composant une « histoire secrète du XXe siècle » (Marcus) aussi importante que l'histoire officielle, que la recherche a encore peu écrite.

Le but de la nouvelle sociologie des médias est donc de ne jamais clore le processus interprétatif, de saisir les traces des conflits de définition incorporés par les médias, leurs représentations et les réceptions, en essayant de multiplier les sources, de cesser de les isoler, et de modéliser des enjeux fondamentalement ouverts. Il s'agit de cumuler, de totaliser des méthodes, non de totaliser abstraitement les traces en présentant un système, un bouclage fonctionnel, où les pôles pourraient se déduire les uns des autres, se traduire. Si une théorie démocratique enjoint de ne plus penser en termes de coupures – ces abîmes postulés par les théories antérieures de la communication – il demeure une discontinuité du social, sinon il n'y aurait pas échange, contradiction et démocratie.

Faut-il passer des pratiques aux compétences ?

Par son attention aux particularismes et par son hostilité à l'égard de toute cristallisation définitive, l'approche constructiviste présentée dans cet ouvrage peut sembler décevante. Après avoir défendu l'idée qu'il n'existe pas de mécanisme hégémonique simple et que les actes de communication modèlent un espace public, des précisions ou des typologies sont attendues sur les différentes relations de domination, de dialogue, d'appropriation, sur les relations composant les organisations, sur les niveaux de croyance, les variétés de « publics », les formes et les règles d'expression des arènes publiques. Le fait que la recherche sociologique en communication soit entrée dans une phase de reconstruction avec le choc des théories culturalistes et de la réflexivité explique un certain inachèvement. Mais la déception peut être plus globale. Elle peut provenir du sentiment que les sciences sociales ne dépassent jamais vraiment l'aporie pré-réflexive, « sociologiste », entre pratiques individuelles et collectives, qu'elles débouchent sur une trop grande indécision conceptuelle doublée d'une impartialité récurrente, alors qu'elles devraient produire des modèles plus généraux, plus explicatifs, centrés sur une notion échappant aux jugements de valeur comme celle de « compétence » (empruntée à Chomsky). La tentation est alors grande d'abandonner le constructivisme pour un retour plus ou moins affirmé à un naturalisme par le biais d'une réorientation linguistique.

L'ethnométhodologie

Partant du constat que le terme de « pratique », si utile pour décrire ce que font les acteurs, est devenu le point fuyant de la recherche en sciences sociales selon la formule du philosophe Stephen Turner[1], plusieurs courants de recherche s'efforcent de renoncer aux procédures interprétatives des sciences sociales, engagées selon eux dans des mises en abîme problématiques. Les auteurs ethnométhodologues puis post-ethno-méthodologues, à la suite de Harold Garfinkel et Harvey Sacks, lecteurs de Austin et de Chomsky, cherchent dans les justifications langagières des acteurs (leurs « performances ») un ordre qui ne dépendrait pas des interprétations des chercheurs mais qui serait naturel. Les formes des conversations ne relèveraient pas seulement de la question de la vérité mais de celle de la *justifiabilité* (en suivant ce que Austin nomme une « condition de félicité »)[2]. La recherche porte sur le fait qu'un acte de langage doit être intelligible et acceptable et non sur des traces profondes, incons-cientes, qui seraient censées expliquer les comportements.

Cette position est à la fois proche de celle des constructivistes associationnistes par la générosité qu'elle revendique – tous les acteurs sont supposés être « intel-ligents » et agir au moyen de compétences étendues – et totalement éloignée d'elle par son objectivisme. Les ethnométhodologues estiment devoir saisir des données dans un environnement « naturel » en réduisant cet environnement au conversationnel, voire à une petite partie de ce dernier – Sacks va même jusqu'à rejeter la technique de l'entretien qui altérerait les conditions de recueil des données. Avec ce matériau très spécifique, ils se donnent pour tâche de décou-vrir dans leur généralité les « dispositifs de catégorisation » des individus puis d'analyser leurs actions à partir de répertoires de compétences fondamentales. Le problème auxquels ils se heurtent est celui de l'absence de généralisation des résultats obtenus à un niveau très microsociologique : l'architecture des catégo-risations est à peine esquissée. Les compétences supposées des individus sont

---

1. Stephen Turner [1994] pointe de façon très pessimiste toutes les incohérences de la version classique de la notion de pratique. Une pratique est soit considérée comme une idiosyncrasie, ce qui ne nous apprend guère sur elle, soit constituée en habitude ou en *habitus*, donc supposée partagée au sein de cultures, mais alors rien ne permet de comprendre comment de telles cultures se forment effectivement au-delà des métaphores des sociologues. Plutôt que d'évoquer des mécanismes obscurs de transmission sociale, Turner suggère de renoncer à la notion de pratique comme objet et de la concevoir comme une « construction exploratoire ». Cette critique de la sociologie (de niveau deux, « sociologiste ») ne tient pas compte du développement d'une socio-logie réflexive qui n'attribue pas de propriétés définitives aux êtres.
2. Voir les travaux de Jeff Coulter [1989 et 1991] qui documentent cette « socio-logique » de la pratique.

alors postulées par les chercheurs qui souhaitent aller plus loin, au cours d'un acte interprétatif, et non démontrées « naturellement ». Les critiques adressées à la sociologie conventionnelle, utilisant les pratiques comme des ressources pour expliquer des états sociaux et non comme des faits à examiner pour eux-mêmes, se retournent donc contre ceux qui les émettent et qui procèdent finalement de la même façon, comme le reconnaissent certains ethnométhodologues (en particulier, Aaron Cicourel), rejetant l'existence d'un point externe au social, transcendant, à partir duquel il serait possible d'analyser les pratiques.

La sociologie de l'accord

La sociologie de l'accord de Luc Boltanski et de Laurent Thévenot [1991], repose sur la même visée généreuse, accorder aux individus de réelles possibilités d'action et cesser de les juger depuis une position scientifique supérieure, mais elle développe une ambition plus grande car macrosociologique. Rompant avec la sociologie critique de l'*habitus* dont sont proches au départ ces deux auteurs, elle se donne pour mission de décrire des « affaires » ou querelles en reprenant le vocabulaire de l'ethnométhodologie sans jamais trancher sur le fond ni hiérarchiser les arguments. L'enquête peut se faire sur le mode généalogique lorsque Luc Boltanski retrace l'histoire d'un débat tel que celui de perception de la souffrance et du droit d'intervention humanitaire [*La Souffrance à distance. Morale humanitaire, médias et politique*, 1993], éclairant de façon décisive les débats contemporains sur le rôle des médias, des mouvements intellectuels et des téléspectateurs. L'élucidation du répertoire des arguments mobilisables par les individus pour élaborer ou manifester leurs compétences est cependant ce qui guide le plus fortement ces auteurs qui délimitent des types d'accords, reposant sur l'existence perçue de six grandes « cités » : cité domestique (fondée sur le lien personnel), cité civique (lien public), cité industrielle (critère de l'efficacité), cité marchande (critère du profit), cité de l'opinion (liée au regard d'autrui), cité inspirée (critère de la transcendance). Les actions individuelles et collectives s'apprécient à partir d'une grammaire exprimant les impératifs de justification, la force des contraintes pragmatiques. Cette division du monde en cités, sur un mode proche de celui proposé par le philosophe communautarien Michael Walzer qui parle de sphères de justice, se veut au départ instrumental : les chercheurs utilisent des idéaux-types en procédant à une enquête socio-historique sur les façons de penser les accords à une époque donnée.

À l'instar de l'ethnométhodologie, il apparaît pourtant que la théorie de l'accord court le risque de durcir peu à peu le modèle des compétences pour proposer des typologies d'action épuisant le réel. De la même façon que Walzer ne se contente pas de décrire mais en vient à croire à la séparation des sphères (ainsi que le lui reproche Hans Joas [1992]), les grammairiens des compétences peuvent se prendre au jeu du réalisme et croire à l'existence et à la séparation effective des cités (qui ne forment qu'une grille du chercheur). Comme le note Claude Gautier [2001], la tentation d'un programme visant l'exhaustivité ressort des volontés de classer des argumentations qui ne semblent pas coïncider avec les cités initialement avancées au sein de nouvelles cités dont l'avènement est commenté sur un mode critique ou apologétique (une cité de réseaux pour Luc Boltanski ; Laurent Thévenot [1997] évoque une cité de l'information). Les deux principes initiaux de la sociologie de l'accord sont ainsi abandonnés. L'absence de jugement sur les compétences des individus tout d'abord : la démarche reproduit celle du fonctionnalisme systémique qui ajoute de nouvelles catégories pour défendre une architecture supposée englobante et neutre qui ne laisse pas de place à la surprise, aux créations des individus. L'absence d'implication dans les débats ensuite : la distance du sociologue à l'égard des contenus des affaires est revendiquée mais c'est une authentique visée normative qui guide la construction et la description des cités – le problème n'étant pas l'existence d'une telle visée normative mais le fait qu'elle ne soit pas assumée, en accord avec une sociologie vraiment constructiviste et réflexive.

Bibliographie

ABERCROMBIE Nicholas, LONGHURST Brian, *Audiences. A Sociological Theory of Performance and Imagination*, Londres, Sage, 1998.

AKRICH Madeleine, « Comment décrire les objets techniques ? », *Techniques et culture*, 9, 1987.

AKSOY Asu, ROBINS Kevin, « Thinking across Spaces. Transnational Television from Turkey », *Cultural Studies*, 3/3, 2000.

ALASUUTARI Pertti (dir.), *Rethinking the Media Audience*, Londres, Sage, 1999.

ANCEL Pascal, PESSIN Alain (dir.), *Les non-publics : les arts en réceptions*, L'Harmattan, 2 vol., 2004.

ANDERSON Benedict, *L'Imaginaire national. Réflexions sur l'origine et l'essor du nationalisme* (1983), La Découverte, 1996.

ANDERSON Perry, *The Origins of Postmodernity*, Verso, 1998.

APPADURAI Arjun, *Après le colonialisme. Les conséquences culturelles de la globalisation* (1996), Payot, 2001.

BARKER Martin, BROOKS Kate, *Knowing Audiences*, University of Luton Press, 1999.

BAUMAN Zygmunt, *L'Amour liquide. De la fragilité des liens entre les hommes* (2003), Le Rouergue, 2004.

– *La Société assiégée* (2002), Rodez, Le Rouergue/Chambon, 2005.

– *Liquid Modernity*, Cambridge, Polity, 2000.

– *Posmodernity and its Discontents*, Cambridge, Polity, 1997.

BECK Ulrich, *Qu'est-ce que le cosmopolitisme ?* Aubier, 2006.

– *Pouvoir et contre-pouvoir à l'ère de la mondialisation*, Aubier, 2003.

– *La Société du risque. Sur la voie d'une autre modernité* (1986), Aubier, 2001.

BECK Ulrich, BECK-GERNSHEIM Elisabeth. *Individualization. Institutionalized Individualism and its Social and Political Consequences*, Londres, Sage, 2002.

BECK Ulrich, GIDDENS Anthony, LASH Scott, *Reflexive Modernization. Politics, Tradition and Aesthetics in the Modern Social Order*, Cambridge, Polity, 1994.

BECKER Howard, *Propos sur l'art*, L'Harmattan, 1999 (recueil de textes).

Boltanski Luc, *La Souffrance à distance. Morale humanitaire, médias et politique*, Métailié, 1993.

Boltanski Luc, Thévenot Laurent, *De la justification. Les économies de la grandeur*, Gallimard, 1991.

Bourcier Marie-Hélène, *Queer Zones 3. Identités, cultures, politiques*, Paris, Éd. Amsterdam, 2011.

– *Sexpolitiques. Queer zones 2*, La Fabrique, 2005.

– *Queer zones. Politiques des identités sexuelles, des représentations et des savoirs*, Balland, 2001.

Brown Mary Ellen, *Soap Opera and Women's Talk*, Londres, Sage, 1994.

Burch Noël, Sellier Geneviève, *Le cinéma au prisme des rapports de sexe*, Vrin, 2009.

Butler Judith, *Trouble dans le Genre. Pour un féminisme de la subversion* (1990), La Découverte, 2005.

Calhoun Craig J., Price Paul, Timmer Ashley (dir.), *Understanding September 11*, New Press, 2002.

Callon Michel, Lascoumes Pierre, Barthes Yannick, *Agir dans un monde incertain. Essai sur la démocratie technique*, Seuil, 2001.

Cardon Dominique, « Comment se faire entendre ? Les prises de parole des auditeurs de RTL », *Politix*, 31, 1995.

Cardon Dominique, Heurtin Jean-Philippe, Martin Olivier, Pharabod Anne-Sylvie, Rozier Sabine, « Les formats de la générosité : trois explorations du Téléthon », *Réseaux*, 95, 1999.

Carey James, *Communication as Culture. Essays on Media and Society* (1989), Londres, Routledge, 1992.

Chalvon-Demersay Sabine, « La confusion des conditions. Une enquête sur la série télévisée "Urgences" », *Réseaux*, 95, 1999.

– « Une société élective. Scénarios pour un monde de relations choisies », *Terrain*, 27, 1996.

– *Mille scénarios. Une enquête sur l'imagination en temps de crise*, Métailié, 1994.

Cheveigné Suzanne de, Boy Daniel, Galloux Jean-Christophe, *Les Biotechnologies en débat. Pour une démocratie scientifique*, Balland, 2002.

Cicourel Aaron V., *La Sociologie cognitive* (1972), PUF, 1979.

Couldry Nick, *Media Rituals. A Critical Approach*, Londres, Routledge, 2002.

– *Inside Culture. Re-imagining the Method of Cultural Studies*, Londres, Sage, 2000.

Coulter Jeff, « Logique et praxéologie. Esquisse d'une "socio-logique" de la pratique » (1991), *Sociétés Contemporaines*, 18-19, 1994.

– *Mind in Action*, Atlantic Highlands, Humanities Press, 1989.

Dacheux Éric (dir.), *L'Europe qui se construit. Réflexions sur l'espace public européen*, Presses universitaires de Saint-Étienne, 2003.

Dayan Daniel (dir.), *La terreur spectacle. Terrorisme et télévision*, INA-De Boeck, 2006.

– « Télévision, le presque-public », *Réseaux*, 100, 2000.

Dayan Daniel, Katz Elihu, *La Télévision cérémonielle. Anthropologie et histoire en direct* (1992), PUF, 1996.

Dewey John, *Logique. La Théorie de l'enquête* (1938), PUF, 1993.

DUBET François, *Sociologie de l'expérience*, Seuil, 1994.

DYER Richard, *Now You See It. Studies on Lesbian and Gay Film*, Londres, Routledge, 1990.

ESQUÉNAZI Jean-Pierre, *Sociologie des publics*, La Découverte, 2003.

FALUDI Susan, *Backlash. The Undeclared War Against American Women*, Crown, 1991.

FENTON Natalie, « Brindging the Mythical Divide : Political Economy and Cultural Studies Approaches to the Analysis of the Media », *in* DEVEREUX Eoin (dir.), *Media Studies. Key Issues and Debates*, Londres, Sage Publications, 2007.

FOUCAULT Michel, « Sexe, pouvoir et la politique de l'identité », in *Dits et écrits, 1954-1988*, IV, Gallimard, 1994.

– *L'ordre du discours*, Paris, Gallimard, 1971.

FRASER Nancy, « Repenser la sphère publique : une contribution à la critique de la démocratie telle qu'elle existe réellement » (1992), *Hermès*, 31, 2001.

GAUNTLETT David, *Media, Gender and Identity*, Routledge, Londres, 2002.

GAUTIER Claude, « La sociologie de l'accord. Justification contre déterminisme et domination », *Politix*, 54, 2001.

GARNHAM Nicholas, « Political Economy and Cultural Studies : Reconciliation or Divorce ? », *Critical Studies in Mass Communication*, 12, 1995.

GIDDENS Anthony, *La Transformation de l'intimité. Sexualité, amour et érotisme dans les sociétés modernes* (1991), Le Rouergue/Chambon, 2004.

– *Les Conséquences de la modernité* (1990), L'Harmattan, 1994.

– *La Constitution de la société. Éléments de la théorie de la structuration* (1984), PUF, 1987.

GRAY Jonathan, SANDVOSS Cornel, HARRIGTON Lee, *Fandom. Identities and communities in a mediated world*, New York, New York University Press, 2007.

GROSSBERG Larry, « Cultural Studies vs Political Economy : Is Anyone Else Bored with this Debate ? », *Critical Studies in Mass Communication*, 12, 1995.

GUIBERT Gérôme, « Local Music Scenes in France. Definitions, Stakes, Particularities », *in* DAUNCEY Hugh *et al.*, *Stereo. Comparative perspectives on the Sociological Study of Popular Music in France and Britain*, Farnham, Ashgate, 2011.

HALL Stuart (dir.), *Representation. Cultural Representations and Signifying Practices*, Londres, Sage, 1997.

HANNERZ Ulf, *Transnational connections*, Londres, Routledge, 1996.

– *Cultural Complexity. Studies in the Social Organization of Meaning*, New York, Columbia University Press, 1991.

HARTLEY John, *The Politics of Pictures. The Creation of the Public in the Age of Popular Media*, Londres, Routledge, 1992.

HENNION Antoine, « Une sociologie des attachements. D'une sociologie de la culture à une pragmatique de l'amateur », *Sociétés*, 3/85, 2004.

– *La Passion musicale. Une sociologie de la médiation*, Métailié, 1993.

HENNION Antoine, MÉADEL Cécile, « Les ouvriers du désir. Du produit au consommateur, la médiation publicitaire » (1988), *in* BEAUD *et al.* (dir.), *Sociologie de la communication*, *Réseaux* – CNET, 1997.

HERMES Joke, *Reading Women's Magazines. An Analysis of Everyday Media Use*, Cambridge, Polity, 1995.

HESMONDHALGH David, « Cultural and creative industries », *in* BENNETT Tony, FROW John (dir.), *Handbook of Cultural Analysis*, Oxford, Blackwell, 2007.

HILLS Matt, *Fan Cultures*, Londres, Routledge, 2002.

ITO Mizuko, OKABE Daisuke, « Réseaux intimes : contextualiser la relation des jeunes Japonais à la messagerie mobile », *Réseaux*, 133, 2005.

JAMESON Frederic, *Le Postmodernisme ou la logique culturelle du capitalisme tardif* (1991), Éd. Ensba, « L'Art en questions », 2007.

JENSEN Klaus Bruhn, *The Social Semiotics of Mass Communication*, Londres, Sage, 1995.

JOAS Hans, *La Créativité de l'agir* (1992), Le Cerf, 2000.

KELLNER Douglas, « Overcoming the Divide. Cultural Studies and Political Economy », *in* FERGUSON Marjorie, GOLDING Peter (dir.), *Cultural Studies in Question*, Londres, Sage, 1997.

KRAKOVITCH Odile, SELLIER Geneviève, *L'Exclusion des femmes. Masculinité et politique dans la culture au xxᵉ siècle*, Bruxelles, Complexe, 2001.

LAHIRE Bernard, *L'Homme pluriel. Les ressorts de l'action*, Nathan, « Essais et Recherches », 1998.

LASH Scott, URRY John, *The End of Organized Capitalism*, Cambridge, Polity, 1987.

LATOUR Bruno, *Changer de société. Refaire de la sociologie*, La Découverte, 2006.

– « La fin des moyens », *Réseaux*, 100, 39-58, 2000.

– *L'Espoir de Pandore. Pour une version réaliste de l'activité scientifique* (1999), La Découverte, 2001.

– *Politiques de la nature. Comment faire entrer les sciences en démocratie*, La Découverte, 1999.

– *Nous n'avons jamais été modernes. Essai d'anthropologie symétrique*, La Découverte, 1991.

LE GUERN Philippe, « "No matter what they do, they can never let you down..." Entre esthétique et politique : sociologie des fans, un bilan critique », *Réseaux*, 153, 2009.

– (dir.), *Les Cultes médiatiques. Culture fan et œuvres cultes*, Rennes, Presses Universitaires de Rennes, 2002.

LIEBES Tamar, CURRAN James (dir.), *Media, Ritual and Identity*, Londres, Routledge, 1998.

LOCHARD Guy (dir.), *Les Débats télévisuels dans les télévisions européennes*, L'Harmattan, 2006.

LOCHARD Guy, SCHLESINGER Philip (dir.), « Amérique latine. Cultures et communication », *Hermès*, 28, 2000.

LOCHARD Guy, SOULAGES Jean-Claude, *La Communication télévisuelle*, Armand Colin, 1998.

LONG Elisabeth (dir.), *From Sociology to Cultural Studies. New Perspectives*, Malden, Blackwell Publishers, 1997.

MACÉ Éric, *Les imaginaires médiatiques. Une sociologie postcritique des médias*, Éd. Amsterdam, 2006.

– *La société et son double. Une journée ordinaire de télévision*, Armand Colin-INA, 2006.

– « Sociologie de la culture de masse : avatars du social et vertigo de la méthode », *Cahiers internationaux de sociologie*, CXII, 2002.

– « Qu'est-ce qu'une sociologie de la télévision ? Esquisse d'une théorie des rapports sociaux médiatisés, *Réseaux*, 104 et 105, 2001.

MAIGRET Éric, « Strange *grandit avec moi*. Sentimentalité et masculinité chez les lecteurs de bandes dessinées de super-héros », *Réseaux*, 70, 1995.

MARCUS Greil, *La République invisible. Bob Dylan et l'Amérique clandestine* (1997), Denöel, 2001.

– *Lisptick Traces. Une histoire secrète du vingtième siècle* (1989), Gallimard, 2000.

– *Mystery Train. Images de l'Amérique à travers le rock'n'roll* (1975), Éditions Allia, 2001.

MARTIN-BARBERO Jesús, « Sciences de la communication : champ universitaire, projet intellectuel, éthique », *Hermès*, 38, 2004.

– *Des médias aux médiations* (1987), CNRS éditions, 2002.

MARTUCCELLI Danilo, *La société singulariste*, Armand Colin, 2010.

– *Grammaires de l'individu*, Gallimard, 2002.

– *Sociologies de la modernité. L'itinéraire du XXᵉ siècle*, Gallimard, 1999.

MEHL Dominique, *Naître ? La controverse bioéthique*, Bayard, 1999.

MERCIER Arnaud (dir.), *Vers un espace public européen ? Recherches sur l'Europe en construction*, L'Harmattan, 2003.

MIGNON Patrick, *La Passion du football*, Odile Jacob, 1998.

MORIN Edgar, *Penser l'Europe*, Gallimard, 1987.

MORLEY David, « EurAm, modernity, reason and alterity : or, post-modernism, the highest stage of cultural imperialism ? », *in* MORLEY David, KUAN-HSING Chen (dir.), *Stuart Hall. Critical Dialogues in Cultural Studies*, Londres, Routledge, 1996.

MORLEY David, ROBINS Kevin, *Spaces of identity. Global media, electronic landscapes and cultural boundaries*, Londres, Routledge, 1995.

PASQUIER Dominique, *La Culture des sentiments. L'expérience télévisuelle des adolescents*, Éditions de la Maison des Sciences de l'Homme, 1999.

ROBERTSON Roland, *Globalization. Social Theory and Global Culture*, Londres, Sage, 1992.

ROBINS Kevin, « Au-delà de la communauté imaginée ? Les médias transnationaux et les migrants turcs en Europe », *Réseaux*, 107, 2001.

SCHULZE Gerhard, *Die Erlebnisgesellschaft. Kultursoziologie der Gegenwart*, Francfort et New York, Campus Verlag, 1992.

SELLIER Geneviève (dir.), « Cultural Studies, Gender Studies et études filmiques », *Iris*, 26, 1998.

SILVERSTONE Roger, *Television and Everyday Life*, Londres, Routledge, 1994.

SIMMEL Georg, *Sociologie. Études sur les formes de la socialisation* (1908), PUF, 1992.

– *La Tragédie de la culture* (1895-1914), Rivages, 1988.

SINGLY François de, *L'Individualisme est un humanisme*, Éditions de l'Aube, 2005.

– *Les uns avec les autres*, Armand Colin, 2003.

– *Libres ensemble. L'individualisme dans la vie commune*, Nathan, 2000.

STRATTON John, ANG Ien, « On the impossibility of a global cultural studies. "British" cultural studies in an "international" frame », *in* MORLEY David, KUAN-HSING Chen (dir.), *Stuart Hall. Critical Dialogues in Cultural Studies*, Londres, Routledge, 1996.

STRAW Will, « Scenes and Sensibilities », *Public*, 22/3, 2001.

– « Systems of Articulation, Logics of Change : Communities and Scenes in Popular Music », *Cultural Studies*, 5/3, 1991.

THOMPSON John B., « La nouvelle visibilité », *Réseaux*, 129-130, 2005.

– *The Media and Modernity. A Social Theory of the Media*, Cambridge, Polity, 1995.

TOURAINE Alain, *Pourrons-nous vivre ensemble ? Égaux et différents*, Fayard, 1997.

– *Production de la société* (1973), Le Livre de Poche, 1993.

TURNER Stephen, *The Social Theory of Practices. Tradition, Tacit Knowledge, and Presuppositions*, Chicago, Chicago University Press, 1994.

URRY John, *Sociologie des mobilités. Une nouvelle frontière pour la sociologie ?* (2000), Armand Colin, 2005.

WALZER Michael, *Sphères de justice. Une défense du pluralisme et de l'égalité* (1983), Seuil, 1997.

WARNIER Jean-Pierre, *La Mondialisation de la culture*, La Découverte, 2000.

WOLTON Dominique, DACHEUX Éric (dir.), « Les cohabitations culturelles en Europe », *Hermès*, 23/24, 1999.

WOOLGAR Steve, « Configuring the user. The case of usability trials », *in* LAW John (dir.), *A Sociology of Monsters. Essays on Power, Technology and Domination*, Londres, Routledge, 1991.

ZELIZER Barbie, ALLAN Stuart (dir.), *Journalism after September 11*, Routledge, 2002.

Chapitre 16

Internet et les « nouvelles technologies de l'information »

Le problème du retour aux objets

UNE SOCIÉTÉ « RÉFLEXIVE », n'investissant plus massivement dans un religieux englobant ni dans des identités sociales rigides, comme le faisaient les sociétés de la tradition et celles de la modernité industrielle, mais faisant toujours le rêve à moitié éveillé de progrès scientifique décisif et de révolution technique des modes de vie, ces catégories « zombie » décrites par Ulrich Beck, perçoit de façon aiguë les exigences de l'objectivisation et de la subjectivisation qu'elle transpose en aspirations contradictoires. Elle est de ce fait un terrain propice à l'expression de deux idéologies semi-modernes complémentaires, l'une idéaliste désabusée, le postmodernisme, l'autre matérialiste fervente, le technicisme prométhéen[1]. La convergence de la seconde idéologie avec les utopies cybernétiques et mcluhaniennes, tant dans le grand public que dans les publications universitaires, se manifeste régulièrement par un retour aux objets et à leurs propriétés sociales supposées dans les théorisations. Internet, mieux que toutes les « nouvelles technologies de l'information et de la communication », a incarné à la fin du XXe siècle et au début du XXIe siècle la nouvelle espérance. Pour cette raison, ce chapitre sera centré sur ce mode de communication qui sera étudié en suivant les trois étapes d'une sociologie de la communication : une critique des utopies entourant son lancement, une présentation des usages dont il est le support, démontrant son insertion dans des pratiques sociales différenciées co-construisant cet outil, enfin, une réflexion sur les nouvelles logiques sociales révélées par la

---

1. Tous les croisements sont possibles entre optimisme, pessimisme, technicisme et postmodernisme, mais les figures dominantes aujourd'hui sont celles évoquées.

centration sur ce dernier[1]. De la même façon, la thématique de la « démocratie électronique » ou de la « démocratie Internet », venant prolonger les discours de renouvellement techno-social dans le domaine politique, sera abordée du point de vue de ses mythes fondateurs, de la réalité de ses pratiques, puis de la pluralité des attentes qu'elle révèle.

Internet : les promesses et les fantasmes d'un supermédia

Internet a envahi avec fracas l'imaginaire contemporain bien avant d'être un outil ou un média fortement diffusé. Ses formidables potentialités ont d'abord fait de lui une utopie partagée par tous ceux qui rêvent d'instaurer par la grâce d'une nouvelle technique une *Cybérie*, un « village planétaire » fondé sur la liberté, l'intelligence, l'instantanéité et la fraternité des échanges sans frontière. En rendant possible le contact entre tous, avec ou sans anonymat, Internet viendrait signer la fin des hiérarchies sociales, accroître le développement d'une intelligence collective ou annoncer la libération d'une culture de masse symbolisée par la télévision, qui aurait jusque-là noyé les individus dans la passivité... Les discours sur Internet baignent donc dans une idéologie naïve de progrès, plutôt anarchiste ou libérale chez les penseurs américains et dans les strates sociales intermédiaires, plutôt fouriériste dans les milieux intellectuels français (dans la tradition d'un solidarisme d'ingénieurs), avec le contrepoint des critiques sur les dangers possibles de la pornographie en libre accès, du viol des libertés fondamentales par le fichage des individus, du risque d'émiettement d'une société qui ne se composerait plus que d'individus branchés, qui inquiètent les milieux plus populaires.

Internet est bien un média au sens restreint du terme, c'est-à-dire un support technique pour la communication[2]. Ses possibilités gigantesques tiennent plus précisément à son caractère de multimédia réunissant le son, l'image et le texte : un seul ordinateur branché sur le réseau mondial peut transmettre et recevoir des messages écrits, de l'image fixe ou animée, de la musique, consulter des banques de données. Pour faciliter la navigation, des logiciels dits « hypertexte » ont été développés, s'appuyant sur des compétences cognitives « naturelles ». Fondés sur la pensée tabulaire et synthétique – notre pensée procède d'abord par associations – ces derniers représentent une réelle innovation dans la façon de concevoir la recherche d'informations : le World Wide Web ou la toile est un système qui permet d'accéder à des sources diverses en constituant un langage commun entre celles-ci. De ce fait, certains considèrent Internet comme un véritable supermédia, un ogre dévorant les autres. Par son universalité, sa plasticité, ses modes de trans-

---

1. Cette tripartition est aussi celle entre incitation, appropriation et institutionnalisation [ALTER, 2000].
2. Le terme *média* renvoie habituellement aux supports techniques et économiques utilisés pour transmettre des messages de façon large (radio, télévision, etc.) ou plus restreinte (le téléphone ou la lettre). Il renvoie aussi à l'idée de technique pure de communication : Internet mobilise les ressources de l'écrit, de l'image et du son.

mission et son faible coût d'utilisation, il serait ainsi appelé à devenir l'unimédia du futur. N'exerce-t-il pas déjà une concurrence féroce à l'égard des univers de l'écrit et de l'audiovisuel en proposant de plus en plus d'images et de textes, de moins en moins chers, à tout moment ? N'est-il pas une menace pour le vieux monde du livre, du journal voire de l'écran de télévision qui manquent cruellement d'interactivité avec leurs publics ? Ne va-t-il pas simplement les englober à l'issue d'un phénomène dit de convergence des techniques : terminaux permettant de naviguer sur le Web avec un téléviseur, livre électronique, chaînes de télévision et radio émettant sur le Web, etc. ? En relevant l'accroissement exponentiel des connexions dans les pays occidentaux, il est possible d'extrapoler un équipement intégral des foyers en quelques années, de rêver d'un rapport nouveau au savoir et au divertissement qui se généraliserait : foncièrement individualiste, et même atomisé, à mi-chemin du ludique et de l'apprentissage, de la consommation et de la production. Internet, puisqu'il permet à la fois de trouver ce que l'on aime et de rendre publiques ses propres créations, serait le média roi et le média libre, affranchissant d'un côté de la dictature de la pensée analytique étroitement scolaire, de l'autre des tyrannies des médias de masse, de la passivité.

Les mirages de la société en réseaux de Manuel Castells

Manuel Castells a cristallisé mieux que les autres prophètes de son temps la nouvelle utopie communautaire et techniciste liée à l'irruption des « nouvelles technologies » dans une série d'ouvrages imposants publiés en anglais entre 1996 et 1998, au moment de l'explosion économique du numérique, des discours gouvernementaux américains sur les « autoroutes de l'information » et des velléités de développement de la « société de l'information » exprimées par la Commission européenne. Selon cet auteur, géographe social marqué par Marx et Touraine mais qui revendique l'influence de McLuhan, Innis et Baudrillard, une « nouvelle société » serait en voie d'émergence, fondée sur un « capitalisme informationnel » et sur une « culture de la virtualité réelle ». Le raisonnement est le suivant : la globalisation affecterait le capitalisme en accroissant le rôle des flux (notamment financiers) ; les TIC, en détruisant les contraintes temporelles et spatiales, favoriseraient l'extension de ce capitalisme et débarrasseraient simultanément les relations sociales du problème de la hiérarchie ; la culture du multimédia, nouvel alphabet de notre temps, viendrait conforter le désir de l'immersion dans un monde de réseaux, sans stratification, où la connaissance du réel et des autres irait progressivement de soi.

Cette vision d'un univers sans bureaucratie, démassifié, centré sur l'individu, est séduisante parce qu'elle répond à certaines des aspirations que les sociologues de la réflexivité détectent dans les cultures contemporaines, mais elle est loin d'être originale tant la tradition des penseurs de la fin des idéologies et des luttes de classes paraît bien établie [voir MATTELART, 1999, et GARNHAM, 2001]. Elle repose surtout sur un déterminisme technologique clairement affiché : le social ne serait pas modelé ou travaillé par les TIC, en interaction complexe, voire en intrication partielle, mais tout simplement identique à ces dernières [« La technique *est* la société », *La Société en réseaux*, p. 25]. Castells ne se contente pas de confondre technologies et sociétés, il assimile également réseaux et sociétés alors que les premiers ne sont que des formes d'organisation particulières, certes en développement, des secondes.

Cette représentation unidimensionnelle de la société, selon le constat de Jan Van Dijk [1999], écrase toutes les différences pour ne laisser percer qu'une idéologie très moderne, ou semi-moderne, associant les rêves d'émancipation démocratique des *Lumières* et un rationalisme froid, vide de valeurs et de choix politique laissé aux hommes. Elle est contredite par des résultats bien établis : le capitalisme contemporain n'est pas fondamentalement remis en cause par les réseaux et fonctionne déjà depuis très longtemps sur le principe de la segmentation des marchés du travail, avec un marché de gens bien formés et informés, liés en réseaux, et un marché qui fonctionne beaucoup moins selon ce principe ; l'appropriation des TIC n'a rien de simple pour la majorité des gens ; l'information n'est pas synonyme de connaissance ; le virtuel n'est pas une entité métaphysique qui donnerait accès à un monde libéré des pesanteurs sociales... De même que parler comme il y a trente ans de « société de consommation » en croyant évoquer une sorte de démon autonome, de malin génie, n'apparaît guère pertinent scientifiquement, parler de « société de l'information » ou de « société en réseaux » en lui conférant une existence propre pour l'encenser ou la vouer aux gémonies, ne peut qu'induire en erreur. Cette expression ne recouvre aucune réalité substantielle et ne fait que manifester, à la limite, le surcroît d'importance matérielle et sociale accordé à certains moyens de communication.

Au-delà de l'utopie : un média hétérogène sur un seul support technique

À cette idéologie des réseaux, dont le théoricien le plus marquant est Manuel Castells (voir encadré), il est nécessaire d'opposer un regard critique et historique. Il suffit de rapprocher les discours sur Internet de ceux qui accompagnaient le lancement du télégraphe, de la radio ou de la vidéo communautaire, pour observer qu'il n'y a rien de nouveau dans ces enthousiasmes en dehors de leur variété et de leur vigueur [CAREY, 1989 ; MATTELART, 1999]. La télévision, vilipendée par les thuriféraires d'Internet, était vue dans les années 1960 par l'un des grands prophètes de la communication, McLuhan, comme le socle d'une révolution par le son et par l'image qui aboutirait à la constitution d'une tribu mondiale. Le même postulat déterministe sur le rapport des hommes aux innovations revient inlassablement : la technique serait le facteur explicatif du social et guiderait l'histoire. Si l'on distingue l'insertion effective d'Internet dans les pratiques sociales des utopies technicistes et si l'on analyse les dispositifs employés, il apparaît clairement qu'Internet n'est pas la révolution annoncée. Son apport ne doit pas être négligé et son impact social sous-estimé, simplement le changement économique et technique, pour majeur qu'il soit, ne bouscule pas de lui-même les rapports humains en ce début de siècle.

Internet est en fait tout sauf un média homogène. Les serveurs de données constituent des outils de recherche, c'est-à-dire de consultation fonctionnelle de l'information plutôt que de communication. Le courrier électronique est un instrument de communication interpersonnelle alors que les forums de débats servent à la fois d'espace de discussion collective et de travail en commun. Le *Web* transmet en partie des contenus de type médias de masse ou médias spécialisés, certains sites informatifs ou ludiques remplissant des fonctions proches de celles des magazines papier, de la feuille volante (minuscule journal d'opinion), de l'émission télévisée, du concert vu et écouté en direct... Les sites marchands ont des fonctions publicitaires d'affichage (plaquettes de présentation d'entreprises) ou plus simplement commerciales (présentation des produits et opérations d'achat). Si Internet apporte donc de réelles innovations en termes de communication, l'unité supposée n'existe que dans le support employé : la mise en relation des ordinateurs. Internet a quelque chose d'une auberge espagnole ou de l'inventaire à la Prévert, il regroupe à la fois, et dans le désordre, des outils financiers pour cadres gérant « en direct » leurs comptes boursiers, des courriers personnels, des contenus pornographiques, des magazines branchés, des procédures de télétravail...

Puisqu'il ne véhicule rien de cohérent et épouse plutôt des demandes sociales contradictoires, Internet se développe par couches superposées de plus en plus nombreuses, aux logiques souvent différentes. Après les milieux militaires qui l'ont élaboré dans un esprit d'échange technique, après les milieux universitaires qui l'ont modelé en s'appuyant sur des valeurs de coopération, de gratuité et de spontanéité [ABBATE, 1999 ; FLICHY, 1999], il a été approprié par le monde marchand, qui a introduit la logique publicitaire et financière, puis par les administrations et les politiques, soucieux de « citoyenneté électronique ». Le grand public le découvre et l'utilise sans nécessairement respecter les idéaux successifs des divers concepteurs et usagers pionniers : des modalités d'échange privé et des réseaux coopératifs côtoient des logiques bureaucratiques et commerciales, parfois en s'hybridant (voir l'encadré sur la genèse d'Internet).

Le mythe informationnel (avoir accès à une information brute et immédiate, comme si le monde et la vérité étaient à quelques « clics » de souris) n'est guère validé. Internet est un merveilleux outil de mise en commun et de stockage des données mais il ne possède aucune vertu supérieure qui expliquerait l'avènement d'une nouvelle pensée universelle. Il ne fournit pas les clefs de la compréhension des données qu'il contient, de même qu'aucune source d'information n'a jamais pu se passer d'interprétation et de recadrage contextuel[1]. C'est la thèse de Dominique Wolton [1999] : Internet répondrait plus à une logique de demande qu'à une logique d'offre, donc favoriserait davantage un émiettement de l'espace public que l'effet inverse. Internet ne serait pas un média, au sens large du terme, c'est-à-dire un objet de mise en commun à l'instar des médias de masse. La logique de demande qui guide les usagers a de graves insuffisances : dans le domaine de l'information elle est fatigante, s'avère peu productive, et isole... Tocqueville notait que la réflexion

---

1. Les études sur l'incidence des outils informatiques sur l'éducation démontrent depuis plusieurs décennies qu'ils n'améliorent pas le processus d'acquisition des connaissances mais qu'ils peuvent favoriser parfois les échanges avec les enseignants.

commençait au moment où l'on se mettait à croire les autres. Il est impossible de tout penser par soi-même, ce qui explique l'importance d'opinions structurées et l'existence d'intermédiaires dans le domaine des médias (journalistes, politiques, citoyens...). Il est vrai que le plaisir et l'importance des médias de masse, que l'on prend souvent pour une pure et détestable passivité, sont, au-delà de la consommation de contenus spécifiques, ceux de « voir avec » ou de voir ce que les autres ont vu, ce qui est considéré comme intéressant, ce qui mérite le débat. Mais ce constat ne peut mener pour autant à la vision techno-pessimiste et conservatrice d'un auteur tel que Keen [2008], qui fait du Web participatif une détérioration des valeurs et de la créativité des cultures, sans envisager son apport démocratique.

Les usages d'Internet : du courrier électronique aux réseaux sociaux

La vision d'une expansion illimitée de l'outil informatique et de l'interactivité des réseaux, qui repose implicitement sur un modèle diffusionniste (des plus riches et des plus compétents aux plus pauvres et aux moins compétents), se heurte à des réalités économiques et sociales plus complexes. Si le taux de pénétration d'Internet atteint près de 60 à 80 % de la population dans les pays les plus équipés, comme les États-Unis et la Scandinavie, il semble ne plus progresser. Les études sur le *fossé numérique* [notamment lancées par Pippa Norris, 2001, voir LELONG, 2003 ; RALLET, 2004] ont attiré l'attention sur les raisons économiques et scolaires du non-équipement. Il existe des obstacles à la diffusion tels que l'analphabétisme et les coûts d'utilisation : la moitié des gens dans le monde vivent à plus de deux heures du téléphone ! L'accès aux TIC croît en général avec le niveau de revenu et de diplôme. L'âge est l'autre grande variable structurante. Les nouvelles générations sont socialisées aux TIC dès l'école et dans le monde professionnel : plus on est jeune plus la probabilité d'être équipé augmente (pour les individus de plus de 15 ans). Dans un contexte où les prix des équipements baissent et où les générations se renouvellent, il serait tentant de penser que les obstacles à la possession et à l'utilisation s'effacent. Mais, comme le précise Benoît Lelong, « l'informatique est bien plus inégalitaire que les revenus », en raison des compétences bien spécifiques qu'elle réclame, et l'utilisation d'Internet est encore plus inégalitaire que la possession d'ordinateur. La possession d'une culture informatique, composée de connaissances de la langue anglaise et de savoir-faire technique, de familiarité avec les outils et les routines cognitives, joue en fait un rôle majeur. Dès lors, la possibilité de mobiliser un réseau de proches pour se faire aider est décisive, être entouré de personnes utilisant Internet influant grandement sur la décision de se connecter, à tous les âges.

Le taux d'équipement masque par ailleurs la diversité des consommations, très réduites pour une fraction importante de la population. Les abandonnistes, qui renoncent à Internet après quelques mois ou quelques années, représentent une réalité statistique prouvée. Les faibles usagers sont plus proches des réfractaires que des usagers [comme dans le domaine du téléphone mobile, GAGLIO, 2005], ils sous-emploient Internet parce qu'ils ne désirent pas une implication trop forte dans la technique ou un contact avec des outils qui évoquent les contraintes de travail.

Les coûts temporels se révèlent ici particulièrement discriminants. Malgré tous les discours sur le nomadisme, Internet immobilise beaucoup face à l'écran et ses attraits ne sont pas toujours perceptibles dans ce contexte. Des chercheurs ont résumé d'une boutade le parcours d'une certaine jeunesse en Californie : « ils ont quitté la plage pour surfer sur le net. Puis ils sont revenus sur la plage » [WYATT, THOMAS, TERRANOVA, 2002]. En tendance, les réseaux séduisent moins deux groupes qui sont à la recherche de modalités de communication directe. Les femmes sont plus attachées à la télévision, s'intégrant aux rythmes de la vie familiale, ne bouleversant pas la vie de couple et de parents [LE DOUARIN, 2004 ; LELONG, MARTIN, 2004], et au mobile, qui permet d'entretenir les réseaux de connaissances. Elles souffrent aussi du fait que l'informatique est d'abord conçue par des hommes pour des hommes, dans la continuité de la construction patriarcale des sciences et techniques [TURKLE, 1984, 1995]. Ce constat est cependant nuancé par les travaux postgenres qui montrent que les usages genrés peuvent être enchevêtrés ou favoriser une émancipation féminine ; en ce sens Internet « n'a pas de genre » [JOUËT, 2003 ; VAN ZOONEN, 2002]. Les personnes âgées, surtout dans les milieux populaires, entretiennent une assez grande distance due au sentiment que la retraite est un temps de repos où priment les rencontres de face-à-face, sans besoin de gagner du temps par l'efficacité technique [CARADEC, 1999, 2001]. Dans une perspective de théorie de la reconnaissance, inspirée d'Axel Honneth, Fabien Granjon [2010] identifie dans le non-usage une déception à l'égard des usages promis par les discours sur Internet, vendant une « société de l'information » supposément inclusive, et une distance/résistance à l'égard de ces mêmes discours, en termes de « eux » et « nous » à la Hoggart (sans conscience de classe forte comme à l'époque de La *Culture du pauvre*).

Les premières analyses qualitatives des usages [BOULLIER, CHARLIER, 1997 ; CHIARO, FORTUNATI, 1999 ; HADDON, 1999] ont souligné un élément surprenant : la diffusion d'Internet a été à la fois extrêmement rapide et très modeste[1]. Aucune technique de communication ne s'est implantée aussi largement en si peu de temps mais les usages non-professionnels se réduisent la plupart du temps à la lecture/ écriture du courrier et à la consultation d'un nombre limité de pages Web (sites de voyage...). La messagerie électronique, qui emprunte une forme quasi-orale [voir HERT, 1999 ; JOUËT, 1997], s'est introduite dans les foyers en opérant une conciliation heureuse entre la lettre et la communication téléphonique, la spontanéité et la distance, la transmission instantanée et le différé. Ses usages reproduisent pour partie les clivages sociaux. Les plus grands utilisateurs du mail sont issus des milieux supérieurs, qui demeurent attachés à une personnalisation des échanges et à une mise en forme correcte du point de vue grammatical et orthographique. À l'inverse, la conversation entre anonymes en direct (*chat*), rapide, sans trace, a les préférences des jeunes adultes issus des milieux populaires, par distance à l'égard de la culture légitime [BEAUDOIN, 2002]. Elle est désormais supplantée par la messagerie instantanée, qui présente l'avantage de réunir des personnes se connaissant : le virtuel est d'abord un prolongement de la sociabilité de face-à-face. Si les autres

1. De nombreuses études sur les internautes sont aujourd'hui disponibles (nombre, fréquentations de sites, attitudes, achats en ligne). Parmi celles-ci les enquêtes en ligne sont à prendre avec précaution car elles présentent encore plus de biais que les enquêtes traditionnelles en face-à-face. Sur ce sujet lire JOUËT, 2004.

fonctions d'Internet séduisent une forte minorité d'individus et sont très utilisées dans le monde professionnel, elles ne motivent guère la plus grande partie des internautes – sans parler des non-internautes. Le téléchargement musical n'échappe pas à ce constat. Comme toutes les pratiques nécessitant un équipement de pointe, des compétences informatiques et du temps, il est d'abord le fait d'individus jeunes, masculins, éduqués et aisés (à l'opposé du profil plus populaire de surconsommation des médias de masse comme la télévision).

Les réseaux sociaux représentent une rupture assez significative dans l'histoire des usages puisque l'adhésion massive des populations féminines et populaires, et non principalement des milieux masculins supérieurs, a permis d'accroître la participation tout entière sur le Web. Facebook a atteint en dix ans le milliard d'inscrits, les réseaux sociaux devenant l'un des principaux usages d'Internet, supplantant ainsi la messagerie électronique en temps consacré par les individus. L'attrait des réseaux sociaux est l'hybridation qu'ils effectuent entre média de masse et sociabilité familiale, amicale et professionnelle via la fonctionnalité Contacts/Amis, disponible depuis 2003, selon les résultats séminaux de Boyd et Ellison [2007], et Ito *et al.* [2010] : la navigation sur le Web ne passe plus seulement par les moteurs de recherche mais peut emprunter les multiples chemins proposés par les proches, qui sèment photographies, indications de goûts, informations publiques et points de vue politiques comme autant de traces d'eux-mêmes, en territorialisant un Internet jusqu'ici très impersonnel. Facteurs de subjectivation, les réseaux sociaux apportent une visibilité par exposition de soi, mêlant données reconnaissables par les proches (notamment celles de l'état civil) et avatars plus ou moins parodiques dans le cadre d'un « clair-obscur » qui en fait le succès [CARDON, 2008]. Ils offrent une gamme de « liens faibles » (au sens de Granovetter) qui servent à étendre le réseau relationnel en s'adressant à des communautés imaginées par un effet de décontextualisation : performances privées et publiques doivent être articulées, scène et coulisses sont mises sous tension [au sens de Goffman et Meyrowitz, repris par MARWICK et BOYD, 2011, à propos de Twitter]. Lorsqu'ils sont activés à grande échelle, ces nouveaux liens peuvent déboucher sur des mouvements collectifs même si, la plupart du temps, ils renforcent les capitaux sociaux préexistants [ELLISON *et al.*, 2007, 2011]. Pour évoquer la diversité et la dissemblance des usages dont ils sont le support, il est possible de croiser deux axes, celui du type de participation et celui de la visibilité, comme le font Thomas Stenger et Alexandre Coutant [2013]. La participation peut être centrée sur un intérêt ou relever de la sociabilité/de l'amitié (selon la distinction de Ito) tandis que la visibilité peut avoir deux finalités : la présentation de soi ou la publication de contenu. La cartographie des médias sociaux qui résulte de ce croisement permet d'établir une distinction entre réseaux socionumériques, forums privés, sites de réseautage et plateformes de signets sociaux, souvent amalgamés.

Dans ce contexte de fréquentation poussée d'Internet, le concept de *fossé numérique* subit une remise en cause en raison de son fonctionnalisme. Il conserve du sens pour les non-usagers stricts, milieux sociaux victimes d'exclusion ou défavorisés et populations des pays en voie de développement, mais il décrit mal les clivages plus subtils sur Internet. Le paysage des pratiques demeure segmenté par des appropriations socialement différenciées qu'il ne faut pas rigidifier par apposition d'un regard exagérément excluant ou hiérarchisant : ce que les gens font ou ne font pas d'Internet n'est pas tout entier, loin de là, dans l'accès et la connexion effective. La recherche, à la suite de Neil Selwyn [2006], évite désormais d'évoquer une opposition trop grossière entre usagers et non-usagers, supposant un déficit d'engagement de ces derniers et la normalité des premiers. Elle décrit un « continuum » d'implication [WYATT, 2010], fait de sélectivité, de substitution, d'utilisations recherchées ou forcées, de réticences, d'implications partielles [LIVINGSTONE, HELSPER, 2007 ; KELLNER *et al.*, 2010]. Le non-usage est vu comme une forme d'usage moins dépendante des facteurs sociodémographiques (âge, genre, revenu – mais le diplôme demeure déterminant), la déconnexion devenant une conséquence du rejet de la surconsommation de technologies, de l'absence de besoin et d'intérêt, du cycle de vie (mise en couple, rupture, perte d'emploi, etc.), de l'économie du ménage, des relations familiales et des projets culturels. La recherche sur les usages se rapproche ainsi d'un tournant culturel.

La sociologie des usages techniques

Dans le sillage de la recherche sur les « usages et gratifications » et surtout de la théorie de la diffusion, la sociologie des usages des techniques [dont on trouvera des présentations dans CHAMBAT, 1994 ; JOUËT, 1993 et 2000 ; MALLEIN, TOUSSAINT, 1994 ; PROULX, 2001] s'est d'abord développée dans un cadre fonctionnaliste, invitant à observer la propagation, perçue comme un progrès, d'une nouvelle technique ou d'un nouveau produit dans le corps social en reprenant les typologies sur les pionniers/suiveurs mises au point par Everett Rogers. Ce courant très critiqué pour la séparation qu'il instaure entre sphère de la production et sphère de la diffusion et pour sa vision apologétique des innovations [voir la synthèse de Dominique BOULLIER, 1989] a néanmoins permis que se structurent les premières enquêtes quantitatives sur les technologies de l'information. Deux trajectoires scientifiques aux méthodes plus qualitatives peuvent être identifiées par la suite, l'une francophone, l'autre anglo-saxonne, en voie de croisement aujourd'hui, réinsérant les techniques dans les cultures. L'école de l'innovation puis celle de la cognition distribuée sont à évoquer par ailleurs en raison de l'attention qu'elles apportent aux relations aux objets, même si leurs perspectives n'échappent pas parfois à une tentation naturaliste (accent mis sur la seule conception des techniques dans la première école, sur des modèles cognitivistes dans la seconde).

Le courant francophone des usages

Dans les pays francophones, une recherche moins normative que l'approche de la diffusion a succédé à celle-ci sur le modèle de la sociologie de la consommation des ménages et, plus fortement encore, de la sociologie des pratiques culturelles (voir chapitre 9), mesurant les achats, les emprunts, les taux d'équipement, les fréquences d'utilisation, les durées d'utilisation, autant de variables servant à affiner le regard sur la répartition différenciée des technologies suivant les âges, les genres, les milieux sociaux, etc. Les surprises apportées par ces enquêtes – par exemple la présence d'un meilleur taux d'équipement en magnétoscope dans les milieux populaires que dans les milieux supérieurs – ont conduit à une sociologie de l'appropriation mettant l'accent sur les aspects sémantiques du rapport aux technologies. Les méthodes qualitatives de l'observation participante, du *focus group*, de l'entretien directif ou semi-directif, de l'observation à distance (très utilisée dans le cas des pratiques sur Internet : systèmes d'enregistrement des visites), sont mises à contribution à partir des années 1970-1980 pour comprendre les usages privés ou professionnels du micro-ordinateur, de la domotique, de la CB, des messageries télématiques... Les recherches pionnières de Josiane Jouët, Dominique Boullier, Serge Proulx, Thierry Bardini et Yves Toussaint font ici référence, annonçant notamment dans le cas du minitel les usages très restrictifs des réseaux par la grande majorité des utilisateurs, contrairement aux attentes utopistes. L'œuvre de Michel de Certeau est une source d'inspiration très affirmée alors qu'au même moment, dans le domaine des médias de masse, la sociologie tient à distance cette vision en termes d'écarts de pratiques. Le faible prestige de la télévision et, à l'inverse, le puissant intérêt des entreprises, des institutions universitaires et des gouvernements pour les « nouveaux » réseaux, souvent parés de toutes les vertus et accompagnés de financements conséquents, explique la différence de réussite entre sociologie des usages et analyse de la réception (selon le constat de Josiane Jouët).

Il faut néanmoins noter que la perception des multiples niveaux de description opérée par Michel de Certeau apparaît au final aussi ambiguë dans les deux domaines, *L'Invention du quotidien* ayant souvent servi de modèle de valorisation anarchiste des pratiques, dont n'est pas éloigné le rafraîchissant texte de Jacques Perriault [*La Logique de l'usage*, 1989], ou de repoussoir à l'égard des mouvements culturalistes, à la façon de la socio-politique des usages défendue notamment par Vitalis, Proulx et Vedel [VITALIS, 1994] qui souhaite mettre l'accent sur la dimension critique dans l'analyse des pratiques en évoquant les capacités de récupération des résistances par les producteurs, pour ne pas en rester à la seule valorisation de l'usager actif. L'opposition entre stratégie et tactique, métaphore méthodologique momentanée chez Certeau, est souvent durcie, prise au pied de la lettre.

L'ethnographie anglo-saxonne

Dans les pays anglo-saxons, l'étude des techniques et de leurs appropriations n'est pas a priori dissociée de celle des médias de masse dans les publications des *Cultural Studies*, lesquelles privilégient avant tout l'ethnographie des pratiques, c'est-à-dire une approche très qualitative mêlant techniques d'entretiens et insertion dans les milieux, même dans un cadre critique. Les recherches de David Morley sur les interprétations des informations par les publics se doublent d'une étude de la socialisation aux médias dans l'espace domestique. Dans ces écrits, comme dans ceux de Roger Silverstone ou de Leslie Haddon, ce sont les variables familiales qui priment et non la détermination technique : les revenus et les enjeux liés à leur répartition, les valeurs partagées par les membres de la famille ou les conflits de valeurs, les relations entre membres et avec les amis... Cet élargissement aux « cultures » guide les enquêtes de Sherry Turkle [1984 et 1995] sur les usages de l'ordinateur très clivés par genre, ou les premières études sur le cybermonde et sur les jeux vidéo [JONES, 1994 et 1998 ; CASSEL, JENKINS, 1999 ; voir l'anthologie dirigée par WOLF et PERRON, 2003]. Daniel Miller et Don Slater [2000], dans leur approche « ethnographique » de l'Internet, expliquent qu'ils observent des cultures matérielles et non des technologies, ces dernières étant inextricablement liées aux ordres normatifs ainsi qu'aux contraintes et possibilités pesant sur les pratiques. C'est la vie quotidienne qui constitue le sujet abordé – les relations entre amis et au sein de la famille, les identités, le travail, la religion – et non un monde virtuel qui préexisterait et entrerait en collision avec le monde réel. Le but est de voir comment se recréent des espaces sociaux avec les technologies qui sont supposées abolir les distances physiques et non de penser une abolition du social par la technique [MORLEY, 2000]. Les forums, les pages personnelles et le courrier électronique n'échappent pas à ce constat, comme le soulignent les multiples enquêtes menées dans les pays occidentaux [en France : BEAUDOUIN, VELKOVSKA, 1999].

Revenir aux objets ? L'école de la traduction

La recherche sur les usages s'accommode d'une définition très large de son terrain. Par usage on entend l'achat, le prêt ou la location, l'utilisation effective, la consommation temporelle, la dimension ergonomique de la manipulation, le contenu précis des usages, les significations interindividuelles, l'inscription dans des cultures familiales et nationales, etc. Le même processus de totalisation progressive des méthodes que celui relevé dans le domaine de la sociologie des médias de masse est à l'œuvre : les études s'efforcent d'inclure les multiples dimensions évoquées dans un même récit, sur le mode historique et non sur le mode de la synthèse. Il est par exemple devenu délicat de parler du micro-ordinateur sans relier sociologie de la famille, sociologie du travail/des organisations et sociologie des usages eux-mêmes, ou d'aborder le téléphone mobile sans regard « interdisciplinaire » [voir le collectif dirigé par LICOPPE et RELIEU, 2002 ; LICOPPE, 2005]. Seul le caractère contraignant des technologies peut sembler oublié ou minoré dans ces approches, qui démontrent justement que ce ne sont pas les déterminations matérielles qui rendent compte de la diffusion et de l'appropriation des TIC. Plusieurs courants se sont structurés dans le but de rappeler la dimension physique de l'appropriation et de revaloriser l'objet. Le concept encore flou, à géométrie variable, de « dispositif » tend à se substituer à celui d'usage chez des auteurs qui tentent d'intégrer les dimensions culturelles et matérielles [voir JACQUINOT, MONNOYER, 1999].

La *Sociologie des sciences* de Michel Callon et Bruno Latour a l'ambition de ne plus opposer humains et non-humains en préconisant leur inscription dans un collectif où ces derniers s'entremêlent par des opérations, des « épreuves », qui cristallisent les rapports de force et les compromis entre acteurs. Un ralentisseur routier ou « gendarme couché » [LATOUR, 1993] n'est pas une invention purement technique qui force à ralentir, à opposer à un comportement purement altruiste qui ferait lever le pied afin d'épargner les autres, mais un compromis socio-technique passé entre des maires, des ingénieurs, des associations de quartier, des parents, des chauffards, des comportements d'écoliers, des pompiers et des conducteurs de bus, chacun étant entraîné dans une redéfinition permanente des situations (ralentisseurs finalement arrachés par la Mairie parce que les fous du volant klaxonnent sous les fenêtres des parents par énervement, ou parce que les conducteurs de bus protestent contre eux...). « Aussi loin qu'on aille [...] on retrouve toujours autant de règles, de signes, de lois, de gens, de passions et d'objets ».

Dans le domaine des technologies de la communication, cette théorie inspire une sociologie de l'innovation, représentée par Madeleine Akrich, qui se tourne d'une part vers la conception des produits, d'autre part vers les figures de l'usager que les dispositifs incorporent. La conception des produits est vue comme une série de compromis effectués par les acteurs, y compris matériels, qui façonnent les techniques, dans une vision qui contredit la théorie diffusionniste où l'innovation apparaît naturelle, ainsi que la théorie mcluhanienne qui n'imagine pas les techniques comme des inventions sociales. Des démonstrations sur les produits qui ont échoué et sur les innovations qui ne se sont pas stabilisées viennent souligner la fragilité des constructions, l'absence de déterminisme. Du côté des usages, ce courant propose de relier le moment de la conception et celui de l'appropriation, sans revenir aux thèses sur la domination des individus par les techniques et par les industries. De même que le conducteur devient altruiste en freinant devant un gendarme couché, incorpore des propriétés autres que techniques voulues par certains acteurs qui ont préparé cet usage, les équipements électroniques tels que les magnétoscopes pensent en partie les usages, contiennent des instructions potentiellement appropriables, parce qu'ils sont le produit d'une interaction forte entre des conceptions de l'usager qui incluent en amont, au moins partiellement, des attentes ou des propriétés de ce dernier – les concepteurs ne sont pas fondamentalement coupés de l'appropriation. Le collectif est un construit social, mais pas sur le mode semi-moderne qui oppose social et technique.

La limite de cette sociologie, qui contribue à décloisonner les recherches sur les usages en évoquant certaines médiations qui les composent, est qu'elle perd du côté de la compréhension des usages finaux, « effectifs », ce qu'elle gagne du côté de l'analyse de l'innovation. Elle postule l'existence d'une traduction d'un pôle à l'autre sans passer par des terrains, par une ethnographie qui repose toujours sur le principe de la surprise de l'usage. Une forme de déterminisme de pôle à pôle (en faveur du moment de la conception) subsiste donc. À travers ces études se pose aussi le problème de la circularité de la réflexion : appeler au retour aux objets que l'on aurait négligés, dans le but de lutter contre la division objet-sujet, peut en fait renforcer cette division par le poids excessif accordé à leur existence dans les réseaux.

De l'usage à la cognition distribuée ?

À l'opposé des approches culturalistes, certains courants de recherche effectuent un retour aux objets en défendant une écologie des pratiques sociales qui s'enracine dans les sciences cognitives. Pour les chercheurs attachés à ce que l'on nomme une *pragmatique de l'usage*, les actions humaines ne se produisent pas sur fond d'un environnement mais au moyen d'un environnement, elles sont intrinsèquement mêlées aux objets. L'unité de l'action devient la situation et non l'individu solipsiste ou les conditions qui pèsent sur lui de façon externe. Les théories de la *cognition distribuée* (élaborées en particulier par Edwin Hutchins et Donald Norman) font ainsi l'hypothèse que l'action se comprend comme une unité large, incluant toutes les fonctionnalités dont l'individu est dépendant lorsqu'il agit, et qui peuvent être vues aussi comme des prolongements de ses facultés. C'est l'environnement cognitif (le réseau d'objets chez les chercheurs de la traduction et de l'innovation) qui est mis au cœur de l'analyse, comme dans l'étude d'Edwin Hutchins sur le pilote dans son cockpit, dans celle de Jean Lave [1988] sur le client dans un supermarché ou dans celle de Laurent Thévenot [1993] sur la conception de poussettes pour enfants. La notion d'usage change de définition, elle ne recouvre plus le problème de l'action autonomisée ou du tissu purement social (paradigme de l'appropriation/réception) mais celui de « la bonne tenue de l'ensemble constitué de la poussette usagée et de ses usagers familiers » [THÉVENOT, 1997]. La coordination des actions conjointes avec d'autres personnes et avec des éléments tactiles, visuels, auditifs, est une distribution de représentations entre des personnes et des objets. La convergence de ce paradigme avec celui de l'action réciproque ou de l'*action située* établi par Erving Goffman montre à quel point ce dernier est productif au niveau micro-sociologique. L'espace de recherche ouvert va de l'analyse de conversations et du face-à-face à celle des usages des objets, au-delà d'une simple ergonomie ou étude de diffusion. L'attention du chercheur aux détails les plus subtils des interactions, aux altérations du soi, aux éléments contraignants mais perpétuel-lement changeants, est ce qui caractérise cette approche.

Il existe pourtant dans celle-ci une tentation naturaliste à laquelle Goffman n'était pas indifférent [voir JOSEPH, 1998, sur les penchants structuralistes linguistiques de cet auteur mais aussi sur ses relations plus fortes avec la tradition pragmatiste de la division du soi, fondatrice du constructivisme associationniste]. Découper une séquence du social, l'expérience verbale et corporelle, et chercher à en dégager les *cadres* au-delà de la variété et de la volatilité des échanges, c'est-à-dire les disposi-tifs cognitifs et pratiques d'attribution de sens (selon la définition d'Isaac Joseph), que l'on doit considérer comme la part fossilisée des interactions antérieures, peut inciter à franchir une étape capitale, celle de la détection d'invariants supposés naturels. L'origine de ces invariants est alors entrevue dans une linguistique ou dans les schèmes que s'efforcent de déterminer les sciences cognitives. La mise au point de nouveaux concepts – en particulier celui d'*affordance* de John Gibson [voir BARDINI, 1996 ; QUÉRÉ, 2000] – qui pourraient servir à pointer les éléments qualitatifs objectifs dans les actions perceptives, sans revenir à la théorie mathé-matique du signal qui se contente de quantifier l'information, traduit une volonté de trouver un compromis entre détermination matérielle et jugement. Mais rien ne garantit qu'un raisonnement effectué sur le fil du rasoir n'aboutisse in fine à une renaturalisation du propos. D'autre part, l'extension du niveau microsociolo-gique au niveau de l'expérience publique ne semble guère possible à partir d'une

vision d'action située car le public fait ressortir encore plus nettement le caractère interprétatif des actions humaines [QUÉRÉ, 2002]. Ainsi, les recherches sur
les « affordances sociales » des réseaux sociaux numériques, qui postulent que les
technologies guident notre action par les indices qu'elles fournissent sur le monde
social [WELLMAN, 2003], ne donnent pas la clé des mouvements sociaux ni même
des enjeux professionnels de réseautage, comme le montrent sur ce dernier point
Mésangeau et Povéda [2013] : « s'il existe des affordances sociales exploitées
par les utilisateurs afin d'interagir avec leurs interlocuteurs, ces dernières ne sont
porteuses de sens qu'à une échelle locale. Il y a en effet équivocité du sens rattaché
à ces prises, perçues différemment par les utilisateurs. »

Le match des écrans : la fin de la télévision ?

Internet prend place dans le paysage préexistant des médias sans expulser
ses devanciers, contrairement à la thèse de substitution des médias émise par
McLuhan. La concurrence exercée à l'égard de la télévision était au départ réelle
au niveau de la perception : le rejet de la télévision est en effet plus élevé dans les
catégories sociales qui se sont appropriées les premières Internet. Mais la hausse
continue et significative de la consommation horaire de télévision depuis le
lancement d'Internet vient démentir la thèse du déclin du grand média d'images.
Celui-ci est ancré dans des routines familiales et répond à des attentes de sociabilité et de culture non satisfaites par le net. L'écoute télévisuelle est d'autre part
profondément polymorphe : près de 50 % des gens déclarent faire autre chose
en regardant la télévision, manger, parler, dormir, repasser, lire, etc. Elle absorbe
des usages nouveaux comme ceux liés à Internet : 40 % des jeunes internautes,
surnommés par Lafrance les « télénautes » [2005], écoutent la télévision tout
en jouant, surfant sur le Web ou en consultant leurs courriers. Au niveau des
budgets-temps, il n'y a pas de substitution prouvée de la consommation informatique à celle des médias anciens [CAI, 2005].

La transformation de l'écoute télévisuelle donne pourtant de nouveaux
arguments aux tenants d'un déclin des médias de masse. La convergence de la
télévision et de l'Internet était envisagée en 2000 comme une fusion des écrans
avec possibilité de gestion interactive des programmes télévisuels (du choix des
contenus jusqu'au choix des caméras). Cette convergence se heurte cependant
à des obstacles : les publics estiment dans leur majorité que l'offre de contenus
est déjà suffisante et assez coûteuse, ne s'intéressent pas aux outils de filmage
(pourquoi sélectionner avec difficulté les caméras pour une course de F1 quand
un réalisateur fait cela très bien ?) et ne sont pas profondément séduits par l'interactivité (la formule du télé-achat est la seule à s'être imposée depuis les années
1950 à la télévision). Les essais de fusion ordinateur/téléviseur n'ont guère satisfait les utilisateurs qui n'avaient pas envie de regarder la télévision sur un écran
qu'ils voyaient avant tout comme un poste de travail et de jeu. Ils progres-
sent dans les années 2010 avec les formules de « télévision connectée », qui se
révèlent être très majoritairement centrées, dans les pratiques des usagers, sur
les contenus TV. Au total, l'empilement des technologies à la maison (près de

7 écrans par foyer en moyenne en France), et non leur réduction, montre que sur le sujet de la convergence il faut diverger, comme le dit avec humour Henry Jenkins [« Convergence ? I diverge », 2001].

La thèse de la diversification et non de la contraction des supports de réception, défendue par Jean-Louis Missika [2006], voit dans la dissémination avancée des images la vraie raison de la disparition de la télévision. Noyée dans un océan d'écrans, désarticulée par la vidéo et le DVD, le téléchargement sur Internet, le mobile, le podcasting, celle-ci perdrait de sa centralité dans la production du sens commun : « il y a toujours plus d'images et moins de télévision ». La baisse des audiences des grandes chaînes au profit des chaînes thématiques, répondant à l'atomisation de la société, ajouterait à la démédiatisation. À cette thèse techniciste et républicaniste s'opposent de nombreux faits et arguments. L'audience télévisuelle *stricto sensu* (devant le téléviseur) ne baisse pas, c'est même le contraire puisqu'en une décennie d'affirmation d'Internet, de 2000 à 2010, elle a gagné 30 minutes quotidiennes en moyenne par individu dans tous les pays occidentaux, celle des grands *networks* se stabilisant à des niveaux élevés. Le visionnage de programmes en différé par enregistrement, en rattrapage et sur Internet (notamment via les réseaux sociaux) dans le cadre de la délinéarisation des programmes fait également croître la consommation télévisuelle et compense exactement la baisse de consommation dans la seule tranche d'âge (les 15-24 ans) qui enregistre cette baisse (de l'ordre de 15 minutes en 2013 aux États-Unis). Internet renforce pour le moment la fonction télévisuelle en l'insérant dans un écosystème d'écrans connectés qui multiplient les usages [Médiamétrie, INSEE, BEUSCART *et al.*, 2012]. De façon significative, les instituts de mesure de l'audience intègrent entre 2010 et 2015 les multiples formes de consommation télévisuelle (live, différé par enregistrement, Catch-up TV, fréquentation de chaînes et de programmes sur les multiples écrans : ordinateurs, smartphones, tablettes, etc.) dans la mesure globale d'audience TV.

L'écoute en famille ne diminue pas significativement, seule progresse l'écoute individualisée [DONNAT, LARMET, 2003]. Si la télévision a eu pour effet de consolider la famille nucléaire dans les années 1950-1960, en fournissant un support pour des pratiques partagées, comme l'a bien montré Lynn Spigel [1992], si elle fournit un vocabulaire commun, remplit une fonction phatique entre les individus et sert de lieu d'échange (Morin), elle n'a jamais coïncidé avec l'idéal d'une société célébrant son unité par une culture commune. Les mutations qui l'affectent sont celles de l'individualisme réflexif, compatible avec la recherche de sens en commun. La dissémination des images, indéniable, ne signifie pas la disparition de l'identité télévisuelle : les médias ne sont jamais des entités isolées, pures, ils se définissent les uns par rapport aux autres et enregistrent des cycles complexes d'échange de propriétés, d'« intermédialité » [selon MÜLLER, 2006] [voir DELAVAUD, LANCIEN, 2006 ; SPIGEL, OLSSON, 2004]. L'impact de la technologie est une redéfinition des frontières entre médias et non une disparation des frontières. Il est même possible de soutenir que se produit l'invention véritable de la télévision. Parvenue à la maturité du point de vue créatif, comme en attestent le genre le plus décrié, la téléréalité, et le plus loué, les séries [sur la sériephilie des jeunes adultes voir GLÉVAREC, 2012], elle propose des œuvres qui par leur format et le rythme de réception qu'elles supposent, inscrit dans la quotidienneté, le foyer, le couple ou la vie individuelle, ne peuvent plus être assimilées par les autres médias (notamment le cinéma). Les programmes les plus régardés sont désormais produits pour le « petit écran », ce qui signifie que la télévision s'est autonomisée comme média, de même que la radio se définit pour les jeunes par des programmes musicaux et de libre antenne bien spécifiques, comme le précise Glévarec [2005].

Le cinéma demeure de son côté largement irremplaçable pour de nombreux publics car il propose à la fois une sortie culturelle souvent effectuée à plusieurs et un rituel, l'immersion dans une salle obscure et silencieuse (ou bruyante, dans certaines cultures !). Le pays qui conserve le public cinématographique le plus massif, les États-Unis, est celui qui a vu le plus tôt et le plus massivement se développer la télévision puis Internet. L'écran numérique, celui de l'ordinateur ou celui du livre électronique [BELISLE, 2004], a menacé assez tardivement le livre, dans de nombreuses circonstances supérieur du point de vue du confort de la lecture et de la compréhension aux documents hypertextes lorsqu'ils sont longs. La mise en ligne de livres, réelle nouveauté économique et sociale avec les enjeux de constitution de bibliothèques numériques et de gestion des droits d'auteurs, a d'abord rencontré le succès dans le monde universitaire. Les secteurs qui se sont développés ont grignoté le livre-papier là où celui-ci semblait trop cher (encyclopédies électroniques) et/ou trop élitiste (CD Rom culturels), pas assez disponible (livres épuisés) ou pas assez adapté à des pratiques ludiques jeunes (manuels de jeux et jeux eux-mêmes). Contrairement aux Étasuniens, les Français se sont tournés vers les e-books (*via* les divers supports : tablettes, liseuses, ordinateurs, smartphones) assez tardivement : 15 % de la population française âgée de 15 ans et plus déclare avoir déjà lu un livre numérique entre mars 2012 et mars 2013, contre 5 % l'année précédente. Ce mouvement se fait sans disparition des différences socioculturelles ni substitution simple avec les pratiques de lecture de livres papier : 69 % des lecteurs de livres électroniques déclarent avoir lu un livre imprimé pour la dernière fois il y a moins d'un mois et 22 % lisent vingt livres imprimés et plus par an, alors que les non-lecteurs de livres numériques ne sont respectivement que 41 % et 14 %. En Corée du Sud, où la diffusion est antérieure, les lecteurs d'e-books sont de la même façon beaucoup plus proches statistiquement des lecteurs de livres imprimés et des profils d'utilisateurs d'Internet (avec un biais de revenus et de niveau d'études supérieurs, mais pas de clivage de genre) [JUNG *et al.*, 2012].

Les mutations de la presse et du secteur musical

Les quotidiens payants d'information « papier » subissent l'imposant assaut des portails Internet, des sites gratuits d'information et des blogs. Leur stratégie a consisté à diversifier leurs produits (inclusion de DVD dans certaines éditions, etc.) et à entrer en ligne eux aussi, laissant aux moteurs de recherche la production d'information « agrégative ». Pour la presse spécialisée, économique notamment, l'effet de concurrence entre les versions Web et papier est longtemps apparu moindre que l'effet d'entraînement réciproque : l'achat de documentation en ligne (archives payantes) est un marché *business-to-business* bien identifié comme l'a démontré longtemps le succès du *Wall Street Journal* (plusieurs centaines de milliers d'abonnés payants recevant une information « interactive », à côté de son tirage de près de deux millions d'exemplaires). Mais la récession publicitaire qui a suivi la crise économique de 2008 a conduit à rendre payant l'accès en ligne à ce journal, ces hésitations témoignant de la difficulté à dégager un modèle économique : le *Financial Times* est l'un des seuls titres à être parvenu à convaincre ses lecteurs du passage au payant, en raison de son caractère incontournable et de l'aisance financière de son lectorat, alors que les exemples abondent de journaux faisant machine arrière (ainsi le *New York Times* en 2005 ou *Slate*). La presse d'information générale a choisi la mixité, mettant en ligne une grande partie de ses éditions du jour, concurrence oblige, tout en apportant certaines informations très fraîches et des débats. Ce faisant, elle allèche les lecteurs potentiels de la version papier, fait parfois payer l'accès à des dossiers et reçoit les revenus de la publicité sur Internet, en pleine expansion. Mais elle perd de l'audience sur le segment papier, qui subit des coûts de distribution très élevés. La presse gratuite se développe sur le créneau hybride des journaux papier, avec des coûts de distribution plus faibles (pas de retours, présence dans de grandes villes seulement), et de la presse en ligne, à faible valeur ajoutée par rapport à l'information d'agence, touchant des publics plus jeunes. Le public des journaux en ligne apparaît très consommateur d'information, déjà lecteur de journaux, cumulant les pratiques plutôt que les opposant.

Au-delà des aspects économiques, la remise en cause des fonctions de la presse classique fait l'objet de constats alarmistes (fin de la presse transparente et de qualité au profit d'une opinion atomisée) ou enthousiastes (fin de l'information pyramidale). Plus que le déclin d'une forme pure du journalisme (concept mythique inventé au XIXe siècle) disant la vérité du monde, c'est une mutation qui est enregistrée : un approfondissement de la participation et de ses expressions dans la sphère publique au sens de Fraser. Les multiples formes de l'information – discursives, narratives, techniques, intimistes, critiques, etc. – apparaissent désormais au grand jour, rendues possibles par l'accessibilité des nouveaux moyens de communication et par l'adaptation des médias traditionnels aux attentes perçues [UTARD, 2002 ; RINGOOT, UTARD, 2006]. De nouvelles configurations incluant la presse people et le blog intimiste surgissent sans que soit chassé fondamentalement le journalisme de faits et d'opinion. Celui-ci subit cependant l'influence de la presse en ligne, qui présente deux spécificités, selon Pablo Boczkowski [2004, 2010] :

1. elle est élaborée par une plus grande variété d'acteurs, n'est plus seulement centrée sur la figure du journaliste et sur son monologue mais également sur les publics, demandeurs d'échanges horizontaux ;

2. elle fait passer au premier plan la question de la coordination entre de multiples intervenants, alors que l'information consistait auparavant en une interaction plus simple entre journalistes et sources.

Les quotidiens s'adaptent à la nouvelle donne en incorporant des paroles profanes et des débats, tout en conservant largement la maîtrise de la coordination. À partir d'une étude du blog du *Guardian*, Donald Matheson [2004] montre que les conventions journalistiques ne sont guère mises en danger mais que la prétention au savoir et que l'autorité distante du journaliste sont réduites, au profit d'une construction plus collective. Une convergence visuelle entre médias intervient également [Cook, 2005]. Du point de vue de l'audience, la pluralisation effective de l'offre ne se retrouve pas dans la consommation, les portails, agrégateurs d'information et grands titres captant l'essentiel du trafic alors que les webzines et les blogs ne reçoivent qu'une attention très limitée [Rebillard, Smyrnaios, 2010 ; Smyrnaios, Marty, Rebillard, 2010]. Les « techno-optimistes » comme les « techno-pessimistes » ont donc tort, comme le remarque Nathalie Fenton [2010] : si Internet a bien ouvert un espace d'expression supplémentaire il n'a pas fondamentalement déstabilisé les marques dominantes ni transformé les valeurs et formats journalistiques (« l'information est toujours ce qu'elle était ») et n'a pas connecté une légion de blogueurs à une audience de masse.

Le secteur de la musique apparaît comme le plus sensible à la concurrence entre médias car le numérique a rendu possible la copie de titres sans perte de qualité, à partir de fichiers courts, consommés par les plus utilisateurs du net, les jeunes : les techniques de compression du son comme le MP3 permettent en effet de télécharger des titres musicaux au moyen de logiciels *peer-to-peer*. Le piratage, plus intense que dans le passé [Bourreau, Labarte-Piol, 2004] – on estimait en 1990 à un quart des ventes de phonogrammes la part de la copie – a d'abord été présenté par l'industrie musicale comme une menace fondamentale, expliquant le déclin des ventes, et par les tenants d'une gratuité totale sur Internet comme une arme anti-major au service d'une culture libre, qui ne serait plus entravée par le droit d'auteur. De nombreuses recherches évoquent cependant la complexité de cette pratique et l'ambiguïté des deux positions. Les internautes qui téléchargent de la musique sont en réalité très majoritairement des testeurs découvrant de nouvelles œuvres et des artistes, achetant également des disques dans le commerce, prêts à acquitter des droits mensuels pour télécharger gratuitement. Le *peer-to-peer* contribue à la diffusion de l'information sur un mode non publicitaire, en produisant un effet d'apprentissage par la copie et en aidant des auteurs peu médiatisés à se faire connaître [Greffe, Mathé, 2005]. Il accroît aussi la diversité de l'écoute et le stockage des œuvres, parfois non disponibles sur catalogues. Le droit des auteurs à être rémunérés est reconnu par un « pirate » sur deux [selon une enquête française, Rochelandet, Le Guel, 2005]. Les adversaires ont dans la pratique fait évoluer leurs positions, après des débats intenses [Farchy, 2003], suivant un effet typique de constitution d'un *problème public* par échange d'arguments de toutes sortes dans un espace public conflictuel. Les partisans du tout gratuit reconnaissent des formes de droits à la propriété intellectuelle, même si celle-ci leur semble être opposée à la libre circulation des idées et des goûts, et penchent en faveur d'une licence globale (légalisation du téléchargement contre versement d'une rémunération forfaitaire aux auteurs), d'une taxe sur les supports vierges ou de versements à des fonds de retraite d'artistes. Les industriels, dont la fonction de découvreurs de talents et de médiateur public est moins niée, ont reconnu implicitement en baissant les prix des CD, en proposant des œuvres mixtes (avec images) puis en collaborant à des plateformes de téléchargement payant, que la montée du téléchargement avait coïncidé avec la fin de vie du CD, produit dépassé et jugé trop cher par les consommateurs. La répression de la fraude n'ayant pas enrayé le téléchargement, rendu plus discret par les échanges de type mail, la recherche d'un compromis est à l'œuvre, fonction des trajectoires nationales et des intérêts des divers acteurs.

La question de l'individualisme et des communautés

Multimédia, média à tout faire, mais pas unimédia, Internet a réussi une percée exceptionnelle en raison de ses atouts fonctionnels et économiques mais aussi des affinités qu'il entretient avec les valeurs dominantes des sociétés. Loin de l'idéologie des réseaux vantée par Castells, l'utopie qui le porte se veut désormais « limitée » [PROULX, MASSIT-FOLLÉA, CONEIN, 2005], même si les rêves de changement brusque des relations humaines inspirent encore, ainsi l'idée que la nouvelle vague de technologies XML et de flux RSS engendrerait un Web 2.0, qui par ses aspects agrégatifs permettrait enfin de passer à une civilisation égalitaire (espoir rapidement douché par le constat du maintien d'une hiérarchie de l'information [REBILLARD, 2007]). Son appropriation fait apparaître de nouvelles logiques individualistes et de communauté, en renforçant également de plus anciennes. Vecteur d'un puissant utilitarisme capitaliste qui pousse à consommer et à produire le plus efficacement possible, si possible gratuitement [GENSOLLEN, 1999 ; BROUSSEAU, CURRIEN, 2007], transformant le consommateur en client ouvrier ou coproducteur [TILLINAC, 2006 ; DUJARIER, 2008 ; DEUZE, 2012], il est en même temps celui de l'aspiration à une société où les échanges seraient plus égalitaires, horizontaux, à forme réticulaire ou de réseau, dans une opposition qui n'est réelle que pour partie.

Plusieurs auteurs, notamment Luc Boltanski et Ève Chiapello dans *Le nouvel esprit du capitalisme*, ont montré que la sphère économique avait adopté depuis les années 1970 un nouveau type de discours et d'organisation valorisant l'implication individuelle, le travail en équipes éphémères, autour de projets non répétitifs, autrement dit la souplesse et la flexibilité, tout en conservant pour partie des structures hiérarchisées (suivant l'exemple des activités artistiques, décrit par Storper puis Menger). Par bien des côtés, ceux qui critiquent le néolibéralisme au nom d'une idéologie altermondialiste reproduisent par leurs usages ce modèle : leurs réseaux présentent souvent une « horizontalité théorique » (même non nommés, il existe toujours des chefs), peu transparente et excluante, brouillant les frontières entre sphères privée et militante comme celles entre sphères privée et professionnelle dans le monde du travail [DATCHARY, PAGIS, 2005]. L'hybridité effective des modèles donne aussi la clé du maintien des structures industrielles dans le domaine culturel, face à la montée du *peer-to-peer* : l'économie des stars est en partie sapée par les réseaux d'échanges et enrichie par le bouche à oreille électronique, forme nouvelle de « flux de communication à deux étages » de Katz et Lazarsfeld, qui participe de la promotion des vedettes et de la construction de la réputation.

Grâce au courrier électronique, aux blogs [CARDON *et al.*, 2006] et aux réseaux sociaux, Internet s'offre comme un média de l'intimité où l'on peut confier ses opinions et ses émotions. La tendance n'est pas nouvelle et ne va pas contre les médias de masse, si l'on se souvient des libres antennes à la radio et des émissions de téléréalité. La démocratisation permise par le numérique représente cependant un changement d'échelle, malgré le fait que le profil des créateurs des millions de blogs présents sur la toile répond à celui des grands usagers d'Internet, majoritairement issus des milieux sociaux supérieurs (sauf pour myspace et skyblog). Reprenant les thèses de Charles Taylor sur le tournant expressif des sociétés contemporaines, de Michel Foucault sur les technologies de soi, et de Ulrich Beck sur la réflexivité, Laurence Allard [2005] voit dans la multiplication des « petites formes digitales expressives », véritables « bricolages esthético-identitaires », la manifestation d'un « individualisme expressif » plus global. Bénéficiant du potentiel de l'agrégation de contenus (syndication de blogs, réseaux *peer-to-peer*, etc.), les internautes font plus que s'exposer, ouvrir leur moi aux autres, ils s'incluent dans des chaînes, suivant un mouvement d'*extimité*.[1] Cette tendance peut être interprétée comme menant à une démassification, à une pure horizontalité, ou, plus probablement, comme traduisant l'avènement d'un type mixte de pratiques, en partie articulées aux médias de masse, en partie opposées à eux (surtout pour la minorité la plus éduquée), dans le cadre d'un régime de « justice culturelle » ou de « reconnaissance » [GRANJON, DENOUËL, 2010] où le moi devient l'instance centrale (voir chapitre 9). Elle prend forme dans le contexte plus large d'une éducation familiale devenue plus tolérante, incitant à l'expression de soi mais dans des espaces réservés, autonomisés, qui respectent ceux des autres : l'individidualisme est liant, contractuel [DE SINGLY, 2003, 2005].

Les techniques de réseau renforcent d'abord les communautés préexistantes en facilitant les échanges familiaux et ethniques, contribuant par exemple au sentiment national au travers de ce que Benedict Anderson nomme le « nationalisme e-mail », mais elles permettent également que se constituent des groupes d'intérêts et des communautés de goûts par réseautage électif, par « individualisme connecté » [WELLMAN, 1999, 2001]. Les études sur les usages soulignent bien le fait que les internautes communiquent avant tout avec des personnes connues d'eux dans la vie réelle. Les communautés en ligne formées d'anonymes sont rarement dépourvues de filtres chargés de rendre possible une interaction harmonieuse et de sélectionner des personnes au profil social acceptable : le « cadre » de l'échange et la « présentation de soi », au sens de Goffman, influent sur le choix d'échanger, le corps n'est pas aboli [CASILLI, 2012]. Ces groupes *ad hoc*, réunis par une expérience et/ou une pratique commune, occupent une position originale dans l'espace social. Ils sont à la fois très productifs culturellement et évanescents en terme de sociabilité. Les joueurs en ligne fournissent un bon exemple de la créativité culturelle de ces nouveaux réseaux qui abolissent sensiblement la différence entre consommation et réception par l'écriture de scénarios originaux, la manipulation du temps, de l'espace et de la causalité, par la prise de décision collective, le détournement et l'enrichissement des programmes dans la tradition hacker. Leur sociabilité apparaît néanmoins distanciée et restreinte [AURAY, 2003]. Les communautés de fans, en voie d'élargissement grâce au net, ont une histoire plus riche de mobilisation virtuelle et réelle. Henry Jenkins a retracé leurs luttes contre les industries, l'inégalité des forces en jeu

---

1. Concept initialement forgé par Jacques Lacan.

et ce qu'il y a de commun aux adversaires, les œuvres cultes elles-mêmes [voir l'exemple de *Star Wars* dans JENKINS, 1998]. Avec le net, ce qui existe depuis très longtemps, par exemple les fictions de fans relatives à des œuvres comme les séries télévisées, les *fanfics*, prend une grande ampleur, quittant le stade de l'amateurisme pour celui de la création participative dont se nourrissent parfois les industries. Le transmédia surgit ici comme une nouvelle utopie de concilia-tion entre des publics actifs et des industries cherchant à proposer des récits suffisamment complexes et nomades pour maintenir leurs audiences. Tel que théorisé par Jenkins dans *La Culture de la convergence*, il se présente comme « un processus dans lequel les éléments d'une fiction sont dispersés sur diverses plateformes médiatiques dans le but de créer une expérience de divertissement coordonnée et unifiée ». Cette nouvelle formule d'interrelation médiatique est en résonance avec des attentes puissantes de participation et de suivi marke-ting, cependant elle est limitée par la peur du risque au sein des industries (relier plusieurs plateformes est très coûteux), par la difficulté de faire converger distri-bution et création (faut-il nier la reconnaissance auctoriale au profit du seul marketing ?) et par le manque d'intérêt de la plus grande partie des publics.

Plus complémentaire qu'opposé aux médias de masse, Internet sert donc l'ex-pression individuelle et de groupe. En donnant de nouvelles forces à l'amateurisme [FLICHY, 2010], aux mouvements associatifs, aux fans, aux groupes contre-culturels et aux usagers des réseaux sociaux[1], il pluralise plutôt qu'il n'émiette les espaces publics antérieurs. Un des premiers résultats de la sociologie des médias, établi par Robert Park, est bien que les groupes minoritaires utilisent plusieurs médias pour défendre à la fois leur identité et favoriser leur intégration dans le collectif. Les intérêts particularistes s'épuisent partiellement d'eux-mêmes comme s'épuisent les innombrables sites microscopiques qui ne sont pas vus. Internet n'est peut-être pas une utopie réalisée mais il ne remet pas non plus en cause les évolutions sociales dans la modernité : après tout, il n'est qu'un média.

« Démocratie électronique »/ « Démocratie Internet »

Ce raisonnement peut être repris pour l'analyse de l'impact politique des TIC sur les sociétés contemporaines. A chaque vague de « nouvelles technologies », des espoirs naissent d'un perfectionnement de la démocratie par l'application d'outils puissants qui permettraient de surmonter les blocages institutionnels, la prétendue mainmise des médias de masse sur l'information et la supposée désaf-fection des citoyens pour la vie de la Cité. Dans les années 1970-1980, le mythe se nomme « télédémocratie ». Il enjoint de se tourner vers la télévision, la télé-matique et la vidéo pour renouveler profondément les pratiques politiques. Porté par les mouvements régionalistes et communautaires, avant que les institutions locales ne prennent le relais en promouvant les technologies de la communication

---

1. Mais aussi évidemment aux réseaux maffieux, antisémites, etc., ce qui pose le problème de la réglementation de ce qui ne peut être conçu comme un simple espace de liberté.

dans le but officiel de renforcer une participation politique ressentie comme déclinante et dans celui, généralement officieux, de valoriser des élus entrepreneurs, il ne peut être pensé sans un interventionnisme d'État (en particulier, en France), décelant dans les progrès technologiques le levier qui permettrait de « moderniser » la société. Depuis les années 1990, les expressions de « démocratie électronique » et de « cyberdémocratie » ont pris le relais, s'appuyant sur l'explosion du numérique, actualisant le rêve d'une société sans intermédiaires où les citoyens « éclairés » seraient mieux informés et actifs par l'accès aux sites Web, libres de s'exprimer sur des forums électroniques, de nommer et de révoquer les élus et de définir les priorités politiques, dans le cadre d'une « démocratie forte », directe et unanimiste, selon le souhait du chercheur américain Benjamin Barber.

À l'instar des études portant sur les usages grand public de l'Internet, celles sur les usages citoyens des technologies de l'information ne valident pas une vision aussi rationaliste. Les travaux de Christopher Arterton [1987] invitent à la modestie sur la première vague de télédémocratie, la participation populaire aux expériences élaborées apparaissant la plupart du temps faible. Les nombreuses enquêtes sur les « villes numériques » et sur les nouvelles formes de médiation électronique confirment que les attentes de démocratie directe ne sont pas partagées, que l'information et la connaissance ne sont pas nécessairement plus accessibles (ces deux ordres ne se confondant par ailleurs pas) et que les projets sont la plupart du temps publicitaires, limités à des fonctionnalités simples ou liés à des contextes urbains et culturels trop spécifiques pour être dupliqués [voir les recherches réunies par Tsagarousianou *et al.*, 1998 ; Maigret, Monnoyer, 2000 ; Van Bastelaer, Hénin, Lobet-Maris, 2000]. Les techniques n'effacent ni les territoires ni l'histoire des relations entre les citoyens. Elles ne jouent de plus qu'un rôle limité dans le système politique tant ce dernier demeure fondé sur des segmentations fortes entre citoyens et élus qui conservent l'essentiel du pouvoir, au nom du principe de représentation [Hagu, Loader, 1999 ; Hacker, Van Dijk, 2000 ; Axford, Huggins, 2000]. Ce bilan décevant – ou plutôt désenchanté – s'accompagne d'un paradoxe apparent : les processus les plus raffinés de démocratie électronique intéressent peu alors que les outils parfois très frustres utilisés par les associations et les mouvements antimondialisation, qui ne métamorphosent habituellement pas les conditions d'existence de ces groupements, peuvent à l'occasion mobiliser à grande échelle [Dacheux, 2000 ; Granjon, 2001 ; Cardon, Granjon, 2010 ; Blondeau, Allard, 2007].

Peut-on pencher alors en faveur de l'instauration non pas d'une « démocratie électronique », celle des institutions s'ouvrant à la participation, mais d'une « démocratie Internet », pour reprendre la formule de Dominique Cardon [2010], découlant de la participation spontanée et débordante des individus ? Pour cet auteur, Internet ne serait pas seulement une opportunité pour la démocratie mais développerait une forme spécifique de démocratie en raison des fondements égalitaires qui ont présidé à sa naissance et à son développement : l'utopie hippie et universitaire a façonné un monde refusant la hiérarchie des statuts, libéré les subjectivités tandis que les « liens faibles » et l'auto-organisation sont à l'origine d'innombrables « petites » conversations qui peuvent finir par influencer les « grandes » conversations, engendrer des actions collectives. À l'opposé des médias de masse, trop verticaux, trop obsédés par la recherche de l'audience,

Internet serait essentiellement décentralisé et ne reposerait pas sur les filtres imposés par le journalisme et les institutions politiques. C'est oublier pour partie les contradictions qui traversent l'espace numérique autant que les autres espaces sociaux, comme nous l'avons vu plus haut et comme le remarque Cardon : les inégalités socio-économiques n'ont pas disparu sur Internet ; la dimension participative y demeure limitée et de résistance supposée peut devenir un moyen d'accroître le ciblage industriel par le recueil des données personnelles [GEORGES, 2009] ; les entreprises favorisant les liens faibles s'engagent dans une forte concentration économique nuisible à la diversité et menacent les libertés individuelles (comme le craignent les usagers de Facebook), enfin, il est aisé de basculer dans une vision dénonçant la surveillance généralisée dans les pays démocratiques [ainsi ANDREJEVIC, 2007], sans même évoquer les pays dictatoriaux. Bref, Internet accroît le potentiel démocratique tout en étant rattrapé par les antinomies classiques de l'action économique, politique et sociale.

Le révélateur d'une recomposition politique

Pensée dans un contexte plus général de transformation de la citoyenneté ou de l'espace public, la question de la démocratie électronique n'est pourtant pas dénuée de sens. Les utopies qui la portent révèlent les attentes de décloisonnement des systèmes politiques et sociaux exprimées par les individus des sociétés réflexives, au sens de Giddens – même si elles les déforment aussi. La globalisation des actions et l'absence d'extériorité des conséquences abolissent le modèle classique de prise de décision « rationnelle » et le monopole de la connaissance détenu par les experts, comme le souligne Ulrich Beck [1994, 1997]. La discussion et la décision débordent les arènes traditionnelles que sont les parlements et les gouvernements, ainsi que les formes d'expression d'une démocratie représentative. Les individus ont de plus en plus accès à des informations qui étaient auparavant filtrées pour eux par les journalistes et remettent en cause les fonctions et l'identité de cette profession. Le problème n'est pas celui de la disparition des intermédiaires, contrairement à l'idée reçue d'une substitution des réseaux aux hiérarchies mais, d'un côté, celui de la relativisation de leur autorité, de l'autre, celui de la transformation de leurs pratiques : James Carey [1999] observe que l'on est en droit d'avoir une plus grande exigence à leur égard, celle de ne plus travailler sur des modèles qui datent du XIXᵉ siècle. L'engagement des individus s'effectue selon des modalités nouvelles, éloignées de celles des mobilisations de masse du passé mais tout aussi intenses par leur quête de pluralisme et de représentation médiatique [MELUCCI, 1996]. L'absence de délimitation claire des contours de la démocratie doit conduire à inclure dans ses renouvellements les revendications micropolitiques et toutes les constructions réflexives et identitaires liées aux programmes des médias de masse, sans opposer systématiquement nouveaux et anciens médias (JENSEN et HELLES, 2010, montrent bien que les « bonnes vieilles formes médiatiques » et les interactions interpersonnelles demeurent largement prédominantes), sans les opposer aussi aux pratiques parlementaires.

Dès lors, les utopies technicistes viennent signaler les désirs d'une démocratie continue et délibérative (mais pas d'une mythique démocratie électronique directe au sens de Barber), sans donner la clé d'une application effective des outils numériques, selon le constat de Stephen Coleman et John Gøtze [2001]. Si parler de « société de l'information » est tautologique et invoquer l'existence d'une « cyberdémocratie » est illusoire, les fantasmes que trahissent les tentatives maladroites de penser les réseaux façonnent pour partie le monde. Si les mots *information* et *communication* font fortune c'est parce qu'ils signifient pour beaucoup non les rêves de contrôle et d'enrichissement d'une société capitaliste mais la promesse d'épanouissement personnel et collectif d'une démocratie approfondie qu'il faut construire pas à pas en faisant évoluer toutes les structures de représentation et de prise de décision, sans attendre un miracle de la diffusion de quelques technologies [COLEMAN, 2005].

Genèse et expansion d'Internet

Internet n'est pas né de la découverte soudaine et évidente de nouvelles technologies venant résoudre magiquement les problèmes de communication. Sa création a nécessité l'invention de techniques mais aussi de processus sociaux (temps partagé, usages ludiques de l'ordinateur et non seulement professionnels, etc.). Son essor aurait pu se produire bien avant les années 1990 car ces techniques et processus étaient pour la plupart disponibles, au moins potentiellement, ce qui démontre qu'Internet est autant le fruit d'une époque qui l'appelle de ses vœux qu'un nouvel outil qui contraint les pratiques contemporaines [FLICHY, 2004]. Après une première phase « militaire » et « universitaire », sa pluralisation témoigne de l'existence d'usages différenciés de la part d'acteurs aussi divers que les administrations, commerces, associations et particuliers. Achats, échanges intimes, activisme anarchiste et libertaire [TURNER, 2006] se côtoient désormais, de même que s'accélère l'entrelacement des fonctions médiatiques, sur toile de fond de contrôle étatique. Tableau : informations déduites des publications de Patrice Flichy [1999 et 2001], de la presse généraliste et de la presse informatique.

1939-1945	Création de l'ordinateur, conçu comme un supercalculateur et comme un outil autonome que l'on programme au moyen de cartes perforées (réponse différée).
Fin des années 1950	Invention de l'usage interactif de l'ordinateur : la programmation par bandes de papier est un dialogue avec la machine. Invention du temps partagé : plusieurs usagers travaillent simultanément sur une même machine.
Début des années 1960	Naissance de l'idée de réseau (travail coopératif, échange de données, courrier électronique), application au sein de l'ARPA (Advanced Research Projects Agency, ministère de la Défense américain) et dans diverses universités américaines. Invention de l'idée d'interface graphique : les symboles permettraient de communiquer plus rapidement avec l'ordinateur et éviteraient le recours permanent à des opérateurs d'informatique.
1964	Création du premier mini-ordinateur.

1966	Lancement du projet Arpanet, premier réseau reliant des ordinateurs géographiquement distants.
1969	Création d'Arpanet (reliant le Pentagone et les universités) permettant le transfert de fichiers, l'échange de données et le courrier électronique.
1973	Création des micro-ordinateurs.
1979	Des étudiants américains en informatique créent Usenet, réseau ne reliant que deux universités mais s'adressant peu à peu à l'ensemble des informaticiens. Ce réseau se développe plus vite qu'Arpanet, à partir de groupes de discussion qui ne sont pas seulement professionnels (loisirs...).
Début des années 1980	Connexion des réseaux Usenet et Arpanet (1982). Création de plusieurs réseaux universitaires : Theorynet, Bitnet, et, surtout, Csnet (1982). Extension à l'étranger. Mise au point du système de transmission TCP/IP (Transmission Control Protocol/Internet Protocol), choisi en 1982 par l'ARPA pour son efficacité et son universalité.
1983	Création du concept d'Internet comme réseau des réseaux. L'application du protocole TCP/IP à l'Arpanet rend le réseau accessible à la plupart des universités puis aux micro-ordinateurs privés. La NSF (National Science Foundation) prend en charge l'administration de l'architecture Arpanet (l'armée conserve le réseau Milnet, qui cesse d'exister en 1990).
1985	Création du réseau Nsfnet par la NSF, utilisant le protocole TCP/IP, assimilé à Internet.
1990	Création du Web au Centre européen de recherche nucléaire (CERN) : un système de documentation hypertexte, fondé sur un réseau de liens graphiques.
1991	Création du World Wide Web, *browser* ou logiciel de navigation rapidement adopté par les internautes.
1992	*Mosaic*, un logiciel de navigation allégé, est diffusé gratuitement par le CERN.
1993	Les États-Unis développent l'administration sur Internet (1998-1999 en France).
1992	Charte de l'ISOC, association coordonnant le développement des réseaux informatiques dans le monde.
1994	Lancement de Netscape, browser remplaçant Mosaic.
1994	Aux États-Unis, entrée massive de la publicité et du commerce sur la toile : le Web devient dès l'année suivante le premier service sur Internet.
1994	Lancement de Linux, système d'exploitation libre de type Unix (créé en 1991) : logiciels dont la modification et la redistribution seraient sans restriction.
1995	Lancement du système d'exploitation Windows 95, qui répand auprès du grand public l'interface graphique Internet Explorer de Microsoft, dérivée de Mosaic, supplantant en quelques années Netscape.

1996	Développement de la messagerie instantanée.
1998	Développement du langage XML, qui permet de relier plus facilement données et textes, favorisant l'apparition des Blogs (sites personnels d'information).
1998	Premières expériences de vote politique par Internet.
1999	Premier logiciel *peer-to-peer* utilisé à grande échelle, notamment pour le téléchargement de musique : Napster.
2001	Lancement de Wikipédia, encyclopédie en ligne gratuite, anarchiste/coopérative.
2003	La téléphonie sur Internet passe de l'expérimentation à la commercialisation. Création des sites relationnels à fonctionnalité Contacts/Amis : Myspace, Cyworld, Friendster...
2004	Les Blogs deviennent une pratique massive lors des élections présidentielles américaines. Création du podcasting, technique permettant de publier gratuitement via un blog des contenus audio ou vidéo. Développement des flux RSS.
2005	Création de YouTube : développement de la vidéo sur Internet.
2006	Montée en puissance des microblogs grand public avec la création de Twitter. Affirmation des réseaux sociaux privatifs avec l'ouverture à tous de Facebook (créé en 2004) et des réseaux sociaux professionnels avec LinkedIn, Viadeo et Xing.
2007	Standardisation des normes wikis (sites Web collaboratifs). Lancement de l'IPhone : développement du téléphone mobile à fonctionnalités Internet.
Depuis 2007	Utilisation politique des réseaux sociaux lors de mobilisations populaires : phénomène Anonymous depuis 2007, Moldavie et Iran en 2009, « printemps arabe » tunisien en 2010-2011. Tentatives de régulation/répression des pratiques de piratage dans les États occidentaux : création en France en 2009 de La Haute autorité pour la diffusion des œuvres et la protection des droits sur Internet (Hadopi) ; fermeture par la justice américaine en 2012 du site Megaupload, qui proposait un service d'hébergement de fichiers. Controverses sur la cybersurveillance et les fuites organisées : affaire WikiLeaks en 2010, site Web associatif créé en 2006 diffusant des informations politiques confidentielles ; révélations d'Edward Snowden en 2013 sur les pratiques de surveillance de masse des réseaux numériques par l'agence de sécurité américaine NSA.
2010	Renforcement de l'interdépendance entre Internet et télévision avec la création de la chaîne Google TV, dans le contexte du développement de la « télévision connectée » (créée dès 2000). Émergence en parallèle de la diffusion délinéarisée des programmes.
Début des années 2010	Montée en puissance de l'« Internet des objets » : connexion des terminaux mobiles à des objets, connexion directe entre objets (réseaux électriques intelligents ou « Smart Grids », santé mobile ou « m-Santé »...). Nouvelles formes de création et de diffusion des objets : développement des imprimantes 3D, inventées dans les années 1990.

Bibliographie

ABBATE Janet, *Inventing the Internet*, Cambridge, MIT Press, 1999.

AKRICH Madeleine, « Les formes de la médiation technique », *Réseaux*, 60, 1993.

– « Les objets techniques et leurs utilisateurs. De la conception à l'action », *Raisons pratiques*, 4, 1993.

ALLARD Laurence, « Express yourself 2.0 ! Blogs, pages perso, fansubbing… : de quelques agrégats technoculturels ordinaires à l'âge de l'expressivisme généralisé », *in* MAIGRET Éric, MACÉ Éric (dir.), *Penser les médiacultures. Nouvelles pratiques et nouvelles approches de la représentation du monde*, Armand Colin-INA, 2005.

ALTER Norbert, *L'Innovation Ordinaire*, PUF, 2000.

ANDREJEVIC Mark, *iSpy. Surveillance and Power in the Interactive Era*, Lawrence, University Press of Kansas, 2007.

ARTERTON Christopher, *Teledemocracy. Can Technology Protect Democracy ?* Londres, Sage, 1987 (trad. partielle « La technique est-elle au service de la démocratie ? Extraits », *Hermès*, 26-27, 2000).

AURAY Nicolas, « L'engagement des joueurs en ligne Ethnographie d'une sociabilité distanciée et restreinte », *Les Cahiers du Numérique*, 4/2, 2003.

AURAY Nicolas, CRAIPEAU Sylvie (dir.), « Les jeux en ligne », *Les Cahiers du Numérique*, 4/2, 2003.

AXFORD Barrie, HUGGINS Richard (dir.), *New Media and Politics*, Sage, 2000.

BARBER Benjamin, *Démocratie forte* (1984), Desclée de Brouwer, 1997.

BARDINI Thierry, « Changement et réseaux sociotechniques. De l'inscription à l'affordance », *Réseaux*, 76, 1996.

BEAUDOUIN Valérie, « De la publication à la conversation. Lecture et écriture électroniques », *Réseaux*, 116, 2002.

BEAUDOUIN Valérie, VELKOVSKA Julia, « Constitution d'un espace de relation sur Internet (forums, pages personnelles, courrier électronique…) », *Réseaux*, 97, 1999.

BECK Ulrich, *What is globalisation ?* (1997), Cambridge, Polity Press, 2000.

– « The Reinvention of Politics : Towards a Theory of Reflexive Modernization », *in* BECK Ulrich, GIDDENS Anthony, LASH Scott, *Reflexive Modernization. Politics, Tradition and Aesthetics in the Modern Social Order*, Cambridge, Polity, 1994.

BÉLISLE Claire (dir.), *La lecture numérique : réalités, enjeux et perspectives*, Presses de l'Enssib, 2004.

BEUSCART Jean-Samuel *et al.*, « La fin de la télévision ? Recomposition et synchronisation des audiences de télévision et de rattrapage », *Réseaux*, 175, 2012.

BLONDEAU Olivier, ALLARD Laurence, *Devenir Média : L'activisme sur Internet, entre défection et expérimentation*, Éd. Amsterdam, 2007.

BOCZKOWSKI Pablo, *News at Work. Imitation in an Age of Information Abundance*, Chicago, University of Chicago Press, 2010.

– *Digitizing the News. Innovation in Online Newspapers*, Cambridge, MIT Press, 2004.

BOLTANSKI Luc, CHIAPELLO Ève, *Le nouvel esprit du capitalisme*, Gallimard, 1999.

BOULLIER Dominique, « Les industries de l'attention : fidélisation, alerte ou immersion », *Réseaux*, 154, 2009.

– « Du bon usage d'une critique du modèle diffusionniste. Discussion-prétexte autour des concepts de EM Rogers », *Réseaux*, 36, 1989.

BOULLIER Dominique, CHARLIER Catherine, « À chacun son Internet. Enquête sur des usagers ordinaires », *Réseaux*, 86, 1997.

BOURDAA Mélanie (dir.), Transmedia Storytelling, *Terminal*, 112, 2013.

BOURREAU Marc, LABARTHE-PIOL Benjamin, « Le peer to peer et la crise de l'industrie du disque. Une perspective historique », *Réseaux*, 125, 2004.

BOYD Danah, ELLISON Nicole, « Social Network Sites : Definition, History, and Scholarship », *Journal of Computer-Mediated Communication*, 13/1, 2007.

BROUSSEAU Éric, CURRIEN Nicolas (dir.), *Internet and Digital Economics*, Cambridge University Press, 2007.

CAI Xiaomei, « An experimental examination of the computer's time displacement effects », *New Media and Society*, 7/1, 2005.

CARADEC Vincent, « "Personnes âgées" et "objets technologiques" », *Revue française de sociologie*, 42/1, 2001.

– « Vieillissement et usage des technologies », *Réseaux*, 96, 1999.

CARDON Dominique, *La démocratie Internet. Promesses et limites,* Le Seuil, 2010.

– « Le design de la visibilité. Un essai de cartographie du Web 2.0 », *Réseaux*, 152, 2008.

CARDON Dominique *et al.* (dir.), « Les blogs », *Réseaux*, 140, 2006.

CARDON Dominique, GRANJON Fabien, *Les Médiactivistes*, Presses de Sciences Po, 2010.

CASILLI Antonio, *Les liaisons numériques*, Seuil, 2010.

CAREY James, « In Defense of Public Journalism », *in* GLASSER Theodor (dir.), *The Idea of Public Journalism*, New York, Guilford, 1999.

– *Communication as Culture. Essays on Media and Society*, Londres, Routledge, 1989.

CASSEL Justine, JENKINS Henry (dir.), *From Barbie to Mortal Kombat. Gender and Computer Games*, MIT Press, 1999.

CASTELLS Manuel, *L'Ère de l'information*, Fayard, 1998-1999, t. 1, *La société en réseaux*, (1996), t. 2, *Le pouvoir de l'identité* (1997), t. 3, *Fin de millénaire* (1998).

CERTEAU Michel de, *L'Invention du quotidien* (1980), t. 1, *Arts de faire*, Gallimard, 1990.

HAMBAT Pierre, « Espace public, espace privé : le rôle de la médiation technique », *in* PAILLIART Isabelle (dir.), *L'Espace public et l'emprise de la communication*, Grenoble, Ellug, 1995.

– « NTIC et représentation des usagers », *in* VITALIS André (dir.), *Médias et nouvelles technologies. Pour une sociopolitique des usages*, Éditions Apogée, 1994.

– « Usages des TIC. Évolution des problématiques », *Technologies de l'information et société*, 6 mars, 1994.

– « Technologies à domicile », *Esprit*, 186, 1992.

CHIARO Marina, FORTUNATI Leopoldina, « Nouvelles technologies et compétences des usagers », *Réseaux*, 96, 1999.

COLEMAN Stephen, « New Mediation and Direct Representation : Reconceptualizing Representation in the Digital Age », *New Media and Society*, 7/2, 2005.

COLEMAN Stephen, GØTZE John, *Bowling Together. Online Public Engagement in Policy Deliberation*, Londres, Hansard Society, 2001.

CONEIN Bernard, THÉVENOT Laurent (dir.), « Cognition et information en société », *Raisons pratiques*, 8, 1997.

COOKE Lynne, « A Visual Convergence of Print, Television, and the Internet : Charting 40 Years of Design Change in News Presentation », *New Media and Society*, 7/1, 2005.

DACHEUX Éric, *Vaincre l'indifférence. Les associations dans l'espace public européen*, CNRS éditions, 2000.

DAHLGREN Peter, *Media and Political Engagement*, New York, CU Press, 2009.

– « L'espace public et l'Internet. Structure, espace et communication », *Réseaux*, 100, 2000.

DATCHARY Caroline, PAGIS Julie, « Jeunes altermondialistes en réseau », *Réseaux*, 133, 2005.

DELAVAUD Gilles, LANCIEN Thierry (dir.), « D'un média... l'autre », *MédiaMorphoses*, 16, 2006.

DEUZE Mark, *Media Life*, Cambridge, Polity Press, 2012.

DONNAT Olivier, LARMET Gwenaël, « Télévision et contextes d'usages. Évolution 1986-1998 », *Réseaux* 119, 2003.

DUJARIER Marie-Anne, *Le Travail du consommateur. De McDo à E-Bay : comment nous coproduisons ce que nous achetons*, La Découverte, 2008.

ELLISON Nicole, STEINFIELD Charles, LAMPE Cliff, « Connection Strategies : Social Capital Implications of Facebook-Enabled Communication Practices », *New Media and Society*, 13/6, 2011.

– « The Benefits of Facebook "Friends" : Social Capital and College Students' Use of Online Social Network Sites », *Journal of Computer-Mediated Communication*, 12/4, 2007.

FARCHY Joëlle, *Internet et le droit d'auteur. La culture Napster*, CNRS éditions, 2003.

FENTON Natalie (dir), *New Media, Old news. Journalism and Democracy in the Digital Age*, Sage, 2010.

FLICHY Patrice, *Le sacre de l'amateur. Sociologie des passions ordinaires à l'ère numérique*, Seuil, 2010.

– « L'individualisme connecté entre la technique numérique et la société », *Réseaux*, 124, 2004.

– *L'Imaginaire d'Internet*, La Découverte, 2001.

– « Internet ou la communauté scientifique idéale », *Réseaux*, 97, 1999.

FOURMENTRAUX Jean-Paul, *Art et Internet. Les nouvelles figures de la création*, CNRS éditions, 2005.

FRADIN Bernard, QUÉRÉ Louis, WIDMER Jean (dir.), « L'enquête sur les catégories. De Durkheim à Sacks », *Raisons pratiques*, 5, 1994.

GAGLIO Gérard, « Pour un regard tempéré sur les "réfractaires" aux bien massivement diffusés. Variations autour du téléphone mobile en France », *Réseaux*, 133, 2005.

GARNHAM Nicholas, « La théorie de la société de l'information en tant qu'idéologie : une critique », *Réseaux*, 101, 2001.

GENSOLLEN Michel, « La création de valeur sur Internet », *Réseaux*, 97, 1999.

GEORGES Fanny, « Identités virtuelles », *Questions théoriques*, 2010.

– « Identité numérique et représentation de soi : analyse sémiotique et quantitative de l'emprise culturelle du Web 2.0. », *Réseaux*, 154, 2009.

GIBSON John J., « The Theory of Affordances », *in* SHAW Robert, BRANSFORD John (dir.), *Perceiving, Acting and Knowing. Toward an Ecological Psychology*, Hillsdale, Lawrence Erlbaum, 1977.

GLÉVAREC Hervé, *La sériephilie. Sociologie d'un attachement culturel et place de la fiction dans la vie des jeunes adultes*, Ellipses, 2012.

– *Libre antenne. La réception de la radio par les adolescents*, Armand Colin-INA, 2005.

GOFFMAN Erving, *Les cadres de l'expérience* (1974), Minuit, 1991.

GRANJON Fabien, « Le "non-usage" de l'Internet : reconnaissance, mépris et idéologie », *Questions de communication*, 18, 2010.

– *L'Internet militant. Mouvement social et usages des réseaux télématiques*, Rennes, Apogée, 2001.

GRANJON Fabien, DENOUEL Julie, « Exposition de soi et reconnaissance de singularités subjectives sur les sites de réseaux sociaux », *Sociologie*, 1, 2010.

GRANJON Fabien, LELONG Benoît, METZGER Jean-Luc (dir.), *Inégalités numériques. Clivages sociaux et modes d'appropriation des TIC*, Lavoisier, Hermès, 2009.

GRANOVETTER Mark, « The Strength of Weak Ties », *American Journal of Sociology*, 78/6, 1973.

GREFFE Xavier, MATHÉ Florence, *Le* peer-to-peer *: analyse économique*, Adami, Matisse-CNRS, 2005.

GUNKEL David J. (dir.), « Hacking and Hacktivism », *New Media and Society*, 7/5, 2005.

HACKER Kenneth, VAN DIJK Jan (dir.), *Digital Democracy. Issues of Theory and Practice*, Sage, 2000.

HADDON Leslie, « European Perceptions and Use of the Internet », *Actes du 2ᵉ colloque international sur les usages et services des télécommunications à l'heure d'Internet*, Bordeaux – Arcachon, 1999.

HAGUE Barry N., LOADER Brian D. (dir.), *Digital Democracy. Discourse and Decision Making in the Information Age*, Londres, Routledge, 1999.

HERT Philippe, « Quasi-oralité de l'écriture électronique et lien social : la construction du vraisemblable dans les communautés scientifiques », *Réseaux*, 97, 1999.

HUTCHINS Edwin, *Cognition in the Wild*, Cambridge, MIT Press, 1995.

– « Comment le cockpit se souvient de ses vitesses », *Sociologie du travail*, XXXVI/4, 1994.

ION Jacques, *La fin des militants ?* Editions de l'atelier, 1997.

INSEE : www.insee.fr (consulter notamment INSEE Première sur la relation aux écrans).

ITO Mizuko *et al.*, *Hanging Out, Messing Around, and Geeking out. Kids Living and Learning with New Media*, Cambridge, The MIT Press, 2010.

Jacquinot Geneviève, Monnoyer Laurence (dir.), « Le dispositif. Entre usage et concept », *Hermès*, 25, 1999.

Jenkins Henry, *La culture de la convergence. Des médias au transmédia* (2006), Armand Colin/Ina, 2013.

– *Fans, Bloggers and Gamers. Exploring Participatory Culture*, New York, New York University Press, 2006.

– « Convergence ? I Diverge », *Technology Review*, juin 2001.

– « The Poachers and the Stormtroopers : Cultural Convergence in the Digital Age » (1998), *in* Le Guern Philippe (dir.), *Les Cultes médiatiques. Culture fan et œuvres cultes*, Rennes, Presses universitaires de Rennes, 2002.

– *Textual Poachers. Television Fans and Participatory Culture*, New York, Londres, Routledge, 1992.

Jensen Klaus Bruhn, Helles Rasmus, « The Internet as a Cultural Forum : Implications for Research », *New Media and Society*, 13/4, 2010.

Jones Steven (dir.), *Cybersociety 2.0. Revisiting Computer-Mediated Communication and Technology*, Londres, Sage, 1998.

– (dir.), *Cybersociety. Computer-Mediated Communication and Community*, Londres, Sage, 1994.

Joseph Isaac, *Erving Goffman et la microsociologie*, PUF, 1998.

Jouët Josiane, « Des usages de la télématique aux Internet Studies », *in* Denouel Julie, Granjon Fabien (dir.), *Communiquer à l'ère numérique. Regards croisés sur la sociologie des usages*, Presses des Mines, 2011.

– « Les dispositifs de construction de l'internaute par les mesures d'audience », *Le Temps des Médias*, 3, 2004.

– « Technologies de communication et genre. Des relations en construction », *Réseaux*, 120, 2003.

– « Retour critique sur la sociologie des usages », *Réseaux*, 100, 2000.

– « Les messageries », *in* Sicard Marie-Noëlle, Besnier Jean-Michel (dir.), *Les TIC : pour quelle société ?* Université de technologie de Compiègne, 1997.

– « Pratiques de communication et figures de la médiation. Des médias de masse aux technologies de l'information et de la communication », *Réseaux*, 60, 1993.

– « Usages et pratiques des nouveaux outils de communication », *in* Sfez Lucien (dir.), *Dictionnaire critique de la communication*, PUF, 1993.

– « Une communauté télématique : les axiens », *Réseaux*, 38, 1989.

Jung Jaemin *et al.*, « Factors Affecting E-Book Reader Awareness, Interest, and Intention to Use », *New Media and Society*, 14/2, 2012.

Keen Andrew, *Le Culte de l'amateur. Comment l'Internet tue notre culture*, Scali, 2008.

Kellner Catherine *et al.*, « (Re)penser le non-usage des tic », *Questions de communication*, 18, 2010.

Lafrance Jean-Paul, « Le phénomène télénaute ou la convergence télévision/ordinateur chez les jeunes », *Réseaux*, 129-130, 2005.

Latour Bruno, *Petites Leçons de sociologie des sciences*, La Découverte, 1993.

LAVE Jean, *Cognition in Practice*, Cambridge, Cambridge University Press, 1988.

LE DOUARIN Laurence, « Hommes-femmes et micro-ordinateur. Une idéologie des compétences », *Réseaux*, 123, 2004.

LELONG Benoît, « Quel "fossé numérique" ? Clivages sociaux et appropriation des nouvelles technologies », *in* MAIGRET Éric (dir.), « Communication et Médias », *Les Notices*, La documentation Française, 2003.

LELONG Benoît, MARTIN Olivier (dir.), « L'Internet en famille », *Réseaux*, 123, 2004.

LICOPPE Christian (dir.), « Mobiles en Asie », *Réseaux*, 133, 2005.

LICOPPE Christian, RELIEU Marc (dir.), « Mobiles », *Réseaux*, 112-113, 2002.

LIVINGSTONE Sonia, HELSPER Ellen, « Gradations in Digital Inclusion : Children, Young People and the Digital Divide », *New Media and Society*, 9/4, 2007.

MAIGRET Éric, MONNOYER Laurence (dir.), « www.democratielocale.fr », *Hermès*, 26, 2000.

MAIGRET Éric, SOULEZ Guillaume (dir.), Les raisons d'aimer... les séries télé, *MédiaMorphoses*, Hors séries, 2007.

MALLEIN Philippe, TOUSSAINT Yves, « L'intégration sociale des TIC : une sociologie des usages », *Technologies de l'information et société*, 6/4, 1994.

MARWICK Alice E., BOYD Danah, « I Tweet Honestly, I Tweet Passionately: Twitter Users, Context Collapse, and the Imagined Audience », *New Media and Society*, 13/1, 2011.

MATHESON Donald, « Weblogs and the Epistemology of the News : some Trends in Online Journalism », *New Media and Society*, 6/4, 2004.

MATTELART Armand, *Histoire de l'utopie planétaire. De la cité prophétique à la société globale*, La Découverte, 1999.

MÉDIAMÉTRIE, Enquête annuelle sur les audiences TV (www.mediametrie.fr)

MELUCCI Alberto, *Challenging Codes. Collective Action in the Information Age*, Cambridge, Cambridge University Press, 1996.

MÉSANGEAU Julien, POVÉDA Arnaud, « Analyser l'adoption des réseaux socionumériques professionnels : entre approche pragmatiste et étude de la dimension symbolique des usages », *Études de communication*, 41, 2013.

MILLER Daniel, SLATER Don, *The Internet. An Ethnographic Approach*, Oxford, Berg, 2000.

MISSIKA Jean-Louis, *La fin de la télévision*, Seuil, 2006.

MONNOYER-SMITH Laurence, « La participation en ligne, révélateur d'une évolution des pratiques politiques ? », *Participations*, 1, 2011.

– *Communication et délibération. Enjeux technologiques et mutations citoyennes*, Lavoisier, 2011.

MORLEY David, *Home Territories. Media, Mobility and Identity*, Londres, Routledge, 2000.

– *Family Television. Cultural Power and Domestic Leisure*, Londres, Routledge, 1986.

MOULIER-BOUTANG Yann, *Le capitalisme cognitif. La nouvelle grande transformation*, Éd. Amsterdam, 2007.

MÜLLER Jürgen, « Vers l'intermédiaire. Histoires, positions et options d'un axe de pertinence », *MédiaMorphoses*, 16, 2006.

NORMAN Donald A., « Les artefacts cognitifs » (1991), *Raisons pratiques*, 4, 1993.

Norris Pippa, *Digital Divide. Civic Engagement, Information Poverty, and the Internet Worldwide*, Cambridge, Cambridge University Press, 2001.

Perriault Jacques, *La Logique de l'usage. Essai sur les machines à communiquer*, Flammarion, 1989.

Proulx Serge, « Usages des technologies d'information et de communication : reconsidérer le champ d'étude ? », in *Actes du Congrès Inforcom 2001*, Société française des sciences de l'information et de la communication, Paris, 2001.

Proulx Serge, Massit-Folléa Françoise, Conein Bernard (dir.), *Internet, une utopie limitée. Nouvelles régulations, nouvelles solidarités*, Laval, Les Presses de l'Université Laval, 2005.

Proulx Serge *et al.* (dir.), *Médias socionumériques, enjeux pour la communication*, Sherbrooke, Presses de l'Université du Québec, 2012.

Quéré Louis, « La structure de l'expérience d'un pont de vue pragmatiste », *in* Cefaï Daniel, Joseph Isaac (dir.), *L'Héritage du pragmatisme. Conflits d'urbanité et épreuves de civisme*, Éditions de l'Aube, 2002.

– « Au juste, qu'est-ce que l'information ? », *Réseaux*, 100, 2000.

Rallet Alain (dir.), « La fracture numérique », *Réseaux*, 127-128, 2004.

Rebillard Franck, *Le Web 2.0 en perspective. Une analyse socio-économique de l'Internet*, Paris, L'Harmattan, 2007.

Rebillard Franck, Smyrnaios Nikos, « Les infomédiaires, au cœur de la filière de l'information d'actualité en ligne. Les cas de Google, Wikio et Paperblog », *Réseaux*, 160-161, 2010.

Ringoot Roselyne, Utard Jean-Michel (dir.), *Le Journalisme en invention. Nouvelles pratiques, nouveaux acteurs*, Rennes, Presses Universitaires de Rennes, 2006.

Rochelandet Fabrice, *Économie des données personnelles et de la vie privée*, La Découverte, 2010.

Rochelandet Fabrice, Le Guel Fabrice, *Les pratiques de copiage des internautes français : une analyse économique*, Adami-UFC Que Choisir, 2005.

Selwyn Neil, « Digital Division or Digital Decision ? A Study Of Non-Users and Low-Users of Computers », *Poetics*, 34, 2006.

Silverstone Roger, Hirsch Éric, Morley David (dir.), *Consuming Technologies. Media and Information in Domestic Spaces*, Londres, Routledge, 1992.

Smyrnaios Nikos, Marty Emmanuel, Rebillard Franck, « Does the Long Tail apply to online news ? A quantitative study of French-speaking news websites », *New Media and Society*, 12/8, 2010.

Spigel Lynn, *Make Room For TV. Television and the Family Ideal in Postwar America*, Chicago, University of Chicago Press, 1992.

Spigel Lynn, Olsson Jan (dir.), *Television after TV. Essays on a Medium in Transition*, Durham, London, Duke University Press, 2004.

Stenger Thomas, Coutant Alexandre, « Médias sociaux : clarification et cartographie. Pour une approche sociotechnique », *Décisions Marketing*, 70, 2013.

Taylor Charles, *Les Sources du moi. La formation de l'identité moderne* (1989), Seuil, 1998.

THÉVENOT Laurent, « Un gouvernement par les normes. Pratiques et politiques des formats d'information », *Raisons pratiques*, 8, 1997.

– « Essai sur les objets usuels. Propriétés, fonctions, usages », *Raisons pratiques*, 4, 1993.

TILLINAC Jean, « Le Web 2.0 ou l'avènement du client ouvrier », *Quaderni*, 60, 2006.

TOUSSAINT Yves, « La parole électrique. Du minitel aux nouvelles "machines à communiquer" », *Esprit*, 186, 1992.

TSAGAROUSIANOU Roza, TAMBINI Damian, BRYAN Cathy (dir.), *Cyberdemocracy. Technology, Cities and Civic Networks*, Londres, Routledge, 1998.

TURKLE Sherry, *Life on the Screen. Identity in the Age of Internet*, New York, Simon and Shuster, 1995.

– *Les Enfants de l'ordinateur* (1984), Denoël, 1986.

TURNER Fred, *From Counterculture to Cyberculture. Steward Brand, the Whole Earth Network and the Rise of Digital Utopianism*, Chicago, University of Chicago Press, 2006.

UTARD Jean-Michel (dir.), « La presse en ligne », *MédiaMorphoses*, 4, 2002.

VAN BASTELAER Béatrice, HÉNIN Laurent, LOBET-MARIS Claire, *Villes virtuelles. Entre communauté et cité. Analyse de cas*, L'Harmattan, 2000.

VAN DIJK Jan, « The One-Dimensional Network Society of Manuel Castells », *New Media and Society*, 1/1, 1999.

VAN ZOONEN Lisbet, « Gendering the Internet. Claims, Controversies and Cultures », *European Journal of Communication*, 17/1, 2002.

VITALIS André (dir.), *Médias et nouvelles technologies. Pour une sociopolitique des usages*, Éditions Apogée, 1994.

WELLMAN Barry, « Physical Place and Cyberplace : the Rise of Personalised Networking », *International Journal of Urban and Regional Research*, 25/2, 2001.

– (dir.), *Networks in the Global Village*, Boulder, Westview Press, 1999.

WELLMAN Barry *et al.*, « The social Affordances of the Internet for Networked Individualism », *Journal of Computer Mediated Communication*, 8/3, 2003.

WOLF Mark J. P., PERRON Bernard (dir.), *The Video Game Theory Reader*, New York, Routledge, 2003.

WOLTON Dominique, *Internet et après ? Une théorie critique des nouveaux médias*, Flammarion, 1999.

WYATT Sally, « Les non-usagers de l'Internet. Axes de recherche passés et futurs », *Questions de communication*, 18, 2010.

WYATT Sally, THOMAS Graham, TERRANOVA Tiziana, « They Came, They Surfed, They Went Back to the Beach. Conceptualising Use and Non-use of the Internet », *in* WOOLGAR Steve (dir.), *Virtual Society ? Technology, Cyberbole, Reality*, Oxford, Oxford University Press, 2002.

Conclusion

CET OUVRAGE S'EST EFFORCÉ DE PRÉSENTER la sociologie de la communication comme une entreprise cumulative franchissant des étapes qui ne s'effacent pas. Ses racines plongent dans certaines affirmations croisées de l'école empirique américaine et de l'école de Francfort, puis dans l'interactionnisme, dans les théories de la structuration, dans les multiples versions des *Cultural Studies*, dans la théorie habermassienne et post-habermassienne de l'espace public, dans les théories de la réflexivité et, finalement, dans le pragmatisme américain dont on a vu qu'il avait pensé le premier la coexistence des phénomènes d'expression, de domination et de participation à un monde démocratique en voie d'élargissement, en mettant l'accent sur le caractère irréductible et imprévisible des compositions d'action. L'objectif était bien de revenir aux premiers temps de la recherche en science et en philosophie sociales en renouant les liens transatlantiques, en reprenant le dialogue entre la sociologie européenne, principalement occupée par les questions de pouvoir et de culture, dissociant action et pensée pour les relier au moyen de mécanismes causaux, et le pragmatisme américain, sensible aux interdépendances entre les êtres, associant action et pensée par le biais de processus indéterminés. Le versant du pragmatisme qui a été retenu ici est son optimisme critique et sa centration sur l'expérience comme découverte, possibilité, et non seulement comme détermination et enfermement. Le second versant de la philosophie/sociologie de Dewey, Mead et Park, celui de l'écologie des pratiques, a par contre été tenu à distance en raison de son naturalisme.

Ce parcours était une invitation à prendre congé des effets pervers d'une réflexion obsédée par la référence à l'*Aufklärung*. Si l'action n'est pas seulement une mise en conformité passive, comme le montrent les recherches sur les publics, et si la raison est largement partagée au sein des sociétés, il n'existe pas d'extériorité et de supériorité absolues des intellectuels. L'idéal des Lumières ne s'efface pas et les conditions de la critique ne disparaissent pas, mais cette dernière doit être détachée du rationalisme élitiste, de l'idéal lettré, de l'impérialisme de la définition de la culture par les arts établis – ainsi que du sentiment d'incarner à tout coup un mouvement social dans le cadre d'une vision téléologique. La critique se conçoit pour les intellectuels comme une activité dépendante des autres critiques, y compris de celles qu'ils peuvent eux-mêmes subir. À l'heure d'une globalisation des pratiques et d'un déploiement toujours plus spectaculaire de technologies de la communication, il leur incombe de se représenter conjointement des phénomènes qui étaient auparavant systématiquement opposés. Il s'agit de repenser pour une société réflexive les rapports entre le monde marchand, le monde non-marchand, l'État et les citoyens, dans un contexte où les institutions ne cessent d'exister et sont même appelées à prendre des formes plus larges, transnationales, mais où elles ne sont plus censées guider de façon infaillible les personnes. Il s'agit de comprendre et de mesurer la concentration économique des moyens d'information et de divertissement, le gigantisme organisationnel, et la fragilité de ces systèmes dont on doit souhaiter par ailleurs l'extension : les industries culturelles ne doivent pas être restreintes mais multipliées, en premier lieu dans les pays en voie de développement. Il s'agit d'étudier la plus grande autonomie des individus, à la fois juridique et imaginée, et les contraintes qu'ils subissent, notamment dans le domaine économique, en reformulant une théorie du pouvoir qui tienne compte de l'extrême volatilité et de la pluralité des pratiques. Les espoirs d'une production plus démocratique du secteur de l'information, effectuant une mue entamée depuis quelques années, les attentes de démocratie continue et les désirs de participation à la création des divertissements, se conçoivent à partir de la recomposition sociale assumée par l'individu, du problème de ses responsabilités nouvelles et souvent écrasantes dont les médias témoignent par leurs programmes, de l'égalisation des conditions et de la peur de l'uniformité. À condition de ne pas renoncer à une vision multidimensionnelle et ouverte, la communication peut alors ne pas apparaître comme un vain mot et signaler la recherche d'un nouvel idéal de conciliation dans un contexte de pluralisation.

Les principaux courants de recherche et la question de la communication

Niveau de communication	Courant de recherche	Position du chercheur	Vision des pratiques	Vision des croyances	Impact des médias	Lieu du conflit
« Nature »	Béhaviorisme	Ingénierie sociale	Réponses comportementales à l'environnement	Réponses comportementales à l'environnement	Contrôle social	La société, désordonnée, doit être reconstruite par l'État
	Cybernétique	Anarchisme et rationalisme	Actions humaines rationnellement déficientes	Croyances humaines rationnellement déficientes	Prothèse sociale	La société doit être reconstruite par l'intelligence artificielle
	Déterminisme technologique	Populisme prophétique	Intrication sensorielle des médias et de la société	Intrication sensorielle des médias et de la société	Constitution des types de liens sociaux et prothèse sociale	Le mouvement vers la tribalisation gomme les différences
« Société »	Théorie Critique	Élitisme misérabiliste	Opposition actes rationnels ou éclairés et actes mystifiés ou technicisés	Idéologie comme idées dominantes non contestées	Déstructuration des liens sociaux et domination sociale	Rôle exclusif des intellectuels dans la critique
	Fonctionnalisme	Ingénierie sociale et progressisme	Correspondance statique des actions et du système, ou dysfonction	Correspondance statique des valeurs et du système, ou dysfonction	Cadre d'organisation sociale et d'expression des besoins individuels	Conflit fonctionnellement nécessaire mais voué à l'échec
	Structuralisme génétique de la domination culturelle	Élitisme légitimiste	Correspondance dynamique des actions et de la structure	Idéologie dominante doit être légitimée	Reproduction des inégalités culturelles	Conflit généralisé mais domination omniprésente des élites
	Cultural Studies	Populisme méthodologique	Actions non systématiquement congruentes	Dialogue conflictuelle	Lieux de domination et de culture	Conflit généralisé avec domination contestée
« Créativité »	Théories de l'espace public	Acteur démocratique	Tension entre logiques narratives et rationnelles	Polyphonie conflictuelle	Espace d'expression des identités et de délibération intellectuelle	Le conflit institue la démocratie, permet la conciliation et l'expérience commune
	Théories de la modernité réflexive	Réflexivité : échelles d'implication	Action sociale comme expérience	Labilité et créativité	Espace de construction et de remise en question	Le conflit permet la conciliation mais sans opérer de clôture

Index des auteurs

A

ABBATE J. 273, 295
ABERCROMBIE N. 254, 262
ABRUZZESE S. 158
ACCARDO A. 175
ACHACHE G. 211
ADORNO T. 10-11, 22, 59-60, 62-67, 113, 123, 171, 180, 206, 216-218, 243, 280
AKOUN A. 57, 217, 232
AKRICH M. 252, 262, 295
AKSOY A. 240, 262
ALASUUTARI P. 254, 262
ALIZART M. 160
ALLAN S. 240, 267
ALLARD L. 133, 140, 161, 288, 290, 295
ALLPORT F. 54
ALTER N. 270, 295
ALTHUSSER L. 118
ALTSCHULL J.H. 169
AMPÈRE A.M. 83
ANCEL P. 254, 262
ANDERSON B. 101, 103, 262, 288
ANDERSON P. 241, 262
ANDREJEVIC M. 291, 295
ANG I. 158, 192-194, 239, 267
APPADURAI A. 239, 262
ARENDT H. 60, 66, 221, 232
ARIÈS P. 53, 57
ARISTOTE 117-118, 227, 232
ARMENGAUD F. 118
ARON R. 36, 40, 42, 122
ARQUEMBOURG J. 115, 118
ARTERTON C. 290, 295
AUBERT A. 175
AURAY N. 288, 295
AUSTIN J. 116, 118, 156, 219, 260
AXFORD B. 290, 295

B

BAKHTINE M. 118, 147, 158
BALLE F. 57
BARBER B. 290, 292, 295

BARDINI T. 278, 281, 295
BARICCO A. 186
BARKER M. 53, 57, 150, 159, 254, 262
BARTHES R. 12, 88, 111-112, 114, 118, 135, 147, 151, 157-158, 182, 191
BARTHES Y. 258, 263
BATESON G. 88-89, 92-93, 115
BAUDELOT C. 127, 140
BAUDRILLARD J. 22, 65-66, 154, 156, 240, 271
BAUMAN Z. 241, 262
BAUMOL W. 183, 194
BAXANDALL M. 139-140
BEAUD P. 76, 79
BEAUDOUIN V. 275, 279, 295
BECK U. 14, 66, 222, 230, 232, 240, 246-248, 251, 262, 269, 288, 291, 295
BECKER H. 184-185, 194, 250, 255, 262
BECKER J.-J. 50, 57
BECK-GERNSHEIM E. 246, 262
BEKHTEREV V. 54
BELISLE C. 284, 295
BENJAMIN W. 36, 64-66
BENSON R. 172
BENZECRY C. 133, 140
BERELSON B. 71, 78-80
BERGER D. 197
BERGER P. 30, 42
BERNIER M. 178
BERNSTEIN B. 116, 119, 122, 140, 148
BERTALANFFY L. VON 83
BESNIER J.-M. 22
BESSARD-BANQUY O. 128, 140
BETTETINI G. 173
BEUSCART J.-S. 283, 295
BEYLOT P. 186, 194
BHABHA H. 157, 159
BIRDWHISTELL R. 89
BLANC A. 197
BLONDEAU O. 290, 295
BLONDIAUX L. 42, 207-208, 211
BLOOR D. 251
BLUMER H. 7, 70, 79, 206, 211

BLUMLER J. 75, 79-80, 211
BOCZKOWSKI P. 285, 295
BOLTANSKI L. 140, 170, 174-176, 258, 261, 263, 287, 295
BON F. 211
BONNAFOUS S. 119, 176
BONNELL R. 184, 194
BONVILLE J. DE 79
BORCHERS H. 159
BOSK CH. 227, 234
BOUDON R. 92
BOULLIER D. 146, 159, 275, 277-278, 296
BOUQUILLION P. 119
BOURCIER M.-H. 156, 158-159, 240, 263
BOURDAA M. 296
BOURDIEU P. 12, 27, 116, 119, 121-125, 138, 140, 148, 151, 157, 170-172, 176, 185, 194, 206, 211, 216, 244
BOURDON J. 173, 176, 187-188, 194, 208, 211
BOURREAU M. 286, 296
BOVILL M. 129, 142
BOWEN W. 183, 194
BOY D. 258, 263
BOYD D. 276, 296, 300
BOYER A. 232
BOYER H. 224, 234
BRANTLINGER P. 159
BRANTS K. 176
BRAUDEL F. 99, 103
BREGMAN D. 203-204, 211-212
BRÉMOND C. 111
BRETON P. 27, 85, 92
BROOKS K. 254, 262
BROUSSEAU É. 287, 296
BROWN J.R. 80
BROWN M.E. 254, 263
BRUNSDON C. 150-151
BRYAN C. 302
BUCKINGHAM D. 23, 27, 51, 53, 57
BÜLHER K. 110
BURCH N. 181, 195, 258, 263
BURNS T. 90, 92
BUTLER J. 156, 159, 228, 232, 240, 263
BYERLY C. 211-212

C

CAI X. 282, 296
CAILLÉ A. 228, 232
CALHOUN C. 233, 240, 263
CALLON M. 251-252, 258, 263, 279
CANTRIL H. 48, 57
CARADEC V. 275, 296

CARDON D. 225, 232, 250, 258, 263, 276, 287, 290-291, 296
CAREY J. 41-42, 96, 102-103, 150, 159, 238, 249, 263, 272, 291, 296
CARNAP R. 115
CARTIER M. 140
CASETTI F. 173, 224, 232
CASILLI A. 288, 296
CASSEL J. 279, 296
CASSIN B. 27
CASTEL R. 140
CASTELLS M. 271-272, 287, 296
CAVES R.E. 195
CAWELTI J. 150
CAYROL R. 211
CEFAÏ D. 42, 227, 233, 258, 301
CERTEAU M. 12, 121, 125, 134-137, 140, 148, 150-151, 154, 158, 216, 222, 233, 248, 254, 278, 296
CERVULLE M. 156, 159
CESAREO G. 158
CHABROL C. 55, 57
CHALVON-DEMERSAY S. 186-189, 195, 197, 256-257, 263
CHAMBAT P. 146, 159, 231, 233, 277
CHAMBOREDON J.-C. 27, 140
CHAMPAGNE P. 188, 195, 206, 212
CHANEY D. 159
CHANGEUX J.-P. 91-92
CHANIAC R. 184, 189, 195
CHARAUDEAU P. 176, 229, 233
CHARLIER C. 275, 296
CHARNEY L. 37, 42
CHARON J.-M. 167, 173, 176, 212
CHARTIER A.-M. 57
CHARTIER R. 128, 132, 141
CHEVEIGNÉ S. DE 258, 263
CHIAPELLO E. 187, 195, 287, 295
CHIARO M. 275, 296
CHOMSKY N. 91, 111, 169, 260
CHRISTOPHERSON S. 184, 195
CICOUREL A. 261, 263
CLARK L.S. 195
CLARK T.N. 34
COBB R. 203, 212
COGNEAU D. 141
COHEN B. 202-203, 212
COHEN S. 165
COLEMAN S. 292, 297
COLOMBO F. 158-159
COMBÈS Y. 119
COMTE A. 96
CONEIN B. 287, 297, 301
CONVERSE P. 206-207, 212
COOKE L. 286, 297

COOLEY C. 39-40, 42, 72
CORSET P. 187, 195
COULANGEON PH. 130, 141
COULDRY N. 249, 263
COULTER J. 260, 263
COUTANT A. 276, 301
CRAIPEAU S. 295
CRETON L. 184, 195
CURRAN J. 148, 159, 167, 233, 249, 265
CURRIE M. 115, 119
CURRIEN N. 287, 296

D

DACHEUX É. 240, 263, 267, 290, 297
DAGIRAL É. 176
DAGNAUD M. 184, 187, 195
DAHLGREN P. 209, 212, 218, 233, 297
DAMISH H. 113
DARBEL A. 122, 140
DATCHARY C. 287, 297
DAUNCEY H. 264
DAVIES I. 159
DAYAN D. 141, 154, 158-159, 240, 249, 254, 263
DEBRAY R. 102
DELAVAUD G. 283, 297
DELCOURT X. 196
DELFORCE B. 176
DEMERS F. 178
DEMERSON G. 119
DENOUEL J. 288, 298-299
DERRIDA J. 154, 156, 240
DETREZ C. 140
DEUZE M. 287, 297
DEVILLARD V. 176
DEWEY J. 7, 9, 37, 39-42, 207, 224, 227-228, 245-246, 252, 263, 303
DONNAT O. 126-128, 130, 141, 283, 297
DORFMAN A. 65-66
DORLIN E. 158-159
DREYFUS H. 92
DROTNER K. 57
DUBAR C. 164, 176
DUBET F. 247, 264
DUCROT O. 116
DUJARIER M. 287
DUJARIER M.-A. 297
DUMAZEDIER J. 138, 141
DUPOIRIER É. 212
DUPONT F. 138-139, 141
DURAND P. 103
DURKHEIM É. 9, 30-32, 34, 36-37, 42, 89, 109-110, 122, 181, 242
DYER R. 150, 159, 240, 264

E

EASTHOPE A. 150, 159
ECO U. 12, 35, 42, 85-86, 92, 97, 103, 111-115, 117, 119, 133-134, 139, 141, 147, 158, 186, 224, 233
EHRENBERG A. 146, 159, 230, 233
EINSTEIN A. 70
EISENSTEIN E. 99, 103
ELDER C. 203, 212
ELEY G. 218, 233
ELIAS N. 53, 57
ELIOT T.S. 60
ELLIOT P. 165
ELLISON N. 25, 27, 276, 296-297
ENGELS F. 43
ENTMAN R. 211-212
ERHENBERG A. 233
ESCARPIT R. 88, 92
ESQUÉNAZI J.-P. 254, 264
ESTABLET R. 127-128, 140-141
ÉTHIS E. 141

F

FABBRI P. 173
FALUDI S. 258, 264
FARCHY J. 286, 297
FELOUZIS G. 128, 141
FENTON N. 255, 264, 286, 297
FERGUSON M. 265
FERRAND J. 56
FERRAND L. 57
FERRO M. 167, 176
FERRY J. 233
FISHMAN J. 165
FISKE J. 139, 141, 152, 154, 159, 190, 195, 216
FISKE M. 75, 79
FLEURY-VILATTE B. 115, 119
FLICHY P. 103, 195, 273, 289, 292, 297
FODOR J. 91
FORTUNATI L. 275, 296
FOUCAULT M. 65-66, 114, 137, 154, 156, 160, 222, 240, 255, 264, 288
FOURMENTRAUX J.-P. 297
FRADIN B. 297
FRANÇOIS B. 233
FRASER N. 66, 218, 221-225, 228-229, 233, 258, 264, 285
FREGE G. 115
FRENKEL-BRUNSWICK E. 66
FREUD S. 54, 60
FRIEDMANN G. 157
FRISBY D. 65-66
FRITH S. 160

FROMM E. 65
FROW J. 131, 141, 154-155, 160, 249
FULLER K. 57, 70, 79
FURET C. 176

G

GAGLIO G. 274, 297
GAINES J. 185, 195
GALLOUX J.-C. 258, 263
GALLUP G. 22
GAMSON W. 209, 212, 227, 233
GANS H. 150, 160, 165, 167, 169-170, 176
GARFINKEL H. 260
GARNHAM N. 182, 195, 255, 264, 271, 298
GAUDET H. 57, 71, 80
GAUNTLETT D. 258, 264
GAUTIER C. 261, 264
GAXIE D. 206, 212
GENETTE G. 113
GENSOLLEN M. 287, 298
GEORGES F. 115, 119, 291, 298
GEORGET P. 55, 57
GERBNER G. 51, 57, 78
GERSTLÉ J. 212
GHIGLIONE R. 229, 233
GIBSON J. 281, 298
GIDDENS A. 135, 148, 244, 262, 264, 291, 295
GILBERT J. 57
GILROY P. 151, 157, 160
GITLIN T. 77, 171, 176, 189, 195, 205, 210, 212
GLEVAREC H. 129-131, 142, 158, 160-161, 187, 196, 283-284, 298
GOBLOT E. 187, 196
GOFFMAN E. 90, 92, 135, 165, 205, 210, 212, 227, 243, 245, 276, 281, 288, 298
GOLDING P. 165, 265
GOLE N. 222, 233
GOMART E. 128, 142
GOMBRICH E. 119
GONNET J. 53, 57
GOODY J. 98, 103, 111
GORMAN P. 65-66
GØTZE J. 292, 297
GRAMSCI A. 147, 155, 160, 222
GRANJON F. 275, 288, 290, 298-299
GRANOVETTER M. 276, 298
GRAY J. 254, 264
GREFFE X. 286, 298
GREIMAS A.J. 111, 115, 119, 252
GRIGNON C. 125, 142, 248
GRIPSRUD J. 160
GROSSBERG L. 66-67, 150, 154, 157, 160, 255, 264

GRUNBERG G. 212
GUÉNIF-SOUILAMAS N. 156, 160
GUIBERT G. 184, 196, 254, 264
GUNKEL D. 298
GUREVITCH M. 79, 159

H

HABERMAS J. 7, 13, 39, 42, 66-67, 216-229, 234, 242
HACKER K. 290, 298
HADDON L. 275, 278, 298
HAGTVET B. 49, 57
HAGU 290
HAGUE B. 298
HALBWACHS M. 37
HALL E.T. 89
HALL S. 13, 66-67, 126, 142, 146-148, 151, 154-155, 157, 160-161, 170, 172, 176, 216, 218, 222, 239, 255, 264
HALLIN D. 171, 176
HAMBAT P. 296
HANNERZ U. 239, 264
HARAWAY D. 151, 161
HARDT H. 11, 40, 42, 77, 79
HARRIGTON L. 264
HARRIS D. 161
HARRISON T. 161
HARTLEY J. 139, 141, 254, 264
HAUSER PH. 79
HAWLEY S.E. 164, 177
HAYTHORNTHWAITE C. 25, 27
HEBDIGE D. 151, 161
HÉBRARD J. 57
HEGEL G. 228
HEIMS S. 93
HEINICH N. 187, 196
HELLES R. 291, 299
HELMICK-BEAVIN J. 93
HELSPER E. 277, 300
HÉNIN L. 290, 302
HENNION A. 64, 67, 128, 142, 249-250, 264
HERMAN E. 169
HERMES J. 254, 265
HERT P. 275, 298
HERZOG H. 57, 75, 79, 192, 196
HESMONDHALGH D. 196, 255, 265
HEURTIN J.-P. 250, 258, 263
HILGARTNER S. 227, 234
HILL A. 229, 234
HILLS M. 254, 265
HIRSCH É. 301
HIRSCH P. 154, 162, 196
HIRSCHMAN A. 222, 234
HOFSTADTER R. 40, 42

HOGGART R. 12-13, 135, 145-146, 151, 161, 180, 249, 275
HONNETH A. 66, 228-229, 233-234, 275
HOOKS B. 151
HORKHEIMER M. 10, 59-60, 64, 67, 113, 180, 217
HOVLAND C. 55, 57, 70, 73
HUGGINS R. 290, 295
HUGHES E. 167
HUTCHINS E. 281, 298

I

INGLEHART R. 196
INNIS H. 96, 271
ION J. 233, 298
ISER W. 133, 142
ITO M. 259, 265, 276, 298
IYENGAR S. 210, 212

J

JACKSON D. 93
JACQUINOT G. 279, 299
JAKOBSON R. 88, 109-110, 113, 119, 191
JAMES W. 37
JAMESON F. 241, 265
JANOWITZ M. 50, 58
JARVIE I. 57, 70, 79
JAUSS H.R. 63, 67, 133, 142
JAY M. 67
JEANNENEY J.-N. 225, 234
JEANNERET Y. 102-103, 158, 161
JEFFERSON T. 151, 161
JENKINS H. 150, 161-162, 279, 283, 288-289, 296, 299
JENSEN K.B. 133, 142, 245, 265, 291, 299
JÉZÉQUEL J.-P. 184, 195
JOAS H. 7, 242, 245-246, 261, 265
JONES P. 161
JONES S. 279, 299
JOSEPH I. 37, 42, 233, 281, 299, 301
JOST F. 115, 119
JÓSZA P. 133
JOUËT J. 143, 275, 277-278, 299
JOWETT G. 57, 70, 79
JULIA D. 140
JUNG J. 299

K

KAENEL A. 161
KALIFA D. 142
KANT E. 6, 136, 215, 217, 227, 234
KARPIK L. 196
KATZ E. 11, 34-35, 42, 73-77, 79-80, 97, 102-103, 151, 191, 193, 196, 212, 249, 287

KATZ R. 97, 102-103
KAUFMANN J.-C. 230, 234
KEEN A. 274, 299
KELLNER C. 277, 299
KELLNER D. 265
KENDALL P. 72, 75, 80
KLAPPER J. 75, 80
KLEIN A. 211-212
KLEIN N. 66-67
KNULST W. 130, 143
KOSOFSKY E. 156, 161
KRACAUER S. 64-65, 67
KRAKOVITCH O. 258, 265
KREUTZNER G. 159
KUAN-HSING C. 147, 162

L

LABARTHE-PIOL B. 286, 296
LACAN J. 110, 288
LAFOSSE M.-F. 176
LAFRANCE J.-P. 282, 299
LAHIRE B. 130-131, 142, 247, 265
LAMBERT F. 115, 118
LAMPE C. 27, 297
LANCIEN T. 297
LANG G. 212
LANG K. 212
LARMET G. 283, 297
LARSEN S. 49, 57
LASCH C. 221, 234
LASCOUMES P. 258, 263
LASH S. 239, 262, 265
LASSWELL H. 42, 48-49, 54, 57, 70, 73, 88, 163, 202
LATOUR B. 14, 25, 27, 64, 67, 100, 103, 247-248, 251-253, 255, 265, 279, 299
LAURETIS T. 156, 161
LAUTMAN J. 80
LAVE J. 281, 300
LAVERY D. 197
LAVIGNE A. 178
LAZAR M. 204, 212
LAZARSFELD D. 164
LAZARSFELD P. 10-12, 26-27, 34-35, 43, 49, 69-77, 79-80, 85, 88, 123, 148, 151, 180, 287
LE BOHEC J. 173, 176
LE BON G. 47, 57, 60
LE DOUARIN L. 300
LE FLOCH P. 177
LE GRIGNOU B. 142, 231, 234
LE GUEL F. 286, 301
LE GUERN P. 142, 249, 254, 265, 299
LÉCUYER B.-P. 80
LEENHARDT J. 133, 142

LE FLOCH P. 176
LEFORT C. 209, 212
LEJEUNE C. 161
LELONG B. 274-275, 298, 300
LEMIEUX C. 177, 258
LEROUX P. 177, 232, 234
LESTER M. 165, 167, 177, 228
LETEINTURIER C. 176
LEVINE L. 67, 132, 142
LEVINSON D.J. 66
LÉVI-STRAUSS C. 110, 112, 119, 122
LÉVY P. 22
LEWIN K. 54, 72, 76, 80, 85, 164
LICOPPE C. 279, 300
LIEBES T. 191, 193, 196, 230, 234, 249, 265
LIPPMANN W. 40, 42-43, 47, 57, 202
LITS M. 115, 119
LIVINGSTONE S. 55, 58, 80, 129, 142, 225, 234, 277, 300
LOADER B. 290, 298
LOBET-MARIS C. 290, 302
LOCHARD G. 177, 224, 230, 234, 240, 255, 265
LONG E. 265
LONGHURST B. 254, 262
LUCKMANN T. 30, 42
LUKÁCS G. 62, 64, 67
LULLE R. 83
LUNT P. 225, 234
LYLE J. 80
LYOTARD J.-F. 154, 240

M
MACÉ É. 140, 142, 156, 158, 160-161, 180, 196, 225, 234, 247, 255, 257, 265, 295
MACH E. 70
MAIGRET É. 73, 80, 125, 131, 134, 140, 142, 158, 160-161, 225, 234, 253, 266, 290, 295, 300
MAISONNEUVE S. 128, 142
MALINOWSKI B. 110
MALLEIN P. 277, 300
MANIN B. 232, 234
MARCEL J.-C. 37, 43
MARCHAND P. 103
MARCHETTI D. 177
MARCUS G. 259, 266
MARCUSE H. 65, 67
MARTIN M. 177
MARTIN O. 263, 275, 300
MARTIN-BARBERO J. 249, 266
MARTUCCELLI D. 243-244, 266
MARTY E. 286, 301

MARWICK A. 276, 300
MARX K. 9, 30, 35-37, 40, 43, 61-62, 96, 103, 113, 122, 125, 147, 215, 219, 242, 271
MASSIT-FOLLÉA F. 287, 301
MATHÉ F. 286, 298
MATHESON D. 285, 300
MATHIEN M. 93, 177
MATTELART A. 65-66, 161, 182, 196, 202, 271-272, 300
MATTELART T. 50, 58, 196
MAUGER G. 143
MAUSS M. 42, 89, 93, 110
MAYO E. 72
MC PHEE W. 79
McCOMBS M. 203, 205-206, 212
McDONALD D. 60, 67
McEACHERN T. 211-212
McLEOD J.M. 164, 177
McLUHAN M. 20, 22, 50-51, 65, 95-99, 101-103, 150, 271-272, 282
McQUAIL D. 75, 80, 139, 164, 177, 185, 196
McROBBIE A. 150
MEAD G. 7, 9, 37, 39, 43, 90, 218, 229, 245, 303
MÉADEL C. 196, 250, 264
MEHL D. 139, 143, 181, 190, 196, 221, 224-225, 230, 235, 258, 266
MELLECAMP P. 162
MELLET K. 73, 80
MELUCCI A. 291, 300
MENGER P. 132, 143, 183-184, 187, 196, 216, 235, 287
MERCIER A. 167, 176-177, 204, 213, 240, 266
MERLIN H. 222, 235
MERTON R. 80, 164
MÉSANGEAU J. 282, 300
METZ C. 111, 113, 115, 119, 158
METZGER J.-L. 298
MEYROWITZ J. 101, 103, 224, 235, 276
MICHAELS E. 152
MIÈGE B. 182
MIGNON P. 259, 266
MILGRAMM S. 54
MILLER D. 279, 300
MILLS C.W. 77, 80, 150, 161
MISSIKA J.-L. 143, 158, 177, 204, 212, 283, 300
MODIGLIANI A. 227, 233
MOINE R. 158
MOLES A. 85-88, 93
MOLOTCH H. 177
MONNOYER L. 279, 290, 299-300

MORENO J. 72
MORIN E. 13, 87, 93, 139, 157-158, 179-181, 183, 197, 209, 240, 266, 283
MORLEY D. 13, 147-149, 151, 154, 160-162, 209, 216, 239-240, 249, 266, 278-279, 300-301
MORRIS M. 154, 162
MOSCOVICI S. 58, 204, 213
MOULIER-BOUTANG Y. 300
MOULIN R. 138, 143, 187, 197
MOUMOUNI C. 178
MUHLMANN G. 177
MÜLLER J. 283, 300
MUNSON E.S. 162
MURRAY S. 235
MYKLEBUST J.P. 49, 57

N

NELSON C. 160
NEUMANN J. VON 82, 93
NEVEU E. 27, 161, 172, 177, 231, 233-235
NEVITT S. 66
NEWCOMB H. 154, 162
NIETZSCHE F. 6
NOELLE-NEUMANN E. 202, 204-206, 213
NORMAN D. 281, 300
NORRIS P. 274, 301

O

OBERSCHALL A. 49, 58
ODIN R. 120, 224, 232
OKABE D. 259, 265
OLLIVIER B. 158, 161
OLSSON J. 283, 301
ORTEGA Y GASSET J. 47, 58, 60
OUELLETTE L. 235

P

PAASONEN S. 156, 162
PADIOLEAU J. 57, 177
PAGIS J. 287, 297
PAILLIART I. 235, 296
PALMER G. 229, 234
PALMER M. 177, 197
PARASIE S. 176
PARK R. 9, 34, 41-43, 90, 289, 303
PARKER E. 80
PARKIN F. 148
PARSONS T. 76, 90
PASQUIER D. 129, 143, 163, 177, 186-187, 195, 197, 235, 253, 266
PASSERON J.-C. 27, 122, 125, 132, 142-143, 146, 162, 248
PAVLOV I. 10, 51, 54

PEDLER E. 36, 133, 143
PEIRCE C.S. 7, 9, 37-40, 43, 114, 116, 118, 120, 245, 252
PENLEY C. 151
PÉQUIGNOT B. 153, 162
PERALVA A. 234
PERELMAN C. 116
PERONI M. 233
PERRIAULT J. 278, 301
PERRON B. 279, 302
PESSIN A. 197, 254, 262
PETERSON R. 130, 143, 186, 197
PETLEY J. 53, 57
PHARABOD A.-S. 263
PIAGET J. 54, 93
PIATELLI-PALMARINI M. 93
PICARD M. 133, 143
PINET M. 142
PLATON 23, 27, 48, 63, 228
POINCARÉ H. 70
POLIAK C. 143
POLLAK M. 77, 80
POSTMAN N. 22
POULAIN M. 133, 141, 143
POVÉDA A. 282
POWDERMAKER H. 163, 177
PRECIADO B. 156, 162
PRICE P. 240, 263
PROPP V. 110, 112, 120
PROULX S. 27, 85, 92, 162, 277-278, 287, 301
PUDAL B. 143
PUTNAM H. 92-93

Q

QUÉRÉ L. 207, 213, 227, 235, 281-282, 297, 301

R

RADCLIFFE-BROWN A. 89
RADWAY J. 152-153, 162, 181, 258
RALLET A. 274, 301
RANCIÈRE J. 28, 126, 143
REBILLARD F. 286-287, 301
REES-ROBERTS N. 156, 159
RELIEU M. 279, 300
REVEL J. 140
REYNIÉ D. 42, 208, 211, 213
RICŒUR P. 115, 120, 228, 235
RIEFFEL R. 173, 178
RIESMAN D. 80
RINGOOT R. 285, 301
RIUTORT P. 232, 234
ROBERTSON R. 239, 266

ROBINS K. 239-240, 262, 266
ROCHELANDET F. 286, 301
ROGERS E. 75, 80, 277
ROSANVALLON P. 208, 213
ROSEN S. 197
ROSENGREN K.E. 75, 80, 133
ROSHCO B. 165
ROSS A. 65, 67, 150-151
ROSSIGNOL M.-J. 161
ROSTEN L. 163, 167, 178
ROWLAND W. 53, 58
RUELLAN D. 174, 178
RUESH J. 93
RUSSEL B. 115-116

S

SACKS H. 260
SAID E. 157, 162
SANDVOSS C. 264
SAPIR E. 108
SAUSSURE F. DE 31, 39, 107, 114, 118, 120
SAUVAGE M. 225, 234
SCHAFFER S. 99, 103
SCHEUFELE D. 210-211, 213
SCHILLER H. 182, 197
SCHLESINGER P. 166-167, 172, 174, 178, 240
SCHRAMM W. 75, 80
SCHRODER K.C. 57
SCHUDSON M. 55-56, 58, 165, 169, 178, 224, 235
SCHULZE G. 131, 143, 247, 266
SCHÜTZ A. 227
SCHWARTZ O. 146, 162
SCHWARTZ V.R. 37, 42
SEARLE J. 92-93, 116, 120, 219
SEGUI J. 56-57
SEIBEL B. 133, 143
SEITER E. 159
SELLIER G. 158, 186, 194, 258, 263, 266
SELWYN N. 277, 301
SÉMELIN J. 50, 58
SENNETT R. 218, 220-221, 231, 235
SÉPULCHRE S. 115, 120
SFEZ L. 28
SHANNON C. 81-83, 87, 93, 109
SHAW D. 202-203, 205-206, 212
SHILS E. 50, 58
SHUSTERMAN R. 40, 43, 139, 143
SICARD M.-N. 22
SILVERSTONE R. 162, 254, 266, 278, 301
SIMMEL G. 31, 37, 41, 43, 64, 90, 242-245, 266
SINGLY F. DE 243, 247, 266, 288
SIRACUSA J. 173, 178

SKOVMAND M. 57
SLATER D. 279, 300
SMYRNAIOS N. 286, 301
SOCRATE 23
SONNAC N. 177
SOUCHON M. 18, 139, 143, 190, 197
SOULAGES J.-C. 177, 255
SOULEZ G. 115, 120, 230, 234, 300
SPENGLER O. 60
SPERBER D. 91, 93
SPIGEL L. 283, 301
SPINOZA B. 92
SPIVAK G.CH. 157, 162, 239
STANTON F. 79
STEINFIELD C. 27, 297
STENGER T. 276, 301
STOETZEL J. 36
STOLZ J. 193, 197
STORPER M. 184, 195, 197, 287
STRATTON J. 239, 267
STRAW W. 254, 267

T

TAMBINI D. 302
TARDE G. 31, 34, 43, 77, 151, 207, 252
TAYLOR CH. 288, 301
TCHAKHOTINE S. 49, 58
TERRANOVA T. 275, 302
THÉVENOT L. 261-263, 281, 297, 302
THOMAS G. 275, 302
THOMAS W. 41, 43
THOMPSON E. 146-147, 162
THOMPSON J. 178, 227, 235, 244, 267
THOMPSON R. 186, 197
THORBURN D. 139, 143
THOVERON G. 211
TILLINAC J. 287, 302
TIMMER A. 240, 263
TOCQUEVILLE A. DE 9, 31, 33, 40, 43, 205, 209, 273
TODOROV T. 113, 120
TOLILA P. 141
TÖNNIES F. 31, 35, 43
TOURAINE A. 100, 103, 135, 209, 244, 267, 271
TOUSSAINT Y. 277-278, 300, 302
TOWSE R. 197
TREICHLER P. 160
TSAGAROUSIANOU R. 290, 302
TUCHMAN G. 165, 172, 178, 228
TULLOCH J. 162
TUMBER H. 167, 178
TUNSTALL J. 167, 170-172, 178, 182, 187, 197
TURING A. 82

TURKLE S. 275, 278, 302
TURNER F. 302
TURNER S. 260, 267

U

URRY J. 239, 267
UTARD J.-M. 285, 301-302

V

VAN BASTELAER B. 290, 302
VAN DIJK J. 272, 290, 298
VAN EIJCK K. 130, 143
VAN ZOONEN L. 148, 162, 275, 302
VAN DIJK J. 302
VEBLEN T. 62
VEDEL T. 278
VELKOVSKA J. 295
VERÓN E. 117, 120, 178
VIALA A. 137, 143
VIGNAUX G. 91, 93, 226, 232, 235
VITALIS A. 278, 302
VOIROL O. 67, 235

W

WALLON H. 54
WALTER J. 174, 178
WALZER M. 261, 267
WARNIER J.-P. 267
WARREN C. 162
WARTH E.-M. 159
WATINE T. 175, 178
WATSON J. 54
WATZLAWICK P. 89, 93, 115

WEAVER D. 203, 212
WEAVER W. 82, 85-87, 93
WEBER M. 7, 9, 30-31, 34, 36-37, 41, 43, 62, 122, 181, 219, 229, 242
WELLMAN B. 282, 288, 302
WHITE D. 164, 178
WHORF B. 108
WIDMER J. 297
WIENER N. 20, 83-87, 89, 93, 101
WILCOX R. 197
WILLIAMS L. 156, 162
WILLIAMS R. 28, 146, 162, 197
WILSON D. 91, 93
WINKIN Y. 24, 28, 90, 93
WINNICOTT D. 229
WITTGENSTEIN L. 116-117, 120, 134
WOLF K. 72, 75-76, 79-80
WOLF M. 279, 302
WOLTON D. 139, 143, 158, 167, 177-178, 209, 213, 240, 267, 273, 302
WOOLGAR S. 252, 267
WOOLLACOTT J. 159
WRONG D. 76, 80
WYATT S. 275, 277, 302

Y

YOUNG I. 228, 235
YOUNG J. 165

Z

ZALLER J. 207, 213
ZASK J. 213
ZELIZER B. 240, 267
ZNANIECKI F. 41

Table des matières

Introduction. La sociologie et les théories
de la communication   5
La communication : un objet à trois dimensions   6
La communication de masse au cœur des interrogations   9

PROLOGUE
LA CONSTITUTION D'UN OBJET

Chapitre 1   Les difficultés d'une réflexion
sur la communication   17
La chose du monde la mieux partagée ?   17
L'illégitimité culturelle, politique et économique
des grands médias   18
Les formes extrêmes de la critique   19
Les formes extrêmes de l'apologie   20
La tension raison/technique au cœur de la question
de la communication   23
Les mots *communication* et *média*   24
Le discours sociologique   26

Chapitre 2   Le tournant manqué d'une science sociale
de la communication   29
Les concepts fondamentaux des sciences sociales
et la communication   30
Les pères fondateurs européens et les médias   32
L'absence de relais et le pessimisme
à l'égard de la modernité   35
Le pragmatisme américain   37
L'École de Chicago   41

PREMIÈRE PARTIE
DÉNATURALISER LA COMMUNICATION.
LE PROBLÈME DES EFFETS... OU COMMENT S'EN DÉBARRASSER ?

Chapitre 3   Le piège des théories des effets directs   47
La peur des effets des médias – et ses origines   48
La notion de propagande   49
Les effets de *stimuli* et la « seringue hypodermique »   54
La publicité est-elle la preuve de l'existence
de communications persuasives ?   55
Conclusion   56

Chapitre 4   L'École de Francfort et la théorie
de la culture de masse   59
De la culture de masse à l'industrie culturelle   59
Le poids de la référence à la guerre
et de l'élitisme culturel   62
Problèmes de méthodes   63
La postérité de l'École de Francfort   65

Chapitre 5   La théorie lazarsfeldienne des effets limités :
une rupture... aux effets limités   69
« La découverte des gens »   71
Le flux de communication à deux étages   73
La théorie de la diffusion et le courant
des usages et gratifications   75
L'excès de positivisme et l'oubli de l'idéologie   76

Chapitre 6   Du modèle mathématique à l'anthropologie
de la communication   81
L'information mathématique de Shannon   81
Le projet cybernétique de Norbert Wiener   83
Communication, morale et théorie physique du tout   84
La trompeuse analogie avec l'humain   86
La rencontre avec le fonctionnalisme   87
L'École de Palo Alto et le modèle orchestral
de la communication   88
Conclusion   90

Chapitre 7   McLuhan et le déterminisme technologique   95
« Le message, c'est le médium »   95
Preuves, exemples et contre-exemples   97
Où s'arrête la technique ?   100

Une ruse de l'histoire : le mcluhanisme
comme herméneutique   101

DEUXIÈME PARTIE
CULTURALISER LA COMMUNICATION. LE JEU PRODUCTION/RÉCEPTION

Chapitre 8   De la sémiologie à la pragmatique   107

Le « tournant linguistique »   107

La linguistique structurale et le rêve d'une science globale
de la communication   109

Sémiologie et sémiotique des communications de masse :
Barthes et Eco   111

L'inscription sociale d'un discours   113

Le tournant pragmatique   115

Par-delà la frontière : le social   117

Chapitre 9   La sociologie des pratiques culturelles   121

Consommations : la hiérarchie des pratiques culturelles
selon Pierre Bourdieu   122

Le problème de l'ethnocentrisme culturel   124

Les mutations contemporaines de la culture   126

« De l'exclusion à l'éclectisme »   129

De la consommation à la réception   131

Les traditions de recherche sur la réception   133

Michel de Certeau et la question de la réception   134

Conclusion   136

Chapitre 10   Les *Cultural Studies* (études culturelles)   145

La Culture du pauvre : vers une ethnologie
des milieux populaires   145

Le nouveau marxisme de Stuart Hall   146

Le modèle codage/décodage   147

Le basculement américain   149

Les nouvelles positions théoriques :
une critique radicale de l'élitisme   150

Polysémie et négociation généralisée du sens   151

Les difficultés de la « démocratie sémiotique »
et du « postmodernisme »   154

Plus loin dans le constructivisme : les tournants
queer et *postcolonial*   155

Chapitre 11   La sociologie des professions
              de la communication   163
              La sociologie fonctionnaliste du journalisme :
              l'étude du « *newsmaking* »   164
              Le retour de la critique : les journalistes
              et leur environnement   166
              Le problème de la multiplicité des objectifs   171
              Conclusion : un paysage sans public ?   174

Chapitre 12   Des professions aux logiques de production   179
              Edgar Morin : la tension entre standardisation
              et innovation   179
              L'économie politique : des industries culturelles
              aux industries créatives   182
              Howard Becker : la production comme coopération   184
              Le défi d'une identité artistique à l'heure des médias
              de masse   186
              Existe-t-il une dictature de l'audience ?   188
              Conclusion   190

                          TROISIÈME PARTIE
PLURALISER LA COMMUNICATION. DÉMOCRATIE, CRÉATIVITÉ ET RÉFLEXIVITÉ

Chapitre 13   Les théories politiques de l'opinion publique   201
              Les effets d'agenda et la spirale du silence   202
              Les médias font-ils vraiment l'élection ?   203
              L'opinion publique existe-t-elle ?   206
              La communication politique comme interaction   208
              Vers le concept d'espace public   209

Chapitre 14   Les théories de l'espace public   215
              La théorie de l'espace public de Jürgen Habermas 217
              L'agir communicationnel   218
              La sphère publique selon Nancy Fraser   221
              Les « *talk shows* » : dégradation ou enrichissement ? 223
              Les formes de l'expérience publique   225
              Aller au bout du processus de pluralisation
              et de reconnaissance   228

Chapitre 15   La nouvelle sociologie des médias   237
              Les trois temps d'une sociologie de la communication 238
              L'impasse de la postmodernité   240

　　　　　Le retour aux pères fondateurs :
　　　　　le tournant de la réflexivité　　　　　　　　　　241

　　　　　De la sociologie aux *Cultural Studies*... et retour　　246

　　　　　La méthodologie de la nouvelle sociologie des médias :
　　　　　la chaîne des savoirs　　　　　　　　　　　　249

　　　　　La réception　　　　　　　　　　　　　　253

　　　　　La production　　　　　　　　　　　　　254

　　　　　Les représentations　　　　　　　　　　　255

　　　　　L'espace public　　　　　　　　　　　　　258

　　　　　Les « produits culturels » comme des mouvements
　　　　　sociaux　　　　　　　　　　　　　　　　259

Chapitre 16　Internet et les « nouvelles technologies
　　　　　de l'information »　　　　　　　　　　　269

　　　　　Internet : les promesses et les fantasmes
　　　　　d'un supermédia　　　　　　　　　　　　270

　　　　　Au-delà de l'utopie : un média hétérogène sur un seul
　　　　　support technique　　　　　　　　　　　272

　　　　　Les usages d'Internet : du courrier électronique
　　　　　aux réseaux sociaux　　　　　　　　　　　274

　　　　　Le match des écrans : la fin de la télévision ?　　282

　　　　　Les mutations de la presse et du secteur musical　284

　　　　　La question de l'individualisme et des communautés　287

　　　　　« Démocratie électronique »/« Démocratie Internet »　289

　　　　　Le révélateur d'une recomposition politique　　291

Conclusion　　　　　　　　　　　　　　　　303

Index des auteurs　　　　　　　　　　　　　307

227827 – (I) – (1,5) – OSB 80° – NOC – BTT
Dépôt légal : avril 2015 – Date du dépôt légal de la 1ʳᵉ édition : avril 2003
Achevé d'imprimer par Dupli-Print – N° d'impression : 2015033759 – www.dupli-print.fr
Imprimé en France